当代中国的民航事业

CONTEMPORARY CHINA: CIVIL AVIATION INDUSTRY

当代中国出版社
Contemporary China Publishing House

2020年·北京

图书在版编目(CIP)数据

当代中国的民航事业 /《当代中国》丛书编辑委员会编. -- 北京：当代中国出版社, 2020.6
(《当代中国》丛书)
ISBN 978-7-5154-0950-4

Ⅰ. ①当… Ⅱ. ①当… Ⅲ. ①民航业 – 概况 – 中国 – 现代 Ⅳ. ① F562.9

中国版本图书馆 CIP 数据核字（2019）第 163908 号

出 版 人	曹宏举
责任编辑	宗　边
特约编辑	陈立旭
责任校对	康　莹
印刷监制	刘艳平
封面设计	创世禧图文
出版发行	当代中国出版社
地　　址	北京市地安门西大街旌勇里 8 号
网　　址	http://www.ddzg.net　邮箱：ddzgcbs@sina.com
邮政编码	100009
编 辑 部	（010）66572264　66572154　66572132　66572180
市 场 部	（010）66572281　66572161　66572157　83221785
印　　刷	北京润田金辉印刷有限公司
开　　本	787 毫米 ×1092 毫米　1/16
印　　张	32.75 印张　476 千字
版　　次	2020 年 6 月第 1 版
印　　次	2020 年 6 月第 1 次印刷
定　　价	230.00 元

版权所有，翻版必究；如有印装质量问题，请拨打（010）66572159 转出版部。

《当代中国》丛书
编辑委员会

主　编　邓力群　马　洪　武　衡

编　委　(按姓氏笔画排列)

丁伟志　于光远　王忍之　王惠德　朱穆之　华　楠
杜润生　杨白冰　谷　羽　张友渔　周　扬　周克玉
林涧青　房维中　胡　绳　贺敬之　袁宝华　梅　益
薛暮桥

《当代中国》丛书
编辑部

(按姓氏笔画排列)

刘　杲　杜　敬　杨福云　吴家珣　陈伯林　张　定

《当代中国的民航事业》
编辑委员会

顾　问　胡逸洲

主　编　王乃天

副主编　陈耀寰　高　华

编　委　(按姓氏笔画排列)

　　　　王乃天　刘远雄　江家萱　李　争　陈子万　陈耀寰

　　　　杨王㴆　杨玉昆　张玉清　沈承翔　陆家沂　花家晋

　　　　高　华　徐冯嘉　徐希尧　徐克继　曹汝价　蒲中意

《当代中国的民航事业》
撰 稿 人

（按姓氏笔画排列）

王乃天　王科士　刘远雄　许树康　何　如　陈子钊
陈耀寰　陈家鋆　张玉清　吴问涛　杨亚斌　陆孝斌
沈承翔　李贻榘　罗贤荣　胡　平　高　华　徐克继

《当代中国》丛书再版说明

《当代中国》丛书作为新中国成立以来第一套大型当代中国国史和国情丛书,是新中国国史研究领域的标识性作品。该丛书以无可辩驳的史实客观呈现了新中国成立以后近40年我们党带领全国人民所取得的社会主义建设的伟大成就,是改革开放前后两个时期有机衔接的忠实记录。

《当代中国》丛书是20世纪80年代初胡乔木同志提议,经中共中央书记处批准,由中宣部向全国部署,交由中国社会科学院规划和编辑出版,是新中国成立后由中央组织的首次大规模编写中华人民共和国历史的工程。《当代中国》丛书共150卷,208册,约1亿字,3万幅珍贵历史图片。丛书内容广泛,几乎涵盖新中国成立以来各条战线、各个地区社会主义革命和社会主义建设事业的发展过程、辉煌成就。按内容区分,有部门(行业)卷、地方卷、专题卷,还有不限于某个部门或某个方面的综合卷。

1999年6月30日,《当代中国》丛书完成总结大会在北京人民大会堂召开,时任中共中央总书记、国家主席江泽民,国务院总理朱镕基,副总理李岚清等党和国家主要领导同志亲切会见了与会代表。江泽民总书记对丛书的完成表示热烈祝贺和高度评价,同时发表重要讲话。他指出:《当代中国》丛书为研究有中国特色社会主义的伟大事业的发展进程、经验和规律,为在广大干部和群众中开展爱国主义、集体主义、社会主义思想教育,提供了丰富的史料和生动的教材。大家应该充分运用这部丛书的科研成果,为资政育人服务,为推进改革开放和现代化建设服务。同年,《当代中国》丛书荣获第四届中国国家图书奖荣誉奖。

由于本丛书第一版时间久远,版本陈旧,且至今市面无存,为服务广大读者,我们推出了该丛书的新版本。目前再版这套丛书,既是向2019年新中国成立70周年奉献的一份厚礼,也是向2020年全面建成小康社会和2021年中国共产党成立100周年敬献的贺礼。

本次再版的总体原则是在尊重史实和时代语境的前提下,保持丛书既有框架和内容,个别调整体例、订正错讹。本次再版,我们邀请专业人员对各卷英文目录做了全面修订,使之更加准确、简洁。我们还提升了用材、装帧质量,务使该丛书以更好的面貌呈现给广大读者。

本次再版得到了中国社会科学院哲学社会科学创新工程和当代中国研究所的鼎力支持与帮助,在此谨表诚谢。

2019年,习近平总书记对在"不忘初心、牢记使命"主题教育中学习党史、新中国史作出重要指示。我们真诚希望,通过本丛书再版,能为全国广大读者增添一套新的、更为全面系统的学习教材,起到进一步传承红色基因、坚定理想信念的作用,做到知史爱党、知史爱国。

当代中国出版社

2019 年 12 月

总　　序

中华人民共和国，作为一个伟大的社会主义国家，屹立于世，已经整整35个春秋。

当此之际，我们决定把30多年来的历史经验，分门别类，加以总结，编纂成书，陆续付梓，以献给这一伟大事业的创业者和建设者，献给行将参加到这一事业中来的一代又一代新的建设者，献给全国各族同胞和世界上一切关心我们事业的朋友们。

在中华民族5000多年的文明史上，我们当代的历史——中华人民共和国的历史，是最辉煌的篇章。这个时期，中国大地上社会的发展，历史的进步，各项事业的兴旺，人民的团结，都是空前的。我们并不满足于既有的初步成就，并不想以此矜夸于人，但是我国人民通过30多年的实践，确实重新建立了充分的民族自信。实践本身向全世界宣告，有着古老文明的中华民族，在中国共产党领导下，恢复了和勃发着青春的活力，她完全有能力在比较短的时间内，扎扎实实，以比较高的速度，迎头赶上，跻身于世界先进民族之林。

中华人民共和国的历史，是一部艰苦卓绝的社会主义创业史。其所以艰苦卓绝，一则是由于我们的基础太差，起点太低；二则是由于我们没有经验。如何把一个贫困落后的半殖民地半封建的旧中国改造和建设成为一个富强先进的社会主义新中国，不仅在我国的历史发展中是前无古人的创新之举，而且在世界范围内也无成例可援。我们固然可以参考和借鉴别人的经验，但从根本上来说，却只有靠我们自己运用马克思列宁主义的普遍真理，独立地认识和分析中国的特殊国情，以无畏的革命创造精神和严格的科学态度，找出一条中国化的建设社会主义的道路。只有这样，振兴中华的大业才会事半功倍，卓有成效。在革命战争年代，我们把马克思列宁主义普遍真理和中国革命具体实践相结合，形成了适合中国情况的科学的指导思想，即毛泽东思想。是否坚持马克思列宁主义普遍真理和中国革命具体实践相结合，是决定新民主主义革命成败的关键。新中国成立以来的历史实践表明，这同样是决定我国社会主义事业成败的关键。30多年来，中国人民为此贡献了智慧，付出了劳动，备尝了失误的苦痛和成功的欢欣。党的十一届三中全会以后，我们总结过去正反两方面的丰富经验，坚持和发展马克思列宁主义、毛泽东思想，逐步制定和完善各方面的方针政策，在探索建设有中国特色的社会主义的道路上，有许多新的创造，取得了重大的成就。在1982年党的第十二次全国代表大会上，邓小平同志提出："把马克思主义的普遍真理同我国的具体实际结合起来，走自己的道路，建设有中国特色的社会主义，这就是我们总结长期历史经验得出的基本结论。"建设有中国特色的社会主义，这是一个实践的过程，又是我们的认识不断提高和深化的过程，这是我们的出发点，又是我们的奋斗目标。我们完全可以自豪地说，沿着这条道路前进，通过全体共产党人和各族人民脚踏实地的艰苦奋斗，把我们的祖国建设成为一个高度文明、高度民主的社会主义的现代化强国，是指日可待的。

　　社会主义中国的历史还在发展。我们有责任把我国走过的道路和取得的经验，介绍给全国各族人民，介绍给世界人民。我国人民必能从中吸取到爱国主义和社会主义的可贵教益，国外一切关心中国的人也能够由此增进对社会主义新中国的了解。这就是我们编撰出版这套《当代中国》丛书的主要目的。

《当代中国》丛书，将遵循实事求是的科学的态度，不虚美，不掩过，用可靠的事实资料，如实地写出新中国30多年的建设史，为世人为后代留下一部科学的信史。我们深信，只要把30多年建设的成功和挫折的经验，运用马克思列宁主义、毛泽东思想——加以科学的总结，那就会使之成为传诸后世的国宝。

当然，任何珍贵的历史经验，都不应变成妨碍人们继续前进的沉重负担。我们不仅不能重复过去的错误，也不能为成功的经验所束缚，而故步自封。历史经验的可贵，在于提供给人们继续前进的力量，在于给人们研究和解决新问题以智慧。现在，为了实现社会主义现代化，全面进行经济改革和技术革命的历史任务，已经提上了议事日程。这些在新的历史条件下面临的重大的新课题，显然是不可能从既往的历史经验中找到现成答案的。我们的任务在于，正确运用历史经验，从中得出规律性的认识，以便用科学性和革命性紧密结合的革新精神，去迎接我国社会主义现代化建设的新高潮。

《当代中国》丛书编辑委员会

1984年5月3日

序　言

　　正当中华人民共和国成立40周年之际，作为《当代中国》丛书之一的《当代中国的民航事业》的出版，是一件值得高兴的事。

　　中国民航事业的发展，已有近70年的历史。但旧中国民航事业的基础比较薄弱。不过，它所拥有的飞机、设备和器材，以及一大批技术业务人员，则为建设新中国民航事业奠定了相当的物质技术基础。

　　中华人民共和国的成立，宣告了中国半殖民地半封建社会制度的结束，开创了中国历史的新纪元，也使中国民航事业的发展进入了新的历史时期。

　　38年来，在中国共产党和人民政府的关怀下，中国民航事业逐步地成长壮大起来；特别是在中共十一届三中全会以来的路线、方针、政策的指引下，中国民航事业有了迅速发展。现在，中国民航已具有相当规模，拥有多种类型的机群和相应的航空技术装备以及其他地面保障设施；初步建成了连接国内各主要城市和边远地区的航空交通网，开辟了通往世界五大洲的39条国际航线；并创办了为工业、农业、国防、科技等部门服务的通用航空事业，它的作业项目和服务领域正在不断地扩大。

　　38年来，中国民航运输总周转量和旅客运输量的年平均增长率都在20%以上。1987年完成运输总周转量20.28亿吨公里，比1980年翻了两番以上，相当于1978年的5.8倍，其中旅客和货物运输量都有了很大的增长。与此同时，中国民航已建立起比较健全的通用航空管理体系和服务网络，有100多种空中作业项目及其他飞行业务，对国民经济建设和社会发展做出了日益显著的贡献。

　　保证安全第一，是中国民航始终坚持不渝的方针。30多年来，中国民航在保证飞行安全工作方面积累了比较丰富的经验。特别是国际航线的飞行，一直保持优异的安全纪录，从未发生过任何飞行等级事故，受到国际民航界的普遍重视。

此外，中国民航在机场建设、机务维修和教育科研等方面，也都取得了不小的进展。

38年来，中国民航所以能够取得如此成就，是由于中国社会主义制度的优越性，中国共产党和人民政府的正确领导，全国各地和各部门的大力支援，以及民航全体职工共同努力的结果。

中国共产党第十三次全国代表大会制定了社会主义初级阶段建设有中国特色的社会主义的基本路线，规划了中国经济建设的战略部署。交通运输要为国家经济建设和社会发展服务，真正起到先行的作用。当前存在的突出矛盾是，中国民航的运输生产能力还不能满足国家经济建设和人民生活的需要。1987年航空运输旅客周转量仅占全国各种运输方式的3.4%。中国民航1987年所完成的运输总周转量在国际民航运输协会的100多家航空公司中，仅占第17位，与世界各发达国家相比，还有很大差距。

为了适应中国社会主义建设时期的发展需要，中国民航应当有一个大的发展。为此，要认真贯彻执行1980年邓小平指出的"民航一定要走企业化的道路"的方针，坚定不移地改革民航管理体制，实行简政放权、政企分开；要大力加强飞机设备的现代化更新改造，切实保证飞行安全，不断提高服务质量，提高经营管理水平和竞争能力；要加速培养一大批具有社会主义觉悟的中、高级技术、业务人员，加强在职职工的培训，特别对飞行、机务、航管、运输等方面的人员素质的提高，更是刻不容缓。

面临世界范围的新技术革命的形势，航空航天技术的发展日新月异。民航全体人员应当再接再厉，艰苦奋斗，面向全国，放眼世界，不断改革，开拓前进，为伟大祖国的社会主义现代化建设发挥更大的作用，并力争在较短时期内赶上世界民航的先进水平。

《当代中国的民航事业》记载了新中国民航事业发展的史实和历程，向国内外读者提供了比较完整的资料。希望这本书的出版，能帮助读者了解中国民航事业，进一步关心和支持中国民航事业的发展。

目录

总　序
序　言　　　　　　　　　　　　　　　　　　　　　胡逸洲

第一章　近代中国民航历史的回顾 …………………………………… 1
第一节　抗日战争前的概况 …………………………………………… 1
　一、北洋政府筹办航空和孙中山先生的"航空救国" ………………… 1
　二、国民政府兴办民航 …………………………………………………… 2
　三、中美合营的中国航空公司 …………………………………………… 3
　四、中德合营的欧亚航空公司 …………………………………………… 5
　五、日本侵占中国东北三省后举办航空运输 …………………………… 7
　六、两广地方政府兴办西南航空公司 …………………………………… 8
第二节　抗日战争时期的基本情况 …………………………………… 9
　一、"中航"和"欧亚"业务重心的转移 ……………………………… 9
　二、"中航"美方股东执行所谓"中立政策"的周折 ………………… 10
　三、中苏航空公司成立和"欧亚"改组 ………………………………… 12
　四、"中航"在"驼峰空运"中迅速发展 ……………………………… 13
第三节　解放战争时期的转折 ………………………………………… 17
　一、"两航"积极参加"复员运输" …………………………………… 17
　二、"民航空运队"侵犯中国航空权益 ………………………………… 19
　三、"两航"运输业务的畸形发展 ……………………………………… 20
　四、"两航"的衰落和新生 ……………………………………………… 24

第二章 新中国民航事业的发展历程 …… 29

第一节 初创时期（1949—1957 年）…… 29
一、"两航"起义 …… 29
二、新中国民航事业的创立 …… 32
三、民航整编 …… 34
四、进行企业化的尝试 …… 35
五、开始有计划地发展民航事业 …… 37

第二节 调整时期（1958—1965 年）…… 38
一、在"大跃进"中的挫折 …… 39
二、在调整中逐步成长 …… 42

第三节 曲折前进时期（1966—1976 年）…… 45
一、十年动乱对民航事业造成的严重破坏和损失 …… 45
二、在曲折中发展 …… 49

第四节 新的发展时期（1977—1987 年）…… 51
一、进行了管理体制改革 …… 52
二、加快了机群更新的速度 …… 55
三、加快了机场建设的进度 …… 56
四、加快了发展航空运输业务的步伐 …… 56
五、扩大了通用航空的应用范围 …… 58
六、加速了技术力量的培训 …… 58
七、加强了飞行安全保障工作 …… 59
八、提高了经济效益 …… 60
九、提高了飞机利用率和服务质量 …… 61
十、发展了国际关系 …… 62

第三章 航线布局及其发展 …… 65

第一节 国内航线布局 …… 65

一、1950—1957年 ………………………………………………… 65
　　二、1958—1965年 ………………………………………………… 67
　　三、1966—1976年 ………………………………………………… 70
　　四、1977—1987年 ………………………………………………… 71
第二节　国际航线布局 ……………………………………………………… 76
　　一、与邻近国家通航 ……………………………………………… 76
　　二、"飞出去" ……………………………………………………… 78
　　三、通向五大洲 …………………………………………………… 80

第四章　航空运输业务的发展 …………………………………………………… 83
第一节　航空旅客运输业务 ………………………………………………… 83
　　一、航空旅客运量的发展及其构成的变化 ……………………… 83
　　二、航空旅客运输的作用 ………………………………………… 86
　　三、航空旅客运输组织工作 ……………………………………… 91
　　四、旅客服务工作 ………………………………………………… 94
　　五、旅客运输服务设施 ………………………………………… 103
第二节　航空货物、邮件运输业务 ……………………………………… 105
　　一、航空货物、邮件运输的发展及其构成的变化 …………… 105
　　二、航空货物运输的作用 ……………………………………… 109
　　三、航空货物运输质量 ………………………………………… 115
　　四、航空邮件运输业务 ………………………………………… 121
　　五、航空货物运输设施 ………………………………………… 124
第三节　航空运输生产的组织管理 ……………………………………… 125
　　一、市场调查和销售工作 ……………………………………… 125
　　二、航班计划的制定和航班座位、吨位的管理 ……………… 130
　　三、运输生产调度工作 ………………………………………… 133
　　四、运输服务规章制度的建设 ………………………………… 134

第五章 通用航空业的发展 ... 138

第一节 通用航空发展的概况和成就 ... 139
一、飞行队伍的成长 ... 139
二、飞机和设备的更新 ... 139
三、服务范围的扩大 ... 141
四、管理体制的改革 ... 141
五、经济效益的提高 ... 143
六、通用航空的优越性及其作用 ... 144

第二节 航空摄影 ... 148
一、发展历程 ... 148
二、主要成就 ... 152

第三节 航空地球物理探矿 ... 160
一、从航空磁测起步 ... 160
二、勘测铀矿资源 ... 162
三、普查石油矿藏 ... 163
四、在曲折的道路上前进 ... 164
五、应用遥感技术 ... 166
六、取得的成绩 ... 167

第四节 石油航空 ... 169
一、海洋石油航空 ... 169
二、陆地石油航空 ... 172

第五节 航空护林 ... 174
一、航空护林的发展过程 ... 175
二、特殊的战斗，模范的业绩 ... 179

第六节 航空播种 ... 180
一、飞机播种造林 ... 180
二、飞机播种草类 ... 185

三、飞机播种农作物 ………………………………………………………… 188

第七节　航空化学作业 ………………………………………………………… 188
　　一、飞机根外追肥 …………………………………………………………… 189
　　二、飞机化学除草 …………………………………………………………… 191
　　三、飞机防治植物病虫和鼠害 ……………………………………………… 192
　　四、飞机催化降水 …………………………………………………………… 197

第六章　航行业务管理 …………………………………………………………… 201

第一节　航行调度 ……………………………………………………………… 201
　　一、航行调度工作的主要任务 ……………………………………………… 201
　　二、航行调度管理体制及其组织机构 ……………………………………… 202
　　三、飞行调度指挥区域划分 ………………………………………………… 203
　　四、飞行搜寻援救区域划分 ………………………………………………… 204
　　五、航行调度业务工作 ……………………………………………………… 205
　　六、国际飞行的指挥调度工作 ……………………………………………… 207
　　七、航行调度规章制度的建设 ……………………………………………… 209

第二节　通信导航 ……………………………………………………………… 210
　　一、通信导航的作用和任务 ………………………………………………… 210
　　二、通信业务的组织和实施 ………………………………………………… 211
　　三、导航业务的组织和实施 ………………………………………………… 215

第三节　气象保证 ……………………………………………………………… 220
　　一、气象工作的作用 ………………………………………………………… 220
　　二、气象工作领导体制和气象台、哨的设置 ……………………………… 221
　　三、气象业务的发展 ………………………………………………………… 222

第四节　航行情报 ……………………………………………………………… 225
　　一、航行情报在民航的作用 ………………………………………………… 225
　　二、航行情报业务发展历程 ………………………………………………… 227
　　三、航行情报的收集整理、设计制作和服务工作 ………………………… 229

| 第五节　空勤人员管理 | 231 |

一、空勤人员的组织管理 … 231
二、空勤人员的技术管理 … 232
三、空勤人员的飞行管理和保健工作 … 234

第七章　飞行安全工作 … 237

第一节　飞行安全的基本状况 … 237

一、航班运输飞行 … 237
二、专机飞行 … 238
三、通用航空飞行 … 238
四、训练飞行 … 239
五、保证飞行安全工作中的经验教训 … 239

第二节　加强飞行队伍建设，保证飞行安全 … 242

一、飞行人员的组织管理 … 243
二、飞行人员技术素质的成长 … 244

第三节　同劫持和破坏飞机的犯罪行为作斗争 … 247

第四节　保证飞行安全的基本措施 … 250

一、加强组织领导，牢固树立"保证安全第一"的指导思想 … 251
二、建立、健全并严格执行各项规章制度 … 255
三、加强技术业务训练，严格技术业务考核 … 257
四、明确分工，密切协作，主动配合 … 259
五、更新机型和各种保障设备，推广应用先进技术 … 261

第五节　安全飞行先进单位与个人 … 262

第八章　航空机务维修工程 … 266

第一节　初建时期（1949—1954年） … 267

一、建立天津和重庆飞机维护基地 … 267
二、建成太原机械修理厂 … 268

三、建立上海机械修理分厂 ………………………………………… 269
　　四、抢修解放前遗留的旧飞机 ……………………………………… 269
　　五、建立北京飞机维护队 …………………………………………… 271
　　六、"革新型"飞机的诞生 ………………………………………… 271
　　七、中苏民航公司的机务维修工作 ………………………………… 272

第二节　发展时期（1955—1966年） ……………………………………… 273
　　一、新的机务维修布局和组织 ……………………………………… 273
　　二、飞机修理厂的建立 ……………………………………………… 273
　　三、外场和内场飞机维修能力和技术水平的提高 ………………… 275
　　四、民航204号飞机的修复 ………………………………………… 277

第三节　十年动乱时期（1966—1976年） ………………………………… 278
　　一、技术力量削弱，职工素质降低 ………………………………… 279
　　二、规章制度废弛，生产水平下降 ………………………………… 279
　　三、抵制极"左"思潮，保证安全生产 …………………………… 280

第四节　开拓前进时期（1977—1987年） ………………………………… 281
　　一、维修生产能力在整顿中提高 …………………………………… 281
　　二、维修管理与技术在改革中拓展 ………………………………… 284

第五节　飞机维修工程的成果 ……………………………………………… 288
　　一、重视飞机维修质量，保证了飞行安全 ………………………… 289
　　二、提高了各型运输飞机完好率 …………………………………… 289
　　三、提高了飞机和发动机大修理能力 ……………………………… 289
　　四、飞机零附件修理工作取得了进展 ……………………………… 290
　　五、初步注意了航空地面设备的修造 ……………………………… 290

第九章　机场建设 …………………………………………………………… 293

第一节　38年来民航机场建设概况（上）
　　　　（1950—1978年） ………………………………………………… 293
　　一、国民经济恢复时期 ……………………………………………… 294

二、国民经济第一个五年计划时期 ……………………………………… 295

　　三、国民经济第二个五年计划及其调整时期 …………………………… 295

　　四、十年动乱时期 …………………………………………………… 302

第二节　38年来民航机场建设概况（下）

　　　　（1979—1987年） ………………………………………………… 309

　　一、经济特区的机场建设 …………………………………………… 309

　　二、开放口岸的机场建设 …………………………………………… 310

　　三、旅游胜地机场的兴建 …………………………………………… 314

　　四、解决修建西安和武汉民航机场场址 ……………………………… 315

　　五、全国各地民航机场建设的发展 …………………………………… 316

　　六、新时期机场建设的特色 ………………………………………… 320

第三节　兴建中国民航的主要基地——北京首都机场 ……………………… 321

　　一、新建北京首都机场 ……………………………………………… 321

　　二、初次扩建北京首都机场 ………………………………………… 324

　　三、第二次扩建北京首都机场 ……………………………………… 325

第四节　民航机场建设技术的发展 ………………………………………… 329

　　一、中国民航机场建设技术发展的五个阶段 ………………………… 329

　　二、机场场道工程中的若干研究成果及其应用 ……………………… 330

　　三、机场工程中遇到的几个特殊技术问题 …………………………… 332

　　四、其他机场建设技术方面的发展 …………………………………… 333

第五节　民航机场建设中的经验教训 ……………………………………… 335

　　一、实行开放体制 …………………………………………………… 335

　　二、加强管理 ………………………………………………………… 336

　　三、讲求投资效益 …………………………………………………… 336

　　四、引进竞争机制 …………………………………………………… 337

　　五、要及早制定一个全国机场网规划 ………………………………… 338

　　六、要重视培养机场建设专门人才 …………………………………… 338

　　七、要按基本建设客观规律办事 ……………………………………… 339

八、要重视机场建设的前期工作和总结工作 ………………………………… 339

第十章　经济核算与经济效益 ……………………………………… 341

第一节　经济核算的形成和发展 ……………………………………… 341

　　一、由"统收统支"的核算形式，转变为初步实行经济核算制 ………… 341

　　二、实行"分区管理，集中计算盈亏"的经济核算制 …………………… 342

　　三、单独成立工业企业和供销企业，实行独立核算 ……………………… 343

　　四、逐步实现"分区管理，分区计算盈亏"的核算办法 ………………… 344

　　五、实行"军事供给制"，取消经济核算制 ……………………………… 346

　　六、经济核算制的恢复及其主要矛盾 ……………………………………… 347

第二节　经济核算制的改革与展望 …………………………………… 349

　　一、1979年的改革 …………………………………………………………… 349

　　二、1980年的改革 …………………………………………………………… 352

　　三、1981年的改革 …………………………………………………………… 353

　　四、总结历史经验，继续探索前进 ………………………………………… 356

第三节　民航经济效益 ………………………………………………… 359

　　一、取得的实绩 ……………………………………………………………… 359

　　二、存在的问题 ……………………………………………………………… 360

　　三、解决的途径 ……………………………………………………………… 367

第十一章　人才培训和科学技术研究 ……………………………… 372

第一节　人才培训的发展概况 ………………………………………… 372

　　一、1950年至1965年的人才培训 ………………………………………… 372

　　二、十年动乱时期的人才培训 ……………………………………………… 376

　　三、中共十一届三中全会以来的人才培训 ………………………………… 378

第二节　院校教育 ……………………………………………………… 383

　　一、高等院校 ………………………………………………………………… 383

　　二、中等专业学校 …………………………………………………………… 391

三、技工学校 ………………………………………………………………… 393

第三节　在职教育 …………………………………………………………………… 394
　　一、职工教育的管理体制 …………………………………………………… 394
　　二、职工教育的办学形式 …………………………………………………… 395
　　三、职工教育基地 …………………………………………………………… 396
　　四、职工教育的师资和教材 ………………………………………………… 398
　　五、地面人员的业务技术教育 ……………………………………………… 399
　　六、空勤人员的业务技术教育 ……………………………………………… 400

第四节　科学技术研究 ……………………………………………………………… 402
　　一、科技研究发展概况 ……………………………………………………… 402
　　二、科技促进了生产 ………………………………………………………… 404
　　三、优秀科技工作者 ………………………………………………………… 409

第十二章　国际关系 …………………………………………………………… 413

第一节　国际通航 …………………………………………………………………… 414
　　一、建立中苏合营的航空公司 ……………………………………………… 414
　　二、开辟通往邻近国家的航线 ……………………………………………… 414
　　三、发展联运代理业务 ……………………………………………………… 415
　　四、适当开放中国航空运输市场 …………………………………………… 415
　　五、积极准备"飞出去" ……………………………………………………… 416
　　六、飞向世界 ………………………………………………………………… 418

第二节　主要通航关系 ……………………………………………………………… 419
　　一、中国—苏联 ……………………………………………………………… 419
　　二、中国—缅甸 ……………………………………………………………… 421
　　三、中国—巴基斯坦 ………………………………………………………… 422
　　四、中国—法国 ……………………………………………………………… 422
　　五、中国—埃塞俄比亚 ……………………………………………………… 423
　　六、中国—日本 ……………………………………………………………… 424

七、中国—英国 ……………………………………………… 425
　　八、中国—美国 ……………………………………………… 426
　　九、中国—澳大利亚 ………………………………………… 428
　　十、中国—波兰 ……………………………………………… 428
第三节　国际多边活动 …………………………………………… 429
　　一、国际会议 ………………………………………………… 429
　　二、国际组织 ………………………………………………… 430
　　三、国际公约 ………………………………………………… 432
　　四、参加国际多边活动取得的主要成果 …………………… 434
第四节　技术合作 ………………………………………………… 438
　　一、对外援助 ………………………………………………… 438
　　二、接受外援 ………………………………………………… 441

结束语 ……………………………………………………………… 443
附录　中国民航事业大事年表 …………………………………… 447
后　记 ……………………………………………………………… 478

Contents

General Preface

Preface   Hu Yizhou

Chapter I   Review of the History of Modern Chinese Civil Aviation 1

  1. Outline Before the War of Resistance Against Japan 1

    (1) Preparations by the Government of Northern Warlords for Aviation and Sun Yatsan's "Saving the Country with Aviation" 1

    (2) Founding of Civil Aviation by the National Government 2

    (3) Sino-American Joint Venture China National Aviation Corporation 3

    (4) Sino-German Joint Venture Eurasian Aviation Corporation 5

    (5) Starting of Air Transport in China's Northeast Provinces After Being Occupied by Japanese 7

    (6) Establishment of Southwest Aviation Corporation by Local Governments of Guangdong and Guangxi 8

  2. Basic Situation During the War of Resistance Against Japan 9

    (1) Shift of Business Centers of CNAC and Eurasian 9

    (2) The So-called "Neutral Policy" Carried out by American Shareholders in CNAC 10

    (3) Establishment of Sino-Soviet Aviation Corporation and Reshuffle of Eurasian 12

    (4) Rapid Growth of CNAC During the "Hump" Airlift 13

  3. Turn During the War of Liberation 17

（1） CNAC and CATC Active Participation in the "Demobilization Transportation" ………………………………………………………… 17
（2） CAT Infringement on China's Aviation Rights and Interests ……… 19
（3） Abnormal Expansion of CNAC and CATC Traffic ……………… 20
（4） Decline and New Life of CNAC and CATC ……………………… 24

Chapter II   Course of Development of New China's Civil Aviation ……… 29

1. Initial Period (1949-1957) ……………………………………………… 29
（1） Uprising of CNAC and CATC ………………………………… 29
（2） Founding of Civil Aviation of New China ……………………… 32
（3） Reorganization of Civil Aviation ………………………………… 34
（4） Experiment of Operating as Enterprise ………………………… 35
（5） Beginning of Developing Civil Aviation in a Planned Way …… 37

2. Period of Readjustment (1958-1965) …………………………………… 38
（1） Setbacks in "Great Leap Forward" ……………………………… 39
（2） Gradual Growth Through Readjustment ………………………… 42

3. Period of Tortuous Progress (1966-1976) ……………………………… 45
（1） Serious Damage and Loss to Civil Aviation Sustained in Ten Years of Turmoil ……………………………………………… 45
（2） Development Through Tortuous Course ………………………… 49

4. Period of New Development (1977-1987) ……………………………… 51
（1） Reform in Management System ………………………………… 52
（2） Acceleration of Fleet Renewal …………………………………… 55
（3） Acceleration of Airport Construction …………………………… 56
（4） Acceleration of the Growth of Air Transport …………………… 56
（5） Expansion of the Application of General Aviation ……………… 58
（6） Acceleration of Technical Personnel Training …………………… 58
（7） Strengthening of Assurance of Flight Safety …………………… 59

(8) Improvement of Economic Benefits ······ 60

(9) Enhancement of Aircraft Utilization and Service Quality ······ 61

(10) Development of International Relations ······ 62

Chapter III   Layout and Development of Air Routes ······ 65

1. Layout of Domestic Routes ······ 65

(1) 1950-1957 ······ 65

(2) 1958-1965 ······ 67

(3) 1966-1976 ······ 70

(4) 1977-1987 ······ 71

2. Layout of International Routes ······ 76

(1) Air Links with Neighbouring Countries ······ 76

(2) "Fly to the Outside World" ······ 78

(3) Operations to Five Continents ······ 80

Chapter IV   Development of Air Transport ······ 83

1. Air Passenger Traffic ······ 83

(1) Development of Air Passenger Traffic and Changes in Its Composition ······ 83

(2) Role of Air Passenger Transport ······ 86

(3) Organization System of Air Passenger Traffic ······ 91

(4) Passenger Service ······ 94

(5) Passenger Service Facilities ······ 103

2. Air Cargo and Air Mail Traffic ······ 105

(1) Development of Air Cargo and Air Mail Traffic and Changes in Their Compositions ······ 105

(2) Role of Air Cargo Transport ······ 109

(3) Quality of Air Cargo Transport ······ 115

(4) Air Mail Transport ……………………………………………… 121

(5) Air Cargo Transport Facilities ……………………………… 124

3. Organization and Management of Air Transport …………… 125

(1) Market Survey and Sales Activity ………………………… 125

(2) Scheduling and Seat and Space Control ………………… 130

(3) Traffic Dispatching ………………………………………… 133

(4) Building of Traffic Rules and Regulations ……………… 134

Chapter V   Development of General Aviation ……………… 138

1. Outline and Achievements of General Aviation …………… 139

(1) Maturation of Flight Personnel …………………………… 139

(2) Renewal of Aircraft and Equipment ……………………… 139

(3) Expansion of Service Scope ……………………………… 141

(4) Reform of Management System …………………………… 141

(5) Enhancement of Economic Benefits ……………………… 143

(6) Advantages and Role of General Aviation ……………… 144

2. Aerial Photography …………………………………………… 148

(1) Course of Development …………………………………… 148

(2) Main Achievements ………………………………………… 152

3. Aerial Geophysical Prospecting ……………………………… 160

(1) Starting from Aerial Magnetic Survey …………………… 160

(2) Prospecting of Uranium Resources ……………………… 162

(3) General Survey of Petroleum Deposits …………………… 163

(4) Advancing on a Tortuous Road …………………………… 164

(5) Application of Remote-sensing Technique ……………… 166

(6) Achievements ……………………………………………… 167

4. Petroleum Aviation …………………………………………… 169

(1) Ocean Petroleum Aviation ………………………………… 169

(2) Land Petroleum Aviation ······ 172

5. Aerial Forest Patrol ······ 174

(1) Course of Development of Aerial Forest Patrol ······ 175

(2) Peculiar Battle, Exemplary Achievements ······ 179

6. Aerial Seeding ······ 180

(1) Aerial Afforestation ······ 180

(2) Aerial Seeding of Grass ······ 185

(3) Aerial Seeding of Crops ······ 188

7. Aerial Chemical Work ······ 188

(1) Aerial Foliage Dressing ······ 189

(2) Aerial Weeding with Chemicals ······ 191

(3) Aerial Prevention and Control of Plant Diseases and Elimination of Rats ······ 192

(4) Aerial Catalytic Precipitation ······ 197

Chapter VI Operational Management of Aviation ······ 201

1. Dispatching ······ 201

(1) Main Tasks of Dispatching ······ 201

(2) Management System and Organizations of Dispatching ······ 202

(3) Delineation of Flight Dispatching Areas ······ 203

(4) Delineation of Search and Rescue Areas ······ 204

(5) Dispatching Service ······ 205

(6) Dispatching of International Flights ······ 207

(7) Rules and Regulations on Dispatching ······ 209

2. Communication and Navigation ······ 210

(1) Role and Tasks of Communication and Navigational Services ······ 210

(2) Organization and Implementation of Communication Service ······ 211

(3) Organization and Implementation of Navigational Service ······ 215

3. Meteorological Service ………………………………………… 220

(1) Role of Meteorological Service ………………………………… 220

(2) Management System of Meteorological Service and the Setting up of Meteorological Observatories and Stations ……………… 221

(3) Development of Meteorological Service ……………………… 222

4. Aeronautical Information ……………………………………… 225

(1) Role of Aeronautical Information in Civil Aviation …………… 225

(2) Course of Development of Aeronautical Information Service …… 227

(3) Collection, Compilation, Designing and Publication of Aeronautical Information ……………………………………… 229

5. Management of Flight Personnel ……………………………… 231

(1) Organizational Management of Flight Personnel ……………… 231

(2) Technical Management of Flight Personnel …………………… 232

(3) Operational Management and Hygiene of Flight Personnel …… 234

Chapter VII Flight Safety ……………………………………… 237

1. Basic Situation of Flight Safety ……………………………… 237

(1) Scheduled Flight ………………………………………………… 237

(2) Special Flight …………………………………………………… 238

(3) General Aviation Operations …………………………………… 238

(4) Flight Training ………………………………………………… 239

(5) Experience and Lessons in Ensuring Flight Safety …………… 239

2. Strengthening the Build-up of Flight Personnel and Ensuring Flight Safety ……………………………………………………… 242

(1) Organizational Management of Flight Personnel ……………… 243

(2) Maturation of the Technical Quality of Flight Personnel ……… 244

3. Struggle Against Criminal Acts of Hijack and Sabotage ……… 247

4. Basic Measures of Ensuring Flight Safety …………………… 250

(1) Strenthening Organization and Leadership and Firmly Fostering the Guiding Ideology of "Ensuring Safety First" ·················· 251

(2) Formulating, Amplifying and Strictly Implementing the Rules and Regulations ·················· 255

(3) Intensifying Technical and Professional Training and Strictly Carrying out Related Examination ·················· 257

(4) Practising Distinct Division of Labor, Close Cooperation and Active Coordination ·················· 259

(5) Renewing Aircraft Types and Operational Facilities and Promoting the Application of Advanced Technology ·················· 261

5. Advanced Units and Individuals in Flight Safety Work ·················· 262

Chapter VIII Aeronautical Maintenance ·················· 266

1. Initial Period (1949-1954) ·················· 267

(1) Establishment of Aircraft Maintenance Base in Tianjin and Chongqing ·················· 267

(2) Establishment of Taiyuan Mechanical Repair Plant ·················· 268

(3) Establishment of Shanghai Branch of Mechanical Repair Plant ·················· 269

(4) Rush-repair of Outdated Aircraft Left over After Liberation ·················· 269

(5) Founding of Beijing Aircraft Maintenance Brigade ·················· 271

(6) Birth of "TC-62" Aircraft ·················· 271

(7) Maintenance Work of Sino-Soviet Civil Aviation Corporation ·················· 272

2. Period of Development (1955-1966) ·················· 273

(1) New Layout and Organization of Aircraft Maintenance ·················· 273

(2) Establishment of Aircraft Repair Plant ·················· 273

(3) Improvement of the Capability and Technical Level of Line Maintenance and Repair Shop ·················· 275

（4）Restoration of CAAC Aircraft No. 204 ······················· 277

3. Period of Ten Years of Turmoil（1966-1976） ··················· 278

　（1）Weakening Technical Force and Declining Personnel Quality ············· 279

　（2）Laxation of Rules and Regulations and Drop of Production ············· 279

　（3）Resistance Against Ultra "Leftist" Ideological Trend to
　　　Ensure Safe Production ······················· 280

4. Period of Rehabilitation and Advance（1977-1987） ··················· 281

　（1）Raising of Maintenance Capability Through Reorganization ············· 281

　（2）Improvement of Management and Technique of Maintenance
　　　Service Through Reform ······················· 284

5. Achievements in Aircraft Maintenance ······················· 288

　（1）Stressing the Quality of Aircraft Maintenance to Ensure Flight
　　　Safety ······················· 289

　（2）Improving the Serviceability of Various Types of Transport
　　　Aircraft ······················· 289

　（3）Strengthening the Capability of Overhauling Aircraft and
　　　Engine ······················· 289

　（4）Making Progress in the Repair of Aircraft Parts and
　　　Accessories ······················· 290

　（5）Paying Preliminary Attention to Repair and Manufacture of
　　　Aeronautical Ground Facilities ······················· 290

Chapter IX　Airport Construction ······················· 293

1. Outline of Civil Airport Construction in Past 38 Years（Part A）
　（1950-1978） ······················· 293

　（1）Period of Restoration of National Economy ······················· 294

　（2）Period of the First Five-year Plan ······················· 295

　（3）Period of the Second Five-year Plan and Its Adjustment ············· 295

(4) Period of Ten Years of Turmoil ······ 302
2. Outline of Civil Airport Construction in Past 38 Years (Part B)
   (1979-1987) ······ 309
   (1) Airport Construction at Special Ecomomic Zones ······ 309
   (2) Airport Construction at Open Port Cities ······ 310
   (3) Airport Construction at Tourist Spots ······ 314
   (4) Settlement of Civil Airport Sites at Xi'an and Wuhan ······ 315
   (5) Development of Civil Airport Construction Across the Country ······ 316
   (6) Features of Airport Construction in the New Period ······ 320
3. Construction of Capital Airport—Main Base of Civil Aviation
   of China ······ 321
   (1) Construction of Capital Airport ······ 321
   (2) First Extension of Capital Airport ······ 324
   (3) Second Extension of Capital Airport ······ 325
4. Technological Development in Civil Airport Construction ······ 329
   (1) Five Phases of Technological Development in Civil
       Airport Construction ······ 329
   (2) Some Achievements of Research and Their Application in
       Airfield Construction ······ 330
   (3) Several Special Technical Problems Encountered in
       Airfield Construction ······ 332
   (4) Other Technological Development in Airport Construction ······ 333
5. Experience in Civil Airport Construction ······ 335
   (1) Adopting Open System ······ 335
   (2) Strengthening Management ······ 336
   (3) Laying Stress on Investment Effectiveness ······ 336
   (4) Introducing Competition Mechanism ······ 337
   (5) Need for Early Formulation of Nationwide Plan of Airport

　　　　Network ……………………………………………………………… 338

（6）Laying Stress on the Training of Personnel Specialized in Airport
　　　　Construction ……………………………………………………… 338

（7）Pursuance of the Objective Law of Capital Construction ………… 339

（8）Laying Stress on Early Stage Work and Summarization in
　　　　Airport Construction ……………………………………………… 339

Chapter X　Economic Accounting and Economic Benefits ……………… 341

1. Formation and Development of Economic Accounting ………………… 341

（1）Changing from the Accounting System of "Unified Revenue and
　　　　Expenditure" to Initial Practice of Economic Accounting ……… 341

（2）Adoption of the Accounting System of "Separate Management
　　　　and Concentrated Calculation of Profit and Loss" ……………… 342

（3）Establishment of Individual Industrial Enterprises and Supplies and
　　　　Sales Enterprises and Adoption of Independent Accounting System ………… 343

（4）Gradual Adoption of the Accounting System of "Separate
　　　　Management and Separate Calculation of Profit and Loss" …… 344

（5）Adoption of "Military Supply System" and Abolition of
　　　　Economic Accounting System …………………………………… 346

（6）Restoration to Economic Accounting System and Its Main
　　　　Contradictions ……………………………………………………… 347

2. Reform of Economic Accounting System and Prospects ……………… 349

（1）Reform of 1979 …………………………………………………… 349

（2）Reform of 1980 …………………………………………………… 352

（3）Reform of 1981 …………………………………………………… 353

（4）Summarizing Historical Experience and Advancing in
　　　　Exploration ………………………………………………………… 356

3. Economic Benefits of Civil Aviation ……………………………………… 359

(1) Achievements ······ 359
(2) Existing Problems ······ 360
(3) Solutions ······ 367

Chapter XI Personnel Training and Scientific and Technological Research ······ 372

1. Outline of the Development of Personnel Training ······ 372
(1) Personnel Training 1950-1965 ······ 372
(2) Personnel Training During Ten Years of Turmoil ······ 376
(3) Personnel Training Since the Third Plenary Session of Eleventh Central Committee of the CPC ······ 378
2. School Education ······ 383
(1) Institutions of Higher Education ······ 383
(2) Secondary Technical Schools ······ 391
(3) Schools for Skillful Workers ······ 393
3. On-job Education for Staff and Workers ······ 394
(1) Management System of Education for Staff and Workers ······ 394
(2) Form of Education for Staff and Workers ······ 395
(3) Base of Education for Staff and Workers ······ 396
(4) Teachers and Teaching Material for Education for Staff and Workers ······ 398
(5) Professional and Technical Education for Ground Personnel ······ 399
(6) Professional and Technical Education for Flight Personnel ······ 400
4. Scientific and Technological Research ······ 402
(1) Outline of the Development of Scientific and Technological Research ······ 402
(2) Promotion of Production by Science and Technology ······ 404
(3) Outstanding Scientific and Technological Workers ······ 409

Chapter XII International Relations 413

1. Operation of International Services 414

（1） An Airline Jointly Run by China and the U. S. S. R. 414

（2） Opening of Air Routes to Neighbouring Countries 414

（3） Development of Interline Relations 415

（4） Appropriate Opening of Chinese Air Transport Market 415

（5） Active Preparations for "Flying to the Outside World" 416

（6） Operations All over the World 418

2. Main International Bilateral Relations 419

（1） China—U. S. S. R. 419

（2） China—Burma 421

（3） China—Pakistan 422

（4） China—France 422

（5） China—Ethiopia 423

（6） China—Japan 424

（7） China—U. K. 425

（8） China—U. S. A. 426

（9） China—Australia 428

（10） China—Poland 428

3. International Multilateral Activities 429

（1） International Meetings 429

（2） International Organizations 430

（3） International Conventions 432

（4） Main Achievements of International Multilateral Activities 434

4. Technical Cooperation 438

（1） Assistance Rendered to Other Countries 438

（2） Foreign Assistance 441

Conclusion 443
Appendix: 1. Chronology of Events of China's Civil Aviation 447

Postscript 478

第一章
近代中国民航历史的回顾

近代中国外受帝国主义的侵略和压迫,内受封建主义的统治和奴役,政治腐败、经济凋敝、内战频仍、民不聊生,沦为半殖民地半封建社会。中国的近代民航事业,就是在这种社会历史条件下发展起来的,并且从一个侧面反映出它所具有的半殖民地半封建的性质。

近代中国民航事业的发展,走过了一大段艰难坎坷的道路。下面就抗日战争前、抗日战争和解放战争三个时期的近代中国民航事业的发展历史,作一简要的叙述。

第一节 抗日战争前的概况

1918年第一次世界大战结束后,帝国主义列强急于摆脱军事化生产带来的困境,竞相输出资本与技术。为了寻求国际市场,它们在世界范围内掀起了兴办商业航空的热潮。中国当时正处在军阀混战之中,于是就成了帝国主义列强欺凌和角逐掠夺的地方。

一、北洋政府筹办航空和孙中山先生的"航空救国"

中国北洋政府交通部于1919年3月成立了筹办航空事宜处(1921年2月改组为航空署,隶属于军政部),陆续购进美国亨利佩治型和维梅型飞机共8架,招聘了外籍驾驶员,制定了各项运输章则,同邮政总局签订了承运邮件的合同,并初步拟定了开辟全国五条航线的计划,即北京—上海的京沪线,北京—广州的京粤线,北京—成都的京蓉线,北京—哈尔滨的京哈线和北京

—库伦（今蒙古人民共和国首都乌兰巴托）的京库线。但是这一航线计划除了京沪线的北京—天津航段于1920年5月8日运营和北京—济南航段于次年7月1日投入运营外，其他航线都未能开通。上述两条航段虽勉强通航，但北京—天津航段的班期很不正常，只断断续续地飞了一年多，北京—济南航段则在开航后10天便停航了。这期间，航空署还举办过北京—北戴河的暑期临时航班以及参观海滨和长城风景区的游览飞行。不过，所有这些航空运输业务，到1924年便陆续停办了。这样，北洋政府花费了上百万元，并举借了大量外债，折腾了五六年的"筹办航空事宜"，便像昙花一现地凋谢了。

1923年，在孙中山先生"航空救国"的倡导下，著名旅美华侨飞行家和飞机制造师杨仙逸，奉孙中山先生的委派，在美国购买了飞机和器材，并物色了在美学习飞行的陈卓林、林伟成、聂开一等人一起回到广州创办航空业。不久，孙中山先生任命杨仙逸为中华民国大元帅府（1925年改称广东革命政府）航空局局长兼广东飞机制造厂厂长。1924年，中国国民党和中国共产党实现了第一次合作，在孙中山先生的领导下，在广州的大沙头开办了航空学校。这是中国最早培养航空人才的摇篮。该校第一、二期学员主要从黄埔军官学校的毕业生中选送。从1925年至1926年，航空学校先后培养了527名飞行员。其中从该校毕业的王叔铭、毛邦初、刘云、唐铎和常乾坤等人，在近代和当代中国创建空军和发展民航事业中都曾做出了贡献；还有不少人在国内革命战争和抗日战争中屡立战功，或为国捐躯。

二、国民政府兴办民航

1929年发生的世界经济危机，使各个资本主义国家面临着工业萧条的境地，但为了扩充军备的需要，在航空工业方面则有所加强。与此同时，各主要资本主义国家的航空运输企业都加快了发展步伐，积极开拓洲际航线，除了加强其本国对附属国和殖民地之间的联系与控制外，还力图扩充其势力范围，把经济掠夺的触角伸向贫穷落后的国家和地区。

在各国兴办航空运输业的推动下，南京国民政府交通部于1929年5月成立了沪蓉航空线管理处，由航政司第三科科长聂开一兼主任。交通部于当年拨给该处专列的航空邮递经费60万元，购买了美国史汀生型上单翼小型客机4架，聘请了外籍飞机师2名和机械员1名，中国籍飞机师3名和机械人员9名，并于同年7月8日开辟了沪蓉航线的上海—南京航段。但这个航段的飞行很不正常，总计飞行仅1年多，仅载运旅客1477人次和邮件20多公斤，平均每月客运量只有100人次左右。

由于国民政府缺乏必要的财力、物力和人力，举办航空运输遇到不少困难。因此，美国和德国的民航资本便乘虚而入，尤其是日本军国主义者，明火执仗地侵占中国东北各省。

美国寇蒂斯·莱特公司早在1928年便有开拓中国航空市场的计划，并成立了一个子公司，即美国航空开拓公司。同时，美国泛美航空公司也打算开辟一条从旧金山通往上海的飞越太平洋的航线。国民政府铁道部部长孙科以筹建中的中国航空公司董事长的身份，于1929年4月同美国航空开拓公司代表签订了《航空运输及航空邮务合同》。同年5月1日，中国航空公司宣告正式成立。半年后，该公司采用洛宁型水陆两用飞机，开辟了上海—汉口航线。但开航才一个星期，美国航空开拓公司竟将上述合同的全部权益转让给美商经营的中国飞运公司。国民政府铁道部的这种做法，引起了中国航空界人士的不满，特别是上海及各大城市的邮政职工，强烈抗议一个外国航空公司擅自承揽运送邮件，以及不受任何空中交通管制等侵犯中国领空和主权的行径。为此，上海邮政工会于1930年元旦举行了示威大罢工，各地邮政工人也纷纷响应。经过几个月的交涉，直到1930年7月8日，中美双方才废除了《航空运输及航空邮务合同》。这样，孙科主持的前中国航空公司运营不到9个月，只载运旅客211人次，邮件3560公斤，便在一片唾弃声中夭折了。

三、中美合营的中国航空公司

在美国资本的支持下，国民政府于1930年8月撤销了沪蓉航空线管理处，并将业务并入由交通部与美商中国飞运公司合资经营的、新成立的中国航空公司（以下简称"中航"）。该公司资本总额为1000万元，中方股份占55%，美方股份占45%。

"中航"的成立及其存在的20年，由于得到国民政府的支持和给予它的优惠条件，无论在技术设施和业务经营等方面，同其他几个航空公司相比，都处于领先地位。

在航线布局方面，"中航"成立后，先后开辟了沟通国内纵向和横向的三条主要干线，即：

沪蓉航线——从上海经南京、九江、汉口、宜昌、万县、重庆至成都；

沪平航线——从上海经海州、青岛至北平；

沪粤航线——从上海经温州、福州、厦门、汕头、香港至广州。

此外，还经营了重庆—昆明航线等。

由于"中航"合营的一方美国飞运公司于1933年4月将其股权转让给了美国泛美航空公司（以下简称"泛美"），而且按"合同"规定"中航"的机航组主任由美方派任，因此"中航"的机务、航行的管理大权以及沪粤航线的全部经营权，都完全操纵在美国人手中，实质上它已沦为"泛美"的一个子公司。为了同"泛美"的太平洋航线和英国海外航空公司的远东航线能在香港相联运，"中航"于1936年将上海—广州的航线延伸到香港，使中国同美、英两国之间的联运航程分别缩短为8天和10天。这在当时，比远洋船运已大为便捷了。

到1936年年底，"中航"的航线里程有6100多公里。

在航空运量方面。根据国民政府交通部民航局出版的1948年第4期《民用航空》杂志的统计，1931年至1937年期间，"中航"的旅客、货物和邮件运量是逐年增长的。（见表1）

这是因为，当时它所经营的三条主要干线都在长江流域和东南沿海经济文化比较发达的地区，不仅旅客往来频繁，而且在中国发生的重大政治事件中，如1936年"西安事变"期间，"中航"在西安—南京之间，曾多次担任运送调解要员的专机任务，加之"中航"还获得了国民政府交通部特准的航空邮件专营权的缘故。至于"中航"的货物运量不大，主要是初期使用的史

1931—1937 年"中航"运量统计

表1

项目 数量 年份	旅客运量 （人次）	货物运量 （吨）	邮件运量 （吨）
1931	2784	—	43.71
1932	2699	—	48.95
1933	4215	—	57.57
1934	6729	12.78	70.26
1935	14812	42.08	73.79
1936	20198	48.84	102.28
1937	11610	56.19	93.48
累　计	63047	159.89	490.04

汀生型和洛宁型小飞机，载量一般只有700公斤左右，多载了邮件（运费率比普通货物要高），便要少收运货物。不过，"七七"卢沟桥事变爆发后，由于日本侵略军的进犯，"中航"的沿江、沿海航线的空运业务都受到很大影响，1937年的旅客运量就比上年减少了42.5%。

在经营管理方面。这期间，"中航"共拥有各型飞机12架，其中包括DC-2、DC-3型飞机4架。初期的营业收入每年约60万元。随着运输业务的发展，收入逐年递增。到1936年年末，该公司营业收入已增至500万元，即平均每年增收100万元左右。

四、中德合营的欧亚航空公司

1931年2月，德国和中国合资经营的欧亚航空公司（以下简称"欧亚"）正式成立。早在1925年，德国汉莎航空公司就拟定了向远东地区扩充势力的方针，而且认为打入中国的航空市场将大有作为。该公司代表于1930年2月同国民政府交通部签订了欧亚航空邮运合同和合资经营"欧亚"的合同，合同规定"欧亚"资本总额为300万元，中方股份占2/3，德方股份占1/3。

在抗日战争爆发前，"欧亚"的成立和它在中国境内经营航空运输业务的12年间，曾一度发展到较大的规模，其通航里程还超过了"中航"。

根据中德双方签订的合同规定,"欧亚"主要经营三条从中国境内出发,经过苏联前往欧洲各国的航线。这三条航线在中国境内各航段的经停地点为:

沪满航段——从上海经南京、天津、北平、林西至满洲里;

沪迪航段——从上海经南京、洛阳、西安、兰州至迪化(今称乌鲁木齐);

沪库航段——从上海经南京、天津、北平至库伦。

该公司从1931年5月起,历经波折,都未达到其"沟通横跨欧亚两大洲"的国际空运干线的目的。在开辟中国境内的各个航段的工作上也遇到不少困难,如1931年5月开航的沪满航段,3个多月后,因发生"九一八"事变便停航了;1932年4月开辟的沪迪航段,先只飞到西安,同年5月再从西安延伸至兰州,直到次年5月才飞抵迪化,前后历时1年多;至于沪库航段,则始终未通航。不过,"欧亚"继开辟北平—洛阳和北平—包头—银川的航线之后,1934年5月,又增加了北平—太原—洛阳—汉口—长沙—广州航线;同年6月,还飞行了兰州—银川航线;1935年9月,"欧亚"再开辟了西安—成都的航线,并于次年4月延伸到昆明。

到1936年年底,"欧亚"的经营航线里程已有7600公里,但各航线的定期班次少,飞行也不正常。

根据《民用航空》杂志(1948年第4期)的统计,从1931年至1937年,"欧亚"的旅客、货物和邮件运量也是逐年增长的。(见表2)

1931—1937年"欧亚"运量统计

表2

数量项目 年份	旅客运量 (人次)	货物运量 (吨)	邮件运量 (吨)
1931	941	4.15	0.41
1932	652	16.39	2.85
1933	1072	43.19	4.17
1934	2109	58.88	8.79
1935	3597	114.38	19.42
1936	7775	201.25	16.33
1937	11600	189.07	101.01
累计	27746	627.31	152.98

从 1931 年至 1937 年间,"中航"和"欧亚"两公司共载运旅客 90793 人次,货物 787.21 吨,邮件 525.68 吨。其中,"欧亚"所占载量的比例,分别为旅客 30.6%,货物 79.7%,邮件 35.6%。

1933 年以前,"欧亚"的经营情况不好,平均每月收入不足 10 万元。从 1933 年 5 月将上海经南京、西安、兰州航段延伸到迪化后,货物和邮件运量才有了明显增长。仅这一航段,同年 6 月份收入为 4 万元,而 8 月份收入增为 6 万元。此后,1934 年又陆续开辟了北平—广州、北平—洛阳和南京—兰州等航线,载运量都有所增加,"欧亚"的经济状况才逐渐好转。1937 年全面抗战爆发后,因"欧亚"主要飞行西北以及西南地区航线,受到战争的影响小一点,当年的旅客运量比 1936 年反而增长了将近 50%。

五、日本侵占中国东北三省后举办航空运输

日本帝国主义为了扩大对中国领土和主权的侵犯,日本政府在《田中奏折》①的"侵华政策纲领"的指导下,以川西·日本航空股份公司为基础,于 1928 年 10 月成立日本航空运输股份公司。次年 4 月,该公司正式营业,同年 6 月,开辟了东京—大连航线,先后经营货物、邮件和旅客运输。

1931 年,日本帝国主义发动了"九一八"事变,并武装侵占了中国东北三省。同年 11 月,侵华日军征用了日本航空运输股份公司,使其参与进攻中国东北义勇军的军事运输。此后 6 年间,日本侵略者为了达到其对中国东北以及华北的政治统治、经济掠夺和军事占领的目的,在东北三省强征民工,修筑了 30 多处机场,并于 1932 年 9 月和 1936 年 11 月,先后成立了"满洲航空公司"和"惠通航空公司"。到 1936 年,"满洲航空公司"已开辟 34 条航线,通航里程为 6780 公里,拥有飞机 61 架。同时,"满洲航空公司"还建立定期军用航线 12 条,特殊联络航线 6 条。在东北各省有 13 处机场可降落军用飞机,并开通了至山海关、天津、北平、张家口、济南、青岛等地的航线,

---

① 《田中奏折》:1927 年 6 月至 7 月,日本政府在东京召开"东方会议",讨论并决定侵略中国的具体方针。据传曾由日本首相田中义一搞了一份秘密奏折给天皇,内称"欲征服中国,必须先征服满蒙;欲征服世界,必先征服中国",暴露了日本帝国主义的侵略野心。

通航里程达 3200 公里。由此可见，经过侵华日军的阴谋策划，在"七七"卢沟桥事变前夕，"满洲航空公司"不仅把持东北各省航线，包揽航空业务，而且承担了日本侵华关东军司令部所属部队的运输军队、弹药、军用物资、粮食、军邮和航空摄影等军事任务，以及飞机、发动机修理等与制造有关的事务，为日本发动全面侵华战争作好了空运的准备。

六、两广地方政府兴办西南航空公司

在国民政府仰赖外国资本兴办"中航"和"欧亚"的同时，广东和广西地方政府也力图巩固和扩充自己的航空实力，并牵制"中航"和"欧亚"在两广地区的发展。早在 1929 年，广东国民革命军第八路军总指挥部便指令其所属航空处，利用两广已有的航空设施，从事旅客和货物、邮件的空运业务。航空处开辟了广州—梧州航线，承运少量邮件。该处原拟于 1931 年 3 月开辟广州—汕头航线，因政局的变化而未实现；接着，广州—梧州航线也不得不停航。

两广地方政府于 1933 年 6 月成立了西南航空公司。经广东、广西、云南、贵州和福建省政府派出代表商讨后，决定有关各省筹措官方和民间资本 200 万元，以支持西南航空公司。几经交涉，国民政府交通部才勉强同意西南航空公司"开办西南航线，可令公司改航内地支线或共同合作"，并由邮政总局通知两广邮局同西南航空公司签订了临时邮运合同。该公司成立后，购买了 3 架飞机，先后开辟了广州—龙州、广州—钦廉、广州—福州、梧州—贵县、广州—南宁和南宁—昆明等航线。1936 年 2 月，广东省政府强行扣留了试航广州—河内航线的"中航"飞机，迫使国民政府做出让步，使西南航空公司取得了经营广州—河内航线的业务权。1937 年 4 月，该公司开辟了广州—广州湾（今称湛江）—河内国际航线，同法国马赛—河内航线相衔接。这样，从南京、上海以及中国内陆各大城市寄往欧洲各大城市的邮件，在时间上大大缩短。但是，西南航空公司因运输业务不景气，财务状况恶化，入不敷出，特别是由于政局动荡，在"七七"卢沟桥事变发生后，遂于 1937 年 7 月停办。

总之，从1920年北洋政府开辟第一条从北京—上海航线中的京津航段算起，到1937年"七七"卢沟桥事变前夕，中国早期的航空运输已有16年的发展历程。它不仅具有世界各国发展航空运输的共同特点，即先从承办航空邮件着手，以取得政府当局的经费补贴，并或多或少地带有军事色彩；而且又被打上了殖民地半殖民地的官僚买办企业的烙印，在很大程度上受外国民航资本的操纵和控制。虽然，这一时期的中国航空运输有若干年处于停顿状态，但从1930年后，随着"中航"和"欧亚"的相继创办，空运业务逐年增长，经营规模日见扩大，民航事业进入上升时期。

第二节　抗日战争时期的基本情况

1937年至1945年的全面抗战期间，中国民航事业经历了两个不同的发展阶段。即前4年处在战局动荡中，"中航""欧亚"两公司力求维持各自的业务水平；后4年"中航"得到了迅速发展，而"欧亚"则陷入重重的危机之中。

一、"中航"和"欧亚"业务重心的转移

全面抗战爆发后不久，因侵华日军的猖狂进犯，"中航"和"欧亚"的业务活动范围日见缩小，并不得不于1937年8月中旬前后，将它们的基地从上海分别迁往汉口和西安。1938年1月，"中航"总公司又从汉口迁至重庆，其机务和航行基地也逐步转移到香港；"欧亚"的基地于同年10月又迁到昆明。

"七七"卢沟桥事变后，因整个华北战火弥漫，"中航"的上海—北平航线被迫停飞；随后不久，上海—广州和上海—汉口航线也相继停航。当时，"中航"的业务锐减，1938年的旅客运输量只有8016人次，仅相当于1936年的40%。与此同时，"中航"恢复了重庆—贵阳和重庆—昆明航线；在武汉、广州沦陷前，还先后开辟了重庆—香港、重庆—桂林、汉口—长沙和重庆—泸州—叙府（今称宜宾）—嘉定（乐山）等航线。为了解决"大后方"的对

外航空交通问题,1939年,"中航"又开辟了南雄—香港和重庆—昆明—腊戍—仰光航线。

"欧亚"的情况比"中航"稍好一些。"八一三"上海战役爆发后,除上海—南京、郑州—西安的航线停航外,"欧亚"继续经营了汉口—长沙—广州—香港、西安—兰州、银川—兰州、西安—成都—昆明和汉口—西安等航线。在武汉、广州沦陷后,"欧亚"开辟了重庆—桂林—香港航线;从1937年年底至1941年年底,又分别开辟了昆明—河内、重庆—昆明、重庆—成都—兰州—肃州—哈密和兰州—凉州(今称武威)等航线。

以上说明,由于战争局势的变化,两公司的航空运输业务已逐步从华北、华东、华南的各大城市转向西北和西南边远地区。到1945年8月抗日战争结束时,重庆和昆明两地已成为国民政府管辖区的航空运输中心和对外的空运口岸。

抗日战争前期,即从1938年年初到1941年年底的4年间,"中航"和"欧亚"共运载旅客101094人次,货物5649.8吨,邮件687.2吨。1941年的运输量同1938年相比,旅客增长了近1倍,货物和邮件则分别增长了40倍和55.6%。其中两公司所占运量的比例分别为:"中航"占运载旅客的64.6%,货物的74.5%,邮件的48.0%;"欧亚"占运载旅客的35.4%,货物的25.5%,邮件的52.0%。当时两公司的货物运量激增,主要是由于西南和西北各省交通闭塞,不少军用的急需进口物资和从南雄经香港输出的大宗钨砂、锡矿石等,都有赖于航空运输的缘故。如抗战爆发前货运量很少的"中航",仅1941年就承运货物3559吨以上,相当于该公司1936年货运量的72倍。其中,仅香港—南雄航线,从1940年3月至8月,就载运了1500吨货物;从当年10月至次年3月,仅运送钞票的货包机就达383架次。为了避免日机空袭,这些货运航班和包机大都改为夜间飞行。

二、"中航"美方股东执行所谓"中立政策"的周折

"九一八"事变后,日本帝国主义者肆无忌惮地在中国华北制造紧张局势,扩大侵华战争,全国范围内相继掀起了人民大众抗日救亡运动。1933年

春，国民政府迫于形势，曾要求"中航"将一批武器弹药从上海运往北平，以对付日军的突然侵袭，但被"中航"美方副董事长借口"危及'中航'的商业性和违反美国公民从事非中立活动的禁令"而拒绝。侵华日军继"七七"卢沟桥事变之后，又发动了"八一三"上海战役，战争迅速扩大。"中航"美方股东对运输军用物资仍一再推托，不愿承运，并决定将该公司的全部美籍驾驶人员撤离中国。当时，"中航"总经理林伟成采取了果断措施，立即征用了"中航"停放在南京的全部飞机，并任用中国籍驾驶人员参加军事运输。不久，"中航"的一架DC-2型飞机，由美籍驾驶员执行香港—上海运输钞票的包机任务，在经停南昌时，被中国军人包围，强烈要求该机改运军火去杭州。但是，这种符合国家民族利益的正义行动，却遭到"中航"美方股东的拒绝。美方股东不仅将"中航"的其他飞机和美籍驾驶人员全部撤往菲律宾（当时为美国殖民地），以坐观战局的变化，而且提出必须撤换林伟成的总经理职务，并"保证'中航'不当国民政府的附庸"等条件，而国民政府中的亲美派竟然同意了美方的无理要求。

然而，战争事态的发展不以美方的主观意志为转移。1938年8月21日和1941年5月20日，"中航"的DC-2和DC-3型客机各一架在珠江口上空和四川宜宾机场，分别遭到日本飞机的野蛮袭击。前者造成了旅客和机组人员共14人死亡，后者使飞机的右翼被炸毁。这一事件，宣告了美国政府由于维护自身的利益，对日本侵略者采取所谓"中立政策"的彻底破产。

为了使在宜宾机场被炸毁的DC-3型客机能尽早撤离，避免再受敌机袭击，中国机务工程人员克服了战时技术设施的极端困难，同心协力，在当地没有备用机翼的情况下，先把一只DC-2型机翼固定在一架飞机上，从香港运到宜宾机场后，再将它牢固地安装到被炸坏的DC-3型飞机上，由美籍机长哈罗德·斯维脱和机械师韦尔同担任飞行报务工作的华祝一起，完全用人工操纵的方法，从宜宾安全地飞到香港去大修。因此，这架被称为"DC-2½型"的飞机，是世界航空史上的一段佳话。这表明了抗日战争中备受磨炼的中国民航技术人员，同仇敌忾，发扬了高度爱国主义精神，奋不顾身地辛勤工作，从而迅速地提高了技术水平。美国道格拉斯飞机公司在提及

"DC-2½型"飞机时,曾记述道:"在第二次世界大战中,(中航)飞行和维修人员面临的苛刻条件,以及近乎不可能完成的任务时,几乎没有人能同一支为营救被炸毁的一架 DC-3 型飞机的小分队相比。"

三、中苏航空公司成立和"欧亚"改组

1939 年 9 月 9 日,国民政府交通部同苏联民航总局签订了《关于建立哈密、阿拉木图之间飞行业务协定》,并组成中苏合营的航空公司。该公司于当年 11 月 18 日正式成立,开辟了哈密—迪化—伊犁(今称伊宁)—阿拉木图航线。因此,中苏航空公司亦称为"哈阿航空公司"。该公司设在迪化,董事会由中苏双方各派三人组成。由于当时国民党当局执行反共反苏政策,苏联为防范国民党派人对中苏航空公司进行干预,便独揽该公司权益。加上中苏双方对航空邮运费率计算问题上又长期扯皮,以致该公司的业务经营很不正常。除新疆地方当局不时租用该公司飞机去阿尔泰山运回黄金和飞往新疆南部载运少量旅客和货物外,邮件运量很少。如 1940 年 4 月至 6 月,经由中苏航空公司运到中国的国际邮件只有 50 公斤。

1944 年秋至 1946 年年初,在新疆伊犁地区先后发生了革命暴动和民族战争,从而结束了盛世才对新疆的统治,成立了新疆省政府。这期间,中苏航空公司的运输业务处于停顿状态。经中苏双方多次磋商,于 1949 年 5 月才以换函方式,同意《中苏航空合约》再延长 5 年。

1941 年 7 月,法西斯德国继发动向苏联的军事进攻后,又宣布承认由日本政府扶植的汪精卫傀儡政权。为此,中国政府随即同德国中断了外交关系,并宣布两国处于战争状态。接着,国民政府交通部奉命接管和没收了"欧亚"的德方股份,并宣布"欧亚"改为国营。此后,该公司的运输业务一落千丈。1942 年至 1944 年,共载运旅客 6488 人次,而 1944 年只载运旅客 560 人次,邮件 2 吨多一点。主要因 1941 年年底在太平洋战争爆发时,该公司停放在香港的飞机全部被毁,损失惨重,只剩下 1 架 JU-52 型飞机。该公司已难维持运输业务,不得不一再裁员减薪,甚至靠卖配给的汽油度日。

1943年2月21日,"欧亚"在重庆召开了最后的一次董事会,通过了国民政府交通部关于改组"欧亚"为中央航空运输公司(以下简称"央航")的决定,并任命陈卓林为总经理。该公司于同年3月3日正式成立。

为重振航空业务,在"央航"成立初期,先后由国民政府航空委员会拨借给11架超龄旧式军用飞机。这些飞机由于零件缺乏,性能不好,不适合民用,因此无法安排正常航班。据统计,1944年下半年,"央航"只断断续续地飞行37个班次。

四、"中航"在"驼峰空运"中迅速发展

1941年12月7日,日本侵略者突然偷袭了美国夏威夷的珍珠港军事基地,爆发了太平洋战争,第二次世界大战进一步升级。美、英对日宣战,德、意也对美宣战。日机于12月8日清晨轰炸了香港启德机场,"中航"和"欧亚"设在该地的机航基地被毁,并损失了大部分飞机,使中国战时"大后方"的航空运输濒临绝境。但是,由于太平洋战争迅速改变了战局的进程,一方面中国人民武装力量坚强地抗击了日本侵略者,另一方面国际反法西斯阵营的同盟各国,在亚洲战场上加强了对日军的作战。因此,中国战场也受到了美、英政府的重视。1942年3月美国国会通过了罗斯福总统提出的《租借法》①,同年5月,罗斯福总统又宣称,将不惜任何代价,以沟通从印度到中国的航线。

为维持抗战后期中国的对外航空交通,"中航"曾于1939年12月开辟了重庆—昆明—腊戌—仰光航线。因日军迅速攻占了包括缅甸在内的东南亚各国以及太平洋上的许多岛屿,"中航"不得已于1941年12月14日将重庆—仰光的航线停航。由于日军加紧对缅甸北部地区进攻,亟欲切断包括滇缅公路等中国对外通道。因此,4天后,该公司又开辟了重庆—昆明—汀江—加尔各答航线,并于1942年3月,由中英两国政府就该线通航问题换文。同年7

---

① 旧译《租借法案》。第二次世界大战期间,美国向同法西斯国家作战的同盟国借贷或出租武器、弹药、战略原料和其他物资的法案。美国国会于1941年3月通过,规定战后进行清账,总值470多亿美元,其中3/5供应英联邦,近1/5供应苏联,其余供应法国、中国以及其他国家。

月中旬，国民政府为防范敌军阴谋得逞，决定另行勘察和建立一条新的航线，遂指派航委会指挥部高级官员会同"中航"机组成员陈文宽、潘国定、华祝等人驾驶DC－3型飞机1架，从重庆经成都、兰州、肃州（酒泉）、迪化、伊犁、莎车（今称库车）、白沙瓦、新德里到卡拉奇，往返全程6600公里，历时半个月。当时在飞机性能很差和航路设施等技术保证条件很简陋的情况下，机组人员历尽艰险，终于试航成功，标志着"中航"已有了一批技术日臻成熟的中方飞行人员。后因日军的进攻，这条航线未开通。

1942年日本帝国主义已侵占包括粤汉铁路以东、长江中下游和从东北至华南沿海的大半个中国，西南后方的对外通道也受到了日军的严重袭扰和阻碍。当时面临重重困难的"中航"，因有美方股份的关系，通过美国《租借法》，会同美国空军第十航空队（后改为美国空运总部印中联队），从1942年至1945年，担负起印度阿萨姆邦的汀江和中国云南的昆明之间、全程约800公里的航空运输任务。这是第二次世界大战中的"中国空中生命线"，是一条重要的后勤补给航线。由于这条航线必须飞越高耸入云的喜马拉雅山东段和横断山脉地区，绵亘起伏的高山深谷，就像骆驼的肉峰，因此，它又被称为"驼峰空运"而闻名于世。

在"驼峰空运"期间，"中航"除了要飞行汀江—昆明航线外，还于1943年10月和1945年7月先后开辟了汀江—叙府和汀江—泸州航线，其长度都在1000公里以上。该公司参加过"驼峰空运"的空、地勤人员共约1000人，其中美籍人员约占1/10。他们不避艰险，不怕牺牲，尤其是中美飞行人员，经常夜以继日地在地形异常复杂、天气变化无常，并遭受敌机拦截堵击的危险情况下穿梭飞行，不仅完成了大量空运任务，对抗日战争和国际反法西斯战争做出了令人崇敬的贡献；而且使"中航"在物质、技术、设备和人员素质等方面，都得到了迅速改善。

据统计，这期间美国向"中航"先后提供了C－53、C－47和C－46型飞机共90架左右，其中被日军击落以及发生各种飞行事故等共损失约46架，有约80名机组人员牺牲。经常在驼峰航线上维持飞行的"中航"飞机，1942

年约有 10 架,1943 年约有 20 架,1944 年年底已增加至 30 架左右。自 1942 年 5 月至 1945 年 9 月,"中航"在驼峰航线上累计运载旅客 33477 人次(其中大部分是去印度参战的中国远征军);货物 74810 吨,其中从中国出口的钨、锡、桐油、茶叶、猪鬃等主要物资 24720 吨,从印度运回国内的汽油、军工原料、钞票、五金器材和医疗用品等 50089 吨。此外,为支援"雷多公路"的建设,自 1944 年 10 月至次年 1 月,该公司从汀江到保山和密支那,共飞行 224 架次,载运旅客 736 人次、筑路机械设备等 2700 吨;同时,还给筑路员工空投了大量粮食,累计飞行 523 架次。

在同一时期内,美军空运总部印中联队在驼峰航线上,共承运了 65 万多吨物资。"中航"的运量相当于该联队运量的 11%,但印中联队所使用的飞机和人力却大大超过了"中航"。1942 年 6 月它拥有飞机 25 架,到 1945 年 9 月它已拥有 C-46、C-47 和 C-54 各型飞机共 629 架,即比"中航"使用的飞机数量多 20 倍。这说明"中航"的运输生产率比美军空军运输部队高得多。"中航"飞行人员陈文惠、李福遇、顾振寰、林汝良等因参加驼峰航线飞行成绩优异而获得了奖励,还有一批有功人员被授予胜利勋章。他们为拯救民族危难做出了贡献,赢得了人民的敬重。

总之,抗日战争后期的"驼峰空运",充分显示出中国人民不愿做亡国奴的民族气节,也表现了中美航空技术人员坚决反抗法西斯侵略的英勇气概,并且用他们的鲜血和汗水,为近代中国民航事业谱写了一页光荣的历史篇章!

除了驼峰航线外,在抗日战争后期,"中航"还在西南各省的重庆、昆明、桂林、成都等城市维持着商用客货运输,以及从事重庆—昆明—加尔各答的国际航班飞行。从 1942 年至 1945 年,"中航"包括"驼峰空运"在内的客运、货运和邮运情况分别见表 3。

在抗战后期 4 年的客货运量,除去驼峰航线的运量外,在大后方各城市之间的旅客和货物运输,分别为 123552 人次和 3497 吨,比抗战前期 4 年的旅客仍增长了 119.2%,而货物则减少了 17%。这主要是因为当时"大后方"工业生产日趋萎缩,尤其是价值较高又适于空运的商品更少了。

1942—1945年"中航"运量统计

表3

年　份	客运（人次）	货运（吨）	邮运（吨）
1942	26867	4298.3	55.0
1943	33224	19611.1	61.1
1944	39263	27090.6	93.7
1945	57690	27307.6	256.6
抗战后期合计	157044	78307.6	466.4
抗战后期比前期增长的百分比	140%	1158%	41%

到1945年8月日本投降时，"中航"已拥有C-47和C-46型飞机共45架，以及相应的通讯导航、机务维修和气象测报等较为先进的设备和器械；并拥有经过实际锻炼的一大批具有技术业务经验的空、地勤人员，为战后的进一步发展打下了良好基础。在抗日战争后期，尽管"欧亚"日趋衰落，但它在抗日战争爆发前比较重视对中方空、地勤人才的培训，曾先后派送了3批技术人员去德国汉莎航空公司学习。这些人大都取得良好成绩，并在回国后成为该公司得力的技术领导骨干。例如，"欧亚"的中方飞行人员，1938年只占该公司总数的1/4，到1940年已增加到36名，即占80%，而德方飞行人员只剩下9名。因此，在整个抗日战争时期，主要是"中航"和"欧亚"在经营民航运输业务。它们虽经历了许多困难和挫折，但从整体上来看，其业务仍有所发展和进步。当然，如果不遭受战争的惨重破坏和巨大阻碍，近代中国民航事业的发展可能会更快一点，它的前进步伐会更大一些。

中国近代民航事业在抗日战争时期，特别是后期所取得的进步，曾引起当时的国际民航组织的重视。1942年至1945年，刘敬宜调任中国驻美航空代表团团长兼驻美大使馆航空事务参赞，曾先后代表中国民航在国际民航组织进行了卓有成效的活动。1944年4月，他参加了在芝加哥举行的第一届国际民航组织会议，并被推选担任技术标准与措施委员会第五小组委员会主席。1945年5月，他又以"中航"代表的身份出席了在哈瓦那召开的国际航空运输协会成立大会。同年10月，该协会在蒙特利尔召开第一届年会时，"中航"

总经理沈德燮当选为执委会副主席。此后，中国民航又多次参与国际民航组织的会议，使世界各国民航增进了对近代中国民航的了解和合作。

第三节　解放战争时期的转折

从抗日战争结束到中华人民共和国成立以前，中国各族人民在中国共产党的领导下，为在全国范围内建立人民民主共和国，实现统一的民主与和平，进行了4年的解放战争。在特殊历史条件下，这一时期，"中航"和"央航"（以下简称"两航"）都走过了一段畸形发展的道路，并终于找到了它们的共同理想的归宿，那就是1949年11月9日"两航"在香港的光荣起义。

一、"两航"积极参加"复员运输"

为了适应国民党政府抢夺抗战胜利果实，并发动反共反人民内战的需要，在抗日战争结束之后，"两航"立即投入了紧张的"复员运输"。当时，大批国民政府军政机关和经济部门的接收人员，纷纷从西南各省赶往华东和华南沿海各大城市，其中从重庆到南京、上海、广州及北平等地都成为航空运输的"热线"。为此，"两航"先后将基地分别从重庆和昆明迁回上海。

抗战后期改组后的"央航"，实际可供使用的飞机只剩下两架，因缺乏运力，要开展航空运输业务已是困难重重。但是，战后的"复员运输"，却给它带来了发展业务的机遇；"央航"总经理陈卓林提出"振兴央航"，"要建立一个真正由中国人自己办的航空公司"为号召，从各方面延揽了一批既有技术业务专长，又有事业心的航空人才。其中包括原"中航"著名华裔、华侨机长陈文宽、陈文惠以及洪启明等，分别升任为"央航"机航组主任、副主任和总飞机师。这批技术人员，由于不像在"中航"经常受美国人的欺压，有了施展自己才干的机会，因此工作积极性和责任心都有所加强，使"央航"的运输业务迅速地发展起来。1945年11月，"央航"向川盐银行告贷了40万美元，购买了美军在印度的"剩余物资"C–47型飞机5架、C–46型飞机3架，开辟了重庆—汉口—南京—上海、重庆—广州—香港、昆明—广州、上海—南京—济南—北平和广州—汉口5条新航线，运输业务有了很大起色。1946年6月和7月，"央航"先后又在上海购买了两批美军"剩余物资"的飞机和器材零件，其中包括有经过修理后能用的C-46和C-47型飞机24架。

与此同时，"中航"依靠在抗战后期执行"驼峰空运"任务期间积聚起来的技术物质力量，便在更大的范围内施展了航空运输所具有的快速和机动的优越性。抗战胜利后，它率先开辟了重庆—上海、重庆—香港、重庆—北平、重庆—广州和上海—香港、上海—北平、上海—台北以及昆明—河内等航线，并为"复员运输"进行了异常忙碌的飞行。

在"复员运输"期间，即1945年9月至1946年8月，"两航"总计输送了旅客150636人次，货物（包括行李）8820吨，邮件1823吨。其中，"中航"承运的旅客占87.8%，货物占80.4%，邮件占46.2%；"央航"承运的旅客占12.2%，货物占19.6%，邮件占53.8%。这个统计数字，显示了"中航"在航空运输方面所处的领先地位。

在"复员运输"的推动和刺激下，"两航"在大量增加运输班次的同时，对如何保证飞行安全的问题则没有引起重视，因此，飞行事故层出不穷。特别是1946年12月24日，因弥天大雾，有3架客机失事，共死亡旅客及机组人员69名。这是当时轰动中外的"上海圣诞之夜的空难事件"。当晚有"中航"飞机3架、"央航"飞机1架，从各地分别飞回上海。其中1架"中航"飞机机长利用美军设在江湾机场的盲降设备，幸而安全着陆，另1架"央航"飞机则在着陆后冲出跑道坠毁了，其余两架"中航"飞机均在龙华机场降落时坠毁。发生这次重大飞行事故的原因，除机场导航设施不足和包括空中管制在内的各种规章制度不健全外，主要是外籍驾驶人员为了要赶回上海过圣诞节，竟不顾条件，不守纪律，在能见度极差的情况下强行着陆造成的。随后不久，3架"中航"飞机又分别在青岛和川东地区失事，从而导致"两航"于1947年春一度停航整顿。国民政府交通部为加强空中交通管制，虽设置了民用航空局，但未取得相应的成效。据不完全统计，仅1946年和1947年，"两航"飞机共失事19架，死亡旅客和飞行人员249人。

与此同时，想经营航空运输赚钱的人也还不少。在西南地方实力派和几家金融资本企业的支持与资助下，1946年又先后成立了西南航空公司和大华航空公司，但它们存在的时间都很短。当时"央航"在购进的两批美军"剩余物资"中，曾将5架C-47型飞机转手卖给了大华航空公司。大华航空公司随即招聘了320多名职工，并设置了机构，安排了各部门负责人，于1946年7月15日正式营业，飞行上海—香港和上海—重庆航线。但因官僚资本内部发生的矛盾以及营私舞弊等问题，大华航空公司的营业执照被吊销，随即便宣告停业了。

至于国民党空军，则采纳了美国军事顾问的建议，于1947年3月，在空军各军区司令部都设立了空运科，并调派了C-46型飞机运输中队，在西安—上海等地的回程航机上揽载货物，大赚其钱。此后，它还先后开办了上海—南京—汉口—西安、沈阳—天津—北平和沈阳—青岛等定期航线，出售客票，对外营业。当然，这种投机牟利的空运活动，只是解放前黑暗社会的一支插曲罢了。

二、"民航空运队"侵犯中国航空权益

美国人克莱尔·陈纳德及美国基督教信义宗宗教组织，于1946年至1949年，先后同国民党政权相勾结，侵犯中国领空权益。尤其是陈纳德及其"民航空运队"更是肆无忌惮，猖獗一时。陈纳德曾在抗战时期担任国民政府航空委员会顾问，后任美国十四航空队别动队司令官。1946年年初，陈纳德得到美国对外经济管理署远东及特别地区处处长怀丁·魏劳尔的支持，一起来到中国，并于同年3月与国民政府行政院善后救济总署（以下简称"行总"）签订了成立"行总空运队"的合同，由"行总"提供飞机及其他设备。陈纳德等人向"行总"取得380万美元的筹办费，从太平洋地区的美军"剩余物资"中购买了C-46和C-47型飞机19架，并招募了一批飞行人员，建立了"行总空运队"，基地先后设在广州和上海。同时，该队在柳州、桂林、衡阳、南昌、汉口等地设置了电台和气象台。

"行总空运队"从1947年1月底开始运输飞行，将"行总"包括食品、

药物、农具、种子以及钞票等一大批救济物资运往华南和华中的少数民族地区。但这项特定的运输任务完成后,"行总空运队"仍继续替国民政府卖力效劳。同年下半年,该队从被中国人民革命武装力量所包围的东北地区撤出约7000名所谓"技术人员",并向那些被围城市空投了1.2万吨以上的物资;同时,它还将价值约633万美元的桐油、猪鬃、羊毛、烟草等外贸出口物资,从各地抢运到沿海口岸。后来该队即随同"行总"任务的结束而撤销。

正当国民党政权发动内战加剧的时候,陈纳德竟声称:"值此国内多事之秋,深感职队组织至为良好,可效驱驰,并作为中美合作之楷模。"于是,原"行总空运队"便摇身一变,改为交通部民航局直辖空运队,通称为"民航空运队"。该队于1948年1月27日成立,由陈纳德和魏劳尔分任正副总经理。因此,一般了解内情的人们仍习惯地称为"陈纳德航空公司"。当时,该队(公司)共有职工约650人,其中有美籍飞行人员约100名。

陈纳德于1948年5月同交通部民航局签订了在中国境内经营航空运输"合同"。合同规定,该队可经营定期和不定期航线,其中包括南京—汉口—西安—兰州—肃州、上海—南京—郑州—太原—银川、天津—北平—太原—西安和汉口—长沙—衡阳—广州4条定期航线;除定期航线经停各地机场外,还将向该队开放使用31处军用机场;经营期间享有"中航"和"央航"的同等权利;该队按每月飞行小时向交通部民航局缴纳服务费,等等。这个合同因严重侵犯了中国的领空和主权,曾遭到"两航"及航空界人士的抗议和反对。实际上,"民航空运队"一贯进行航空运输的投机走私活动,无所谓定期航线与班次,经常承揽军火运输和空投,见缝插针,大发横财。如1948年11月下旬至次年1月,在淮海战役期间,该队为被围困在徐州地区的国民党军队空投了37136名士兵和135吨军火及1500吨粮食。这表明陈纳德主持的"民航空运队",实质上就是国民党军队的一支航空别动队。该队在大陆解放后不久,又从香港迁往台湾。

三、"两航"运输业务的畸形发展

1947年二三月间,国民党政权在全面进攻中国解放区的计划破产后,为了挽救其垂危统治，采取了驱逐中共代表和重点进攻延安、山东等步骤。这表明国民党统治的危机已异常深刻，而人民解放军则在一些地区转入反攻，并将发起战略进攻。随着内战的持续，整个国民党统治区经济陷于停滞和紊乱状态，工农业生产萎缩，水陆交通梗阻，军事运输更为紧张，货币急剧贬值，物价飞速上涨，投机倒把之风盛极一时。特别是在人民解放军的迅速推进下，东北和华北的广大农村和许多中小城市先后解放，国民党政权及其军队只能盘踞若干大城市，加上大部分铁路以及公路都已中断，其军需等补给不得不更加仰赖航空运输，妄图以此固守喘息和待援求存。由于当时的社会动乱和反常需求，"两航"经营的航线和运量都有了很大发展。它们不仅为官僚资产阶级以及投机走私商人所广泛利用，而且参与国民党政权的军事运输或空投活动以及撤退和外逃等任务。

到 1947 年年底，"中航"已拥有以上海为中心的国内航线网，北至沈阳、北平、天津、青岛、济南、徐州，西至哈密、兰州、肃州、西安、太原、归绥，沿长江至南京、九江、汉口、重庆、成都、西昌，西南至衡阳、桂林、昆明，南下沿海至广州、汕头、厦门、福州、台南、台北、海口，并有若干地方支线同上述干线相衔接。此外，还开辟有上海—旧金山、上海—香港、香港—东京、香港—汉城以及香港—曼谷 5 条国际航线和地区航线。总共有 36 条航线，通航 38 个城市，通航里程为 4.8 万多公里。在上述通航地点，该公司先后设置了航站办事处 35 处，电台 47 处，气象台 12 处，加强了运输业务经营管理和航行技术情报的保证。在增强机务维修能力方面，也取得了较大进展。如自行将全部 C-47 型货机改装成客机，工程质量已达到了当时的国际水平。当年，该公司职工共有 3970 人（内有飞行人员 150 名），并拥有 DC-4、DC-3、C-47、C-46 各型飞机共 46 架，飞行了 4.6 万多小时，载运旅客 173942 人次，货物和行李 16114 吨，邮件 2682 吨。按其运输量来说，同"复员运输"期间相比，旅客增长了 31.4%，货物和邮件（包括行李）则增长了 136.6%。

战后崛起的"央航"，继"复员运输"之后，也积极扩展业务，虽其设备和运量等方面仍赶不上"中航"，但其发展速度则令人瞩目。到 1947 年年底,"央航"除原有C-46和C-47型飞机外,又筹措了大量外汇,从美国西北航空公司购买了DC-3型客机5架,并向美国厂家订购CV-240型客机6架。这些新订购的飞机于1948年至1949年8月陆续到货,并投入使用。就当时"央航"拥有的42架飞机的运力来说,同"中航"已可并驾齐驱了。到1947年年底,"央航"共有26条定期航线,通航里程为33550公里,通航城市包括有上海、南京、汉口、九江、南昌、重庆、成都、昆明、北平、天津、沈阳、济南、青岛、石家庄、郑州、西安、兰州、肃州、哈密、迪化、福州、厦门、汕头、广州、柳州、桂林及香港共27处。当年运输了旅客116080人次,货物12658吨,邮件1492吨,比"复员运输"期间分别增长了5.3倍、6.3倍和52%。

1948年,"两航"的运输业务走向了它历史发展的高峰。随着解放战争形势的迅猛发展和前面所说的政治与社会原因,这一年"中航"共运输旅客40.6万人次以上,比上年增长了134%,运输货物33326吨,比上年增长了106%,运输邮件2041吨,比上年减少31.4%。在上述运量中,军事人员及物资占有相当大的比重。在国民党军队节节溃败时,"中航"的飞机往往成批出动,以解救国民党军队的困境。例如1948年3月至4月,"中航"在东北地区为国民党军队撤出伤兵5321人,运送粮食4840吨;9月和10月,它给被围困在北平、沈阳、锦州三地的国民党军队空运了军火和军粮共2890吨,撤退国民党军政人员28907人;同时,还向被围困的太原空投了400吨粮食。同年11月淮海战役开始后,"中航"又给国民政府联勤总部运粮332吨,并从徐州、蚌埠两地撤出伤兵2816人。在12月份战争空前剧烈的6天内,"中航"就出动供军事部门使用的运输飞机275架次,平均每天派出46架次之多。

"央航"的情况也大致相同。该公司1948年承运了旅客236238人次,货物17390吨,邮件1237吨。当然,其中为国民党军队的撤退以及运送军粮和弹药等也占了很大比重。早在1946年10月,"央航"在徐州至济南一线,便替国民党军队空运了500多吨军用物资;而在1948年战争紧张的情况下,它为军运的飞行更为频繁,运量也更大。据统计,这期间"两航"运量的增长幅度都相当大，1947年完成航空运输总周转量5200万吨公里，到1948年已增加到7500万吨公里，即比上年增长了44.2%。

"两航"不遗余力地参与国民党政权的军事运输，曾得到巨额的经济收入。如"央航"1946年的业务收入为法币170亿元，盈利为法币40亿元，利润率高达23.5%。"中航"总经理刘敬宜曾于1949年3月在《克服目前艰难有赖全体同仁的努力》（原载"中航月刊"第二卷第二期）一文中指出，1948年"最初的几个月当中，公司业务曾经一度呈现过繁荣和乐观的气象，客、货运的数额扩充到往年5倍以上的程度，财政情况十分安定而健全，足以清付公司历年积欠而有相当存余。"这里所说的"业务"主要是军事物资的运输，并赚取大量军运费用。不仅如此，为表彰"两航"积极参与军事运输的"功绩"，1948年11月，国民政府给刘敬宜和陈卓林分别授予景星勋章各一枚。

当然，尽管"两航"在解放战争时期参与国民党政权的大量军事运输，给它们的历史蒙上了一层厚厚的灰尘，但"两航"的技术和业务都有了较大的发展。除上面已谈到的"央航"在抗日战争结束后的迅猛发展情况外，1947年5月刘敬宜接任"中航"总经理2年多来，他在力争强化中方对公司的领导权方面，取得了一定进展。首先他想方设法削弱美方对"中航"机航部门的控制，起用了一部分富有进取精神的中方人员。1948年，他还任命了刚从解放区释放回来的机长赵际唐为机航组副主任。其次，他对中方技术业务人员的培训比较重视，先后举办了飞行员训练班、处长训练班、空中乘务员和地面客运服务员训练班多期，大都是从大学肄业或毕业生中招收学员，经训练合格后，选派去充实飞行队伍和加强各地办事处的营运业务和旅客服务工作。这不仅有助于"中航"人事制度的改进，使一向受美方控制的飞行员任用权限受到了制约，而且还争取了中美双方飞行人员享受"同工同酬"的待遇，得到中方飞行人员的拥护。此外，刘敬宜对"中航"所属航站、飞机修理厂、电台、气象台等，都进行了不同程度的扩建，从而加强了公司的技术装备和服务设施，提高了保证安全和客运服务水平。

四、"两航"的衰落和新生

进入 1949 年，经过辽沈、平津和淮海三大战役之后，国民党政权已趋瓦解，而中国人民解放战争在全国范围内的胜利已是指日可待了。

盘踞南京的国民党政权的各个军政机关，从 1949 年 1 月底起便争相南逃，并迫令"中航"和"央航"的总公司及其基地从上海分别迁往台南、香港和广州。当时"两航"除抽出一部分运力去进行公司的搬迁工作外，仍为垂死挣扎的国民党政权效力。据不完全统计，从 1 月底到 5 月中旬，"两航"抽调了一批 C－47 和 C－46 型飞机，为南京等军政机关的撤逃飞行了 133 架次。在上海解放前 10 天，除飞往广州、台北和香港的班机和加班机外，"两航"自上海始发的其他航线均已停航。"中航"于同年 2 月份，从青岛至太原的空投，平均每天出动 15 架飞机以上，往返飞行达 30 多架次，给被围困在太原的国民党军队空投粮食 100 多吨。这项空投一直继续到 4 月 22 日太原解放才停止。

到 1949 年上半年，由于长江以北的广大地区以及东南沿海地区相继解放，因此，"两航"的通航城市日益减少，运输业务也相应萎缩，比 1948 年同期运量下降约 60%。刘敬宜在谈到当时"中航"财政情况严重恶化时曾说："半年以来，因为军事情况的影响，公司在东北和华北的若干航站先后撤离，现在通航的地区日见狭小，航线班期在逐渐地减少。"以致该公司的正常业务收入剩下不到 20%，而依赖少数航线的军运业务收入占 80% 以上。但这种畸形的空运随时都有中断的可能。据统计，"中航"当年 4 月份飞行 7789 小时，而 8 月份已下降为 4000 小时，即比 3 个月前减少了 48.7%。到 10 月底，"中航"在大陆上的通航地点，只剩下梧州、桂林、柳州、南宁、贵阳、昆明、重庆、海口、榆林，连同台湾的台南、台北以及香港、仰光、加尔各答、卡拉奇、檀香山和旧金山等共 18 处，比同年 1 月底的通航地点减少了 20 处之多。"央航"的衰落情况更为严重。它的通航城市只剩下 8 个，即昆明、成都、重庆、海口、台北、台南以及香港和曼谷。

不过，"两航"的客运量在香港航空运输业中所占的比重仍比较大。据 1949 年九十月份的统计，通航香港的 16 家航空公司共承运进港旅客 27239 人次，而"两航"便载运了 19888 人次，占 73%。由此可见，当时"两航"的运输业务，从总体上来说已从全盛时期走向衰落，但在同东南亚各国航空运输企业的竞争中仍处于举足轻重的地位。因此，1949 年 6 月初，港英当局决定征用"中航"的发动机翻修厂厂房，并以所谓"紧急法令"，强行下达征用命令。正如刘敬宜所分析的那样，"港府这次的行动，与其说是由于政治或军事的动机，毋宁说是由于业务竞争的嫉妒。"因为该公司在香港的业务发展的结果，同英资航空运输企业，包括英国海外航空公司、国泰太平洋航空公司、香港航空公司和渣甸飞机修理公司等的业务利益矛盾更加尖锐化了。在一筹莫展的情况下，刘敬宜曾多次号召"中航"职工，要咬紧牙关，勒紧裤带，来共谋克服一切困难，确保公司的生存。"央航"总经理陈卓林的处境也同样到了举步艰难的境地。然而，历史的车轮正在滚滚前进，不容他们再犹豫徘徊了。

在中国共产党的英明领导下，经过"两航"留港员工的积极努力，排除了各种障碍，闯过了许多难关，使组织"两航"起义的工作迅速打开了局面。在新中国诞生不久的 1949 年 11 月 9 日，刘敬宜和陈卓林终于找到了共同理想的归宿，毅然率领"两航"在香港的全体职工光荣起义。

中华人民共和国成立前的中国近代民航事业的 30 年，从 1920 年 5 月到 1949 年 10 月，它经过上述的三个时期，走过了发展的曲折道路。这期间，虽然北洋政府从 1918 年便着手筹办航空事宜，但历史终究没有给它留下多少痕迹；而比较正规的航空运输业务是从 1929 年开始的。

在全面抗战爆发前 7 年，有过两个中外合资经营的航空公司，即中国航空公司和欧亚航空公司，还有一个两广地方政府兴办的西南航空公司，它们的经营规模和运输业务，大都是逐年扩充与向上发展的。

但是，随着抗战爆发及其后战局的推移，中国的航空运输又受到很大打击，到 1941 年年底，已到了难以为继的地步。在太平洋战争爆发后，由于国际反法西斯战争形势发生了重大变化以及美国颁布了《租借法》，因此，使"中航"陆续补充了几批飞机和技术装备，并积极投入"驼峰空运"，从而得到了迅速的发展。

抗战胜利后4年间，在当时特殊的历史条件下，"两航"都有过畸形发展，运输业务空前膨胀起来，达到它们历史的全盛时期，随后终于从穷途末路中走向新生。

30年间，不论是北洋政府和两广地方当局，也不论中国航空公司、欧亚航空公司或其后改组的中央航空公司，更不必说日本帝国主义扶植的满洲航空公司以及美国人办的"民航空运队"，等等，它们都是封建势力、官僚资本和帝国主义者控制和操纵的航空运输机构。这是旧中国半殖民地半封建的社会性质所决定的。这些航空运输企业具有如下四个特征：

（一）军阀割据的北洋政府和两广地方政府举办的航空运输，其目的在于加强各自割据地区的势力，尽可能把触角延伸到其他有利可图的地方，并借此大举外债和向国外购买飞机及设备等，营私舞弊，中饱私囊。如北洋政府为筹办航空事宜，曾借外债180万英镑；西南航空公司在广州扣留"中航"试航飞机等，都是这方面的明显事例。

（二）美国、德国以及日本，为要瓜分中国，扩充其势力范围，除日本帝国主义明目张胆地出兵占领中国东北三省，继而发动全面侵华战争外，美、德两国的航空资本都以"合资"经营航空运输企业为名，以达到它们扩充势力范围和盘剥中国经济的目的，并使国民党政府在政治上和经济上都日益加深对帝国主义的依附。美国人陈纳德操办的"行总空运队"及其后的"民航空运队"的丑恶历史，则严重侵犯了中国领土和主权。

（三）在旧的社会制度下，企图通过中外合资经营商业航空的方式，以办成中国独立自主的航空事业，是完全不切实际的幻想。历史证明，无论是"中航"还是"欧亚"的技术业务大权，亦即两公司的命脉，始终操纵在外国人手里。尽管在股权上中方所占份额比美方和德方都大，如1945年12月，中、美签订新的航空合同，泛美航空公司在"中航"股份从占45%减为20%，中方股份则上升到80%，但"中航"的机务和航行的管理大权，仍被泛美航空公司及其代理人掌握着，以致合同中规定的为中方培养空、地勤技术人员等条款不能落实。原"中航"副董事长兼机航组主任艾礼逊也不得不承认，培养中方技术人员"没有充分的训练计划，是'中航'的一个大的缺陷"。至于中外合营航空运输企业的飞机、零备件和油料等,都得仰赖于合营的外资一方,特别是"中航"的美方股东曾两次反对中国人民所进行的正义战争。一次在抗战初期,它借口执行"中立"政策,背信弃义,将一部分飞机和全部美籍飞行人员撤离中国约3个多月;另一次是在解放战争期间,"中航"的美方股东又支持国民党政权,替国民党军队空运了大量军需给养,反对中国人民进行的解放战争。

(四)"两航"在解放战争时期的畸形发展,是战争造成的社会动荡和经济衰败的特殊现象,并且表明了在新中国成立前的几年,主要是1942年和1945年以后,"中航"和"央航"的航空运输生产能力迅速增长,包括它们所拥有的飞机、设备、器材以及各种业务技术人员,已达到了一个较大的规模和较高的水平。到1949年上半年,"两航"共拥有C-46、C-47、DC-3、DC-4和CV-240等型飞机共99架和空、地勤人员6780多人。这一大批技术业务人员长期在外国人的歧视与控制之下,通过自己的不懈努力,获得了比较扎实的航空技术业务知识。这是近代中国民航逐步积累和发展起来的不可忽视的技术物质力量。

(五)"两航"的爱国起义壮举,有它深厚的政治根源和社会条件,也是近代中国民航历史发展的必然结果。参加"两航"起义的广大员工都是炎黄子孙,他们从父辈起受尽了帝国主义的野蛮侵略和封建势力的残酷压迫;20年代以来,中华民族经历的沉重灾难,又培育了他们强烈的爱国主义思想和立志发展航空的事业心,无论在抗日战争的烈火中,还是"驼峰空运"的艰苦岁月里,以及解放战争时期在上海掀起反对国民党政治腐败、经济凋敝的罢工运动中,他们都有过可歌可泣的历史。

中国共产党还在"两航"逐步地发展了组织,先后吸收了一部分职工入党。华斌是"中航"早期的第一个中共地下党员。在抗日战争时期入党的,有"中航"的吕吟声、严养田、温启祥、陆元斌、卞姗等;有"欧亚"的陈甫子(宝珊)、金铿(汉明)等。至于解放战争时期入党的"两航"职工就更多一些。他们在中国共产党有关系统的领导下,团结群众,积极工作,为党的事业做出了可贵的贡献。据不完全统计,1949年上半年以前,先后在上海"两航"公司参加活动的中共地下党员就有 43 人。

1949 年 10 月 1 日,中华人民共和国成立,宣告了中国半殖民地半封建的社会制度的结束,同时也为新中国民航事业的建设开辟了一条崭新的社会主义道路。

第二章
新中国民航事业的发展历程

中国人民的社会主义建设事业已经历了 38 个春秋。在中国共产党和人民政府的关怀下,新中国民航事业也成长壮大起来了。特别是在中共十一届三中全会以来的路线、方针、政策的指引下,它的发展更为迅速,并在国家的政治、经济、文化等各个领域日益发挥着重要的作用。

新中国民航事业是从小到大逐渐发展起来的。它是国民经济组成部分之一,是直接为国民经济和社会发展服务的。国家政治形势与经济状况的好坏,都直接或间接地、或先或后地影响着民航事业的发展进程。同中国的其他事业一样,民航事业也经历了一个曲折、坎坷的发展过程。38 年来,中国民航事业大致经历了四个阶段,即从 1949 年到 1957 年的初创时期、1958 年到 1965 年的调整时期、1966 年到 1967 年的曲折前进时期和 1977 年到 1987 年新的发展时期。

第一节 初创时期
（1949—1957 年）

中华人民共和国成立后的头 8 年,包括前 3 年的国民经济恢复时期和后 5 年的第一个五年计划时期,中国民航在这一时期内是在摸索中前进的,以便为未来的发展创造条件,打好基础。

一、"两航"起义

解放战争后期,"中航"和"央航"已经成为国民党政权的重要空中交通企业,并竭力利用它们作为内战的工具。"两航"的背向,对国民党的军事运输乃至战争形势有着至关重要的作用。南京、上海解放后，蒋介石到重庆、成都召开军事会议，妄图占据西南，负隅顽抗，待机反扑。国民党空运力量不足，只有依靠"两航"的运输力量，作为沟通西南各省和台湾的桥梁。为了切断国民党的西南空中运输线，1949年6月，中共香港地下组织遵照中共中央的指示，着手策动"两航"起义的部分工作。与此同时，中共上海市委和军管会也向中共中央军委提出建议，做争取"两航"的工作，并推荐吕明由查镇湖（又名查夷平）陪同去香港策动"两航"起义。吕明原是国民党空军中的中共地下党员，他在美国受飞行训练时就认识刘敬宜，并在"两航"的飞行人员中有一批朋友。查镇湖在大革命时期曾是中共党员，1946年在南京与中共代表团有联系，并曾任"央航"副总经理，与"央航"中、上层关系较多。因此，派他们两人去做争取"两航"的建议，获得中共中央军委批准。

1949年8月下旬，中共中央军委副主席周恩来和中共中央社会部部长李克农在北京中南海接见和宴请了准备派往香港的吕明和查镇湖。周恩来指示他们，组织"两航"集体起义，一是要把"两航"基地拖在香港，拒迁台湾；二是争取人是最主要的，有了人就可以办起新中国的民航事业。吕明和查镇湖于8月底到达香港后，在中共香港地下组织的统一领导下，迅速沟通了各方面的联系。吕明会见了在"两航"中工作的何凤元（"中航"香港办事处处长）、陆元斌（"中航"空勤报务员、中共党员）、陈耀寰（"中航"气象员、中共党员）等，向他们传达了中共中央和周恩来对策动"两航"集体起义的指示，并决定由他们共同组织和领导起义工作。他们认真贯彻组织全盘起义的方针、步骤，通过各种渠道和多种多样形式，进行了艰苦细致的工作。他们把争取"两航"上层领导人，同发动与组织广大基层职工的工作结合起来；通过向个别飞行人员进行策反时建立起来的关系，同组织一大批飞行人员参加起义的工作衔接起来；把港九民航工会反对迁台的斗争，适时地转变为爱国起义行动；并把党的秘密工作，通过"两航"要害部门的一批骨干，以合法的形式去推动全盘起义的各项任务落到实处。

1949年10月1日中华人民共和国宣告成立，极大地推动了"两航"起义的进程。10月14日广州解放，使起义条件日趋成熟。他们经过周密的思想准备和组织准备，并在国内有关部门的密切配合下，于11月9日组织了"两航"的12架飞机北飞起义。吕明、查镇湖陪同刘敬宜、陈卓林两位总经理等乘坐由潘国定机长驾驶的CV-240型XT-610号飞机，由香港直飞北京；其余11架飞机（3架C-46型、8架C-47型飞机）由陈达礼机长带队，分别由他和边任耕、卢开周、徐作诰、邓重煌、秦永棠、张镒、蔡觉沧、黄雄畏、杨积、林雨水驾驶，从香港直飞天津。"两航"总经理为此联名致电中央人民政府主席毛泽东和政务院总理周恩来。毛泽东主席于12日致电刘、陈总经理及"两航"全体员工表示欢迎和慰问，并指出"这是一个有重大意义的爱国举动"。同日，周恩来总理也致函勉励"两航"员工"坚持爱国立场，努力进步，为建设新中国的人民航空事业而奋斗"，并宣布"两航"受中央人民政府管辖，任命刘敬宜为"中航"总经理、陈卓林为"央航"总经理。

"两航"的起义，对国民党在政治上和军事运输上以很大打击，对解放西南地区起了很大作用；同时直接影响了香港及九龙的资源委员会、招商局和中国银行等27个单位相继起义，并为新中国民航事业和航空工业的建设提供了技术物质基础。

1949年11月10日，《人民日报》和新华社发表题为《欢迎两航空公司起义》的社论，对"两航"起义的爱国壮举表示热烈欢迎，并"对于将在两公司基础上发展起来的人民航空事业，表示无限的信心"。"两航"起义回归的12架飞机，加上从1950年下半年到1951年组织"两航"机务人员修复的国民党遗留在大陆上的17架飞机，构成了新中国民航事业创建初期飞行工具的主体。从1949年11月至1950年上半年，分批从香港抢运回来的"两航"的航空器材、发动机和机械修理厂、发动机翻修厂等设备，成为新中国民航创建初期维修飞机所需的主要航空器材来源和组建飞机修理厂的基础。而起义归来的技术业务人员成为新中国民航事业建设中的一支主要的技术业务骨干力量。

1949年11月15日，周恩来总理在宴请"两航"起义北飞人员时曾指出：

新中国的民航事业是从无到有、从小到大。起义人员的前途是光明的。建设新民航,人才是主要的,争取香港"两航"起义人员都能回来同大家一起从事民航建设。我们有了这"星星之火",一定能"燎原"。30多年过去了,今天重温周恩来总理的这段重要讲话,回顾新中国民航事业的发展历程,就会深深地感到周恩来总理对"两航"起义在中国民航事业建设中将起的作用寄予何等殷切期望,而"两航"起义人员始终没有辜负周恩来总理的亲切教导,对创建和发展新中国的民航事业做出了不可磨灭的贡献。

二、新中国民航事业的创立

1949年10月1日中华人民共和国的成立,宣告了中国半殖民地半封建社会制度的结束,它为新中国民航事业的建设开辟了一条崭新的社会主义道路。

中国共产党和人民政府十分重视民航事业的建设。早在1949年3月5日,中共中央主席毛泽东就表示要准备建立空军和民航。在中华人民共和国成立前夕召开的第一届中国人民政治协商会议制定的《共同纲领》中,就提出要"有计划、有步骤地建造各种交通工具和创办民用航空"。中华人民共和国成立刚刚1个月,中共中央政治局于11月2日举行的会议就做出决定,"为管理民用航空,决定在人民革命军事委员会下设民用航空局,受空军司令部之指导,决定以钟赤兵为民用航空局局长"。1950年4月,中华人民共和国副主席刘少奇为《人民空军》杂志创刊的题词中指出,"强大的人民中国,必须有强大的人民空军与民航事业"。1950年7月,中央人民政府批准"两航"起义北飞12架飞机的主机CV-240型XT-610号飞机命名为"北京号",毛泽东主席亲自为该机题写了"北京"二字。但是,新中国成立之初,百废待举,百业待兴,需要办的事情很多,国家不可能拿出更多的钱来发展民航事业。"两航"的起义,不仅为新中国民航事业的创建提供了技术物质基础,而且促进了新中国民航事业的建设进程。

军委民航局成立后,一方面组织领导"两航"起义后在香港的护产斗争和大批员工从香港回内地的安置工作;另一方面积极组建民航管理机构和开办临时航空运输业务。从1949年年底至1950年上半年,先后组建了天津、广州、重庆办事处和部分航站，担负了北京、天津至重庆、昆明、兰州等地的专包机飞行任务。但是，新中国民航正式在固定航线上经营定期国际航班和国内航班业务，是分别从1950年7月1日和8月1日开始的。

1950年3月27日，中华人民共和国政府和苏维埃社会主义共和国联盟政府在莫斯科签订了《关于创办中苏民用航空股份公司的协定》，以"协助中国本国航空事业之发展及加强中苏两国间之经济合作"。中苏民用航空股份公司（以下简称中苏民航公司）于同年7月1日正式成立，第一任总经理为苏联的谢德略列维奇，副总经理为中国民用航空领导人。按照协定的规定，该公司从7月1日起开辟了以北京为中心，经过中国东北和西北广大地区，分别通往苏联的赤塔、伊尔库茨克和阿拉木图的3条国际航线。这是新中国民航国际航线的正式开航。1953年下半年，该公司还开辟了从乌鲁木齐到南疆的库车、阿克苏和喀什的航线。在新中国刚刚成立的时候，帝国主义敌视年轻的新中国，对"两航"起义后停留在香港的飞机和器材无理冻结，妄图扼杀新中国的民航事业，封锁中国的对外空中交通。中苏民航公司的成立，不仅打破了帝国主义的封锁，便利了中国与世界各国的友好往来，沟通了首都北京与东北、西北地区的航空联系，也为新中国民航初步建立了一套经营管理制度，配备了比较完善的技术设备，培养了一批各类技术业务人员，对协助新中国民航事业的建设做出了一定贡献。

新中国成立初期面临的困难较多，东南沿海还时常受到美国飞机和国民党军队的侵扰，国民经济有待恢复，社会上对航空运输的需求也很有限，而民航本身的运输能力不大，飞机的维护修理器材和油料供应来源匮乏。在这种客观形势下，还不具备大规模发展民航事业的条件。因此，军委民航局局长钟赤兵、副局长唐凯在1950年3月31日给毛泽东主席和中共中央的报告中，建议以"小飞的原则"和"采用企业制"为民航的经营方针，逐步摸索和积累兴办社会主义民航事业的经验，为今后的发展创造条件、打好基础。4月3日，毛泽东主席批示："所拟方针可用，具体实施办法，请与周总理、聂参谋长商酌办理，并与空司协商配合。"

根据上述经营方针，在经过充分准备之后，新中国民航从1950年8月1

日起，开辟了天津—北京—汉口—重庆和天津—北京—汉口—广州两条航线。这是新中国民航国内航线的正式开航，一般称为"八一开航"。随后，为尽快改变西南各省交通闭塞状况，还开辟了从重庆到成都、贵阳、昆明等地的航线。

与此同时，中国民航还初步开拓了通用航空业务（1951年至1985年期间称为"专业航空"）。首次执行航空作业飞行是在1951年5月，广州市卫生局租用民航C-46型飞机一架，在广州市上空喷洒DDT乳剂消灭蚊蝇。此后，逐步开始承担农林、地质等部门少量的农作物病虫害防治、森林巡护任务，以及航空摄影、航空磁测的试验。

此外，为了培训技术业务人员，从1950年9月起，先后开办了四所民航学校。这就是设在重庆的第一民航学校，负责训练通信、气象、财务、场务等业务人员；设在天津的第二民航学校，负责训练飞行人员；设在上海的第三民航学校，负责训练机务人员；设在北京的俄文专修学校，负责培养俄语干部。同时，为了增强飞机维修能力，于1951年在上海和太原各组建了一个飞机修理厂。

三、民航整编

1952年，中国民航进行了一次整编。当时，全国各项工作第一位的任务是支援抗美援朝战争，经济文化建设工作暂时被摆在次要位置。对民航整编的指导思想是：民航只有随空军发展而发展，随空军的壮大而壮大，先有强大的空军才有民航的发展，民航只有在服从国防需要的前提下才能求得发展，加上民航在业务上过多地搞了与发展航空运输生产无关的副业生产，并被揭露出不少贪污、浪费、官僚主义等问题。因此，中央军委、政务院于1952年5月7日做出了《关于整编民用航空的决定》，民航局改归空军建制，直辖空军司令部；将民航局的行政管理与业务经营机构分开，改设民航局和民用航空公司；飞机修理厂和电讯修理厂原封不动拨交重工业部航空工业局，以增强航空工业的基础；4所学校分别拨交空军司令部和重工业部航空工业局；所辖机构及其设备、人员等均统一归属空军；民用航空公司所需飞机、器材、房屋及各类人员,按编制及其业务需要和预留必要的后备力量拨给;编余人员、资产、飞机、房屋等,由空军司令部拟定处置办法,经中央军委审批实行。

根据上述决定,民航局于同年 7 月至 11 月进行了整编。在当时的历史条件下,民航局改归空军建制,并由空军直接领导,对于统一航空事业的管理,增强国家航空工业的基础,合理地使用人力物力,端正民航的业务发展方向,以及调整民航内部的干部关系等,都起了一定作用。

但是,当时民航事业的建设缺乏经验,对如何整编又未认真调查研究,以致精简整编的范围偏宽。这主要表现在两个方面:一是被精简的人员过多。当时民航系统共有职工 7870 人,精简 5626 人,保留 2244 人,减少了 69%,其中有不少技术业务骨干被编余和精简了,使民航技术力量受到相当大的削弱。过了 4 年,即到 1956 年年底,民航系统的职工人数又增加到 6798 人,即比整编后增加了两倍多,这说明精简整编存在着一定的盲目性。二是被精简的运力和设备也较多,所留的后备力量不足。整编前民航共有各类型飞机 66 架,整编时拨交空军 34 架,只剩下 32 架,减少一半多。三个工厂、四个学校、大小 29 个副业生产单位和各种车辆 202 部、房屋 140 幢,都分别移交空军和有关部门,移交资产总值约 5804 万元,使民航的运输生产能力、飞机维修能力和人员培训都受到了削弱,给后来民航事业的发展带来了很大影响。

四、进行企业化的尝试

根据 1952 年 5 月 7 日中央军委、政务院《关于整编民用航空的决定》确定的"政企分开"的原则,中国人民航空公司于同年 7 月 17 日在天津正式成立,由方槐任经理,李平任副经理,这是新中国创办的第一个国营航空运输企业,主要承办原军委民航局直接经营的全部航空运输和通用航空业务。到 1953 年 6 月,该公司被撤销。

尽管中国人民航空公司只存在 11 个月,但它在短暂的时间里却取得了不容忽视的成绩:

一是增辟了航线,增加了航班密度。国内航线由 1952 年的 7 条,增加到

1953年的9条；航班由1952年的2242个班次，增加到1953年的3021个班次。

二是开展了业务。1952年中国民航完成航空运输总周转量435万吨公里，到1953年中国人民航空公司完成航空运输总周转量712万吨公里，增长64%。在通用航空方面，担负了空投橡胶树种、森林巡护和防治蝗虫等飞行任务，为新中国民航面向工农业生产开辟了新的途径。

三是改进了经营管理。在当时客货源不足的情况下，开展了航空市场调查和客货源组织工作，合理调整了运价，使各航线航班载运率平均达到69.1%。同时，实行了集中经营、垂直领导的经济管理制度，加强了经济核算工作，并取得了较好的经营效益，盈利40万元，使民航向企业化方向前进了一步。

四是迅速健全了各级机构，制订了各种规章制度，使各项工作转向经营型轨道。

中国人民航空公司被撤销合并到民航局后，民航又恢复实行"政企合一"的管理体制。当时提出撤销公司的主要理由是：民航业务量不大，设置民航局和航空公司两套机构，管理与经营分开，存在不少矛盾难于解决；保证飞行安全工作做得不好，在不到1年时间内发生了飞行事故3起；并且在经营上因办理了"代购代销"业务曾受到指责等。事实上，存在这些问题，有的无法避免，也不难纠正；有的在看法上有片面性，或者被绝对化了。最根本的原因是要按照苏联民航的"模式"来办民航。在当时大力提倡"学习苏联"和"一边倒"的政治形势下，民航也不可能例外。当时苏联民航是"政企合一"的管理体制，没有单独设立航空公司；并且认为，苏联民航的方向就是中国民航的方向，只有学苏联才能搞好民航。因此，要按照苏联民航的办法改过来，必须重新把局和公司合并。

中国人民航空公司在它存在的期间，做了很多工作，取得了不少成绩，积累了一些经验，是中国民航实行"政企分开"、进行企业化的一次有益的尝试。如果能有更长一些时间进行探索和实践，可能对民航企业化积累较多的有益经验。

五、开始有计划地发展民航事业

在3年国民经济恢复的基础上,从1953年到1957年,中国执行了第一个五年计划。在这期间,中国的政治形势和经济形势都很好,工业化取得了很大进展,对农业、手工业和资本主义工商业的社会主义改造已基本完成。随着抗美援朝战争的结束,全国出现了政治上安定和经济上初步繁荣兴盛的局面。这些,都为民航事业的发展提供了良好条件。

1954年3月,中央财政经济委员会审查了中国民航第一个五年发展计划,确定民航在第一个五年计划时期内的基本任务是:争取满足国家生产、商品交流和政治、文化日益发展对航空运输的需要,并满足国防需要;在经济上,要争取少赔、不赔而逐渐达到稍有盈余。

在这5年期间,航线网建设和航空业务有了较大发展。初步建立起以首都北京为中心的连接东北、华北、华东、中南、西南和西北地区的各主要城市的航线网。到1957年年底,先后开辟了国内航线23条,通往36个城市,通航里程为2.2万公里(按不重复距离计算,下同);还开辟了4条国际航线,通航里程为0.4万公里。当年航空运输总周转量达到1534万吨公里,比1952年增长2.5倍;通用航空完成0.9万飞行小时,比1952年增长近9倍。1956年5月29日,潘国定等驾驶CV-240型401号飞机(又称"北京号")试航北京—成都—拉萨成功,标志着中国民航飞行技术水平有了提高。同年4月,先后开辟的中缅和中越国际航线,对发展中国同东南亚近邻国家的友好关系起了积极作用。

在这5年期间,初步更新了机型。到1957年年底,中国民航已有各型飞机118架,比1956年增长1.6倍。中国先后从苏联购买了各型飞机94架,其中里-2型和伊尔-14型飞机各32架,伊尔-12型飞机4架,替代了原有美制DC-3型、C-46型和C-47型飞机。这是中国民航主要技术装备的首次更新。即使如此,同世界各先进国家普遍使用的新型飞机相比,中国民航所使用的飞机至少还落后十几年。

在这5年期间,民航的管理体制有所改进,企业经营也取得较好的效益。

1954年10月12日，中国政府和苏联政府协议，鉴于"中国的经济部门已积累了必要的经验，已经能够管理这些合营企业的业务"，决定"自1955年1月1日起，将中苏合营公司中的苏联股份全部移交给中国"。据此，中苏民用航空股份公司所经营的航线及业务由中国民航局接管经营，从而实现了中国民航事业统一领导和经营的管理体制。

从1955年2月1日起，中国民航实行了"分区管理"制度，将全国的航线分别划给北京、重庆和乌鲁木齐三个管理处经营，并成立了专业飞行队专门从事为工农业生产建设服务的通用航空业务。根据各管理处（队）所担负的任务配备所需的飞机、设备、资金和人员，实行单独经济核算。这一改革，收到了较好的经济效益，使中国民航在1955年和1956年出现累计盈利1160万元的好势头，实现了"达到稍有盈余"的要求。

在这5年期间，还加强了机场建设。继改造了天津张贵庄机场之后，又于1953年至1954年对武汉南湖机场进行了改造。在中共中央和国务院的关怀下，从1955年开始兴建北京首都机场。经过3年多的紧张施工，于1958年3月正式投产使用。首都机场的建成，使中国民航有了一个较为完备的基地。

这里，要着重提到的是，1957年10月5日，周恩来总理在看了中国民航局关于中缅航线通航一周年的总结报告之后，曾批示："保证安全第一，改善服务工作，争取飞行正常。"这三句话，科学地概括了民航工作的特点，是民航建设的指导方针，是民航全体职工为人民服务宗旨的具体体现，是民航全盘工作质量的综合指标，它对中国民航事业的健康发展起了极为重要的作用。

在新中国成立后的头8年里，中国民航是在摸索中前进的，尽管碰到了不少问题，出现一些反复，但仍然得到了相对稳定的发展。在航线网建设、发展航空业务、更新机群、改善经营管理和加强机场建设等方面，都取得了不少的成绩，为以后民航事业的发展打下了较好的基础。

第二节　调整时期

（1958—1965年）

中国民航在完成第一个五年计划的基础上，结束了它的初创时期，跨进调整阶段。

从1958年到1965年,是新中国成立后的第二个8年,包括第二个五年计划及国民经济调整时期。中国民航在这个时期的头几年受了"大跃进"的挫折,后几年经过调整后,才逐步成长起来。

一、在"大跃进"中的挫折

1958年至1960年,是中国的"大跃进"时期。在这个时期,以高指标、瞎指挥、浮夸风和"共产风"为主要标志的"左"倾错误,在全国经济领域中泛滥,对工农业生产带来了严重后果,交通运输业受到很大冲击和挫折,民航也不可避免地被这股"左"的浪潮卷了进去。在所谓"全党全民办交通"和急于求成的思想指导下,民航提出了不切实际的"运输航空四通八达,专业航空遍地开花"的口号,使新中国民航事业发展历史上出现了一次较大的挫折。

中国民航在"大跃进"时期出现的主要问题是:

(一)忽视客观经济规律,搞高指标、大计划、造成比例失调。

在上述"左"的思想和要求下,中共民航局委员会在1958年8月审定并上报了民航第二个五年计划(草案)。该计划(草案)对作为主要计划指标的飞机和航空运输总周转量,提出了一个庞大的发展计划,飞机要比1957年增加600多架,航空运输总周转量要比1957年增长14倍,即达到2.3亿吨公里。当时,中共民航局委员会在讨论时,也认为计划指标订得太高了,实现的可能性和把握性都不大。邝任农局长代表党委在会议总结发言中曾指出:单凭热情,不考虑需要和可能,会把事情做坏。民航事业的发展,不在于计划数字提得多;民航事业的跃进,不在于飞机架数多少。这个问题不引起注意,就是政治上不负责任,是小资产阶级疯狂性。但是,在当时全国业已掀起生产"大跃进"的形势下,尽管民航局领导干部对"左"的思潮有所警觉,却未能顶住单凭主观愿望的狂流,还是将计划(草案)上报了,并且按此计划组织实施。实践证明,到1962年年末,这两个主要计划指标都远远没有达到。当年拥有的飞机为360架,航空运输总周转量为2561万吨公里。虽然这些指标后来根据实际发展情况作了适当调整，但由此造成的比例失调则给民航事业的发展带来了不良影响。

（二）地方航线盲目下放各省、自治区管理。

1957年，中共中央、国务院针对当时中央集中过多、统得过死，曾决定适当扩大地方和企业的管理权限。1958年2月27日，国务院决定将中国民航局划归交通部领导，成为交通部部属局。同年4月和6月，中共中央、国务院分别做出企业下放的决定，要求各个工业部门及部分非工业部门所管理的企业，除一些重要的、特殊的和试验性的企业仍归中央继续管理外，其余原则上一律下放给地方管理。对交通部的要求是，除保留必要的援外单位外，全部下放。

同年6月17日，交通部党组向中共中央提出了《关于体制下放的意见》，得到中共中央批准。根据这个文件，民航的国际航线、国内干线、工业航空实行以中央为主的双重领导，地方航线、农业航空下放地方，实行以地方为主的双重领导。据此，有20个省、自治区相继在原有航空站的基础上组建了民航管理局（处），实行以地方为主的双重领导，直接经营地方航线和农业航空。民航原有垂直领导的五个地区管理处也相应改为地区管理局。由于机构扩大，人员相应增加，全民航职工从1957年的7554人增加到1960年的18730人，即增长近1.5倍。许多省、自治区自行投资购买运－5型飞机和修建机场，开辟地方航线和发展农业航空。1957年，只有运－5型飞机26架，到1960年增加到249架，即增长8.5倍，而飞机的平均日利用率却大为降低，由1957年的0.9小时降至1960年的0.3小时，相当于1957年的1/3。从1958年到1960年，各省、自治区还先后开辟以省会或首府为中心通往省（区）内主要城镇的地方航线47条，通航里程为1.6万公里。由于这些地方航线大都仓促开航，出现许多左支右绌现象，诸如忽视飞行安全，客货运量不足，油料供应困难，等等。因此，不少地方航线又不得不相继停航。

1961年1月，中共中央明确提出，下放权力不适当的须一律收回，中央各部直属企业的管理权统一收归各部管理。由于民航下放各省、自治区自行经营管理的地方航线出现的问题较多，中共中央已在此之前单独决定收回民航直接经营管理。各省、自治区的民航管理机构和所购买的飞机,也陆续移交民航统一领导和管理。1962年4月15日,民航总局建制又由交通部部属局改为国务院直属局。

（三）承担了大量非正常的航空运输。

在"大跃进"中出现的许多非正常的航空运输要求,给民航带来很大压力,并将主要运力投入保证"钢铁元帅升帐"的紧急运输和"以粮为纲"的支援农业任务中去了。这样,就使民航1958年的货物运输量急剧上升,达到1.3万吨,比1957年增长近1倍。其后两年的货物运输量又比1957年分别增长2倍多和近3倍。持续3年的"大跃进",使1960年航空运输的总周转量达到了4000万吨公里,比1957年翻了一番多,其中包括了在正常情况下不交付航空运输的大量物资。经过3年的国民经济调整,航空运输才逐渐走向正常的发展轨道。

（四）不讲经济效益,企业出现亏损。

在所谓"发扬共产主义风格"和"大搞共产主义协作"的号召下,民航系统从领导机关到基层单位,不计成本、不讲经济效益的现象普遍存在。各省、自治区大量开辟地方航线,原来主要打算结合生产培训运–5型飞机飞行员,虽然在这方面起到了一些作用,但由于客货运量太少,运价水平又只以收回直接成本一半为原则,这就造成飞得越多,赔得越多的不正常现象。在国民经济调整时期,国家不得不适当压缩基本建设工程和各项非生产性开支,也使航空客货运量有所减少。而人员增多、生产下降,成本加大等各方面因素的相互影响,导致民航出现大量亏损。从1962年起,连续3年民航共亏损1339.7万元,其中仅1962年便亏损了753万元。

此外,在"大跃进"时期由于忽视飞行安全,在1958年运输飞行中发生了两次一等飞行事故。

总之,"欲速则不达"。从民航事业这个侧面,清楚地表明"大跃进"运动虽然只是一个短暂时期,但它违背了客观经济规律,高指标所产生的一系列连锁反应造成国民经济严重的比例失调,并在各方面都带来了后遗症。民航事业也需要经过一段时间的调整,在恢复平衡后,才能继续正常地向前发展。

二、在调整中逐步成长

1960年秋冬，中共中央和毛泽东主席针对"大跃进"中所出现的问题，决定对国民经济实行"调整、巩固、充实、提高"的方针。1961年1月中旬召开的中共八届九中全会正式批准了这一方针。从此，中国的国民经济进入了调整时期。

由于当时民航系统的各级组织和领导班子都比较健全，他们同广大职工一道，同心协力，认真贯彻执行了中共中央提出的"八字"方针，并且在调整中继续注意创造条件、打好基础的工作。经过2年多的努力，中国民航事业随着全国工农业生产建设情况的逐步好转，又重新走上了正轨，并取得了较大的发展。

（一）在发展国内航空运输方面。

到1965年年底，国内航线增加到46条，通航里程为3.5万公里，比1957年增长58%。值得提到的是，这个时期，国内航线布局重点已从东南沿海及腹地转向西南和西北的边远地区，先后开辟了通往成都和昆明的6条国内干线，对加强"三线"① 地区的建设起了积极作用。特别是1965年3月1日，北京—成都—拉萨航线正式开航，是中国民航对支援西藏经济文化建设和加强民族团结做出的贡献。

与此同时，在各国内航线上逐年增加了航班密度。1965年共飞行了20287个班次，比1957年增加了1.8倍。1965年完成航空运输总周转量4662万吨公里，比1957年增长2倍多，而旅客运量和货物运量则比1957年分别增长了3倍和2倍以上。其中从沿海各大城市运往西南和西北地区支援"三线"建设的旅客和货物都有了较大幅度的增长。

（二）在发展国际航空运输方面。

60年代中期，由于受国际形势的影响和技术装备条件的限制，中国民航

---

① "三线"原是军事上的术语，这里被借用来指在内陆腹地后方的战备建设。

的国际航线仍未取得应有的发展，而在对外开放中国航空运输市场方面，则作了很大努力。从1959年中苏两国关系逆转后，原来主要赖以沟通对外空中交通的中苏航线，已日益受到阻碍和刁难。国务院于1963年5月批准中国民航采取积极主动但又实事求是的方针，有计划有步骤地逐步开辟东南亚、西亚、非洲的国际航线，并决定开放上海为国际通航口岸。在中国民航暂时还不具备开辟远程国际航线的条件下，从1963年到1965年，中国政府先后同巴基斯坦、柬埔寨、印度尼西亚等国政府签订通航协定，并同意这些国家所指定的航空公司，从各该国开辟了通达上海或广州的国际航线。特别是1964年4月巴基斯坦国际航空公司开航上海和广州，为中国提供了一条衔接通往欧洲的空中通道。这不仅对打破霸权主义大国的封锁和加强对世界各国的友好往来具有十分重要的意义，而且也给中国民航从业人员打开了眼界，对学习和掌握先进的民航技术和经营管理经验都有所裨益。

1965年3月23日，周恩来总理乘坐巴基斯坦国际航空公司的专机赴罗马尼亚访问途中曾对中国民航的同志说："中国民航不飞出去，就打不开局面。一定要飞出去，才能打开局面。"为了贯彻周总理的指示，在经过积极和充分准备之后，中国民航北京管理局第一飞行总队于1965年6月使用伊尔-18型飞机，首次执行了周总理访问非洲坦桑尼亚的专机任务。周恩来总理说："我和你们一起去实践！"极大地鼓舞了民航干部和职工对完成远航任务的勇气和信心。这是中国民航当时担任的飞行时间最长、飞行距离最远的一次专机任务，途经12个国家和地区，在8个国际机场起降，共飞行80小时15分钟，累计航程44631公里。周恩来总理回到北京首都机场时，曾高兴地对民航局的领导干部说："你们组织得很好，任务完成得很好。民航局第一次飞非洲，路是人走出来的，你们这一次不是走得很好嘛！"接着该总队又于同年7月，担任了邓小平总书记访问罗马尼亚的专机任务。这两次专机任务的圆满完成，取得了飞往亚、非、欧三洲十多个国家的初步经验，为中国民航开辟远程国际航线奠定了技术基础。它标志着中国民航事业面临的大发展局面即将到来。

（三）在发展通用航空方面。

在"大跃进"时期，通用航空发展比较迅速。从1958年起，通用航空的作业飞行工作量接连3年持续增长，1960年达到3.4万小时，比1957年增加了2.8倍。随着国民经济的调整，通用航空作业飞行也有所压缩，1965年只飞行2.1万小时，比1960年下降60%，但与1957年相比仍然增长1.3倍。其中为农业生产服务的作业飞行，比1957年增长6.1倍。从作业范围来看，主要是担负了为农业生产服务的各种作业飞行和航空摄影、航空探矿、航空护林，以及少量的森林播种和人工降水等任务。总的来说，通用航空的发展是稳步上升的，只是在"大跃进"时期为农业生产服务的飞行作业有过一段非正常发展的现象。

（四）在更新机型方面。

到1965年末，全民航拥有各型飞机355架，比1957年增加237架。增加的数量不算少，但主要是增加适宜于执行通用航空作业飞行的运－5型小飞机。1959年，中国民航购买了苏联伊尔－18型飞机，标志着从使用活塞式螺旋桨飞机，开始过渡到使用涡轮螺旋桨飞机了。1963年，中国民航又购买了英国的子爵号飞机，从而结束了长期以来只使用苏制飞机的状况，并为了解资本主义国家民航技术的进步打开了一个窗口。上述伊尔－18型和子爵号飞机的安全性能和舒适条件都比原有里－2型、伊尔－14型飞机为好，在缩短飞行时间和提高服务质量等方面发挥了它的优越性。但是，比当时不少先进国家的航空公司开始使用美国生产的波音－720型和波音－707型以及DC－8型等涡轮喷气飞机仍有较大的差距。

（五）在机场建设方面。

为了适应机型更新和发展国际通航需要，在此期间，新建和改建了南宁、昆明、贵阳等机场，并相应改善了飞行条件和服务设施。特别是在有关地方政府和工程部门以及中国人民解放军的大力支持下，迅速完成了上海虹桥机场和广州白云机场的扩建工程。这两个机场，从1963年下半年着手规划和设计，到1964年4月下旬便基本竣工投产，只用了9个月的时间。其建设速度之快，在中国机场建设史上是罕见的。虹桥机场和白云机场的建成，不仅保证了巴基斯坦国际航空公司如期开航中国,也相应地改善了国内航空运输条件。

(六)在改善经营管理方面。

在这个时期,由于加强了经济核算工作,逐步纠正了在"大跃进"中出现的不计成本、不讲经济效益的偏向。1960年至1963年,在全民航开展了增产节约和清产核资工作,加强了内部核算和群众核算,实行了国内干线收入按所完成的吨公里分成办法。1963年,张西三副局长亲自到基层单位抓经济核算工作,收到了很好的经济效果。1965年,中共民航总局委员会提出力争减少计划亏损500万元的奋斗目标,除要求争取超额完成生产任务外,主要是提高航班载运率、劳动生产率,节约航空油料,降低小修理费用和减少各项非生产性开支。经过民航上下共同努力,取得了显著成效。1965年,终于结束了连续3年亏损的局面,并做到略有盈余。

第三节　曲折前进时期

(1966—1976年)

从1966年5月至1976年10月,是中国的"文化大革命"运动时期。在这十年动乱中,使中国共产党和中国人民遭到中华人民共和国成立以来最严重的挫折和损失。中国民航同全国其他部门一样,也经受了一次持续时间最长、范围最广和损失最大的破坏。

这个时期的前5年,即1966年至1970年,由于全国政治动乱,经济衰退,使中国民航出现倒退现象。后5年,即在1971年9月粉碎了林彪反革命集团之后,中国民航获得了一段较好的发展时期,在曲折中前进了一步。

一、十年动乱对民航事业造成的严重破坏和损失

民航是林彪、"四人帮"直接插手的单位,在十年动乱中成了"重灾区",在思想、组织、生产建设等各个方面都受到了严重的破坏和损失,阻碍了中国民航事业的发展,主要表现在:

（一）组织领导体制大改变。

林彪、江青反革命集团为了篡夺党和国家的最高权力，千方百计地妄图控制民航这个现代化的交通运输部门，作为他们进行阴谋活动的工具。1969年11月，民航划归中国人民解放军建制，成为空军的组成部分，各项制度按军队的执行。这是十年动乱中民航在组织体制上受到的一次空前严重的破坏。根据这个决定，民航各级机构按照军队的组织序列进行了调整；民航职工的来源则改为实行"义务工役制"，服役年限和待遇完全按照军队的现役军人的制度执行；计划部门被取消，财务机构被归并，从1970年起实行统收统支的"经费大包干"制度，民航所需各项经费和企业经营收入由军队系统统一拨付和上缴。这一大变动，使民航完全实行军事化的管理制度，这就从根本上否定了民航是一个交通运输和通用航空企业的性质。此后10多年间，军事供给制的一套在民航系统畅通无阻，特别是在指导思想上，不计成本、不讲经济效益和"吃大锅饭"以及所谓飞"政治航线"等，都大大地发展起来，并带来了严重后果。这种军事供给制的不良影响，仍是后来一段时间当前民航经济改革工作中的一大障碍。

这里应该特别提到，林彪反革命集团中犯有资敌罪、反革命宣传煽动罪、诬告陷害罪并被清除出党的原民航总局政治委员刘锦平等人，正是利用民航划归军队建制的"决定"，滥用职权，为林彪反革命集团进行反革命阴谋活动提供了大量物资和经费。据"九一三"事件后清查，仅为反革命分子林立果等人建造活动据点、购买轿车、免费调派专机，以及提供大量免费机票等，就花销了大量国家资财。

（二）干部队伍和技术力量受到严重摧残。

在十年动乱之前的1964年和1965年，刘锦平等人利用上级机关有关"清理要害部门"的指示，把社会主义社会一定范围内的阶级斗争扩大化，肆意扩大处理人员的范围，把民航1000多名技术业务骨干清理外转了。在"文化大革命"中，刘锦平等人又变本加厉地摧残了民航大批干部和技术业务人员。他们无中生有，对民航总局大部分领导干部横加所谓"特务""叛徒""反革命分子""死不改悔的走资本主义道路的当权派"等罪名，进行陷害、打击和迫害，并使大批干部及其亲属受到株连。他们还制造了一起所谓"阴谋驾机外逃集团案"，使70多名原"两航"起义人员以及他们的亲友受到残酷打击和迫害。他们利用所谓清查"五一六"，排斥异己，捏造罪名，把30多名职工列为所谓"五一六"骨干成员或重点审查对象，使他们受到了严重的政治迫害。特别是他们还将模范共青团员张开元迫害致死。张开元是中国民航沈阳管理局通信大队报务学员。他在1969年4月至6月，多次给毛泽东主席写信，揭露林彪是野心家、阴谋家、伪君子，是打着红旗反红旗、阳奉阴违、当面说得好听、背后又在捣鬼的坏东西，并且公开提出"打倒林彪"的口号。为此，他遭到林彪反革命集团主要成员吴法宪及刘锦平等一伙的残酷迫害。同年4月22日，张开元被非法逮捕，6月9日在狱中被毒打致死，年仅19岁。在民航工作的原"两航"人员，几乎无一幸免地受到迫害。他们当中有许多高级知识分子和技术业务骨干，都受到了冲击。在"文化大革命"运动中，还有不少人被迫害致死、致残。由于十年动乱的这种大破坏，使民航的领导力量和技术业务队伍受到一次空前的摧残，其损失是难于估量的。

与此同时，民航的劳动管理制度也受到很大破坏。培养技术业务人员的民航机械专科学校被撤销，培训工作陷于停顿，并于1969年开始普遍实行"义务工役制"。由于"义务工役制"受服役期的限制，而且所招收的人员文化水平偏低，又未经过严格的专业培训，就安排到各个岗位上"顶班劳动"，使技术业务水平和服务质量大为降低，也影响了技术业务骨干的成长和劳动生产率的提高。这种制度不仅不适应现代企业经营管理的需要，而且由于它同固定工制度并行，在劳动管理、工资福利待遇等方面出现不少矛盾。经国务院、中央军委批准，从1980年起才取消了在民航系统实行的"义务工役制"，但由此而造成的技术业务骨干力量青黄不接的状况仍未完全消除。

（三）生产下降，劳动生产率降低，企业亏损增加。

民航在十年动乱初期，即从1966年到1967年，因全国铁路、公路和水运日益陷于瘫痪状态，为了保持中央和地方的联系，当时中共中央和国务院采取了特殊措施，决定民航系统由军队接管，地区管理局以下单位坚持正面教育，使民航的航班基本上维持了正常飞行，因而航空运输量略有增加。其后3年民航运输量则连续下降,直到1971年以后才逐渐回升。通用航空的情况也大致如此。

由于民航改归军队建制,改按军队的组织序列设置机构和配备人员,使民航的职工队伍增加过快,造成劳动生产率不断下降。据统计,1969年民航共有职工20103人,到1973年达到40477人,增长1倍多。航空运输企业劳动生产率1969年为人均3721元,到1973年只有人均2755元,即下降了35%。

在十年动乱中,由于民航的企业性质被否定,从上到下不重视经营管理,怕被扣上"单纯业务观点"和"不突出政治"的帽子。特别是1971年不计成本地大幅度降低客票价,平均下降了30%,不但没有扭转1968年至1970年连续3年的亏损局面,反而造成1971年至1974年连续4年又出现了大量亏损。7年间,累计亏损13735万元,其中1973年亏损达2900万元,成为中国民航历史上亏损最多的1年。

(四)在机场建设中造成很大浪费。

长期以来,中国在"战争不可避免"和"备战、备荒、为人民"的思想指导下,把国民经济建设纳入军事化的轨道。民航机场建设方面也不得不考虑这种要求。特别是在中共中央关于加强"三线"建设的方针提出后,林彪又对机场建设提出所谓靠山、分散、隐蔽(通称为"山、散、洞")的原则。民航在空军的统一规划下,也错误地贯彻了这些方针和原则。当时,"三线"建设任务几乎压倒了一切。如四川的西昌当时客运量并不多,但却从1967年到1973年,由民航修建了一个大型机场;甘肃的兰州中川机场本来已经下马,1968年因考虑"三线"建设需要又重新再建,场址从原来确定的位置西移"靠山",使机务维修、油料设施、器材仓库和飞行人员宿舍等都远离跑道,深入山沟,彼此"分散、隐蔽";山西的太原武宿机场的修建也如此。这种布局,极不经济,也不适应民航业务的需要。

中国民航在十年动乱中遭受的破坏和损失是相当严重的,对民航事业发展的影响也是很大的,这里只是从经济建设的角度记述了几个主要方面。

二、在曲折中发展

"九一三"事件后,国内外形势发生了急剧变化。1971年10月,联合国大会通过了恢复中华人民共和国在联合国的一切合法权益的重大决议;1972年,中美关系开始解冻;接着,中日两国正式建立邦交。为了适应形势发展的需要,中国民航在十年动乱时期的后5年,即从1971年到1976年,在周恩来总理的亲切关怀下,将工作的着重点放在开辟远程国际航线上,并围绕这个中心带动了其他各项工作地发展。

中国民航"一定要飞出去",这是周恩来总理早在1965年3月就提出来了的,由于"文化大革命"推迟了这一进程。"九一三"事件后,周恩来总理排除"四人帮"的干扰,又亲自筹划这项工作,力争尽快建立起中国自己的国际通道。周恩来总理明确指出:中国民航只有"飞出去"才能打开局面,建交的国家越来越多,国际交往日益频繁,在现代的世界上不能锁国自守,要把"飞出去"作为政治任务切实规划,进行认真准备。他鼓励民航要有雄心壮志,向发展方向设想,政治上要动员,人员要训练,要掌握国际通航知识。他还指出,从国内航线进入国际航空活动的新阶段,民航六个地区管理局和总局要群策群力,团结一致,不要出乱子,如果出了乱子,影响国家声誉;要有实事求是、埋头苦干、认真负责的精神,树立新的风气,才能参加国际竞争;要在人员培训、规章制度、改善机场、通信导航、空中管制、飞机维修、外事交涉、服务设施、治安保卫等12个方面进行准备,并且责成国家计委约集有关部门开会研究,分工限期完成。

在周恩来总理的亲自关怀和国务院各有关部委的大力支持与协作下,开辟远程国际航线工作得以顺利进行。中国民航于1971年从苏联购买了5架伊尔-62型飞机,1973年又从美国购买了10架波音-707型飞机,为实现"飞出去"的战略目标创造了重要的技术物质条件。

从1972年到1974年,中国政府先后与阿尔巴尼亚、罗马尼亚、南斯拉夫、埃塞俄比亚、土耳其、伊朗、意大利、挪威、丹麦、希腊、瑞典、加拿大、瑞士、日本、扎伊尔等国政府谈判并签订通航协定,为开辟远程国际航线进行了必要的组织准备。与此同时,民航内部在人员培训、加强通信导航和空中管制、改善机场条件和服务设施等方面，也都进行了大量的准备工作。

在各项准备工作基本就绪后，中国民航终于在1974年初步实现了"飞出去"的战略目标。这1年，首先从东西两个方向环绕地球1周，同时试航纽约成功，随后接连开辟北京—莫斯科、北京—上海—大阪—东京、北京—卡拉奇—巴黎、北京—德黑兰—布加勒斯特—地拉那4条国际航线。这4条国际航线的开辟，使中国民航国际航线里程增加到37062公里，比1973年增长了7.4倍，结束了20多年来国际航线通航里程徘徊在4000公里左右的局面，并初步改变了主要依靠外国航空公司提供国际空中交通的结构。这是中国民航创立以来的一次重大突破，它标志着中国民航开始进入国际航空活动领域的新阶段。

到1976年年底，中国民航的国际航线已发展到8条，通航里程达到40933公里，占通航里程总数的41%；国际运输总周转量达到3948万吨公里，比1970年增长23倍多，由占全部运输总周转量的3%上升到21%；它所载运的旅客和货物、邮件，分别比1970年增长将近6倍和1.5倍。这说明随着航线布局结构的变化，国内航空运输业务与国际航空运输业务的比例也发生了很大变化，国际航空运输业务的发展正蒸蒸日上。

伴随着远程国际航线的开辟和国际航空运输业务的发展，也带动了其他各项工作的前进。国内航线由1970年的67条增加到1976年的123条；通航里程达到56885公里，比1970年增加57%。同时，由于从1971年3月起放宽了对国家机关工作人员乘坐民航班机的限制，给航空运输提供了一个比较开放的国内市场，使航空客运量迅速增长，1976年达到了140.3万人次，比1970年增长5.7倍。

在更新机群方面，除上述购买了苏联和美国的大型喷气客机之外，还从英国购买了三叉戟客机和从苏联购买了安-24型客机。这样，中国民航便拥有大、中、小型运输机共117架和相应的配套设备，能够较好地贯彻执行"内外结合，远近兼顾"的经营方针。

为了适应大型喷气客机的采用和开辟远程国际航线的需要，国家对民航的基本建设投资增大。从1971年至1976年共计投资14亿多元，其中大部分用于购买飞机和各项设备，少部分用于土建安装工程，主要是进行首都机场第二次扩建工程，杭州笕桥机场的扩建，以及其他机场的建设。

由于十年动乱后 5 年民航事业的发展，以及从 1974 年开始恢复实行经济核算制，使民航企业从 1975 年开始扭亏为盈。1975 年和 1976 年共获利近 3500 万元，从而扭转了长期亏损和靠国家补贴的被动局面。此后，各项主要指标，包括航空运输总周转量、旅客和货物邮件运量、通用航空作业飞行小时和企业利润等，都一直保持逐年稳步增长的趋势。

在这期间，中国还恢复了在国际民航组织的活动。1971 年 11 月，国际民航组织第七十四届理事会第十六次会议通过决议，承认中华人民共和国的代表为中国的唯一合法代表，从而驱逐了国民党政权的代表。1974 年 2 月 15 日，中国外交部长姬鹏飞通知国际民航组织秘书长阿沙德·柯台特，中国政府决定承认 1944 年《国际民航公约》，加入有关议定书，并决定自当日起恢复在国际民航组织的活动。同年 9 月，由中国民航总局负责人率领的中国代表团出席了国际民航组织大会，中国当选为理事国。同年 12 月，中国在国际民航组织总部加拿大的蒙特利尔设立了驻该组织理事会代表处，第一任代表为何凤元。

在十年动乱期间，中国民航事业受到了严重破坏和损失。尽管在这一时期的后 5 年有了起色，特别是在发展远程国际航线方面取得了突破性的进展，但这是一种在特殊历史条件下的现象。如果没有十年动乱的浩劫，没有这一时期前 5 年的停滞与倒退，中国民航事业将会取得更大的成就。以后的历史进程，充分地说明了这一点。

第四节　新的发展时期

（1977—1987 年）

十年动乱，造成了全国政治局势的巨大动荡和国民经济的严重衰退，到 1976 年 10 月粉碎了江青反革命集团，终于结束了这场灾难。但接着是 2 年多的徘徊，全国各行各业没有大的起色，民航的情况也是这样。直到 1978 年 12

月，中共十一届三中全会才总结了中华人民共和国成立以来的历史经验，决定把全国工作的着重点转移到社会主义现代化建设的轨道上来，随后又制定了对外开放、对内搞活经济的政策。中共十二次代表大会坚持和发展了十一届三中全会的路线，提出了全面开创社会主义现代化建设新局面的纲领，使中国在政治上和经济上都出现了很好的形势，工农业生产建设飞速发展，城乡经济呈现出一派欣欣向荣的景象。同时，国际交往逐渐增多，对外经济技术交流与合作日益活跃，旅游事业也加速兴办起来。这就为中国民航事业的发展提供了前所未有的优越条件。

从1977年到1987年，特别是从1980年以来，在全国政治上安定团结、经济上初步繁荣兴旺的形势下，中国民航事业加快了前进的步伐，并取得了很大成绩。

一、进行了管理体制改革

中国民航自成立以来，领导体制经过六次变动：1949年民航局成立时，建制属中央军委，行动上由空军司令部指挥，业务上归中央财政经济委员会领导；1952年4月，建制改属空军，各项工作均由空军领导；1954年11月，改为国务院直属局，由空军和国务院第六办公室分工领导；1958年2月，改为交通部部属局，由空军和交通部分工领导；1962年4月，又改为国务院直属局，由空军和国务院有关部委分工领导；1969年11月，划归中国人民解放军建制，成为空军的组成部分，各项制度按军队的执行；1980年3月，再次改为国务院直属局，由国务院直接领导。

上述情况表明，中国民航在1980年以前，是以军队领导为主的政企合一的半军事性企业。这种管理体制，是在中国民航事业规模较小、生产力水平不高的条件下形成的。在全国工作的着重点已经转移到社会主义现代化建设上来，民航已由飞行国内航线为主转向开拓国际航空运输业务的新阶段，并且业务量正在成倍增长，再保持原来的管理体制，就难以适应形势发展的需要。

1980年，邓小平就指出，民航一定要走企业化的道路。李先念也指出，民航一定要企业化，不能用军队的办法来管理民航。1980年3月，民航改归国务院直接领导，这是民航历史上的重要转折，是民航管理体制的重大改革，为民航走上企业化道路开辟了光明前景。《人民日报》为此发表了题为《民航要走企业化道路》的社论，指出："30年来，我国的民航事业在民航广大职工的共同努力下，已经初具规模。在飞机数量、载运能力、通航里程、机场建设以及专机飞行等方面，都比建国初期有了很大的增长。但是，我国民航工作无论在经营方针、管理体制、技术设备以及服务质量等方面，都还存在着许多亟待解决的问题。"社论还着重指出："民航要打开新的局面，必须走企业化的道路。……这是加快我国民航建设，加强民航竞争能力，把民航企业搞好的一个重要步骤。"

30多年来，中国民航实行的政企合一的管理体制，集政府部门、航空公司和机场于一身，既是主管民用航空事业的政府职能部门，又是直接经营民用航空业务的全国性企业。这种管理体制，很难充分发挥民航局作为政府主管部门的作用，也使企业的责权利不能有机地统一，缺乏活力和动力，严重束缚了民航事业的发展，尤其是不能充分调动各个部门、地方兴办民航事业的积极性。

从1980年以来，中国民航在管理体制改革方面进行了大量工作。根据政企分开、减少管理层次和简政放权的原则，经过几年的调查研究，正式提出了改革方案，并已报经国务院批准实施。改革内容包括：将民航局、地区管理局、省（区、市）局、航空站四级管理改为民航局和地区管理局两级管理，分别成立六个地区管理局；以原有的六个民航管理局为基础，分别组建六个国家骨干航空公司；将机场和航务管理分开，机场成为独立的企业单位，对所有航空企业开放，提供服务；航务管理归属政府部门，受地区管理局领导；成立油料供应公司，经营油料采购、调运、储备和供应业务，为航空公司服务。这个方案自1987年2月出台以来，首先选择民航成都管理局作为实施改革的试点。经过几个月的试运转，中国民航西南管理局、中国西南航空公司、成都双流机场已于同年10月15日正式成立。中国民航华东管理局、中国东方航空公司、上海虹桥国际机场和中国民航华北管理局、中国国际航空公司、北京首都国际机场，也分别于1988年6月和7月正式成立。其他民航管理局的体制改革工作将分期逐步完成。

组建六个国家骨干航空公司，是为了改变独家经营的局面，创造相互竞争的环境和条件，以增加各公司的动力和活力，有利于克服官商作风，改善服务质量，进一步提高经济效益和社会效益；同时也有利于促进这些地区的开放、搞活和更大发展。

根据发挥部门和地方兴办民航事业的积极性和打破独家经营的原则，中国民航鼓励和支持各个部门和地方创办航空公司，以国家民航为主力，帮助地方民航的发展，形成一个比较完整的民航体系，以适应改革和开放的需要。1984年3月，中国民航与福建投资企业公司、厦门经济特区建设发展公司联合成立了厦门航空有限公司。1985年1月，中国民航与新疆维吾尔自治区人民政府联合成立了新疆航空公司。从1985年以来，中国民航局还批准有关部门和地区陆续组建了中国联合航空公司、上海航空公司、中原航空公司、武汉航空公司等12家地方（部门）航空公司。这些公司，有的已经开始经营业务，有的正在抓紧进行组建工作。建立这些航空公司，是中国民航改革经营体制的尝试。

实行政企分开、简政放权后，中国民航局作为国务院主管民航事业的部门，不再直接经营航空业务，主要行使政府职能，进行行政管理。诸如制订发展民航事业的方针政策，制订、颁发并监督执行民航法规；进行宏观经济管理，编制全行业发展规划；审批建立或撤销航空企业；代表国家同外国民航谈判和签约，参加国际民航组织活动，维护国家航空权益，等等。为此，1985年5月28日，国务院颁发了《关于开办民用航空运输企业审批权限的暂行规定》；1986年1月8日，国务院颁发了《关于通用航空管理的暂行规定》；同年4月6日，国务院又颁发了《民用机场管理暂行规定》。中国民航局和国家工商行政管理局发出了《关于开办民用航空运输企业审批程序的通知》。中国民航局还颁发了《关于民用航空运输企业及其使用机场的安全保卫规定》，制定了民用飞机管理、航空器适航管理规定，以及部分民用飞机适航标准等。还建立了法制机构，以加强航空立法工作。

中国民航体制改革涉及各个层次、各个方面,是一个系统工程,情况复杂,任务艰巨,还需要经过一段时间探索努力,才能取得较好成效,使中国民航事业能够在更大的规模上迅速发展。

二、加快了机群更新的速度

如前所述,中国民航所使用的运输机群长期落后于先进国家民航10多年。例如,1958年就出厂投产的波音-707型大型喷气客机,中国民航到1973年才开始使用。在国际民航竞争日益剧烈的情况下,使用先进型号的飞机,加速机型更新,具有决定性意义。正因为现代化的新型飞机大都是具备了良好的技术安全性能和经济性能,以及客舱设备舒适等优越性,能够向广大旅客提供安全可靠、票价低廉和服务周到的旅行条件,从而在国际航空运输市场的竞争中能立于不败之地。

1980年,中国民航购买了波音-747SP型宽体客机,意味着中国民航使用的运输飞机已部分地达到了国际民航先进水平。1983年又购买了波音-747-200型、波音-737型和MD-80型客机,使中国民航使用的运输飞机同国际民航的先进水平的差距进一步缩小。1985年至1987年,又通过贷款、国际租赁和自筹资金相结合的形式,先后购买了波音-767型、波音-757型、A-310型、图-154型、BAE-146型、MD-82型、肖特-360型、双水獭(DHC-6)型和国产运-7型等飞机共100多架,使中国民航所使用的运输飞机达到了国际民航的先进水平。与此同时,淘汰了里-2、伊尔-14型和子爵号等型号的运输飞机40多架,加快了机群更新的速度。至1987年,中国民航已拥有各型生产用飞机402架,其中起飞全重60吨以上的运输机104架。对新购置的飞机,改变了过去按实际飞行小时折旧的办法,采用经济、合理的按使用年限折旧法,以适应国际上技术更新周期短的需要,同时也加强了航空运输企业在飞机使用上的经济责任。

此外,在1980年成立了中国航空器材公司,专门从事飞机、发动机和各种设备、器材的进出口业务。到1987年,已向国外购置飞机150余架,价值共约30亿美元。每年还订购约1亿美元的设备和器材,它所争取到的优惠条件总值已超过3亿美元。

三、加快了机场建设的进度

从新中国成立以来，国家为了发展民航事业，累计投资40多亿元。为了适应新购置的大量新型运输飞机和航空运输业务日益发展的需要，中国民航加快了机场建设的进度。从中共十一届三中全会以来，除北京首都机场新候机楼和一条可供起降大型客机的跑道，已于1980年1月1日正式交付使用外，还新建、扩建和改建了30多个机场。到1987年止，全国共有87个民用机场，其中能起降MD-82型飞机的机场有21个，能起降波音-737型飞机的机场有34个。

为了使民航事业更好地适应改革开放的需要，机场建设发挥各方面的积极性，多渠道筹资。一是国家增加了对机场建设的投资；二是地方积极投资，仅在"六五"计划期间，就有10多个省、自治区共集资近10亿元修建当地机场；三是军用机场提供民航使用；四是利用外资修建机场。通过改革固定资产投资体制，使机场建设逐步走向投资省、见效快的道路，并把中心城市、旅游城市和沿海开放城市的机场建设作为重点，从而使有限的资金发挥了更大的作用。

四、加快了发展航空运输业务的步伐

为了贯彻执行对外实行开放、对内搞活经济的方针，并在城市经济改革日益向纵深发展的形势下，中国民航的航线布局有了明显的变化。国内航线逐渐发展成为以若干地区的大城市为中心的辐射航线网路，它们同以首都北京为中心的国际和国内航线相连结，组成了一个结构比较合理的全国航线网，从而打破了20多年来以首都北京为中心的单一国内航线网格局，开始进入多元化体系。同时，沿海城市和边远地区的航线也有很大发展。14个沿海开放城市大部分已经通航，沿海城市之间已建立20多条航线，地处边陲的丹东、延吉、牡丹江、黑河、三亚等地区都已开航。航线布局的调整，对促进国内经济搞活和发展横向经济联系都起到了积极作用。

从 1979 年以来，国际航线发展势头迅猛。这个时期，中国民航开辟国际航线的指导思想是，突出重点，积极发展，有计划地进入国际市场，以适应形势发展的需要。它先后开辟了通往埃塞俄比亚、瑞士、联邦德国、菲律宾、伊拉克、阿拉伯联合酋长国、泰国、英国、美国、澳大利亚、土耳其、加拿大和民主德国等国际航线。到 1987 年为止，已通航 24 国家的 30 个城市，实现了通航亚、非、欧、大洋洲、北美五大洲，开始进入国际航空运输市场竞争领域。

此外，中国民航从 1980 年开辟了从内地至香港的地区间航线。北京、天津、上海、杭州、广州、昆明等地都有通往香港的直达航班，厦门、桂林、南京、西安、海口等地与香港之间有定期或不定期的包机飞行，对密切内地和香港的经济交流，促进香港的繁荣与稳定起到了积极作用。

到 1987 年为止，中国民航共开辟 327 条航线，通航里程为 387102 公里，比 1978 年增长 1.6 倍。其中，国内航线 280 条，通航里程 229292 公里；国际航线 39 条，通航里程 148870 公里；地区航线 6 条，通航里程 10935 公里。

为了适应国际交往、对外贸易和旅游事业的发展需要，在扩展国内、国际和地区航线的基础上，还大量增加了各航线的航班次数。据统计，1978 年共飞行 46776 个班次，到 1987 年增为 127500 个班次，即 9 年间增长了 1.7 倍。

随着飞机数量的增多，航线的扩展，班次的增加，航空运输业务不断上升。1987 年航空运输总周转量达到 20.2 亿吨公里，比 1978 年增长 5.8 倍。旅客运量和货物邮件运量分别比 1978 年增长 4.6 倍和 3.6 倍。值得注意的是，国际运输业务的发展尤为迅速，运输总周转量 1987 年比 1978 年增长了 8.1 倍，旅客运量和货物邮件运量分别增长 7.6 倍和 12.3 倍。地区航线的运输总周转量 1987 年比 1980 年增长了 7.1 倍。这样，1987 年国际航线和地区航线所完成的运输总周转量占全部航空运输总周转量的比重已经达到 40%。它反映着中国的国际交往、对外贸易和旅游事业正在迅速发展，对外开放政策已经取得显著成效。

五、扩大了通用航空的应用范围

中共十一届三中全会以来,中国民航在通用航空方面同运输航空一样,出现了蓬勃发展的新气象。从 1979 年到 1987 年,年年都超额完成生产计划,扭转了多年来在 2.5 万飞行小时左右徘徊的状况。1987 年共完成 45749 飞行小时,仅次于历史最高水平的 1984 年。

在这一时期,除了继续保持航空遥感、航空摄影、航空物探、航空护林、航空播种和航空化学作业等项外,主要是增加了陆上和海上石油勘探服务以及空中游览等新项目。

经过 30 多年的建设,已经建立一个工业航空服务公司、两个直升机公司和 14 个主要为农林业服务的飞行大队和独立中队,拥有 15 种型号的飞机共 238 架。到 1987 年止,累计飞行 92.3 万小时。

通用航空以它速度快、效率高、费用省、效益好的优势,应用范围逐渐扩大,采用通用航空飞行作业已经成为现代化建设中不可缺少的重要生产手段,具有广阔的发展前景,它对国民经济和社会发展的作用将会越来越显著。

六、加速了技术力量的培训

由于十年动乱,中国民航的技术力量培训工作遭到严重破坏,理论教育几乎全部取消,地勤各专业正规教育成了空白。

中共十一届三中全会以后,中国民航的技术力量培训工作得到了恢复和发展。在社会主义现代化建设中,职工素质的高低,对一个企业的兴衰关系极大,在现代化的民航部门尤为重要。中国民航在"六五"计划期间,已将机械专科学校改为中国民用航空学院,专门培训航空工程、仪表电气、无线电、航行、经营管理以及外语人才;原来的第十四航空学校也改为中国民航飞行专科学校(1987 年又改为中国民航飞行学院),专门培训飞机驾驶、空中领航、空中通信和航行管制人员。这两所院校,均列入全国重点高等院校序列,参加全国高等院校统一招生。以中国民航干部学校为基础组建的中国民航管理干部学院,已招收在职干部和职工,进行财经管理、运输管理、党政管理以及英语培训。中国民航还成立了十多所中等专科学校、技工学校和中等职业专科学校,担负民航所需初级技术人员的培训任务。这些教育训练机构的成立,使中国民航基本建成了一个由初、中、高三级配套,科目比较齐全的教育训练体系,以逐步适应培养民航各类技术业务人才的需要。

从1977年到1987年,民航各院校共培养了各类空、地勤技术人员8802名,相当于全民航1987年职工总数的14.2%,基本上满足了目前民航事业发展的需要。

此外,在职教育和飞行人员训练也有相应发展。国家规定的职工文化补课任务已提前于1985年完成,有1.4万多名青壮年职工取得了文化补课的合格证,补课合格率达到81.4%。先后举办了5期企业管理研究班,轮训了省(区)局以上领导干部175名。在天津中国民航学院,与联合国开发技术署和国际民航组织技术局合作,建设了中国民航第一座现代化的训练中心。第一期工程已经完成,并已于1985年5月7日正式成立。该中心主要承担中、高级技术人才的培训,待第二期工程完成后将能接收培训外国学员任务,成为一所国际性的民航培训机构。从1977年到1987年,全民航共完成训练飞行和熟练飞行14.4万多小时,转机型训练2208人次,培训正驾驶1658人次,转天气标准4379人次。

七、加强了飞行安全保障工作

保证飞行安全第一,是中国民航始终坚持不渝的方针。30多年来,中国民航在保证飞行安全上取得了较好的成绩,特别是国际航线和专机飞行始终保持安全飞行,从未发生飞行等级事故,在国内外享有较高的声誉。

为了保证飞行安全,中国民航不断教育全体职工,树立安全第一的思想和对人民生命财产极端负责的态度,始终把保证飞行安全作为自己的首要职责。制定了各种条令、条例和规定,严格按照规章制度办事;建立了严密的指挥调度系统,配备了比较先进的航行管制和通信导航设备,能够提供可靠的气象资料和航行情报,保证做到准确地不间断地实施飞行指挥;建设了飞机维修工厂和各级机务组织,及时对飞机进行维护修理,保证"不带故障上天"。

中国民航之所以能够比较好地保证飞行安全,最重要的原因之一是拥有一支具有丰富飞行经验的飞行队伍,有一批飞行1万小时以上的飞行人员和连续安全飞行20年以上的飞行大队,为保证飞行安全提供了可靠的技术保障。担负40多条国际航线和国内主要干线以及重要专包机飞行任务的中国民航北京管理局第一飞行总队,拥有1万飞行小时以上的飞行员70多名、5000飞行小时以上的飞行员400多名。30多年来,这个飞行总队曾在100多国家和地区的200多个机场起降,累计飞行70多万小时,运输旅客1000多万人次,执行5000多次重要专机任务,始终保证了飞行安全,是中国民航的"安全飞行标兵单位",并曾被授予"全国安全生产集体"等称号。从1982年以来,在反劫机斗争中,中国民航还涌现出受到国务院嘉奖并授予英雄机组称号的"杨继海英雄机组"和"王仪轩英雄机组"。

为了加强旅客的安全检查工作,各地主要机场的候机楼都安装了自动显示的检查设备,这对保障飞行安全起到了良好的作用。

八、提高了经济效益

从1979年开始,中国民航对经济核算办法进行了改革。主要内容是以地区管理局为单位,全面考核八项经济技术指标,合理分配收益,合理分摊场站费用,权力下放,自负盈亏。这样,各地区管理局对经营航空旅客、货物和邮件等,诸如航次安排,市场调查与客货运输销售,运输生产调度,售票处、候机室和仓库管理,以及改进服务设施与旅客供应工作等方面,都发挥出更大的积极性与主动性,加上大好的客观形势,当年便取得了较好的经济效益。在扣除国家对民航给予的航空油料和航空器材的差价补贴9687万元外,还盈利5110万元,从此中国民航结束了长期依靠国家政策性补贴的状况。

在"六五"计划期间,中国民航进一步完善了经济核算办法,包括实行二级核算和航线联运,扩大企业自主权,推行岗位经济责任制,改革提取飞机折旧办法和实行"利改税"等,从而为国家创造的积累也逐年增多。5年间，共获利 14.9 亿元，其中 1985 年航空运输企业利润即达 5.2 亿元，比 1978 年增长将近 5 倍。

1987 年民航企业上缴国家利税为 1982 年的 11 倍。民航企业平均每人创造产值 5.9 万元，为 1982 年的 4.4 倍；平均每人创造利润 1.4 万元，为 1982 年的 4.3 倍；平均每人创造利税为 1982 年的 8.1 倍。

这里还要说明一点，随着国际航空运输业务的发展，民航还为国家开辟了外汇收入的渠道。在"六五"计划期间，民航外汇收入和外汇净收入分别为 4.4 亿美元和 3.1 亿美元；而到 1987 年，外汇收入和外汇净收入分别达到 6.5 亿美元和 4.9 亿美元。在国际航空运输市场竞争日益激烈，不少航空运输企业出现亏损的情况下，中国民航每年都能为国家获取几亿美元的外汇，是难能可贵的。

九、提高了飞机利用率和服务质量

在"六五"计划期间，中国民航在提高飞机利用率方面取得了良好的进展。从民航的历史上来看，运输飞机的利用率一向是偏低的。如 1962 年，伊尔-14 型飞机和伊尔-18 型飞机的日平均利用小时分别为 1.9 小时和 1 小时；到 1978 年，上述两型飞机的日平均利用小时才提高到 2.4 小时和 3.2 小时。这种状况，突出地反映出中国民航的经营管理水平不高，跟外国先进民航企业相比，差距很大。此后，由于技术管理水平有所提高，伊尔-18 型以上运输机的平均日利用率逐年都有提高，到 1987 年达到 6.8 小时。其中，波音-747SP 和波音-747COMBI 型机每天飞行都在 10 小时以上，接近国际民航平均水平。

与此同时，中国民航的航班正常率也有相应的提高。十年动乱之后，中国民航初步克服了忽视飞行正常性的偏向。过去在组织航班飞行工作中，往往把保证飞行安全和争取飞行正常对立起来，以致正班正点率不高，旅客意见较多。1978 年航班正常率为 78.9%，此后逐年有所提高，1987 年达到 90.1%。

随着运输机型的更新，机上服务工作有了较大的改善。首先，扩充了乘务人员队伍,提高了乘务人员的素质,除抓紧就业前和在职中的培训工作外,从1979年起先后派出小批乘务员前往外国航空公司的客舱训练中心进修。其次,在改进机上用餐和饮料供应以及工作程序的标准化等方面,都做了很多工作,并且取得了不同程度的进展。

至于地面服务工作,也有所加强。中国民航从1981年3月起开始使用电脑自动控制航班座位,大大方便了旅客的订座和购票工作。"六五"计划期间,上海、广州、沈阳、西安等地的候机楼普遍进行了扩建。同时,各地候机楼大都设置了贵宾休息室或头等舱旅客休息室,加强宾馆、招待所、餐厅和商店工作的管理,受到了中外旅客的好评。

由于加强了职工教育和培训工作,以及开展优质服务竞赛和全面质量管理活动,服务人员的素质有所提高,精神面貌也发生较大变化,文明服务、礼貌待客蔚然成风。民航职工拾金不昧的高尚风格一向深受中外旅客赞誉。1985年,成都双流机场、重庆白市驿机场、民航北京管理局第一飞行总队乘务大队、首都机场宾馆等单位还被当地政府授予"文明单位"的称号。

十、发展了国际关系

中国民航在发展国际关系方面,除本章前已叙述的谈判和签订通航协定外,还参加了国际民航的一些活动和技术交流。

继1978年11月14日中国有保留地加入《关于在航空机内的犯罪和其他某些行为的公约》之后,又于1980年9月10日正式加入《关于制止劫持航空机的公约》和《关于制止危害民用航空安全的非法行为的公约》。这三个国际公约,是国际上为了防止劫持飞机和处理影响航空安全的其他犯罪行为,由各国共同协商制定的。

从1974年9月至1987年9月,中国曾四次派代表团出席国际民航组织第二十一至二十四届大会,并在历届大会当选为理事国。在第二十二届大会上,通过了中文作为国际民航组织的工作语言。

1980年7月4日,中国民航正式参加国际航空电信公司(SITA)。该公司主要负责国际航空业务电报的传送。中国民航加入该公司之后,便利了与世界各地航空业务通讯联系。

1981年5月，中国民航技术小组第一次列席国际航空运输协会在曼谷召开的东南亚、太平洋地区第十一届技术专家会议，1982年4月又列席了该协会的第十二届会议。中国民航没有加入该协会，但多年来一直保持非正式的联系。该协会负责制定有关航空运输的规章制度、运价等，为国际航空联运工作提供了便利。

总之，从中共十一届三中全会以来，中国民航事业得到了飞速发展，取得了前所未有的成绩。但是，在前进中还存在不少问题，在各项具体工作中也还有不少缺点或失误。

"六五"计划期间，在安全保证方面，共发生飞行事故22起，报废飞机15架，死亡89人。此外，在1982年7月和1983年5月各发生一次空中劫机事件，在国内外造成了不良的政治影响。

在服务质量方面，主要是飞行正常性不高，因气候条件和机务维修而造成的航班延误时有发生，有时甚至延误几个小时或更长时间，给旅客带来了困难和不便。在空中和地面服务工作中普遍存在着不同地区、不同时间和不同航线与航班服务质量的不均衡现象，主要是服务态度好坏、服务技能的熟练程度、服务供应标准和服务用品质量等方面的差异造成的。一般来说，沿海各大城市的运输服务水平比内地城市略高一些，而国际航班的服务又比国内航班好一些。

经营管理方面存在的问题也比较多。如选购机型方面，由于存在的技术政策不够明确，调查研究不周密和缺乏统筹规划，以致采用的机型过于庞杂，这对机务维修、安全保证、提高技术管理水平和增进经济效益等，都带来了不少问题。

特别是在管理体制改革方面，虽然进行了大量工作，但仍然跟不上形势发展的要求。

38年来，中国民航事业虽已取得了不少成就，但它的发展规模和速度，同中国社会主义建设事业的发展及其国际地位，仍是不相适应的，远远不能满足客观的需要。从国内各种运输方式来看，航空运输所占的比重还很小。

到 1987 年，航空旅客周转量仅占全国各种运输方式的旅客总周转量的 3.4%，航空货物周转量所占的比重更是寥寥无几。这一方面反映出中国的交通运输结构不够合理，另一方面也说明中国民航具有巨大的发展潜力。从国际民航来看，按照完成航空运输总周转量和旅客运输总周转量多寡所排列的名次，中国民航 1987 年在世界航空运输企业中仅居第 17 位和第 14 位。中国民航从所完成的运输量来讲，在国际航空运输市场中虽然处在比较落后的状况，但它近年来的发展速度是相当快的，有着无限光明的前景！可以预见，随着改革、开放的加快与深化，在"七五"计划期间，以及相继而来的年代，中国民航在社会主义建设中必将发挥更大的作用，并争取在较短时间内跻身于世界民航的先进行列。

第三章
航线布局及其发展

30多年来，中国民航的航线布局，是随着整个国家政治、经济形势而变化，以逐步适应国家社会主义建设的进程，尽可能地满足国家对外交往的需要，以及对日益增多的中外旅客提供航空交通的方便条件。截至1987年年底，中国民航共有国内和国际航线327条，通航里程为38.7万多公里。

第一节　国内航线布局

30多年来，中国民航国内航线的发展，大体上经历了四个时期：

一、1950—1957年

新中国成立初期，中国民航除担负了医治战争创伤和恢复工农业生产建设的一些紧急航空运输任务外，同时积极筹备开辟国内航线，并进行了初步的规划工作。1950年4月初，毛泽东主席批准中国民航采取"小飞"的经营方针。与此同时，周恩来总理也指示民航："因为刚建国，百废待兴，人民生活尚未提高，各种物质条件和技术条件很差，加之仍在战时状态，开辟航线不宜多。"据此，中国民航确定了它在国民经济恢复时期的主要任务是，"积极进行思想准备，创造物质条件，奠定创造民航事业的基础，并着手开辟边远交通不便地区的空中交通，以适应国家紧急任务的需要"。

当时，除了中苏民航公司已经开辟的3条国际航线途经中国西北、东北地区的几个城市之外，中国民航国内航线布局的重点是开辟华北通往西南各省以及西南各省之间的航线，以适应国家政治统一、加强民族团结、巩固国防的要求。50年代初期，西南各省地面交通极为不便。以四川为例，全省有70%的县和90%的乡镇不通公路，能通机动船舶的航道只有1100多公里。西南地区同首都北京之间的往来更加困难。

根据上述情况，为了加强首都北京同西南及华中、华南地区之间的空中交通联系，促进各地区经济的恢复与建设，中国民航于1950年8月1日开辟了两条国内航线：一条是天津—北京—汉口—重庆；另一条是天津—北京—汉口—广州。此后，又以重庆为基地，先后开辟了重庆通往成都、贵阳、昆明3条国内航线，以及重庆—西昌的地方航线。不久，由于经济调查工作做得不细，天津—汉口航段以及重庆—成都、重庆—贵阳两条航线，均因客货不足而先后停航。而天津—广州航线因国民党空军飞机不时袭扰广州，不具备开办定期航班的条件，只飞了一个航班便停航了。

1952年7月17日，中国人民航空公司正式成立。为了适应国家即将展开大规模经济建设的需要，在国内航线布局上，中国人民航空公司首先将重庆—汉口航线分别延伸到北京和上海，从而形成了沟通首都北京和全国最大工业城市上海与西南军政委员会所在地重庆的两条直达航线。与此同时，鉴于华南地区的空防安全已有保证，该公司又开辟了广州—昆明和广州—湛江两条航线。前一条航线是为承担运输云南省与香港地区之间的进出口物资而开辟的，后一条航线是为满足华南垦殖局运送往来于雷州半岛开拓橡胶基地的工作人员而开辟的。至此，在国民经济恢复时期，初步沟通了北京、上海、广州三大城市与西南边远地区的航空交通联系。到1952年年底，已有7条国内航线，通航里程7979公里。

在第一个五年计划期间，中国民航增辟了18条国内航线。尤其在1956年，由于客货运量迅速增长，当年新开辟的航线，比1950年开航以来的任何一年都多。其中包括为加强首都北京与各大城市之间的交通联系而增辟的北京—天津—沈阳—哈尔滨—齐齐哈尔、北京—开封（后改飞郑州）—衡阳（后改飞长沙）—广州、北京—徐州（后改飞济南）—合肥—上海、北京—武汉—南京—上海4条干线，以及为沟通华东与华南、西北地区的联系而开辟的上海—杭州—南昌—广州、上海—安庆（后改飞南京）—武汉—宜昌—

重庆、上海—南京—武汉—西安—兰州3条干线。

1955年以后，西南地区以成都为基地，逐步扩展航线，先后开辟了成都—重庆—昆明、成都—重庆—贵阳、成都—重庆—昆明—南宁—广州3条国内干线。同时还开辟了广州—湛江—海口、乌鲁木齐—库车—阿克苏—喀什—和田、乌鲁木齐—阿勒泰3条地方航线。

由于航空客货运量的增大，1956年新开辟航线的平均载运率比1950年以来的任何1年都高。因此，为增加首都北京通往西南、西北地区的航线密度，当年增辟了北京—太原—西安—成都、北京—西安—重庆—昆明、北京—包头—酒泉—乌鲁木齐、北京—包头—兰州—西宁—塔尔丁和北京—武汉—南宁等5条国内干线。

此外，1954年年底中苏民航公司撤销后，原由该公司经营的国际航线的国内航段，从1955年起，改由中国民航经营。这些航段是：北京—天津—沈阳—哈尔滨、北京—太原—西安—兰州—酒泉—哈密—乌鲁木齐、乌鲁木齐—哈密—酒泉—兰州、乌鲁木齐—库车—阿克苏—喀什。

实施第一个五年计划的结果，以首都北京为中心的国内航线网已初具规模。它连接了全国21个省会、自治区首府和直辖市，包括有南京、合肥、上海、杭州、南昌、广州、长沙、武汉、郑州、南宁、昆明、贵阳、成都、西安、兰州、西宁、乌鲁木齐、太原、天津、沈阳、哈尔滨。当时交通十分闭塞的新疆，由于开辟了航线，极大地缩短了与内地各大城市之间的旅途往返时间。到1957年，中国民航已有国内航线23条，通航城市36个，通航里程22120公里。

二、1958—1965年

为了顺应"大跃进"的形势和要求，中国民航在国内航线布局上的突出表现，是忽视经济调查工作，不顾主客观条件，造成盲目发展地方航线的不正常情况。其结果，不仅因航线网点铺得太宽，分散了运力，而且破坏了航空运输企业内部的比例关系，对航线的布局和发展都造成了较大困难。

1958年上半年，民航运输业务情况本来就不好，不少航线班机缺载情况严重，但客观上业已形成的"左"的浪潮，又要求民航紧跟"大跃进"的步伐，开辟更多的航线，安排更多的班次，以适应工农业生产的"大跃进"，因此形成了恶性循环。

随着民航管理体制的下放，各省、自治区出现了"大办交通"而开辟地方航线的热潮。从1958年到1960年，全国先后开辟的省（区）内地方航线达47条之多，航线总长度为1.6万公里。

当时，一下子开辟这么多地方航线，显然超过了客观实际需要，结果多数地方航线的经济效益和社会效益都很差，造成了人力、物力和财力的很大浪费。当然也有少数地方航线对改变当地交通不便情况起了一定的积极作用。如昆明至保山虽有公路交通，但由于沿途地形复杂，气候多变，旅客乘车须行三四天，交通极为不便。自从1958年4月开辟了昆明—保山地方航线后，交通条件大为改善。该航线全长363公里，比公路里程缩短了46%，只飞行一个多小时就可以到达。根据这条航线开辟后8个月的统计资料表明，共载运了2000多名旅客和6万多公斤的邮件和货物。其中有大批保山出产的咖啡种子，就是用飞机运到海南岛种植的。

1960年冬，由于"大跃进"造成的严重比例失调，使国民经济陷于困境，国家开始贯彻"调整、巩固、充实、提高"的八字方针。在国民经济调整时期，大部分国内航线客货不足，飞机载运率很低。如飞行昆明—北京、南宁—北京、广州—上海等航线的伊尔-14型飞机的载运率一般只有50%左右；而飞行广州—北京航线的伊尔-18型飞机的载量有时仅有28%。地方航线缺少客货情况更为严重，有些地方航线出现空飞现象。因此，除对部分客货不足的国内干线进行适当调整外，重点是收缩地方航线。到1962年年底，原已开辟的65条地方航线，缩减为26条，通航里程则减为4800多公里。

1964年年底到1965年年初召开的第三届全国人民代表大会，宣布了国民经济的调整任务已基本完成，并将进入新的发展时期。根据1964年中共中央工作会议的指示精神，全国开始了大规模的"三线"建设。为了适应"三线"建设对航空运输的需要，民航国内航线布局的重点，也从东南沿海及腹地转向西南"三线"地区。除使用伊尔-18型飞机增辟北京—杭州、北京—

杭州—广州、北京—上海、北京—广州、北京—长沙—广州和北京—成都—昆明6条主要干线或直达航线外，这一时期的重点是从北京、上海分别开辟至成都、昆明以及广州—成都等通往西南"三线"地区的6条国内干线。

同时，还增辟了北京—成都—拉萨、上海—兰州和上海—沈阳3条连接各经济协作区的国内干线。为支援边疆交通不便地区的经济建设，还开辟了长沙—常德、哈尔滨—海拉尔、呼和浩特—锡林浩特、乌鲁木齐—克拉玛依和乌鲁木齐—富蕴等6条地方航线。

特别是北京—成都—拉萨航线的开辟，在中国航空运输史上具有很重要的意义。

1951年5月，西藏和平解放前，由于受腐朽的社会制度的束缚，人民生活十分贫困，交通也极其闭塞。当时，从四川的雅安到拉萨的物资运输全靠人扛畜驮，走完全程一般要半年时间。

新中国成立不久，修通了川藏、青藏公路，但人们从拉萨乘汽车，仍要行驶半个月左右，才能抵达成都和兰州。由于连续在空气稀薄的四五千米的高山峻岭间行车，旅途也很艰苦。为了便利内地与西藏之间的交通联系，1956年年初，中共中央做出了飞机通航拉萨的决策。这1年，为了实现北京—拉萨通航，中国人民解放军驻西藏部队和西藏人民在险峻的念青唐古拉峰东侧，仅仅用了3个多月的时间，就修起了地处拉萨远郊的当雄机场。同年5月29日，中国民航局飞行技术主任检查员潘国定驾驶"北京号"飞机（即CV-240型401号飞机），从成都附近的广汉机场起飞，飞向"世界屋脊"的西藏高原，胜利地完成了通向拉萨航线的试航任务。此后，间或有不定期的飞行。为了尽快开辟内地至拉萨的定期航线，1964年12月中国民航总局派出调查组，对开航拉萨的问题进行了认真的社会调查。随后，于1965年3月1日，北京—成都—拉萨航线正式通航了。从此，这条空中通道使西藏与首都北京以及内地紧紧地联结起来。

从1958年到1965年，国内航线发展较快，形成了一个全国初具规模的航线网路。到1965年年底，国内航线有46条，通航里程达34961公里，比1957年增长58%；通航城市69个，其中通航的省会、自治区首府和直辖市增为27个。

三、1966—1976年

在"文化大革命"前期，国家的政治局面极为动荡，国民经济衰退，国内航线的发展比较缓慢。1968年，中国民航向苏联订购的伊尔－18型飞机已全部交货，并先后加入北京飞往成都、昆明、杭州、长沙、南宁等7条国内主要干线。而将上述航线原来使用的子爵号、伊尔－14、里－2型飞机替换下来，除用于为数不多的新辟航线外，重点是增加通往"三线"地区的航班密度。到1970年，中国民航新辟了上海至成都、贵阳、西安，武汉至重庆，成都至南京、沈阳，兰州至沈阳等国内干线。此外，还开辟了呼和浩特—海拉尔、昆明—丽江、西安—汉中、长治—太原—大同等地方航线。1970年国内航线的通航里程为36247公里，比1965年的34961公里只增加了1286公里，其中，1970年的国内干线通航里程比1965年还减少了2871公里。

1971年以后，中国民航先后购买了伊尔－62、波音－707、三叉戟、安－24等新型客机，并先后安排在国内各主要航线上飞行。其中，北京至上海、广州、乌鲁木齐3条国内干线，从1974年4月起，改飞波音－707或伊尔－62型客机，替换原来在这些航线上使用的伊尔－18型飞机；从北京、上海、广州始发的15条国内干线，从1974年起陆续改用三叉戟型飞机，替换原来的伊尔－18型和子爵号飞机；从北京、上海、成都、兰州、沈阳、哈尔滨等地始发的23条国内干线，从1973年起陆续改飞安－24型飞机，替换原来的伊尔－14和里－2型飞机。这批新型飞机的购进，也为随后开辟新的国际航线准备了运力条件。

为使各型机种发挥更大的经济效益，1975年以后，中国民航总局将民航北京飞行基地的10架伊尔－18型飞机，分别调给兰州、成都两个飞行基地，担负部分从西南、西北始发的国内干线航班。同时，为减轻成都—拉萨航线旅客十分拥挤的压力，于1975年7月开辟了兰州—格尔木—拉萨的航线（后改为西安—格尔木—拉萨）。

这个时期，开辟的国内干线还有：北京至包头、西安、大连，成都至广州、郑州、兰州，兰州至北京、沈阳，沈阳至长春、北京等。此外，又新辟成都—达县、赤峰—林西、沈阳—大连等地方航线。截至1976年，国内航线已有123条，通航里程达到56885公里，比1965年增长62%；通航城市81个，比1965年增加了12个。

四、1977—1987年

江青反革命集团被粉碎后，十年动乱终于结束了。随着全国工作的重点转向社会主义现代化建设，国民经济进一步活跃起来，工农业生产建设全面展开。为了适应中共十一届三中全会以后的新形势，中国民航不仅进一步扩展了航线网，而且在航线布局上也发生了前所未有的显著变化。

（一）区域性辐射航线网进一步扩展。

国家实行对外开放和对内搞活的政策后，各个地区之间的横向经济联系日益增多，大、中城市的作用加强了，并逐步形成了以区域性为中心的经济体系。因此，促使中国民航以北京、上海、广州、成都、西安、沈阳6个大城市为中心的区域性辐射航线网路得到进一步的扩展，改变了30多年来主要以北京为中心的单一航线网格局。这个时期，按各地区业已形成的辐射航线网路的主要情况如下：

首都北京是中国的政治、文化和科学技术中心，又是全国辐射航线的中心。在新时期，中国民航继续增辟了从北京通往南昌、福州、厦门、桂林、贵阳、重庆、西安、兰州、哈尔滨等9条直达的国内干线，以及北京—秦皇岛—石家庄—南京—上海、北京—桂林—南宁、北京—武汉—昆明、北京—太原—延安、北京—通辽—海拉尔等5条国内干线。到1987年年底，从北京首都机场始发的国内航线有59条，北京同全国28个省、自治区、直辖市以及香港地区都有直达航线或衔接航线相联结。

上海是中国最大的经济中心和对外贸易口岸，也是沿海14个对外开放城市之一。为了发展上海与各地横向经济联系，促进上海各项建设事业的发展，这个时期增辟了以上海为航线起点，通往乌鲁木齐、成都、昆明、重庆、兰州、沈阳、长春、连云港等8条直达的国内航线，以及上海—烟台—北京、上海—兰州—乌鲁木齐、上海—郑州—西安、上海—青岛—大连、上海—合肥—郑州等5条国内干线。连同以前已开辟的航线,到1987年年底,上海虹桥机场已有通往国内34个大、中城市的37条国内航线,构成了以上海为主的华东地区辐射航线网路。

广州是祖国的南大门,毗邻珠江口两侧的深圳和珠海两个经济特区,并同港澳地区举目相望,是中国实行对外开放的前沿城市。为了加强广州同内地各大、中城市的航空联系,"六五"计划期间,先后增辟了以广州为起点,通往武汉、郑州、成都、昆明、贵阳、重庆、西安、沈阳、乌鲁木齐、长春、南京、杭州、合肥、南昌、福州、厦门、泉州等17条直达的国内干线,以及广州—长沙—西安—广州、广州—贵阳—成都、广州—泉州—福州、广州—南京—上海—武汉、广州—北京—哈尔滨、广州—柳州—南宁、广州—常州—北京、广州—湛江—上海、广州—南宁—上海等9条国内干线。连同以前已开辟的航线,到1987年年底,广州白云机场已有通往国内37个大、中城市的51条航线,构成了以广州为主的华南地区辐射航线网路。

历史上被称为"蜀道难"的四川省,新时期的航空交通又有了新发展。以成都为起点增辟的国内干线有:成都—长沙、成都—重庆—广州、成都—长沙—南京、成都—北京—沈阳—天津。连同以前已开辟的航线,到1987年年底,成都双流机场已有与国内19个大、中城市相联结的30条航线,构成了以成都为主的西南地区辐射航线网路。

西北地区原以兰州为中心的西北航空基地,随着西安旅游热点的兴起,兰州航空基地已转移到拥有悠久历史和文化古迹的西安。这个时期,陆续增辟了以西安为起点的国内干线有:西安—上海、西安—广州、西安—长沙—广州、西安—兰州—乌鲁木齐、西安—银川、西安—沈阳、西安—常州—北京、西安—常州—广州。连同以前已开辟的航线,到1987年年底,西安西关机场与国内26个城市之间已有36条国内航线通达,构成了以西安为中心的西北地区辐射航线网路。

东北地区的重工业城市沈阳,在这个时期增辟的国内干线有:沈阳—北京—南京—广州、沈阳—秦皇岛—北京、沈阳—丹东—大连—北京、沈阳—

延吉—长春、沈阳—北京—西安、沈阳—北京—武汉—长沙、沈阳—朝阳—北京。连同以前已开辟的航线，到1987年年底，沈阳东塔机场与国内20个城市有21条航线相通，构成了以沈阳为主的东北地区辐射航线网路。

除此以外，在新疆除开辟有乌鲁木齐至北京、上海、兰州、广州的直达航线外，1979年6月又开辟了乌鲁木齐经库尔勒到且末的地方航线。至此，在地域辽阔的新疆境内有11条地方航线，形成了一个以自治区首府乌鲁木齐为中心的、联结12个城市的地方航线网路。

这一时期，为了沟通各省之间的横向经济交流，还增辟了12条省际间的国内干线。

（二）不断开辟通往旅游城市的新航线。

中共十一届三中全会以后，随着对外开放、对内搞活政策的实施，中国的旅游事业迅速地发展起来，到中国著名风景区和旅游胜地观光的外国游客、华侨和港澳同胞不断增多。从1979年以来，国内航线上的旅客结构发生了变化，旅游者的比重增大，在一些旅游热线所占的比重更大。以桂林、西安和杭州为例，1984年10月份，这3个城市始发航班中的旅游者分别占旅客的84.7%、72.6%和61.5%。

旅游事业的发展必然影响着民航航线网的布局，不断开辟通往旅游城市的新航线，是这个时期航线布局的又一特点。到1987年，在全国重点旅游地区，已经通航的旅游城市有40个，其中北京、西安、上海、南京、杭州、广州、桂林、昆明8个旅游热点城市，每天都有民航班机飞行。这些旅游航线把国外旅客从中国入境地和通航的旅游点之间连接起来，便利了旅游者在中国的游览观光。

"桂林山水甲天下"。早在1961年2月，开辟广州—桂林—贵阳—成都航线时，每周只飞行一个班次，当年从桂林发运的旅客只有170人次。中共十一届三中全会以后，桂林的旅游事业得到了迅速发展，到桂林的旅客大量增加，但因桂林机场只能起降中、小型飞机，远不能满足中外旅游者的需要。1981年上半年，桂林机场扩建工程完成后，可供三叉戟、波音－737和伊尔－18型飞机起降，机场的吞吐能力大大提高。到1987年，全国各地通往桂林的航线共有21条，每周有81个班次，而且在旅游旺季还有大量的加班和包机飞行。当年桂林机场的旅客吞吐量达到124万多人次，比1980年增长了将近11倍。它的旅客吞吐量仅次于北京、广州、上海，居全国第4位。

自古被誉为"人间天堂"的杭州，在1978年以前，乘飞机去杭州旅游的中外旅客还不多。中共十一届三中全会以后，随着杭州旅游业的发展，从全国各地通往杭州的航班，1987年每周已增加到51个班次，使用的机型包括有MD－80、A－310、波音－757等大型客机。1987年从杭州始发的航空旅客就有27.7万多人次。

为了解决旅游点的旅客单向性问题，中国民航从1985年起，还陆续开辟了广州—桂林—杭州—广州、上海—桂林—西安—上海、广州—北京—西安—桂林—广州等3条环行旅游航线，其客座利用率平均达到80%左右。

（三）沿海城市航线日益增多。

为适应4个经济特区的建立和14个沿海城市①的对外开放，中国民航的沿海航线也日益增多，使航线分布和航班安排都有了相应的变化。

为便利国内外客商往来于北京、上海、广州与厦门经济特区之间，1983年10月厦门高崎机场启用后，在上述城市之间先后开辟了4条国内干线。为沟通珠海经济特区与广州的交通联系，还一度开辟了珠海—广州的直升机航线。

中共中央决定开放14个沿海城市以后，中国民航在当地政府配合下，迅速扩建了大连、青岛机场，并积极筹建了秦皇岛、烟台、连云港、宁波、温州、北海以及三亚等航站。1984年至1987年，分别开辟了从北京、上海和广州通往上述沿海城市以及南京—连云港和杭州—宁波等16条新航线。此外，为开发海南岛和南海油田，1984年11月还恢复了广州—三亚航线。

上述新航线的开辟，对促进沿海城市的对外开放和搞活经济，提供了较好的交通条件。到1987年，连同原有沿海航线，连结沿海城市之间的航线已

---

① 4个经济特区为深圳、汕头、厦门、珠海；14个沿海开放城市为大连、秦皇岛、天津、烟台、青岛、连云港、南通、上海、宁波、温州、福州、广州、湛江、北海。

增为126条。

在这个时期，随着国家对外关系、外贸和旅游业的发展，还开辟了中国内地城市通往香港的地区航线。

1978年10月，广州至香港间开始包机飞行。1980年正式开辟了从北京、上海、广州、杭州至香港地区航线。1981年以后又增辟了天津、昆明通往香港的航线。到1987年，每周共有59个定期航班飞机往返于内地与香港之间。此外，厦门、桂林、海口、南京、成都、西安、福州、大连等城市与香港之间，有定期或不定期的包机飞行。上述航线的开辟，有利于发展中国旅游事业和外贸出口业务，密切中国内地与香港地区的经济交往，并为港澳同胞回内地探亲、游览提供了方便条件。

（四）少数民族地区的航空交通继续得到改善。

为了满足支援西藏建设的需要，民航不断改换飞往拉萨的机型和增加航班次数，民航班机已成为广大旅客往返于拉萨与内地之间的主要交通工具。自开航以来至1987年，仅从成都至拉萨就运送了藏族同胞、援藏人员、边防部队人员和旅游外宾等90多万人次，还运送了大量药品、精密仪器、农牧良种等货物和邮件，为建设繁荣的新西藏做出了贡献。

且末位于新疆塔克拉玛干大沙漠南沿，距离乌鲁木齐1300多公里。直到60年代，各族人民从且末骑毛驴去库尔勒，要走1个多月，如到乌鲁木齐就要更长的时间。到70年代有了公路，人们从且末到乌鲁木齐，一般也要用5天时间。1979年增辟乌鲁木齐—且末航线后，只要三个小时就可从且末到达乌鲁木齐。

发展边疆地区的航线，对于增进民族团结，繁荣民族地区经济，促进边疆与内地的政治、经济和文化交流以及巩固国防等，都有着积极作用。

总之，30多年来，中国民航国内航线布局逐步趋向合理，航线网路也不断扩展。到1987年年底，国内航线已增加到280条，航线里程为22.9万公里；还有从内地通往香港的地区航线6条，航线里程为10935公里。全国除台湾省外，各省会、自治区首府和直辖市以及主要大城市与北京都有了直达航班或衔接航班连结，大都可以当天到达，初步构成了一个比较完整的国内航线网路。在中国辽阔的国土上,从东海之滨的上海,到喀喇昆仑山脚下的喀什;从草原城市的海拉尔,到"天涯海角"的三亚的全国80多个城市,都有了民航班机飞行。人们不仅可以利用空中交通进行政治、经济和文化等活动,而且可以利用空中交通进行游览观光和探亲访友了。随着工农业生产建设事业的不断发展,航空运输的优越性将越来越多地为人们所认识。

第二节 国际航线布局

发展国际航线是中国对外交往中的一个不可缺少的重要环节,它为外交事务、对外贸易和文化交流以及发展旅游事业等提供了快速的交通运输条件。30多年来,根据各个不同时期的国际形势和对外交往的需要,国际航线的发展大体上可分为三个阶段:

一、与邻近国家通航

中华人民共和国成立初期,在中国民航还不具备自办国际航线的情况下,由中苏民航公司于1950年7月1日,正式开辟了长达5100多公里的3条国际航线:即北京经中国东北地区的沈阳、哈尔滨、齐齐哈尔、海拉尔到苏联的边境城市赤塔;从北京经蒙古人民共和国的沙音山达、乌兰巴托到苏联的伊尔库茨克和从北京经中国西北地区的太原、西安、兰州、肃州、哈密、迪化、伊犁抵达苏联的阿拉木图。这3条国际航线,在当时不仅沟通了中苏两国,而且通过北京至伊尔库茨克航线,可衔接苏联民航经营的航线到达莫斯科以及其他东欧国家,还可通过航空联运到西欧和北美各国。这对于打破帝国主义国家孤立中国的企图起了重要作用。

1955年1月起,中苏民航公司的苏联股份全部移交中国。原由该公司经营的3条国际航线和北京—乌鲁木齐、乌鲁木齐—喀什2条国内航线,统归中国民航经营。其中乌鲁木齐—阿拉木图航线开航不久,因客货不多改为不定期飞行,并于1959年停航。

根据和平共处五项原则和维护航空权益、坚持平等互利、发展友好合作的方针，中国民航确定开辟国际航线的指导思想是"积极准备、稳步发展，有计划、有步骤地开辟友邻国家的航线"。50年代，主要开辟通往苏联、缅甸、越南、蒙古、朝鲜和老挝等6个国家的国际航线。

为了促进中国与西南各友邻国家发展友好关系，中国民航于1956年间，先后开辟了昆明—曼得勒—仰光和广州—南宁—河内两条国际航线。

此后，中国民航于1958年和1959年分别开辟了北京—沙音山达—乌兰巴托和北京—沈阳—平壤两条国际航线。前者于1962年7月改为不定期飞行。根据中老（挝）通航协定，中国民航于1962年2月还开辟了从中国云南省的思茅至老挝的丰沙里国际航线。这条航线于当年12月停航。

与此同时，随着使用机型的更新，中国民航经营的北京—伊尔库次克和昆明—仰光国际航线从1960年起均改用伊尔-18型飞机直飞，飞行时间一般比使用伊尔-14型飞机要节省一半左右。

从1963年到1973年的11年间，由于从1966年开始的"文化大革命"带来的全国动乱局势帝国主义国家的封锁，中国民航在开辟国际航线方面受到干扰。到1973年只经营了通往苏联、朝鲜、越南和缅甸4条国际航线，通航里程一直徘徊在4000公里左右。

为了打破超级大国在航空交通方面对中国的封锁，国务院批准民航争取逐步开辟通往东南亚、西亚、非洲国际航线计划的同时，决定增加开放上海虹桥机场为国际通航机场。从1964年至1973年2月，中国陆续同意巴基斯坦国际航空公司、柬埔寨皇家航空公司、印度尼西亚鹰航空公司、法国航空公司和埃塞俄比亚航空公司从各该国首都开航到中国的上海或广州。这些航线的通航，适应了中国发展对外关系的需要，成为中国民航运力暂时还不能开辟远程国际航线的补充，从而改变了中国国际空运通道长期处于单一化的局面。在中国与巴基斯坦通航时，陈毅副总理曾对各国来访记者说，如果有可能，中国准备同一切和中国友好的国家建立航线，但在步骤上，扩大对外航空业务要一步一步来。

随着国际形势的发展和中国外事活动的增多，中国民航除努力创造条件，积极准备自己飞出去外，当时还有13个国家要求通航中国，而且大都要求开航到北京。因此，开放北京是进一步发展中国国际航线的关键所在。为此，1973年3月，周恩来总理指示外交部和中国民航总局："北京逐步对外开放，允许通航我国的外航班机开航至北京"。从1973年起，中国政府还向部分外国航空公司开放了飞越中国新疆的航路（一般称为"西北航路"），同时允许一些国家的民航飞机经由飞越中国云南的航路（一般称为"西南航路"）飞至北京。

二、"飞出去"

1971年以后，国际形势发生了重大的变化。首先是中华人民共和国在联合国席位得到恢复，其后中美关系解冻，接着是中日邦交正常化。国际形势的迅速发展，对中国民航开辟国际航线十分有利。早在1965年3月，周恩来总理就指出："中国民航不飞出去，就打不开局面。一定要飞出去，才能打开局面。"1972年12月，周总理又指出："要有雄心壮志，建交的国家越来越多，人员来往多，要向发展方向设想，政治上要动员，人员要训练，要掌握国际通航知识。"

中国民航总局遵照周恩来总理的指示精神，决定以"积极准备开辟新航线，合理调整现有航线，团结第三世界，争取第二世界，反对两霸"作为当时开辟国际航线的指导思想，并积极进行各项准备工作：一是在外交上与一些国家签订通航协定，取得了通航权利；二是增加运力，购置了可作远程飞行的伊尔-62、波音-707型客机，三是培训国际通航所需的人员；四是扩建了上海、广州国际机场和修建了乌鲁木齐机场。在周恩来总理亲切关怀和领导下，经过不断努力，使中国民航初步具备了开辟远程国际航线的通航条件，并于1974年实现了"飞出去"的目标。这一年，中国民航的两架客机分别从北京分东西两个方向环绕地球一周，同时试航纽约成功；随后接连开辟了以下4条国际航线：

1月30日，中国民航开辟了北京—莫斯科直达航线。从此，在中苏航线上，中国民航开始享有从各自首都间通航的对等权利。

根据中日通航协定，9月29日中国民航开辟了北京—上海—大阪—东京国际航线。同一天，日本航空公司从东京开航至北京。这是中日邦交正常化的积极成果之一。这条航线的开航，大大方便了中日两国之间的友好往来，也是业务量较大的航线。

10月29日，中国民航开辟了北京—卡拉奇—巴黎的国际航线，结束了法国航空公司和巴基斯坦国际航空公司单方面通航中国的局面。这条航线是中国民航开辟的通航西欧的第一条远程国际航线，全长12236公里。

中法航线开航后1个月，11月27日中国民航又开辟了北京—德黑兰—布加勒斯特—地拉那的另一条通往欧洲国家的国际航线。

上述4条国际航线的开航，标志着中国民航开始进入国际航空市场的新阶段。到1974年年底，中国民航已有8条国际航线，比1973年增长了1倍；通航里程达到37062公里，比1973年增长7倍。

1974年以后的4年间，中国民航国际航线布局又有新发展，先后增辟了通往非洲、东南亚以及欧洲一些国家的3条国际航线。

开辟通往非洲的航线。由于当时非洲大部分国家已与中国建交，中国在非洲一些国家的援外人员逐年增多，为了便利对外援助和加强中国与非洲人民之间的友好往来，开辟通往非洲航线势在必行。因此，中国民航局决定先开辟通往非洲埃塞俄比亚的国际航线，然后再从亚的斯亚贝巴延伸到东非和西非。据此设想，中国民航于1978年3月31日开辟了北京—卡拉奇—亚的斯亚贝巴国际航线。这是中国开辟通往非洲的第一条国际航线，全长1万公里。这条航线开航后，为促进中国人民同非洲各国人民之间的友好往来做出了贡献。

通往东南亚国家的航线。1976年1月23日，中国民航开辟了北京—金边国际航线。后来由于越南入侵柬埔寨，该航线于1979年1月停航。这期间，中国通往越南（河内）的航线因中越关系逆转也停航了。

欧洲是中国发展国际航线的主要地区之一，除已开辟的中法、中罗、中阿航线（后因两国关系逆转于1978年7月28日停航）外，1978年5月4日，中国民航开辟了北京—德黑兰—贝尔格莱德—苏黎世国际航线。1年后，又开辟了北京—德黑兰—布加勒斯特—法兰克福国际航线。这两条国际航线的开航,使中国同南斯拉夫、瑞士、联邦德国等欧洲国家直接地联系起来了。

到 1978 年,中国民航已有通往苏联、缅甸、朝鲜、越南、柬埔寨、日本、巴基斯坦、法国、伊朗、罗马尼亚、埃塞俄比亚、南斯拉夫、瑞士 13 个国家的 12 条国际航线,通航里程总长为 55342 公里。与此同时,苏联、朝鲜、巴基斯坦、法国、埃塞俄比亚、日本、罗马尼亚、瑞士 8 个国家的民航班机也先后通航到中国。

三、通向五大洲

中共十一届三中全会以后,中国实行了对外开放政策及独立自主的外交方针,进一步打开了外交局面,活跃了国际交往和对外贸易,旅游事业也蓬勃兴起。客观形势的发展,有力地推动了中国民航国际航线的开拓。"突出重点,积极进入国际市场,以适应形势的需要",已成为在新的历史时期,中国民航开辟国际航线的指导思想。

发展与东盟国家的通航。1978 年,菲律宾政府主动要求与中国建立通航关系。根据中菲两国政府签订的通航协定,1979 年 8 月 1 日,菲律宾航空公司首航马尼拉—广州—北京。这是东盟五国中第一个与中国实现通航的国家。同年 9 月 4 日,中国民航也开辟了北京—广州—马尼拉的国际航线。1 年后,根据中国与泰国签订的通航协定,中国民航开辟了通往东盟国家的第二条航线,即北京—广州—曼谷的国际航线。1981 年 4 月 2 日,泰国国际航空公司也开辟了曼谷—广州的国际航线。1985 年 5 月 15 日,新加坡航空公司首航新加坡—上海—北京。同年 6 月 17 日,中国民航开辟北京—广州—新加坡国际航线。此后,还开辟了厦门—马尼拉国际航线。中菲、中泰、中新国际航线的建立,有利于加强中国与东南亚国家的友好交往,特别是为菲、泰、新三国华侨回国观光旅游和探亲访友提供了方便的交通条件。

开辟经海湾国家至中东地区飞往欧洲的国际航线。1979 年年初,由于伊朗政治局势的变化以及两伊战争的影响,中国民航不得不一度中断了通往欧洲的国际航线。虽然停航时间只有 1 个多月,但复航后经常发生航班不正常情况。为避免长期受局势变化的影响,急需另辟经由海湾和中东地区通往欧洲的新航线。为此，1980年在取得阿拉伯联合酋长国的临时许可之后，中国民航于1980年7月28日，另辟一条北京—卡拉奇—沙迦—巴格达的国际航线。后来这条航线因两伊战争曾一度停航，直到1982年9月才复航。再一条航线是从1980年12月起，将通往联邦德国和英国的航线，改为北京—沙迦—法兰克福—伦敦。在这以前，根据中英通航协定，1980年11月13日，英国航空公司先开辟了伦敦—巴林—香港—北京—香港—孟买—伦敦的国际航线；中国民航于同年11月15日开辟了北京—卡拉奇—法兰克福—伦敦的国际航线。此后，中国民航分别于1985年7月3日和1986年7月14日，还先后开辟了北京—卡拉奇—科威特国际航线和北京—沙迦—罗马—法兰克福国际航线。

开辟通往北美洲的航线。早在中美正式通航之前，1980年根据中美两国政府商定，于当年12月初，在上海与旧金山之间进行了六次包机飞行。其中三次由泛美航空公司飞行，另三次由中国民航向泛美航空公司租用飞机和机组飞行，每周飞行一次。随后，中美两国政府进行多次通航会谈，终于在1980年9月17日达成协议。据此，1981年1月7日，中国民航开辟了北京—上海—旧金山—纽约的国际航线；同年4月4日开辟了北京—上海—旧金山的国际航线；1982年4月12日又开辟了北京—上海—洛杉矶—旧金山—上海—北京的国际航线。泛美航空公司也于1981年1月28日开辟旧金山—东京—上海—北京和纽约—旧金山—东京—北京的国际航线。1984年5月3日，美国西北航空公司开辟了洛杉矶—东京—上海—广州的国际航线（暂不飞广州）。中美之间通航，不仅大大便利了两国之间的联系和交往，而且也为中国民航进一步跻身国际航空市场开辟了道路。

开辟通往大洋洲航线。1984年9月7日，中国民航开辟了通往大洋洲的北京—广州—悉尼的国际航线，全长9719公里。澳大利亚快达航空公司于同年9月5日也开辟了墨尔本—悉尼—北京的国际航线。

截至1987年，中国民航总共开辟了通往亚洲、非洲、欧洲、美洲、大洋洲的苏联、缅甸、朝鲜、日本、巴基斯坦、法国、罗马尼亚、埃塞俄比亚、南斯拉夫、瑞士、联邦德国、菲律宾、伊拉克、阿联酋、泰国、美国、英国、澳大利亚、新加坡、科威特、意大利、土耳其、民主德国、加拿大24个国家的39条国际航线，通航里程达到14.9万公里。同时，有21个国家的航空企业的班机通航到中国。国际间的通航，对于增进中国与世界各国的政治、经济、文化等方面的联系和扩大人际间的友好往来，起着越来越大的作用。尤其是通往美国、澳大利亚等越洋航线的开辟，使中国民航发展国际运输业务进入了一个新阶段。

38年来，中国民航事业逐步地发展壮大起来。从航线布局来说，国内航线从无到有，航线网路有了较大的扩充，航班密度也相应增加了；国际航线的发展，虽然起步较晚，但也已开始进入国际空运市场。不过，迄今的航线发展规模和水平，对于国土辽阔、人口众多的中国来说，仍是很不相称的；同世界上航空运输发达的国家相比，还有很大差距。为了适应国家实行对外开放、对内搞活经济的新形势，中国民航的运输业务应当有一个较大的发展。因此，从实际需要出发，科学规划与合理安排航线的布局，大力加强航线网的建设工作，以推进航空运输业务的更快发展，是中国民航今后的一项重要任务。

第四章
航空运输业务的发展

30多年来,中国民航的航空运输业务由小到大地发展起来了。不论是旅客、货物、邮件运输,还是定期航班、加班和包机飞行,都日益显示出它的快速、灵活、安全的优越性,在中国的政治、经济、文化等各个领域中发挥着积极的作用,并逐步由国内进入国际航空运输市场,受到中外航空界人士的关注。

中国航空运输的业务量,同发达国家相比,还有较大差距,但它的发展速度还是比较快的。它所完成的运输总周转量,1950年为159万吨公里,到1987年达到20.2亿吨公里,每年平均递增21%。旅客和货物、邮件的运输量,也一直保持着较高的发展速度。随着航空运输业务的发展,其经营管理水平和运输服务质量逐步有了改进和提高。但是,在30多年的发展过程中,因受国家政治和经济形势的影响,航空运输业务量曾出现过徘徊、甚至停滞和下降的局面;直到中共十一届三中全会以后,才得以较高的速度持续地向前发展。

第一节 航空旅客运输业务

中国民航的旅客运输,是航空运输的重要组成部分。30多年来,随着国民经济的发展,航空网路的扩展和运力的增加,航空旅客运输逐渐地发展起来,成为国家交通运输事业中不可缺少的一支重要力量。

一、航空旅客运量的发展及其构成的变化

航空旅客运输业务的发展,首先表现在运量的增长速度比较快,其次是

旅客的构成有了明显变化。

在中国民航创建初期，航空客运量增长缓慢。当时，解放战争刚刚结束，经济恢复工作正在进行，国家对军政人员乘坐飞机限制很严，加上航空客票价高，因此旅客很少。1950年仅1万人次，到了1952年才增到2.2万多人次。从1953年起，中国进入第一个五年计划时期，经济建设开始发展，国际交往逐渐增多，社会上对航空运输需求普遍增加了。1954年，中国民航从苏联购进的伊尔－14型飞机加入空运飞行。到1956年，客运量上升到8.5万多人次，较1952年增长了近3倍。

在第一个五年计划期间，中国民航以加强西南、西北地区与首都北京和华北、华东地区间的交通联系，作为国内客运的重点；国际客运主要是通过北京—伊尔库茨克和昆明—仰光两条航线同外国沟通。航空旅客的构成中，军政人员约占80％，私营工商业者约占15％；1956年后，外国旅客数量开始有所增加。

为了促进航空运输的发展，中国民航于1958年大幅度地降低了国内航线客票价。由于客票价的调整和"大跃进"中盲目追求速度的影响，各地区、各城市之间旅客流通量急剧增加，诸如四处寻求基本建设材料、搜购紧缺物资和设备，以及相互开展的"取经"活动等，也使航空客运量从1958年起连续3年有较大增长，到1960年达到20.7万人次。由于"大跃进"造成的国民经济比例的严重失调，从1961年开始，国家着手对国民经济进行调整，从而使航空客运量不正常的增长势头发生了逆转，如1962年的客运量就比1960年下降了18％。随着国民经济调整取得的进展，社会上对航空运输的需求又有所增加。为了适应客观需要，中国民航于1964年开辟了北京至上海、杭州、广州、昆明、成都等地的直达航班，并使用了新购进的伊尔－18型和子爵型涡轮螺旋桨飞机，使客运量又迅速增长。1965年达到27万人次，较1957年增加了3倍。在60年代初期，中国对外活动逐渐增多，旅游事业初步开展，航空旅客构成开始有了明显变化。如北京—上海、北京—广州等航线上，外国旅客比重上升，约占30％。

十年动乱初期，由于地面交通拥挤，航空客运量反而有所增加。但1968

年以后地面交通趋于正常，航空客运量逐年下降，以致运力浪费严重，1970年的客运量只相当于1960年的水平。为此，中国政府批准中国民航再次全面降低客票价，下降幅度为30%，并适当放宽乘机条件的规定，客运量再度上升。1973年客运量达到60万人次，为降价前1970年的3倍。但这次降低客票价给企业经营带来许多不利因素。客运量迅速增长的另一重要原因，是当时国际形势发生了重大变化，前来中国的外国旅客和华侨以及港澳同胞逐渐增多。

为适应国际交往日益频繁的需要，中国民航于1974年先后开辟了中日、中法航线，并相继使用了伊尔-62型和波音-707型喷气客机。因此，1974年和1975年客运量和周转量，约比上1年分别增长50%以上。1976年国际航线的客运周转量为3亿人公里，较1970年增长33倍，而同一时期，国内航线的客运周转量仅增长6.4倍。同时，国际航线客运周转量在旅客总周转量中所占的比重，也由1970年的5%上升到1976年的19%。这说明国际航空旅客运输业务的发展已加快了步伐。

十年动乱结束后，特别是中共十一届三中全会以后，中国民航相继开辟了不少新的国内航线，增加了航班密度，并开辟了中英、中美等国际航线以及内地通往香港的地区航线，一批新型飞机，包括大型宽体飞机也加入航班飞行，扩建后的北京首都机场投产使用，从而使中国民航客运开始进入了新阶段。从1974年到1980年间，新购进的波音-707、伊尔-62、三叉戟、波音-747SP、波音-737等大型客机加入航线飞行后，为广大中外旅客提供了快速、安全和舒适的航空交通条件。由于机型的不断更新和航班密度的增加，到1985年，北京—广州平均每天有7个航班往返飞行，如果加上春、秋两季广州出口商品交易会以及节假日大量客运加班，飞行的次数就更多了。

从1980年以后，中国民航旅客运输量持续上升。1980年和1987年分别较1976年和1980年的增长情况见表4。

自1981年以来，国际旅客运量大幅度上升。1981年在国内航线上的港澳同胞、华侨和外国旅客共约93万人次，占同年国内航线客运量的

旅客运输量增长比较表

表4

年　度	增　长　倍　数			
	旅客人数		旅客周转量	
	全　部	国际航线	全部	国际航线
1976/1980	1.34	3.15	1.51	3.30
1980/1987	2.81	2.84	3.60	2.38

28%；1982年为100万人次，占27%；1984年6月的抽样调查表明，所占比重仍在27%左右。同时，国内企事业单位的旅客人数，在旅客总运量中占1/3。随着人民生活水平的提高，自费乘坐飞机的中国旅客正不断增加。

30多年来，中国民航旅客运输有了一定的发展，特别是在1978年以来的增长速度是相当快的。1987年客运量达1310万多人次，为1978年的5.7倍；国际航线的旅客周转量在旅客总周转量中的比重已上升到约占1/3。但是，中国民航的客运量，在国内各种旅客运输业中所占比重还很小。1987年航空旅客周转量仅占当年中国交通运输业旅客总周转量的3.4%。在国际民航组织中，中国民航完成的旅客周转量所占位次也很落后，1986年才上升到第18位，而国际航线的旅客周转量则列居第25位。因此，中国民航必须加快发展航空客运的步伐，以适应改革、开放的新形势。

二、航空旅客运输的作用

30多年来，中国民航旅客运输取得的成绩，不仅表现在客运量以较高的速度增长，还表现在它对社会主义建设所起的重要作用。如前所述，航空运输具有快速、灵活的特点，尤其在争取和节约时间方面，是其他运输方式所不能比拟的。中国民航的旅客运输，就是以这种优势，在国家的政治活动、经济建设、国际交往、旅游事业以及抢险救灾等方面，发挥着日益显著的作用。

（一）积极为社会主义建设服务。

30多年来，中国民航的班机载运了国家很多党政军干部、各类工程技术和经济管理人员以及文化、体育等方面的旅客,还载运了不少外国的军政要员、社会活动家和知名人士。它对中国共产党和中国政府的各种重要活动、国防和经济建设、国际交往以及文化体育事业等方面,都起到了积极作用。例如50年代初期,中国西南地区的交通很不方便,人员往来较为困难。中国民航及时开辟了通往西南地区的航线,为往来于这一地区的军政领导干部和高级工程技术人员以及苏联专家等,提供了快速方便的交通条件。60年代以后,西南地区的交通条件虽有很大改善,但航空运输仍然是中央同西南地区保持政治与经济联系的重要渠道。

中国民航对于支援边远地区的建设做出了积极的贡献。如地处西南边陲的西藏,地面交通不便,经济发展缓慢。为支援西藏的建设,1965年中国民航正式开辟了飞往拉萨的航线。从开航到1987年的22年中,共运送出入西藏的旅客107万多人次。这条航线刚开航时用伊尔-18型机飞行,因不能满足要求,于1983年年底改用波音-707型飞机飞行。同时逐步增加了航班次数,由开航时每周1班,到1986年增为每周飞行14班,客座数量较1965年增加20多倍。1985年,为迎接西藏自治区成立20周年,中国政府决定在西藏建设34项工程。中国民航根据政府的要求,在运力十分紧张的情况下,克服困难,把全国各地1万多名援藏人员按期运到了西藏。

中国民航为文化、体育交流提供了方便。早在1952年,它就承担了两次较大的航空运输任务。一次是运送苏联文艺工作者代表团和苏军红旗歌舞团到国内主要城市访问演出;一次是运送来中国参加亚太区域和平会议的各国代表。1965年,中国民航派出飞机运送由129名运动员和工作人员组成的中国体育代表团前往雅加达参加新兴力量运动会。1984年,中国民航全力以赴,及时安全地把中国参加奥林匹克运动会的400多名运动员和工作人员运送到美国洛杉矶。

(二)促进国际交往。

随着国际航线的扩展,中国民航在促进国际交往方面的作用日益明显。1956年开辟的中缅航线,在当时成为中国与东南亚以及西亚、非洲国家之间友好往来的一条重要空中通道。据1957年1月25日《中国新闻》报道:自从中缅航线开航以来，中国民航的班机往来于中缅两国已近200次；9个月来，它运输了数以千计的旅客和许多货物。其中，印度尼西亚总统苏加诺和缅甸总理吴努来中国访问，宋庆龄副委员长出访印度、缅甸和印度尼西亚，乌兰夫副总理前往尼泊尔参加尼泊尔国王加冕典礼；以及中国赴缅甸、埃及、阿富汗等国进行友好访问的文化代表团，他们所乘坐的飞机都是经这条国际航线出入境的。此外，还有将近20个国家的旅客经常乘坐中缅航线的班机来中国进行参观访问。又如中日航线开航以来，为一衣带水的中日两国人民之间往来，提供了方便、舒适的交通条件。经由这条航线来中国旅行的人数之多，居中国民航各条国际航线之首。1984年，3000名日本青年应邀到中国参加中日青年友好联欢活动，中国民航在短短15天内，圆满完成了这项运送任务，为国家赢得了信誉，也为中日两国人民世世代代友好下去做出了贡献。

30多年来，中国民航还圆满地完成了运送中国和外国政党和国家领导人、重要代表团互访的专机任务。1954年庆祝中华人民共和国成立5周年期间，中国民航共执行专机任务118架次；1959年为庆祝新中国成立10周年，有87个国家近2000名外宾前来中国参加庆祝活动，中国民航执行了175架次专机任务。50年代和60年代，中国民航曾多次担任周恩来总理出访亚洲各友好国家的专机飞行任务。1960年8月，中国民航首次派专机飞越海洋，执行运送郭沫若副委员长率领的全国人大代表团访问印度尼西亚的任务。当时中国民航还不具备洲际飞行的能力，国家领导人出访不得不包用外国航空公司的飞机。周恩来总理曾指示中国民航"一定要飞出去"，并盼望早日乘坐中国民航飞机出访世界各国。中国民航没有辜负周恩来总理的殷切希望。1965年6月，一架漆有光彩夺目的五星红旗的中国民航伊尔－18型飞机终于载着周恩来总理出访了坦桑尼亚。同年7月，中国民航又派伊尔－18型飞机担任了邓小平总书记访问罗马尼亚的专机任务。此后，中国领导人大都乘坐中国民航飞机出国访问。主要担任专机任务的中国民航第一飞行总队，从1955年到1987年，累计完成了重要专机任务5000多架次。

（三）为发展中国旅游事业提供了有利条件。

航空客运的发展越来越显示出它与旅游事业是密切相关、相互影响、相互促进的。

中国是一个历史悠久、风景秀丽的文明古国，对全世界的旅游者有着很大的吸引力。30多年来，中国民航为促进旅游事业的发展做出了积极努力，而旅游部门也对民航客运事业的发展给予了大力支持。更重要的是，旅游事业的发展，对扩大国家的政治影响、繁荣国民经济和促进人民之间友好往来，都有着积极的意义。

来中国旅游的外国人大多数是乘坐飞机出入境和在中国境内旅游的。据1984年统计，外国旅游者中乘坐飞机的占46%；华侨乘坐飞机的约占21%。为了保证外国旅游团体实现旅游计划，在班机不能满足需要时，中国民航经常安排加班飞机，把旅客如期送到目的地。据统计，各条国内干线的旅游加班机，1981年为835架次，到1986年增加为2096架次。旅游事业的发展，为国家争取了大量外汇收入。如1987年全国旅游外汇收入总额为18.4亿美元，长途交通和邮电服务收汇约占1/4，其中民航的外汇收入为6.5亿美元。

中国民航为促进旅游事业的发展，在业务上积极给予配合、支持。如：对旅游者订购机票给予优先安排；在运力调配上，尽力协助旅游部门实现所制订的旅游计划；根据旅游部门的需要，增加北京、上海、西安、桂林、杭州、南京、昆明、广州等旅游热点城市之间的航班班次等。中国民航桂林航站1978年每天只有三四次航班，到1987年全年飞行班次已达到13709架次，即平均每天有37架次。同时，中国民航积极配合旅游部门开发旅游资源，筹备新开发的旅游点的航线。"丝绸之路"上的明珠敦煌，一向是中外游人向往的考古和旅游胜地。过去交通不便，每年只能接待中外游客仅300人次。1982年在敦煌投资修建机场、开辟航线后，旅客逐年增加，到1987年的航空旅客吞吐量达到18931人次。

中国旅游事业的蓬勃发展，相应地加快了民航客运业务的发展速度。旅游者在中国民航国内航线的旅客构成中所占比重正在逐步增大，在旅游旺季所占的比重更大。1981年至1985年间，每年6月旅游者占国内航线客运量的30%以上，每年10月则占40%以上。而在旅游热点城市，旅游者所占比重更大，如1984年10月，桂林、西安、杭州三地的始发旅客中旅游者分别占84.7%、72.6%和61.5%。由于旅游旅客大幅度增加，1987年桂林、西安两地航空旅客的吞吐量已分别达到124万多和近100万人次，居全国各航站的第4位和第6位。在中国民航的国际航线和地区航线上，旅游者已成为主要的客源。因此，对旅游者的争取，是增进经济效益和社会效益的重要途径之一。随着人民生活水平的提高，国内旅游也正逐渐兴起，其中也有不少经济上比较富裕的人乘坐飞机旅游。例如，广东省由于执行对外开放、对内搞活政策，农村经济日渐活跃，农民收入大为增加，秋收后已有农民乘坐飞机到外地游览。仅据1982年10月1日至22日不完全统计，从广州到外省参观游览的农民有57批、1234人。其中以前往桂林的最多，计有33批、768人。有一次广东省东莞县中堂公社的48名农民，因订不到班机票，便包了一架飞机去桂林游览。毋庸置疑，随着人民生活的不断改善，这方面的需求将会日益增多。

（四）执行特殊紧急的旅客运输任务。

中国民航除了执行专机和航班旅客运输任务外，还担负了由于天灾或意外事故所造成的一些特殊紧急的旅客运输任务。在这些运输任务中，有不少是因洪水灾害，地面交通中断，旅客受阻，需要中国民航在一些地区维持交通，输送旅客。这种情况几乎每年都有发生。1958年7月中旬，黄河出现了30多年来从未有过的大洪峰，郑州黄河铁桥的一个桥墩被激流冲毁，以致京汉铁路中断。中国民航及时组织加班飞行12天，在郑州至新乡段疏运了滞留旅客6607人。1981年7月，四川省发生特大洪水，宝成、成渝、成昆和陇海路的陕兰段都先后中断，中国民航组织大量加班机运送旅客。从7月11日至9月底，共疏运了7.5万多名旅客。1987年8月23日，京兰铁路十里山二号隧道因列车事故交通受阻，中国民航甘肃省局积极调配运力，在9天内抢运受阻旅客1.8万多名，为疏运客流、缓解铁路客运压力做出了贡献。为此，中国民航甘肃省局被甘肃省人民政府评为"十里山隧道抢修先进集体"，并授予锦旗。

执行地震抢险等救灾任务。1976年7月唐山发生大地震，中国民航在1

个月内出动救灾飞机 45 架,飞行 673 架次,运送伤员和医务人员 4222 人,以及各种救灾物资 835 吨。由于余震不断,中国民航还另行安排从北京始发的加班飞机 146 架次,疏散灾民 10369 人。

在工农业生产中或其他偶然情况下发生人员伤害事故时,往往要求中国民航尽快抢运伤员或派医务人员到现场进行抢救,中国民航大都迅速调派飞机去完成这类任务。1960 年成都有三名严重烧伤的工人,需要请重庆军医大学烫伤专家胡先文去抢救。为争取时间,中国民航成都管理局决定,将当时由昆明飞成都的班机绕道重庆载运胡先文,为抢救伤员赢得了时间。又如 1982 年 5 月 27 日下午,株洲冶炼厂工人董友琦左臂被钻床绞断,需要立即送往上海第六人民医院抢救。中国民航广州管理局闻讯后,立即决定由正在飞行途中的班机,先在长沙降落,载运伤员至广州,由当晚广州飞上海的班机转运,使伤员于当晚十点多钟到达上海,迅速送至医院抢救,为断臂再植成功争取了时间。董友琦伤愈出院时说:我们的国家对自己的子女的爱,是无微不至的,它体现了社会主义的优越性。

三、航空旅客运输组织工作

做好航空旅客运输的组织工作,就能充分发挥航空旅客运输的优越性,更好地为社会公众提供优质服务,并保证运力的合理使用,不断提高空运企业的经济效益。中国民航根据"保证重点,照顾一般,方便旅客"的原则,对航空旅客运输组织的全过程,特别是客运的定座、售票、旅客的乘机和行李运输等几个主要工作环节,不断地进行了改善。

(一)定座和售票。

客运定座工作,直接关系企业的服务质量和经济效益,是旅客运输组织工作的首要环节。为做好这项工作,中国民航采取积极措施,不断提高客运人员的业务素质,逐渐完善航班座位的管理制度,并添置定座必需的设施,以保证航班座位能得到充分的使用,避免浪费,又能便利旅客办理定座和购票。

早在 50 年代初期,旅客可以用各种通讯方式或亲自到民航营业处或民航委托代理业务的单位,预定中国民航从任何一个航站出发的单程、联程或回程航班的座位。进入70年代以来,由于航班座位供不应求,自1975年5月1日开始,中国民航国内航班实行协议单位电话定座的办法。这是为了在运力紧张的情况下,能够保证重点单位的定座,并防止旅客定座后随意变更而造成座位虚耗。这个办法实行后,非协议单位的一般旅客感到购票困难。同时由于航班座位普遍紧张,联程、回程客票业务因定座困难以致逐渐停止办理。至于国际航班的定座方式,在1981年以前仍比较落后,特别是联程航班的定座,往往要等两三天才能答复。对此,国内外旅客都很不方便。这个问题随着中国对外交往的发展,国际与国内航班联程定座日益增多的情况下,矛盾更为突出。为改变定座工作的落后状况,1981年中国民航参加了国际航空电信公司(SITA)的加布里尔(GABRIEL)定座系统。同年3月9日起,首先在中国民航北京售票处正式使用电脑控制国际航班的座位。这样,通过加布里尔系统,可以在几分钟内了解世界各航空公司航班的座位情况,并定妥旅客所需要的座位。随后中国民航上海售票处和大多数驻外办事处,也都装置了该系统的终端设备,大大提高了国际航班的定座工作效率和服务质量。在国际航班使用电脑控制航班座位取得经验的基础上,自1984年7月开始,从北京始发的国内航班也使用加布里尔系统控制座位。为了实现航班座位管理的现代化,中国民航已开始建立自己的电子计算机定座系统。自1987年开始,从广州、桂林、上海、北京等地始发的国内航班都已先后使用这个系统进行定座管理。在"七五"计划期间,中国民航各主要通航地的售票处和销售点都将实现航班定座和售票的自动化。

售票工作是旅客运输组织工作中的一个重要环节。在50年代,为方便旅客购票,中国民航除在通航地点设营业处办理售票业务外,还曾采取委托代售和上门售票以及送票服务等多种销售方式。但此类销售方式未能在以后坚持下去。70年代末、80年代初,航空旅客运量激增,只有一个售票处办理售票业务,已无法适应业务日益增长的需要。为此,中国民航陆续在北京、沈阳、南京等地,恢复了市内或邻近城市设立的售票点和代售点,在一定程度上缓解了旅客购票难的问题。由于对外开放、对内搞活政策的深入贯彻,这些改进仍然不能适应航空客运急剧增长的要求。为了改变这种被动局面，中国民航又恢复建立自1983年"五五"劫机事件[①]发生后一度撤销的售票点和代售点，推广预约定票和限制购票的售票办法，增加提前预售客票的天数，开展送票服务。采取这些措施后，各地民航的售票业务有了一定改善。

（二）旅客乘机工作。

办理旅客乘机工作，是继定座、售票工作后旅客运输组织工作中的又一个重要环节。这项工作力求迅速、准确、简便，以缩短旅客的等候时间，保证航班的正常。

地面交通。由于多数机场远离市区，为了方便旅客，市区和机场之间旅客的接送，大都由中国民航免费提供交通工具。到70年代，随着客运量的增长，民航接送旅客的车辆不敷应用，乘车旅客拥挤不堪，地面运输的矛盾日见突出。为解决这个问题，经有关部门的批准，从1983年3月起，北京首都机场以及民航部分航站相继将此项接送旅客的工作，交由地方交通运输单位承办，保证了旅客乘车的座位，提高了服务质量，基本上解决了旅客候车时间过长的问题。

乘机手续。为使始发旅客在到达机场后及时办理乘机手续，民航对客票的验证登记工作也作了不少改进。在70年代以前，民航规定凭"旅客舱单"办理验票手续。自大型飞机加入航线飞行后，要根据"旅客舱单"查对姓名票号，不仅工作效率低，旅客排队等候时间也增加了。为简化操作手续，从1975年起，逐步在国内航班上取消"旅客舱单"，代之简化了的"出发旅客登记表"。各主要航站将陆续应用电子计算机来办理航班离站手续，以提高办理乘机手续的效率。

机上座位安排。在1960年以前因飞机座位少，一直采取旅客自行选择入座的办法。自大型飞机加入航班飞行后，中国民航局决定，从1973年9月起，普遍实行对号入座的办法，受到了旅客普遍欢迎。

---

① "五五"劫机事件，是指1983年5月5日，中国民航沈阳管理局的三叉戟296号飞机，被歹徒劫持至南朝鲜的事件。

（三）行李运输工作。

行李运输组织工作是航空旅客运输组织工作中的重要组成部分。70年代以来，旅客运量逐年增多，改善行李运输管理，防止发生行李运输的差错事故，已成为提高航空客运质量的重要环节。从运量上看，1970年的行李周转量为199万吨公里，仅占总周转量的4%，相当于货物周转量的6%；到1987年，行李周转量已达到23150万吨公里，已占总周转量的11.7%，相当于同期货物周转量的58.7%。由于行李运输量迅速增长，而行李运输的组织管理没有相应加强，行李运输不断发生问题。诸如行李装卸错误，使旅客不能及时领取，影响旅行的日程；旅客等候领取到达行李的时间过长，有时超过空中旅行时间；甚至有些运输人员监守自盗，偷窃和损坏行李物品，行李被损丢失的事故也有发生。还存在处理行李查询和赔偿事故缺乏专人负责，工作拖拉问题等等。此外，北京首都机场候机楼新建的行李传送系统于1980年投产初期，由于设备质量不佳，夹坏行李和分拣错误等事故时有发生，在旅客中造成了不良影响。

为了改进行李运输工作，各地民航先后加强了行李运输的组织机构。如北京首都机场首先于1980年6月成立了行李室，专门负责办理行李的分拣、装卸、发放和查询处理工作。其他行李运输量较大的航站，如广州、上海等地设置了处理行李运输业务的专门机构，充实了人力，并进一步改善了工作制度和行李运输设施。北京首都机场、上海虹桥机场和广州白云机场相继使用行李传送装置后，不仅大大减轻了工作人员的劳动强度，也加速和便利了旅客提取行李。针对行李运输中存在的问题，中国民航局于1984年召开了专门研究行李运输工作的会议。会议决定凡年客运量在10万人次以上的航站，都要设置专职办理行李运输工作的机构，并修订了有关行李运输的规章制度。

四、旅客服务工作

航空旅客运输的服务质量，不仅表现在旅客运输组织工作方面，还表现在对旅客的服务工作方面。中国民航遵循周恩来总理关于"改善服务工作"的指示，从开航以来，不论是地面服务，还是机上服务，都有了改善，服务质量不断提高。

（一）服务工作的基本情况。

中国民航初建时期，虽然旅客服务设施比较简陋，但各级领导经常重视对服务人员的思想教育，对这项工作都抓得比较紧。1960年中国民航总局的领导还根据"安全、正常、服务好"的原则，提出了客运服务工作的十项基本要求。大多数服务人员都能自觉认真执行，做到主动热情地接待旅客，注意服务质量的提高，旅客是比较满意的。

在十年动乱中，极"左"思潮对民航旅客服务工作的冲击很大。林彪、江青反革命集团把宣传与服务对立起来，甚至在对外宣传上大搞强加于人的那一套。中国民航局1970年召开的一次"运输服务会"上，根本不讨论如何做好服务工作，却要服务员成为所谓"既是宣传员，又是保卫员"，使民航服务质量大为下降了。

"九一三"事件后，由于客观的需要，特别是周恩来总理亲自抓国际航线的开航工作，服务工作才重新受到了重视。直到"四人帮"被粉碎后，中国民航总局于1977年六七月间在北京召开了服务工作会议，针对当时服务工作中存在的问题，进行了大量的拨乱反正工作。

由于十年动乱期间的严重破坏，民航服务工作同样存在着一些积重难返的问题，有的对外造成了不良的政治影响。为此，民航总局于1979年9月决定开展"服务质量大检查、大提高"活动，并于1983年12月做出《关于提高运输服务质量的决定》，要求民航系统广泛深入地进行增强革命事业心和政治责任心的思想教育。随后于1984年4月，在北京召开了提高运输服务质量、创建文明单位的会议，研究了运输服务工作规范化、标准化、制度化问题，提出争取创造第一流的服务水平的具体要求。

为适应航空旅客运输迅速发展的大好形势，进一步推动服务工作的改进，民航局于1985年6月至10月，在上海、北京、广州、沈阳、西安、成都六个地方开展包括乘务队、候机室、餐厅、宾馆、机上清洁队、售票处、货运仓库、装卸队八个"窗口"的优质服务竞赛活动；1986年5月至10月，参加这项竞赛活动的地方，又扩展到桂林和乌鲁木齐。为巩固竞赛的成果，1987年

6月，中国民航局还要求围绕思想、作风和纪律方面进行服务工作的全面整顿。竞赛活动和工作整顿，有力地推动了民航服务工作的改进。

总之，70年代后期以来，中国民航地面和机上服务工作都取得了一定成绩。服务态度比过去主动、热情、有礼貌，服务设施有所改善；特别是对老、弱、病、残、幼旅客和各种特殊情况的服务，以及拾金不昧等方面，成绩更为显著，赢得了中外旅客的赞誉。

（二）地面服务工作。

中国民航的地面服务工作，是旅客运输全过程中的一个不可忽视的环节，主要包括旅客候机室服务和餐厅、招待所（宾馆）、商店（小卖部）等服务设施的经营管理。这些单位的工作做好了，不但能使旅客正常、顺利地乘机，而且在旅途中也能得到妥善的照顾。

50年代初期，中国民航地面服务员大都是兼职的，也没有经过专门的训练，只是为旅客在候机时间内提供茶水和书报，回答问讯，并引导旅客上下飞机。在服务设施方面，大多数航站还未设置招待所和餐厅。直到1958年以后，各地民航站才先后建立起招待所、餐厅和向旅客出售土特产、食品、日用品的小卖部。

这个时期，中国民航地面服务工作虽然物质条件不够好，但服务人员大都勤勤恳恳，工作态度主动、热情、有礼貌，旅客反映较好。中国民航重庆站的旅客餐厅，多年来一直保持优质价廉的好传统，在那里就餐的旅客都赞不绝口；该站的招待所曾被旅客们亲切地称为"旅客之家"。重庆站旅客餐厅服务员牟光英、南宁站招待所服务员刘莲花、喀什站服务员李芸英和西安站招待所服务员张玲娣等，由于她们热情周到的服务，经常受到旅客的称赞。为了进一步改善和推动优质服务工作，中国民航总局于1960年大力宣传了牟光英等人的模范事迹，全系统掀起了"学先进、赶先进"的热潮，促进了服务水平的普遍提高。

在60年代，中国民航总局还在调查研究总结的基础上，建立和健全了有关服务工作的规章制度。1963年下达了《航站旅客接待服务工作细则》，对营业处、候机室、汽车接送、餐厅、招待所都分别提出了接待工作的基本要求和工作细则。为搞好候机室的广播，中国民航总局还会同国家广播事业局举办了广播训练班。在国民经济调整时期，物资供应比较紧张，为解决餐厅、小卖部的供应问题，中国民航总局与有关部门磋商，下达了有关旅客餐厅、小卖部经营管理问题的通知，要求凡有条件的地方可以交当地有关部门经营。但在十年动乱中，中国民航地面服务工作偏离了服务方向，工作中出现不少问题，并受到社会各方面的责难。

1977年以后，中国民航总局狠抓了服务工作的拨乱反正，加强了服务思想的教育，并进一步完善服务工作的规章制度，于1982年制定了《地面服务工作手册》。通过"文明礼貌月""安全、正常、服务好"等活动，推动了服务态度的改善和服务工作的规范化、标准化、制度化；与此同时，改进了服务设施，整顿了餐厅供应工作，扩建了宾馆和招待所，并在国际航线经停的国内航站增设了免税品商店，等等。针对当时经常发生航班不正点情况，要求各级领导抓好航班不正常情况下的服务工作，特别是要切实解决好在改进服务态度、通报航班动态和安排旅客膳宿等方面的问题。1983年11月，在昆明召开的地面服务工作会议上，还专门研究了这项服务工作，决定凡属中国民航原因造成的航班延误或取消，一律向旅客免费提供膳宿服务。

由于中国民航各单位加强了对地面服务工作的领导，采取了改进措施，中国民航地面服务工作出现了新气象。沈阳候机室于1984年3月把地面服务工作划分为迎客、引导办理乘机手续、引导办理安全检查手续、候机接待和引导上机五个阶段，并根据有关规定制订各个阶段的规范要求。这五个阶段的工作程序，称之为"一条龙"服务。他们注意加强服务思想教育，并抓紧业务培训，努力做好航班不正常和对特殊旅客的服务工作，在短短1年的时间内便取得了明显成绩。

早在50年代多次被评为民航先进单位的重庆机场旅客餐厅的工作，也取得了新的进展。这个餐厅认真贯彻落实了"旅客第一，信誉第一"的方针，在创建文明餐厅、开展优秀服务活动中，受到了广大旅客的赞扬。他们的服务工作主要是态度热情，使旅客有宾至如归之感；并坚持对中外旅客一视同仁，服务周到。1985年，中国民航局和中共四川省委、四川省人民政府分别授予该餐厅"文明单位"的光荣称号。

不过,中国民航地面服务工作的改进仍是不平衡的。尤其是十年动乱对运输服务队伍的思想、组织和业务建设的破坏很大,虽经拨乱反正,其不良影响仍在一些单位中程度不同地存在着。如有些服务人员轻视本职工作,服务态度冷淡,甚至有个别服务人员同旅客争吵的现象仍有发生。1982年7月,有11名从上海到乌鲁木齐的旅客于中午到达西安时,中国民航西安站餐厅不供应餐食,旅客为此联名向《人民日报》写信反映。1983年,首都机场也因候机楼餐厅服务质量不高和厕所卫生状况不好受到了批评。对服务工作中发生的重大问题,中国民航局大都直接进行认真处理,并举一反三地对服务工作进行适当的整顿,收到了较好的效果。

(三)机上服务工作。

50年代初期,中国民航班机上的服务工作是由飞行人员兼管的。1952年和1954年,为执行专机任务,曾从民航机关借调了几名女职工担任乘务工作。这些人大都没有做过机上服务工作,但她们虚心学习,努力工作,较好地完成了任务,并得到了外宾的表扬。印度文化代表团团长钱达曾称赞民航服务员"不但工作好,而且也是心理学家,服务得既及时又周到"。

航空客运的发展,把培养专职乘务员的问题,日益迫切地提到了议事日程上。1955年年底,中国民航局在北京招收了16名女中学生,加上2名从部队转业的女战士,共18人,对她们首次进行了5个月的乘务工作培训,当时被称之为"十八姐妹"。随后,她们在北京实习后便分配到中国民航各管理处担任空中乘务工作。这是新民航第一批正式的乘务员。她们在工作实践中,大都进步较快,成为中国民航乘务队伍的优秀骨干。其中康淑琴于1958年被评为先进工作者。为适应客运业务发展的需要,从1958年到1963年,中国民航局先后开办了三期乘务员训练班,共培训了71名专职乘务员。

初期的机上服务工作水平虽然不很高,但在服务人员的培训、乘务工作制度的建立和机上供应等方面,都逐步有所改进。为提高乘务人员的业务水平,中国民航局下达了《关于随机乘务员录用停飞审批手续的规定》《关于随机乘务员见习、转正等工作考核的规定》,制定了《随机工作细则》《飞机上旅客服务供应办法》《运输飞机清洁卫生工作规定》《随机服务工作事故差错标准》等制度。

为改善机上的餐食供应，1963年4月在北京—伊尔库茨克航线上，进行供应热餐食的试点工作，力求具有中国的民族风味。1964年子爵号、伊尔-18型飞机先后参加国内航线飞行后，为提高服务质量，在北京—广州、北京—成都—昆明等长途航线的班机上，也开始供应小吃和点心。这些都受到了旅客的欢迎。

在十年动乱中，机上服务工作受到了"左"倾思潮的干扰和破坏，削弱了正常的服务工作。直到1974年中日、中法国际航线相继开航后，机上服务工作才重新受到重视。1976年以后，通过揭批"四人帮"，逐步清除了"左"的影响，机上服务工作又有了新的起色。特别是中国民航进入国际航空运输市场后，努力提高机上服务工作质量，已成为同外国航空公司竞争的重要手段之一。为此，中国民航局根据业务发展的需要，一方面招收并培训了一大批男女乘务员；另一方面，为学习外国航空公司的经验，从1977年开始，先后派出五批乘务员到日本航空公司、全日本航空公司、汉莎航空公司的客舱服务训练中心进修。同时，采取了一系列改进措施，包括提高机上供应饮料的标准和质量；取消在机上免费供应香烟，并在客舱内划分禁烟区和非禁烟区，1983年6月起还在国内航班上禁止吸烟。1980年5月，中国民航北京管理局和香港中国航空食品有限公司合营北京航空食品有限公司，接着又在上海虹桥机场成立该公司的上海分公司。该公司成立后，机上餐食质量有较大改进，通航中国的十多家外国航空公司的航班餐食也已陆续由该公司供应。从1982年开始，还在一些国际航线的班机上增设小卖部，向旅客出售各种免税商品。

1982年3月，在全国范围内开展的第一次"文明礼貌月"活动，对中国民航机上服务工作是一次全面促进。在这次活动中，不少乘务员一扫过去对旅客冷淡的态度，转变为热情、周到，并使用文明礼貌的语言接待旅客，使机上服务工作的面貌为之一新。由于乘务员对服务工作的思想认识提高了，为旅客服务的自觉性增强了，在工作中出现了许多感人的事例。有些旅客在机上不慎将手表、首饰等物品掉到厕所的马桶里，乘务员不怕脏，把失物找回洗净送还失主，使旅客深受感动。1983年，有一位定居日本的91岁的台湾籍老人，生命垂危，她怀着叶落归根的强烈愿望，乘坐中国民航飞机由东京到北京。乘务员一路上对重病老人给予热情、细心的照料，使老人终于平安到达北京。

中共十一届三中全会以后，中国实行了对外开放的政策，专机任务日益增多。中国民航各级领导都很重视专机的乘务工作，直接担任专机任务的乘务员更是积极热情地把工作做好，并多次受到中国和外国领导人的表扬。1983年9月，约旦国王侯赛因及夫人乘坐中国民航280号飞机在中国各地参观访问，他们携带一位尚在襁褓中的小公主。乘务员事先知道这一情况后，为小公主准备了一些玩具，其中有一只大熊猫。王后见了非常高兴，特意让摄影师拍了照片。国王对机上服务也很满意，临别时亲自题词："在我们对中国所进行的最难忘的访问中，我们将怀着最深切的崇敬和感激之情，永远记住这次B-280的伟大飞行，我们将永远记住机组的全体人员，我们可以骄傲地称他们为我们的亲密朋友。"

1980年以来，随着航空旅客运输业务的迅速发展，乘务队伍也不断扩大。由于中国民航各管理局注重乘务队伍的政治思想建设，大力加强业务培训，因而在工作中涌现了不少先进人物和集体。其中有中国民航兰州管理局第八飞行大队乘务队和队长郝莉莉以及在反劫机斗争中表现机智勇敢的英雄机组乘务员许克敏、盖生兰、贾志梅；中国民航沈阳管理局第十飞行大队乘务队和在1983年5月5日反劫机斗争中表现英勇的程梅乘务组；多年来一直担负着大部分专机和国际航班机上服务工作的中国民航北京管理局第一飞行总队乘务大队以及乘务员胡慧萍、郝玉萍等。由于她们的出色成绩，都曾多次被当地人民政府和中国民航局授予"文明乘务队""劳动模范"等光荣称号。

30多年来，中国民航机上服务工作虽有了不断的改进，并取得一定成绩。但总的说来，服务水平还有待提高。主要存在服务质量不稳定，各乘务单位的工作不平衡，执行制度不严格等问题。

（四）对旅客的特殊服务工作。

中国民航历来对旅客中的老、弱、病、残、幼者给予特殊的关怀和照顾，努力为旅客排忧解难，保证有困难和需要特殊照顾的旅客，能够安全顺利地到达目的地。

中国民航对婴幼儿乘机，一般要求有成人陪伴同行，以确保安全。但也有婴幼儿的亲人，因特殊困难无法同行，提出婴幼儿单独乘机的要求。在运送条件许可和做出妥善安排后，中国民航也酌情给予特殊的照顾。历年来中国民航运送的小旅客中，最小的要算出生仅 72 天的陈佳了。陈佳的爸爸在北京工作，而妈妈陈佩芬则在美国旧金山探亲。陈佳的诞生，对在异国的年轻母亲是个很大的负担。陈佩芬不得不求助于中国民航驻旧金山办事处，请求将她的婴儿送回祖国。1982 年 1 月 22 日下午，在旧金山国际机场候机楼中，陈佩芬把刚满两个多月的女儿交给了乘务员冯娟和房玉华。小陈佳在十个多小时的飞行途中得到了乘务员的细心照料，安全回到了祖国。同机旅客纷纷赞扬中国民航的机组人员热心为旅客服务的精神。一位美籍华人说："这是孩子的父母对你们民航的绝对信任，中国民航的服务精神，称得上是第一流的！"

孕妇乘飞机也是有一定限制的。一般怀孕超过 8 个月便不宜乘坐飞机了；但也有极个别孕妇由于早产，在机场以至在飞机上分娩的。在发生这种情况时，中国民航工作人员都尽最大努力，使产妇平安分娩。1980 年 6 月 16 日，怀孕已 8 个月的谢文庆从拉萨乘飞机到成都，她从拉萨城里乘汽车到达机场后，由于长途颠簸阵阵腹痛，预兆就要早产分娩了。中国民航拉萨站的年轻医生郑福河毅然承担了接生任务，在两名女卫生员的协助下，孕妇平安分娩了。

1981 年除夕，怀孕 7 个多月的云南省大理华侨农场职工黎利娇，乘坐中国民航班机经南宁至广州，在飞行中她下腹坠痛早产，幸有乘务员吴蓓、姚辉兰、陈瑷及其他旅客协助，产妇在空中平安分娩，受到中外旅客的称赞。

中国民航每天要运送成千上万名旅客，其中不免遇到一些临时发生急病的旅客。不论在地面或飞机上，中国民航的工作人员大都尽力给予迅速、精心的治疗和护理，使大多数病人能够转危为安。1982年7月17日在上海飞往北京的班机上，乘务员袁秀云发现有一位女旅客斜身躺在座椅边，脸色发白，已处于昏迷状态。她立即取来氧气瓶给病人吸用，并通过机上广播找医生，当即有3位日本旅客前来协助，经过20分钟的抢救，病人慢慢地苏醒了。一位日本旅客专门守护在病人身旁，乘务员徐英一边当翻译，一边看护病人。此情此景，使机上的中外旅客备受感动。临下机前，乘务员代表机组向日本旅客表示感谢。日本旅客说："我们能为中日友好做点工作非常高兴"。

近年来乘坐飞机的老年旅客不断增加。其中到中国旅游的外籍旅客不乏年过六旬、七旬的老人；在中国也有不少离休或退休的老人乘坐飞机外出旅游或探亲。因此，如何加强对年老旅客的服务，增添相应的设施，是中国民航面临的一个新课题。1980年4月8日上午，波音-747型飞机首航巴黎。一位60多岁患有大腿粉碎性骨折的法国女教授被抬上了飞机，陪同她的丈夫也已年近七十，要照顾有病的夫人，显然是很困难的。民航乘务员在旅客登机时，就主动向护送上机的医护人员了解护理注意事项。飞机起飞后，乘务员武韵秋发现病人不喝水，也不进食，后来才了解到病人因大小便失禁，不得不控制饮食。她考虑到整个航程要飞行约15个小时，病体本来就很虚弱的旅客，途中不进饮食是难以支持的。她便劝病人打消顾虑，吃点东西，并及时为老人导尿。在乘务员的精心照料下，老人的情绪好多了，也愿意吃一点东西。武韵秋在给病人进餐时，有时是跪着喂吃的，一边喂一边劝慰，使老人十分感动。她一再赞扬中国民航服务周到，还说病好后还要带儿子、孙女再来中国。在巴黎下机前，这对法国老夫妇激动地一再恳请机组人员一定要到他们家里做客。

把捡拾到的旅客丢失和遗忘的物品及时归还失主，也是中国民航服务工作的一项重要内容。中国民航各级领导经常对有关工作人员进行教育，要求对旅客遗失物品及时认真处理，想方设法归还给失主，做到拾金不昧。多年来，旅客在乘机场所遗失的物品，只要民航工作人员捡拾到的，经过努力寻找，绝大部分都已物归原主，受到中外旅客的热情赞扬。1977年6月3日，突尼斯驻华使馆参赞布哈里尔夫妇及其子女，从北京乘中国民航飞机去日本，在途经上海虹桥机场休息时,把两只戒指遗忘在盥洗室里。后来被上海虹桥机场候机室的工作人员发现,又转托机组把戒指带到东京,由中国民航驻东京办事处转交给布哈里尔夫妇。他们再三致谢,并激动地说:这两只戒指如果丢在其他外国城市就找不回来了,只有在中国,它才能又回到我们手中。又如,日本旅客竹内裕昭先生于 1987 年 8 月 14 日在北京首都机场丢失一个钱包,内有 132 万日元和存有 600 多万日元的银行明细卡等。当他回到日本后发现钱包丢失了,非常着急。他试着写信向北京首都机场查询。当他收到回信后,于同年 10 月 10 日专程到北京认领。他非常激动地对发现失物的吴炳普说:"我曾想过,如果是中国民航工作人员捡到,肯定会交还给我的。"他领到钱包后,立即拿出 10 万日元捐赠给中国残疾人基金会,以表示他对中国人民由衷的感谢。

据中国民航第一飞行总队乘务大队的不完全统计,从 1985 年至 1987 年 10 月,她们在飞机上拾到的遗失物品共计 537 件,其中有照相机 117 架、钱包 43 个、录像机 6 台、手表 35 只、金银首饰 15 件以及大量人民币和外币。这些失物绝大部分都及时地归还了失主。在这些拾金不昧的统计数字中,闪耀着中国民航服务人员的高尚精神和职业道德。

五、旅客运输服务设施

旅客运输服务设施是保证旅客运输正常和改善服务质量的物质条件,一般包括旅客运输必需的服务设施以及工作设备两个方面。

运输服务设施在中国民航历年投资中,占有一定的比重。据 1953 年到 1982 年的统计,中国民航对地面设施投资金额中,运输服务设施仅次于机场跑道,列第 2 位,占 12.4%。30 多年来,民航的运输服务设施,随着中国民航事业的发展而不断改善。如在第一个五年计划期间,这项投资额仅 400 万元;到第五个五年计划时期,已增长到 1.3 亿元。

中国民航的客运设施,主要是候机楼(室)、售票处以及旅客餐厅、宾馆或招待所、商店或小卖部等。候机楼是旅客候机集散的场所,是中国民航旅客运输的主体设施。新中国民航成立初期,由于旅客少,各地机场的候机室大都比较简陋。后来国家根据财政力量和中国民航客运业务的发展需要，陆续兴建了一些候机楼。例如，在北京东郊建造了首都机场的候机楼，于1958年开始使用。为适应巴基斯坦国际航空公司等通航中国，1964年4月建成了设施比较齐全的上海虹桥机场候机楼和广州白云机场候机楼。70年代，又先后修建或扩建了乌鲁木齐、天津、合肥、哈尔滨机场及其候机楼；同时对北京首都机场进行第二次扩建，建造了新的候机楼。进入80年代后，为适应对外开放的需要，在经济特区和沿海对外开放城市的机场先后也都兴建或扩建候机楼。但在80年代以前修建的候机楼，往往更多地注重于外观形式，对业务流程和旅客的便利则考虑不周；而且由于缺乏总体规划以及长远或分期的扩充规划，因此在运输量发展较快时，往往出现捉襟见肘的现象。

中国民航各航站的售票处，是中国民航办理旅客定座、售票等业务的场所，也是中国民航对外的一个窗口。新中国民航成立后，随着航空运输业务的发展，逐步新建或扩建了各地售票处。但因缺乏统筹规划，这些设施大都跟不上业务发展的需要。特别是航空运输量较大的北京、上海、广州、西安、桂林、杭州等地，由于长期以来客货运输销售业务大都集中办理，更显得拥挤。为便利旅客就近购买机票，80年代以来已增设了不少销售点和业务代理。但随着电子计算机在业务管理上的应用等新的情况，中国民航售票处的设置还要做出相应的规划。

其他为旅客服务的设施，如餐厅、商店、宾馆等，30多年来也有所改善。80年代以来，上海、广州、西安、北京、成都等地机场都新建了宾馆，有的还吸收外资合营。随着机型的更新和服务水平的提高，以及国际航空运输的要求，机上服务设备正在不断改善。

地面的运输服务设备，包括运输业务操作和地面旅客迎送与货物、行李装卸设备等。长期以来，中国民航主要采取手工操作装卸行李和货物，传递信息的设备也不够现代化。十年动乱结束后，由于国际运输业务的迅速发展和大型宽体客机的使用，中国民航才着手运输业务设备的改进。为改善航班座位的管理，提高行李收运和交付速度，开始应用了电脑和行李传递转盘等设备。其他地面服务设备，如客梯、食品供应车、清洁车、空调车等特种车辆，以及候机室空调设备、航班动态显示牌、问询设备，等等，也都逐步进行添置。为了彻底改变运输服务设备的落后状态，中国民航已做出统一的设备标准，要求各地民航据以统筹规划，安排资金，分期分批添置。

30多年来，中国民航的旅客运输业务已有了较大的发展，为加强国家经济建设，促进国际交往，发展旅游事业和方便人民生活等方面都起到了应有的作用。

为了适应改革、开放的新形势，中国民航在发展客运业务方面，还要改善经营管理，应用现代化的技术和设备，不断提高工作效率和服务质量；要加强对服务工作的领导，不断总结运输服务工作的规律；要改革运输服务系统的管理体制，改变地面服务工作都由运输服务部门一揽子管理的做法；要重视运输服务人员的培训，提高职工素质，使每个职工都能具有较高的业务水平，更好地为旅客和货主服务。

第二节 航空货物、邮件运输业务

中国民航货物、邮件运输是航空运输的一个组成部分，也是中国国民经济物质生产和流通领域内不可缺少的一个环节。30多年来，它在中国民航事业中，同航空客运一起发展起来。虽然它受到运力小、成本高等条件的限制，不能像铁路、水路和公路运输那样大批量地承担货物运输任务，但它却以速度快、灵活性大、安全性强等优势，在国家政治、经济、文化和科学技术等领域发挥了积极的作用。

一、航空货物、邮件运输的发展及其构成的变化

30多年来，中国航空货邮运输的发展，同样受着国家政治和经济形势变化的影响，经历了曲折的发展道路。

1952年以前，中国国民经济还处在恢复过程中，社会对空运的需求很少，因此，航空货物、邮件的运量在1952年只有2040吨，周转量为240多万吨公里。根据当时的政治形势以及地面交通状况，主要在北京至西南、西北地区

之间和中国与苏联之间，利用航空交通输送少量有关政治、文化交流方面的货物及邮件。据1952年8月至10月的统计，由北京始发的货物中，这类货物占80%以上。1952年下半年，上海—重庆、广州—昆明的航线开辟后，货物运输才逐渐开展起来，有不少药品、工业器材、日用百货和贵重土特产品等交由空运。在这个时期，由于私营经济成分的存在，私营企业的空运货物也占有一定比重。中国国民经济从1953年起进入第一个五年计划时期，社会主义建设的各个领域都呈现了欣欣向荣的景象，中国民航空运货邮量也有了进一步的发展。到1957年，航空货物、邮件运量为7976吨，周转量达824万吨公里，比1952年分别增加2.9倍和2.4倍。第一个五年计划期间，航空货邮运量和周转量的平均年增长率都在30%以上。这个时期，中国民航的货物运输有两个特点。一是在空运货物中，支援国家经济和国防建设的工业器材明显增加。1953年，这类货物所占比重为47%，1956年又上升为50.5%；而私营企业货物的比重则逐年下降乃至绝迹。二是由于中国各地区经济发展不平衡，从北京、上海、广州等地去西南的航班货源充足，但回程则严重缺载。为避免吨位浪费，增加收入，中国民航局决定在这些回程的航班上载运"专价货"（"专价货"是指由中国民航与托运人商定的、运价低于规定的航空货物运价的货物）。据统计，1956年的"专价货"运量达1680吨，约占货物始发运量的32%。1955年，中国民航先后开辟了北京—上海和北京—广州两条干线，对促进上海和华北地区紧急物资交流和通过华南港口进出口贵重易损物资运输，都起到了一定作用。

中国国民经济在1958年进入了"大跃进"时期，空运成为当时工农业生产中"抢时间、夺高产"的一种"应急"运输方式。各地对空运的需求空前增长，一时呈现了十分繁忙的景象，航空货邮运量大幅度上升。1958年较1957年几乎翻了一番，1960年比1957年增长了近3倍。3年间的航空货物运量，年平均增长率为61%，货物周转量平均年增长率为49%。与此同时，航空货运在航空运输总周转量中的比重急剧增大，到1960年约占65%。

当时的国民经济"大跃进"，是从农业带动起来的。反映在航空货运上也是如此。1958年上半年，通过航班和包机承运了为农业"夺高产"有关的种苗、农药等大量物资，仅自南阳、衡阳、长沙、湛江等地空运至华北农业地区的红薯秧就达1300多吨。从同年下半年起，在"以钢为纲"实现工业生产"大跃进"的号召下，航空货运迅速转到支援"大炼钢铁"有关物资上来。据不完全统计，1958年9月至12月，这类空运物资就有2000多吨，占同期货运量的一半以上。空运货物品种中，工业器材和原料的比重逐年上升，到1960年占总货运量的65.8%，而"专价货"的比重则相应减少，到1960年仅为货运总量的2.4%。

"大跃进"时期航空货运的迅猛发展是一种非正常现象，很多物资是由于当时盲目追求高指标而改交空运的。为纠正3年"大跃进"的"左"倾错误，中国政府对国民经济进行了适时的调整，这种非正常的航空运输需求也受到压缩。到1962年，航空货运量下降为18469吨，周转量为1544万吨公里，即相当于1960年的58%。随着调整方针的深入贯彻，国民经济形势逐步好转，航空货邮运量从1963年起也开始回升，而且保持了稳定持续的增长速度，到1965年增长为27163吨，为1962年的147%。这几年货邮周转量在航空运输总周转量中所占的比重则略有下降，1960年占65%，到1965年下降为53%左右。这说明客观经济形势的变化，对航空货运的影响要比航空客运大一些。

在国民经济调整时期，中共中央要求着重抓好农业生产，努力改善人民生活。从1961年起，航空货运量中有关农副业生产（主要是农作物种苗、农药、鱼苗、畜种及兽用疫苗等）和人民生活用品的运量比重逐年上升，由1961年占37.8%上升到1963年占48.6%。其中，仅广州民航当年便承担了橡胶芽条、猪苗、鱼苗等包机约300架次。此后，航空货运量回升的趋势又延续了两年。不过，根据当时形势的需要，航空货运中有关"备战"和"三线"建设的物资以及政治书刊等又显著地增加了。

从1966年开始的十年动乱时期，航空货邮运量出现了极不稳定的情况。十年动乱初期，由于地面运输严重阻塞，不少货物转向航空运输；随后因各地多数厂矿相继减产，有的甚至处于瘫痪状态，导致1968年的航空货运量又下降到约3万吨。1969年以后经济领域中再次出现了盲目追求高指标的"左"的思潮，航空货运量也随之出现了暂时的回升现象。

1971年，航空旅客运价第二次大幅度降低。由于航空货运价并未相应调整，加上当时工农业生产又转入停滞状态，因此航空货邮运量又不断减少，到1973年下降为28149吨。这期间，航空货邮运周转量在航空运输总周转量中所占的比重，也由1970年占73%下降到1973年占41%。

1974年以后，航空货邮运量开始持续回升，到1976年上升到53197吨和7255万吨公里。特别是1974年中日、中法等国际航线通航后，国际货运发展得很快。1976年国际航线货运量（不包括行李和邮件）曾达到2000多吨，周转量为992万吨公里，比1973年分别增加了3.5倍和19倍之多。国际航线货运周转量在货运总周转量中所占比重也迅速上升，1970年仅占2.2%，到1976年已占19.2%，并且保持继续上升的势头。

在十年动乱时期，航空货运有一些特殊情况。一是根据当时政治形势的要求，向国内外免费运送了大量的毛泽东主席的著作及有关物品；二是为了贯彻当时"抓革命、促生产、促工作、促战备"的方针，还运送了大批与战备有关的物资；三是在林彪反革命集团垮台后，中国对外贸易开始松动，航空货运中进出口货物有所增加；四是在1975年河南和安徽省发生特大水灾以及1976年唐山地震期间，都曾空运了大量救灾物资。

中共十一届三中全会以来，由于对外开放、对内搞活的方针逐步深入贯彻，工农业生产出现了空前繁荣的景象，也给航空货运，特别是国际货运提供了货源潜力。航空货运量从1978年开始持续上升。到1987年，货物运量达到165714吨，周转量为39436万吨公里，分别为1978年的4.5倍和7.9倍。这是在民航运力比较紧张和旅客运量迅猛增长等条件下完成的，且未能满足市场对航空货运的更大需求。

这个时期国际航线的货运增长速度，远较国内航线迅猛得多。国际货运在总货运量和总周转量中的比重，1970年分别只占2.5%和2.2%，到1987年分别上升为占22.8%和57.8%。这主要是中国民航陆续开辟了中美、中英、中德等国际航线和它所使用载量更大的新型宽体飞机加入飞行，并改进了国际业务的经营管理的结果。

从1980年起，中国民航还先后开辟从内地广州、上海、北京、杭州、天津、昆明等城市通往香港的6条地区航线，对促进航空货运的发展也起了一定作用。1987年，这6条地区航线共载运货物15079吨、周转量为2215万吨公里，分别占航空总货运量和周转量的9%和6%。

这个时期，航空货运不仅在数量上有相当的发展，而且随着国民经济形势的好转，在货运品种上也出现了新的变化。在国际货运方面，过去仅限于少量价值较高或精密易损的进口仪器、电子管、化工产品和紧急订货的设备部件等，出口的货物主要是裘皮、珠宝、特种工艺品和货样。现在从国外引进的电子、电脑、电器、精密机械和成套设备部件以及农、牧、副业的优良种畜等都日益增多；出口货物除一些贵重商品外，丝绸、服装以及鲜活商品等，都已成为经常的航空货源。

在国内航空货运方面，随着商品生产的发展，市场调节的比重增加，空运货物品种也有了很大变化。上述大量进出口物资有不少是通过国内航线运往各地基建、生产和科研、教育单位以及国际机场的。由于人民生活水平的提高，家用电器诸如电视机、电冰箱、录音机、洗衣机等，也源源不断地从产地或港口运往全国各地。另外，不少个体户、专业户的空运货物也逐渐增多，并占有一定比重。

综上所述，中国民航的航空货邮运输业务30多年来已有一定发展，1987年的货邮运量为174993吨，货邮周转量为41398万吨公里，分别为1978年的2.7倍和4.2倍；特别是在1978年以后发展的速度还是比较快的。但它的运输量，不论同外国民航或与国内其他运输方式相比，都还是相当落后的。从国际民航组织（ICAO）的统计年表上看，1986年中国民航货运完成的周转量数占第20位，其中国际航线的货运周转量则占第25位。即使在第三世界国家民航中，也是排在南朝鲜、新加坡、印度、泰国之后的。至于同中国的其他运输方式相比，航空货运量就更小了。这说明中国航空货、邮运输业务的发展还远不能适应社会主义现代化建设的需要。

二、航空货物运输的作用

30多年来，航空货运发挥了快速、灵活的优势，在配合国家的政治和文化活动，促进工农业生产，加速商品流通，改善人民生活以及支援抢险救灾等方面，起到了应有的作用。

（一）积极配合国家政治和文化活动。

中华人民共和国成立初期，政府迫切需要将指导社会主义革命和建设各方面工作的命令、决定、指示等尽快传递到各地，并及时了解地方的工作情况。但当时由于战争的破坏，地面交通不通畅，特别是同西南、西北的通讯联络不够灵便。为了解决这个困难，1952年军委军邮总局与中国人民航空公司签订了《航空载运军邮文件的协议》。此后，中央各省、自治区、直辖市之间往返的机要文件，凡是有民航航线通达的地方都全部交由民航运送，较好地解决了文件及时传递的问题，并且保证了文件的保密性。

加强报纸刊物的发行工作，是中国各级党政机关和广大人民群众关心的一件事情。因此，新闻出版单位往往要求报纸能尽快发行到读者手中，以发挥它的宣传教育作用。早在1952年，《人民日报》等报社就决定通过邮局发行航空版，并于1954年12月与中国民航签订了空运《人民日报》等纸型和报纸的协议。为了配合报纸的发行时间，中国民航对航班班期和飞行时刻都作了妥善安排。这样，每天拂晓在北京出版的报纸纸型，通过航空运送到通航地点，报纸当日就能印刷发行送到读者手中。从1969年起，各主要报纸陆续采用了传真的方法，以加速在全国各地的发行。但为了减少传真差错，报纸纸型仍继续空运，作为辅助核对的依据。直到80年代仍有不少报刊将纸型交航空运送到各地印刷发行。

航空货运配合政治文化活动所起的作用是多方面的。历年来，民航承运了大量有关政治和文化方面的影片、电视片、录像带、刊物、书籍及其纸型、铜版、稿件、图片等宣传印刷品，对促进国内外政治文化交流起到了一定作用。中国民航曾担负并圆满地完成了毛泽东等人的著作的运输任务。1976年1月8日，敬爱的周恩来总理逝世后，首都广大人民群众急切渴望得到周总理的遗像，以寄托深切的哀思。新华书店为满足人民的要求，立即决定从上海空运9万张周总理遗像到北京。上海民航打破常规安排班机提前起飞，以最快的速度发到北京，不到几小时就被争购一空。1983年中国进行第三次人口普查，各地急需的电脑是从美国分别发运到北京、上海后再转运各地的。当时，中国民航妥善地安排并保证了上述电脑及时运送，使普查工作能按时进行。

（二）尽力促进工农业生产。

航空货运在促进工农业生产方面的作用，首先表现在空运能解决工农业生产和基本建设过程中的急需，使生产能按时或提前完成任务，从而为国家创造更多财富。其次也表现在航空货运的安全性强，能保证工业生产所需贵重和精密易损物资以及农副业生产中的种苗、鲜活物品安全运到、及时投入生产，减少运途的延误和损失。

历年来，在中国民航货运品种的构成中，工业生产物资占有首要的位置。据统计，第一个五年计划时期，工业器材在航空货运中要占到一半左右；而1960年所占比重高达66％。这些工业器材中，包括有各地支援开发西北石油工业和修建兰新铁路，以及建设西南有色金属和钢铁企业等急需的设备和材料；有重庆运往东北第一汽车制造厂和鞍钢无缝钢管厂的特种钢材；有上海和东北两大工业地区间协作工厂相互发运的急用器材、配件和成品；有支援抗美援朝的军事工业生产急需的器械和成品；有西南供应天津、上海等地橡胶生产需用的化工原料，以及供应湘潭电机厂、阜新煤矿生产用的铜线，等等。在"大跃进"时期，中国民航在空军的支援下，全力承担了有关钢铁生产及其他工业生产中急需的设备、器材及设计图纸等。

在中国国民经济调整时期，由于工业生产逐步趋于正常，虽然应急需要的物资流通相对减少，但工业器材中的精密易损仪器、仪表、电子管、特种灯泡和无线电元件仍占相当比重。这些物资采取空运，既能缩短运输时间，保证及时使用，又能加速资金周转，还可以减少运输损耗率，有助于提高经济效益。据统计，1965年电讯工业系统各工厂的产品，交付空运的就有3600多吨。

中共十一届三中全会以后，随着对外开放政策的贯彻，中国民航承运的进口货物中，用于工业技术改造以及与外资合营企业所需各种现代化仪器、机件和设备等占有较大比重。有不少企业从国外引进的大型电子计算机，为了保证及时使用和安全到达，一般都利用航空运输，从国外进口后再转运到目的地。

在支援农副业方面，航空货运也显示了它的优势。30多年来，中国民航承运了大量的农、林、牧、副、渔的种籽、秧苗、种畜、鱼苗等。这些种苗的运输，是保证质量和提高成活率的重要一环，必须尽量缩短运途时间，尤其是长途运输要求更加严格。空运可以较好地解决这个问题。例如，在农业方面，海南岛是中国粮食作物良种培育的主要基地之一。早在1977年，中国民航就曾派飞机到海南岛，把那里的水稻、玉米良种近140吨运到广州、成都、重庆等地种植，对改善这些地区的粮食品种，促进农业生产起到了一定作用。

在水产养殖业方面，鱼苗空运也受到了各地水产部门的欢迎。中国的淡水鱼苗，主要产在长江和珠江的两江流域。其他省（区）因气候或技术上的原因，每年须从湖北、江苏、安徽、广东、广西等地采购鱼苗、鱼种，再运回各地养殖。由于刚从鱼卵孵化出来的幼鱼很难照料，必须力争缩短运途时间，为此一般都要求空运。早在1951年五六月间，中国民航就成功地两次把鱼苗安全地从武汉运到重庆，当时被誉为中国水产养殖史上的创举。此后每年的鱼苗生产季节，数以亿计的鱼苗、鱼种大都通过航空运到各地繁殖。

在林业方面，尤其应当提到的是，海南岛的橡胶种苗、芽条空运到云南等地种植的情况。橡胶是国防和民用工业必需的原料。由于气温和其他种植条件，在中国能够种植的地方只限于广东省雷州半岛和云南少数低纬度地带。新中国成立初期就计划扩大橡胶种植面积，但橡胶种苗只能从海南调运。由于橡胶种苗很娇嫩，从采下至播种一般不能超过五天，因此运输问题全赖空运解决。1952年9月，中国民航曾应华南垦植局的要求，调派飞机将海南岛陵水地区的橡胶种苗空投或运送到雷州和高州地区。60年代以后，每年都有大量橡胶种子和芽条从广东空运到云南保山和思茅地区种植。如从1959年至1965年共派出飞机316架次，运送了735吨，其中仅1963年就曾包机177架次，运送近480吨。这些种子、芽条种植后，业已生长成林和出胶，对国家经济建设有着重大的意义。

在畜牧业和副业方面，每年一些省、自治区都要从新疆调入相当数量的新疆细毛羊种，也大都仰赖航空运输。自 1959 年到 1980 年，从新疆伊宁空运到各地繁殖的种羊就有 5.6 万多头，其中最多的 1 年运了 1 万多头。新疆羊还通过航空大批运往中东各国。其他如牛、马、猪等畜种，也都是一些地区的空运货源。此外像蜜蜂、蚕种、家畜、种蛋、花卉、蔬菜等，经常交付空运的品种就更多了，对发展农副业、活跃农村经济都起了促进作用。

（三）加速商品流通，促进外贸发展。

航空货运在加强国内商品的流通，保证市场的及时供应和促进对外贸易方面，也起了积极作用。主要表现在商业和外贸部门利用航空运输商品可以加速资金周转，减少库存积压，降低商品的运输损耗，以及适当简化商品包装等。

中华人民共和国成立初期，市场商品供应比较困难，特别是在某些交通不便的地区，商品时有脱销现象。因此商业部门及时利用航空运送生产和人民生活急需用品，以保证市场的供应。据 1953 年统计，这类货物在航空货物运量中约占 40% 以上。国营商业部门交付空运部分生活日用商品，不但调节了市场需要，对抑制商业中的投机活动也起了一定作用。随着计划经济的实施，商业供应组织和供应渠道逐步健全，在一个较长时期内，商品的空运只限于个别地区解决临时脱销的小批量商品，以及价值较高和精密易损的少量出口商品与货样等。

1974 年以后，中国对外贸易开始活跃，首先是空运出口丝绸、手工艺品等，随后鲜活货也开始大量空运出口。例如从福州经上海到东京空运鳗鱼、梭子蟹、对虾等；自大连经北京到日本空运活赤贝、沙蚕、牙片鱼、海胆等。每年秋季都有产自江苏、浙江、安徽和湖北的大量螃蟹运往香港，并有逐年增多的趋势。这些鲜活货物，利用空运能快速到达目的地，并保持其成活、新鲜，对争取外汇收入极为有利。例如，活鳗鱼苗的国际市场价格比较高，1974 年在日本每公吨售价为 12.5 美元。过去通过海运或陆运到香港，再空运日本，时间长，成活率低，运费多。现在，经上海直接空运，每架飞机一次装运净重 2 吨的鳗鱼苗，可收入外汇 25 万—30 万美元，而所花包机费用仅 3

万—5 万美元。

随着对外开放政策的实施，外资企业在中国加工的服装逐渐增多。为争取季节，赶上时令，交付空运的各种服装也日渐增加。新疆、青海等牧区有大量肉羊和种羊，要外运至中东等地；同时国内也须从国外引进大量良种奶牛等。日本须从中国各地进口各种时令鲜菜，等等。因此中国民航使用大型宽体飞机飞行，进一步促进了航空货运的发展，在搞活国内外商品流通方面，发挥着越来越大的作用。

（四）改善人民生活。

航空货运还直接为改善人民生活服务。航空货运中属于人民生活必需的医药卫生、文教用品和日用百货等，历年来都占有一定比重。如在 1953 年，这类商品约占航空货运量的 30%。1960 年以后，国民经济遇到困难，人民亟须休养生息。这个时期，交付空运的人民生活用品有所增加，1961 年占 27.1%，1962 年占 35.9%，1963 年则占 32.8%。不仅如此，在特殊情况下，中国商业部门曾利用空运来满足人民生活的紧急需要。1961 年，在市场供应紧张的情况下，为满足东北人民欢度春节的需要，中国民航专门抽调了 9 架飞机将 20 多吨高级糖果及时运到了沈阳，满足节日市场的供应。1974 年，由于十年动乱的影响，地面交通阻塞，南疆和田地区物资匮乏，人民生活困难。经国务院批准，从北京调了 2 架波音－707 型飞机到乌鲁木齐，专门空运物资到和田。在约 1 个月内连续飞行 64 架次，运送了包括纺织品、药品、食品、粮食、邮件等 1500 多吨物资。

（五）支援抢险、救灾、急救等运输任务。

航空货运在抢险、救灾、急救等运输任务中，发挥的特殊作用，是其他运输方式在时间和空间方面很难奏效的。中国民航员工在执行这些特殊任务中，克服了种种困难，付出了辛勤汗水，表现出同人民群众休戚与共的可贵精神。

中国国土辽阔，每年都有一些地区遭受程度不同的自然灾害。有些突发性灾害，需要采取应急措施。每当遇到这种特殊情况，中国民航立即全力以赴。1975 年 8 月上旬，在河南驻马店等地区和安徽阜南等地区，因连降暴雨而发生特大水灾,以致铁路中断,灾情严重。在紧急救灾的18天中,中国民航调集飞机,执行视察灾情、空投食品和运送抢险救灾物资。据不完全统计,共出动飞机空投847架次,视察水情和拍照24架次,投送食品等800多吨;并派飞机抢运了橡皮船、救生圈、救生衣、防汛物资和急救药品等一大批物资。同时,邮电部还向中国民航包用8架次飞机,疏送了因水灾滞阻的近百吨邮件。

30多年来,中国民航还担负了不少其他特殊紧急运输任务。1960年3月4日,河北蔚县东城公社发生154名社员食物中毒事件,中共蔚县委员会要求北京特种药品商店急运急救药5000支。当时由陆运最快要在晚上10时才能到,为争取时间抢救社员生命,改由中国民航派飞机空投。飞机于当日下午5时25分起飞,在一小时内就完成了空投任务,中毒社员经抢救全部脱险。同年5月间,山西大同煤矿发生瓦斯爆炸,矿工900余人被困在矿井内,中国民航立即集中运力,在五昼夜内飞行89架次急运抢救物资,因而减轻了事故损失。

三、航空货物运输质量

(一) 航空货运质量标志及其概况。

航空货物运输质量,是空运企业经营管理的一个重要问题。它既影响社会的经济效益,也关系各航空运输业自身的发展。从70年代后期起,当中国民航进入国际航空市场时,就面临外国航空运输企业的激烈竞争。中国民航管理体制改革、政企分开后,国内也将有更多航空运输企业同时并存和互相竞争。这样,货运质量问题愈益成为企业经营成败攸关的问题之一。

根据航空运输的特点,货运质量的主要标志,是快速、安全和便利。如果航空货运不能保持这个优势,就丧失了同其他运输方式竞争的基本条件。

中国民航历来对保证货运质量是重视的。1960年,中国民航总局领导提出了货运的六项基本要求,即保证数量不缺,质量不变,取货上门,送货到家,货不积压,随到随运。为了贯彻这六项要求,中国民航总局通过深入基层蹲点,总结经验,于1962年拟订和下达了与保证货运质量直接有关的值机、仓库保管、装卸搬运等人员的职责和工作制度。同时，还组织全局性的货物质量巡回检查组，进行现场观摩、检查和交流经验，以推动货运质量的改进。因此，在十年动乱前（除在"大跃进"期间曾发生片面追求数量、忽视质量问题外）航空货运的快速和安全，经常受到货主的称道。

十年动乱期间，由于生产秩序遭到破坏，加上中国民航在业务经营上忽视货运工作，所以货运质量上存在问题较多，航空货运中的积压、破损以及秩序混乱等情况时有发生。直到80年代，在发生了几次运输质量事故之后，货运质量才引起了普遍重视。例如，1982年9月哈尔滨无线电九厂空运一批展品到南昌。虽然货主一再催运，但一直到展销会闭幕后，仍积压在上海虹桥机场仓库，影响了该厂下年度的订货和生产安排。由上海运往北京的汽车灯芯，已有20多年的空运历史，过去破损率仅为2%左右。但从1979年下半年起，破损率明显增大，1980年1月至4月，竟高达3.5%。国际航线的货物运输，也有类似的问题。因而不少货主的出口货物，曾一度指定交由外国航空公司承运，或绕道从香港出口。为此，中国民航总局曾多次召开会议重点讨论改进货运质量问题。1984年，根据中央领导人的指示，国家经委发出了《关于综合治理货运质量的通知》。各地民航为贯彻各次会议和《通知》的精神，采取了改进的措施，并取得一定成效。1984年以来，中国民航系统在货运部门推行了经济承包责任制，实行全面质量管理，配备质量检查员，加强检查监督，改善运输装卸设施等，决心在货运质量方面开创新的局面。

（二）航空货运速度问题。

速度问题，是航空货运质量的核心。航空货运除主要取决于飞机飞行速度外，还要在货运全过程的组织管理方面，采取适当的保证措施，否则，航空运输的快速优势，就会因地面货运组织管理不善而抵消。因此，加强货运的组织管理，是保证货运快速的必要条件。中国民航历年来在这方面采取了一系列措施。如为执行"保证重点，照顾一般"的运输原则，对货物的收运、配载发运的次序和运力的安排，都做出了具体规定，要求即使在运输紧张的情况下，对重点物资也要保证优先运输。

为了保证货物运输速度，航空运输企业对承运货物的运到期限理应担负责任。为此,中国民航局根据《中华人民共和国经济合同法》的规定,拟订了《航空货物运输合同实施细则》。《细则》规定运输合同约定运达期限的货物逾期到达,承运人应偿付违约金。据此,1986年起公布实行的新修改的《中国民用航空货物国内运输规则》也作了相应规定。为保证货物能按照货主的要求如期发运,在国际航班上自1975年开始,从上海出发的航班就实行了对鲜活货物预订吨位的办法。随后北京始发的国际航班上也实行了这个办法。这些制度和措施,对保证货运速度和加强承运人的责任,都起了良好作用。

当前在航空货运中,对一般货物的运输速度仍缺乏保证。这主要是由于航空货物的运输组织工作不善,表现在生产管理和质量管理上都存在不少问题。在生产管理方面,表现为一方面货物积压,而另一方面航班货运吨位的浪费。在质量管理方面,主要是质量第一的思想不牢固,往往重视运量指标的完成,而忽视了质量的要求。在制度上对运输质量也缺乏一套具体的考核和检查监督办法,以致问题长期得不到纠正和解决。此外,社会上也存在着航空托运货物缺乏计划性的问题。在民航运力不足的情况下,航空货运吨位的计划安排和兼顾一般货物的运输速度,都出现一定困难。

(三) 航空运输的安全问题。

航空货运的安全,是货运质量的另一重要内容。它涉及货物的安全和运输的安全两个方面。

要保证货物完整无损,涉及运输的全过程,即从货物的收运、过秤、检查、地面运输、出入仓库、保管、装卸、交付,以及事故的处理等。任何一个环节,如处理不当,就可能影响货物的安全。因此,中国民航对货运全过程,早在50年代就建立了一套比较严密的制度,并进行过多次修订。当时,广大货主对航空货运的安全性和可靠性,都留下了深刻的印象。但是,从1958年以后,由于片面追求数量,忽视质量,破损短缺事故逐渐发生。特别严重的是,中国民航重庆航站不顾运力组织货物,以致1960年6月30日,由于当地水库决堤,使积压的20多吨货物全部被淹,损失很大,虽经抢救清理,仍赔偿6.7万多元。为此,各地民航对货运工作进行了一次整顿,着重清查处理了货运中的"无头案",使货物的安全有了改进,赔偿事故也相应减少。1962年的货物运输事故率,比1961年下降了37%。有些民航省(区)局、航站杜绝了货运等级事故。为了保证货物的安全,中国民航大批从事货运的工作人员付出了辛勤劳动,出现了不少先进人物。例如,首都机场的搬运工田库,20多年来装卸货物一贯认真负责,埋头苦干,从未损坏过一件货物,成为装卸工的好榜样。

在十年动乱期间,思想作风上丢掉了过去的优良传统,保证货运质量的规章制度,也被扣上"管、卡、压"的帽子,随意废弃了。因此,收运货物时,把关不严、保管不善和野蛮装卸等现象,不断出现,并经常发生严重事故。1977年1月26日,伊宁航站办公室失火,烧毁存放的到达手表1300只,损失达12.8万多元。更严重的是,在首都机场等地多次发生团伙盗窃货物的案件,对外影响很坏。

为保证货物的完好无缺,1980年以来,中国民航对职工加强了全心全意为货主服务和爱护国家财产的思想教育;对发生的严重事故进行严肃处理,还重新修改和下发与保证货物安全有关的规章制度,强调严格执行制度,把好收运、保管、装卸关;划清各个工作环节之间的责任,加强对装卸工作的领导,推行各种形式的承包经济责任制;制定装卸工作人员守则,改善货物仓库的管理,认真做好货运不正常情况的查询和处理工作,纠正不负责任的推诿拖拉作风。国际航班货物实行了集装箱运输,配备适应大型宽体飞机运输的装卸和集装设备。对于货物破损的赔偿,除要求实事求是地认真处理外,中国民航局根据《经济合同法》的规定和国务院关于货物运输实行保险和负责运输相结合的指示精神,于1984年12月6日下达了《关于开展国内航空货物运输保险业务有关问题的通知》。这些措施对保证货物的安全起到很好的作用。

其次,为保证运输的安全,还加强了危险货物运输的管理和货物的安全检查。根据国内外航空运输实践的经验,化学危险品的运输必须十分重视,管理不善往往会酿成重大事故,危及飞行安全和人民生命财产的安全。为此,中国民航局在50年代就先后拟定了《危险品载运暂行规则》和《放射性物质运输的规定》。1961年以后,为确保航空运输的安全,根据上级的指示,规定民航客货班机一律不载运化工危险品和放射性同位素。

此后，由于国际运输和对外贸易的发展，进口化工危险品的空运需要日益增多。1974年4月，经中国政府批准，中国民航国际航线及其国内航段联运危险货物，均参照国际航空运输协会（IATA）的统一规定承运。1976年1月起，又恢复承运放射性同位素，并拟订了《航空运输放射性同位素的规定》。1979年9月，中国民航局下发实行《化学物品运输规定》，对化学物品的空运作了比较完整的规定。中国民航局还多次开办训练班，并在民航学院运输专业班设置危险品运输的课程，以培养这方面的管理人员。这些措施对确保空运安全是有作用的。但历年来在化学物品空运中仍存在一些问题，也产生过不良后果。如1980年中国民航河南省局违章承运有毒化学物品氧化铍，由于货物在运输过程中散漏，造成了严重污染环境的事故。为此，受到国家有关部门的查究和通报批评。

防止不法分子的破坏，是保证货运安全的又一重要方面。历年来，中国民航根据国家有关规定，严格执行对收运货物的安全检查。在检查中，发现不少夹带的危险物品和其他禁运物品。1983年5月5日发生劫机事件后，更进一步重申和加强了这项工作。

（四）货运服务工作。

航空货运质量，还表现在货物运输过程中为货主提供的各项服务。历年来，中国民航主要在以下方面做好为货主服务的工作。

1. 开展代理业务。开展委托代理业务，是货运销售工作的内容之一。它既可便利货主就近交运货物，也可通过代理人争取空运货源，促进航空货运业务发展。早在1950年，中国民航局就委托中国旅行社等单位代理货运业务，以后各地民航也陆续开展了此项工作。如沈阳、成都、南京、等地都曾委托附近城市有关单位代理货运业务。在国际货物运输方面，除在国内民航与对外贸易运输公司建立代理业务关系外，截至1984年，中国民航还与外国航空公司建立了货运业务代理关系。此外，中国民航驻外办事处还指定当地一些外商为货运代理人。随着民航管理体制改革的深化，此项业务将会有更大发展。

2. 空陆转运业务。由于航空通达地点有限，为便利货主托运到通航地以外邻近地区的货物，从1953年起，中国民航就开始办理空陆转运业务，深受货主欢迎，并有较大发展。中国民航局为此正式拟订了空陆转运货物的办法。1964年，中国民航总局与铁道部运输总局联合发出《关于加强航空和铁路货物转运工作的通知》，进一步推动了这项工作的开展。此后，由于地面运输紧张，铁路对包裹运输限制较严，以致空陆转运业务受到了影响。当前，国家为开展多种运输方式的联运，鼓励专门设置联运业务机构，办理这项业务。今后空陆转运业务，仍是大有可为的。

3. 接货送货服务。这是中国民航多年来为便利货主而提供的一项经常性服务。一般有三种方式：一是由中国民航派人驻厂直接办理承运手续；二是托运人或收货人委托中国民航办理接货或送货；三是中国民航委托其他运输单位办理接货送货。1984年以来，北京和上海民航还先后与外商合营到达货物的快递业务。随着航空货运业务和地面货运服务行业的发展，这项"门到门"的服务，将日益成为航空运输企业组织货源的一个重要方式而普遍开展起来。

此外，中国民航过去还经常代货主办理包装和装卸等服务。

总之，30多年来航空货运基本上体现了快速和安全的优点，十年动乱造成的不良影响，通过综合治理正在逐渐肃清。中国民航不少单位和个人在提高货运质量方面，取得了显著成绩，有的受到了嘉奖。中国民航广州管理局运输公司装卸队，1983年以来在民航运输装卸系统率先进行改革，实行承包经济责任制，建立了岗位责任制，在分配上初步打破了"大锅饭"，吨位考核到个人，破损由当事人赔偿。这样一来，大大地增强了个人的责任心，同时也提高了装卸效率，货物破损率也相应降低。1985年6月至8月，该队为保证飞机正点起飞，全力抢装抢卸，使400多架次迟到航班，仍能正点离站。当年正月初二，他们还创造了日装卸140架次、货物和行李216吨的该队历史最高纪录。这几年该队装卸量的增长幅度很大，从1983年到1985年，逐年递增装卸量为29%—42%，而1985年装卸队人数只增加20人。与此同时，装卸破损率却大大下降，1985年破损赔偿费仅500元，破损率为0.0125元/

吨。在 1985 年开展八个"窗口"优质服务竞赛中，该队被评为民航装卸队的第一名，获得优胜流动奖杯。这个队的队长王梦龙，一心扑在工作上，作风踏实，严于律己，身体力行，把装卸队建设成为一支"特别能战斗的装卸队"。1985 年他在全国民航系统中被评为优秀服务标兵，并经中华全国总工会批准，被授予全国优秀工作者称号，获得"五一劳动奖章"。

四、航空邮件运输业务

航空邮运是航空运输的一个组成部分。它同广大群众生活密切相关，也比航空客货运输的社会接触面广泛得多。不过，航空邮运量在整个航空运输量中所占的比重最小。根据国际民航组织 1976 年至 1985 年的 10 年统计，邮件周转量在航空运输总周转量中的比重为 2.6%—3.4% 之间；而中国民航同时期的统计，航空邮运所占比重仅 1.3%—1.7%。如每封信函以重 10 克计算，则 1 公斤的信函，至少涉及寄信人和收信人 100 人以上。因此，邮运业务，不论是信函、报纸、印刷品和包裹，从它的服务面来看是首屈一指的，它在国家社会主义建设和人民生活中所起的作用，也是不容忽视的。

（一）发展概况。

从 1950 年中国民航开航以来，在邮电部门的支持下，新中国航空邮运有了一定发展。据统计，1950 年航空邮运量为 240 吨，周转量为 26 万吨公里，到 1987 年，航空邮运量为 9279.7 吨，周转量为 1961.8 万吨公里。但邮运发展的速度显然比客运和货运要低得多。

各个时期航空邮运的发展情况，由于过去的一段时间内，邮运量与行李、货物运量合并统计，因此要对邮运量的消长做出系统的分析是有一定困难的。根据现有资料，航空邮运的发展大致情况如下：

1. 从 1950 年至 1957 年（即国民经济恢复和第一个五年计划时期），航空邮运量从 240 吨上升到 1110 吨，周转量则从 26 万吨公里上升到 158 万吨公里。

2. 从 1958 年至 1965 年，受 1958 年"大跃进"影响，航空邮运发展较快。到 1960 年运量增长为 2193 吨，周转量为 350 万吨公里，分别较 1957 年增加1.8倍和1.2倍，但其增长速度仍比货运低。在国民经济调整时期，航空邮运和航空货运虽同样出现了下跌与回升的情况，但其变动的幅度则比较平稳。

3. 从1966年至1976年（即十年动乱时期），因统计资料残缺不全，不能做出准确的分析。由于十年动乱的影响，人民群众间在书信和邮件包裹方面的交流已大大减少，因此航空邮运极不景气。从1968年起大幅度下降，到1970年航空邮运量甚至倒退到1957年的水平。不过在这个时期的国际邮运开始有所发展。如1970年的国际航空邮运量，在航空邮运总量中仅占2.2%，到1976年已上升到6.1%。这主要是从1974年起，中国民航陆续开辟了几条远程国际航线的缘故。

4. 从1977年到1987年，随着国民经济的全面振兴，航空邮运业务发展较快。航空邮运量于1977年恢复到它的历史最高水平，到1987年又增长到9279.7吨。至于航空邮运周转量，因国际航线的开辟，1979年为605万吨公里，为1965年的154%，1987年已增加到1961.8万吨公里。这个时期航空邮运量的增长，除由于人民之间通讯频繁、商品流通扩展和出版刊物剧增外，还得力于国际航空邮运的发展。从运量上看，1987年国际航空邮运量已占全民航邮运总量的15.8%；而周转量则已占46.8%，接近于国内邮件运输了。

（二）航空邮运工作。

新中国民航成立后，邮电部和中国民航局都很重视航空邮运业务的发展。早自1950年10月和1951年7月起，就分别开始办理航空邮件业务和航空邮包业务。1952年、1953年和1957年，中国民航局与邮电部分别订立了《空运邮政物件办法》《空运邮局发行北京报纸协议》《空运机要邮件协议》。这些协议的签订和施行，为发展航空邮运，改进邮运工作奠定了基础。

为切实履行上述协议，促进航空邮运的发展，更好地为广大人民群众服务，历年来民航和邮政双方共同进行了以下工作：

1. 降低航空邮资和运价。为使广大群众能广泛使用空运寄递信函、包裹等，民航和邮政不断就降低航空邮资和运价进行商洽，并经上级批准，作了多次调整。新中国成立初期，航空邮资信函每20克为人民币0.30元。经过三次调整后,从1958年7月1日起,大幅度降低,每10克为人民币0.02元,连同普通邮资为0.10元。航空邮资调低后,广大群众反映良好,航空邮运量显著增长。

与此同时,中国民航的航空邮运价也不断调低。以重庆至昆明为例,1950年,每公斤为3.15元,经过四次调整后,到1967年,每公斤为0.66元,仅是1950年的20.9%。国际航空邮运价也于1977年12月作了调整。航空邮包运价由于基本上是按航空货运价计费,因此也随航空货运价而不断降低。

2. 提高航空邮件运输质量。航空邮运质量与货运一样,主要表现在运输速度上,而且对地面各个环节的接运工作要求更高。为此,中国民航给予邮件以优先的载运便利,民航与邮政各部门双方还规定了加强联系和预留航邮吨位的制度,这就从根本上保证了邮运速度。随着中国民航航线的增多,航班密度的增加和飞机航行速度的提高,加上邮政投递工作的改进,航空邮运的快速特点将越来越明显地表现出来。另一方面,邮政部门为提高航空邮件从收集、地面运输到投递整个过程的工作效率,在50年代初期就在各通航地点专门设置航空信箱和赶班信箱,以便利群众投发和邮局收集航空信;同时配合航空邮件的到达时间,安排投递班次,以加速航邮的投送。80年代以来,国际航空邮运还增加了航空快递邮包的业务,力求尽速将快递邮包送到收件人手中。

3. 进行了航空邮运的宣传。这个工作在50年代做得较好。例如,中国民航和邮政双方共同设计印刷了宣传画、传单,摄制幻灯片,邮局利用橱窗、黑板报进行宣传,设置航空邮运路线图,印发空陆邮件路程时间对比表等,广泛宣传寄递航空邮件的优越性。各地邮局为加强对内部人员的宣传教育,还召开了航空邮运座谈会,对普及航邮知识和发展航空邮运,都起到良好的效果。

中共十一届三中全会以后,中国民航和邮政部门对航空邮运在新形势下如何进一步发展,对工作中存在的问题,认真研究改进不够。这是当前航邮发展速度慢,工作质量不高的重要原因。

发展航空邮运的潜在能力大，只要经营方针对头，思想上重视，加强宣传工作和邮运组织工作，提高航空邮运质量，那么，航空邮运业务就会有更大的发展前途。

五、航空货物运输设施

航空货物运输设施，是保证航空货运正常和高效地进行所必需的重要物质条件。

货运营业处和货物仓库，是中国民航办理收运、储存和交付货物的主要场所，也是中国民航对外进行调查、销售和业务宣传的一个重要窗口。中国民航的货运营业处，70年代以前，大都因陋就简地附设在市区的旅客售票服务处内。70年代后期以来，由于航空运输的迅速发展，营业场所不适应客、货运输业务的增长，因此，不少航站开始在机场货物仓库内设立货运营业点，收运批量较大的货物，而市区的货运营业点则日益收缩。随着中国民航管理体制改革的实施，航空运输企业的货运营业机构和销售方式，也将根据新的情况进行改革，妥善规划货运营业处的设置，以适应货运业务发展的需要。

中国民航机场的货物仓库，是航空货物集散、储存和中转的场所。迄今大多数航站的仓库不敷应用，有的仓库设备条件比较差。中国民航货运吞吐量最大的北京首都机场，长期以来没有合乎要求的仓库，以致有一个时期大量的进出口货物不得不露天堆放。80年代初，虽然建成了6000平方米的仓库，也因设计不够合理，不能发挥预期的作用。根据中国民航管理体制改革的设想，今后货物仓库将承担各个航空运输企业在机场的货运作业。为此，此项设施急需通过调查预测，根据货物吞吐量、货位周转速度和货物储存的要求等，做出统一的规划。

除上述货物运输的固定设施外，还包括货物装卸和搬运等所需设备。长期以来，中国民航办理货运吨位的预定、货物的查询和集装设备的管理等业务工作，大都依靠手工操作和比较落后的通讯方式，工作效率低。特别是装卸搬运方面，除配备有载货机动车及少数手推车外，主要靠体力劳动进行装卸。直到80年代，才开始订购和应用为国际航线货物集装化运输所需的升降平台车、传送车、拖头车和集装箱、集装板等装卸设备；同时开始试用电子计算机来管理货物的查询工作等。加速货运设施的现代化，已是进一步发展航空货运业务的当务之急。

30多年来，航空货邮运输业务随着中国社会主义建设和民航事业的发展而发展。实践证明，国家的政治和经济形势，是航空货邮运输状况的决定性因素；而国家各个时期的方针政策，则是航空货邮运输必须遵循的指导方针。经营航空货邮运输必须正确估价它的社会效益和经济效益，尊重客观经济规律，认真研究商品生产的地区性和季节性变化，加强市场调查和预测，并充分发挥运价的杠杆作用。同时，要妥善规划好货运运力和设施，不断提高航空货邮运输的质量，以适应国家现代化建设对航空货邮运输不断增长的需要。

第三节 航空运输生产的组织管理

航空运输业务的发展，固然取决于国家的政治和经济形势，但与航空运输企业内部的生产业务的组织管理也是密切相关的。

一、市场调查和销售工作

随着民航企业化进程的发展，航空市场调查和销售工作在航空运输企业经营管理方面的重要性，已愈来愈为人们所认识。对一个航空运输企业来说，要搞好经营管理，首先要对航空市场进行周密的调查和分析研究，并从宏观上做好适应客观需要的运输生产规划，确定运输生产业务的决策。在具体经营过程中，根据市场调查提供的经济信息，结合本企业的运力，发挥运价的经济杠杆作用，通过各种销售渠道和方式，组织好客、货源，以提高飞机的利用率和载运率，不断改善运输服务质量，增进经济效益和社会效益。

30多年来，中国民航的市场调查和销售工作，由于受到主观认识的限制和客观形势的影响，它的发展过程不是一帆风顺的。

在中华人民共和国成立初期，由于新中国民航的性质、经营方针和服务对象，都同以往的民航有了根本不同的变化。因此，如何开展市场调查和销售工作等问题,都未明确解决。1953年,国民经济进入第一个五年计划时期,国家对民航下达了运输和财务指标任务,上述问题就更加突出了。当时,社会上对航空运输的需求不多,业已开航的班机,除运输少量机要文件、报纸和邮件外,经常出现严重缺载的情况。中国民航为了完成国家下达的任务,防止运力的浪费,不能坐等客货上门,必须大力开展市场调查和销售工作。

开展这项工作,只能在实践中去摸索。中国民航首先得到了政府及有关业务领导机关的重视和支持,把调查和销售的重点,放在军事单位、政府机关和国营企业。其次,一方面依靠上级机关,用行政干预的办法,与物资单位签订运输协议来解决运量,实现计划运输;另一方面各地民航运输业务人员仍坚持不懈地采取登门访问和召开座谈会等方式,进行客货销售工作。通过经济上算细账的办法,并同水陆运输相比较,争取部分价值较高又容易损耗的物资交付空运;争取以低于普通货物的运价(即"专价")从西南各省外运的部分土特产,交付空运,并协同邮政部门积极发展航空邮运业务等。此外,在加强业务宣传方面,也做了不少工作,诸如普遍印发宣传品、刊登广告、布置橱窗和报道消息等。在业务管理上,还建立了客货流量流向、客货分类和货源分析等统计制度,以指导市场调查和销售工作的进行。

所有这些,在当时对改善经营管理取得了一定成效,并初步积累了一些开展社会主义航空运输销售业务的经验。

在1958年以后的"大跃进"时期,航空运输量增大,运输业务工作的主要力量放在做好运量的安排上,正常的市场调查工作陷于停顿状态。这个时期,中国民航在挖掘生产潜力和降低成本的基础上,从1958年7月起,又一次大幅度地降低国内航空运价,并进行了一次大张旗鼓地业务宣传活动。这次活动,使社会各单位对航空运输的优越性有了比较深刻的了解。

在1961年开始对国民经济实行调整的3年间,中国民航因客货不足,又把市场调查和销售工作重新恢复起来,并且取得了明显成果。

中国民航各级领导亲自动手,重新组成客货调查小组,从思想上消除消极畏难情绪,在方法上普遍采用过去行之有效的登门访问、召开座谈会和营业柜台宣传组织相结合的方式。有的对客货销售还采取了包任务、包单位、包航线，把任务落实到人的做法。仅1962年，中国民航上海、广州、哈尔滨、重庆、昆明、兰州等运输业务部门，便访问了近2000个单位，对适合空运的货物品种进行了调查。如中国民航广州管理局加强农副业物资的调查，并承运了大宗特种货物。该局通过货源调查，发现海口有外运猪仔的线索，立即深入缺猪仔的地区串连，通过报刊和寄发信函宣传。为了便于猪仔空运，还在广西丹竹修复了旧机场，仅1963年便空运了4万多头猪仔。

为增加客源，中国民航从总局到各地区管理局，都向中央及各级政府有关部门汇报，要求给予支持，放宽干部乘坐飞机的规定。国家经委于1963年8月下达了《关于合理使用空运的通知》，各省、市、自治区有关部门先后转发了这个通知。这对民航运输生产和增加客、货源，是一个有力的支持和促进。

为了加强物资的集中统一管理，国家对统配和部管物资的产销，实行统一平衡和订货。为适应这一新情况，中国民航从1963年起，派出人员参加每年召开的全国机电、电讯和仪表等方面的订货会议。这对了解市场情况、争取货源和开展航空运输的业务宣传工作都起到了作用，走出了一条开展民航销售工作的新路子。

60年代初期，中国民航的市场调查和销售工作做得比较广泛深入，注意调查研究，采用了一些新方法，也积累了一些新经验，特别是使中国民航运输业务人员进一步认识到加强销售工作对企业经营管理的重要作用。它不仅迅速扭转了运量下降的趋势，而且使企业减少了亏损，经济效益有了明显好转。

1966年中国发生的政治大动乱，把中国民航的市场调查和销售工作也打乱了。民航业务宣传工作受到了更大的冲击，在所谓"革命大批判"中，竟把政治与业务截然对立起来，把开展销售业务的各种方式，都诬蔑为"封、资、修"的一套。加上1969年中国民航被划归军队建制后，企业性质被完全否定，不讲完成计划，更不讲经济效益，因此，市场调查和销售工作也完全停顿了。

林彪反革命集团被粉碎后，中国民航的市场调查和销售工作再次恢复起来。1975年中国民航总局召开的国际业务和运输服务会议，重新明确了民航的企业性质，强调开展国际业务，掌握航空经济动态，加强客货调查组织和对外宣传。但由于"四人帮"兴风作浪，刚刚出现的一点好势头又被一股"左"的思潮淹没了。

1980年3月，中国民航局改归国务院直接领导，明确了民航一定要走企业化的道路，计划工作和经济核算工作得到了进一步加强。随着对外开放政策的深入贯彻，中国民航的国际运输业务也有很大发展，而国际航空市场的激烈竞争，又推动中国民航必须大力加强市场调查和销售工作。为此，中国民航总局曾多次召开会议，着重讨论了改善国际航线的经营管理问题，包括如何加强市场调查、客货销售和业务宣传工作。此后，市场调查和销售工作又有了起色。主要表现在：

加强了客源的调查工作。除了调查组织一般旅客运输外，并着重抓了旅游团体、协议定座单位、出国劳务、会议人员和节日期间等五个方面的客源。这些方面的旅客在航空客运量中占了相当大的比重。经验证明，普遍调查旅客的需要，妥善安排他们的行程，是航空客运工作的重要环节。

大力调查进出口货源。随着对外经济交流和贸易的发展，进出口物资和商品越来越多，对适于空运的货物需要加以调查和开发。中国民航各单位在这方面做了大量工作，特别是在组织出口的鲜活货物上效果更为显著。中国民航大连航站组织沙蚕空运，就是一个突出的事例。1977年，该站在调查中了解到日本商人要从中国进口沙蚕，但沙蚕在海滩上繁殖，需要动员群众去捕挖。为了发掘这一货源，他们会同外贸部门深入了解了沙蚕产、供、销、运的全过程，做了大量细致工作，终于使沙蚕运量逐年增加，民航、外贸和沿海居民都有获益。1977年空运沙蚕只有790公斤，1978年就增加到26吨，1979年又发展到175吨，80年代以来，已成为固定空运的鲜活货源之一。

开展国外航空市场的竞争。中国通航外国后，一般与外国航空公司建立业务总代理关系，而中国民航在国外的销售工作完全没有自主权，尤其在双方对飞的航线上，对开展经营很不利。为此，中国民航各驻外办事处从1977年起逐步改进了销售办法，除维持业务总代理关系外，在驻在国设置营业点，自行销售或指定业务分代理；还与当地旅行社、代理商等广泛联系，掌握国际航空市场的信息；并与中国国际旅行社积极配合，争取外国到中国的旅游团体乘坐中国民航班机。由于加强了内外联系，广泛建立不同形式的业务关系，国际航线的经营情况迅速得到改善。除个别航线外，大都有所获利，经济效益日趋好转。

改善国内运输的销售工作，广设售票点、代理点。这不仅便利了旅客、货主，也有利于开拓航空运输业务。1985年，北京、上海、成都、广州、沈阳、西安等地，增设售票点23个，代售点27个。民航重庆售票处从1980年开始在北碚设营业分处，只有2名工作人员，客票销售收入逐年上升。1985年发运旅客为8530人次、货物511吨，营业收入128万元，分别为1980年的3倍以上。又如，中国民航广州管理局从1985年开始，与深圳市联合经营白云航空服务公司，取得了明显的经济效益和社会效益。该公司1985年的客运量为4万多人次，1987年即增加到10多万人次；1986年货运量为288吨，1987年上升为1000多吨；1985年营业收入为614万元，1987年上升为2000多万元。

业务宣传工作也有新的进展。除过去采用的方式外，各地民航还特别加强了与各新闻单位的联系。通过报纸、刊物、电视台、广播电台，对外大量报道民航各方面的情况，对航空运输逐步社会化起了较大作用。为了扩大宣传，中国民航参加了在国外及香港等地举办的展览会。1983年3月在北京召开的国际旅游会议上，中国民航局同国家旅游局合办了展览会。此外，中国民航省（市、区）局还通过当地和邻近城市的售票点或代售点进行宣传，设计制作各种宣传民航的纪念品赠送旅客。中国民航还自行印刷各种宣传品，扩大《班期时刻表》的印刷数量及其发行工作，并与外商合办《中国民航》航机杂志，承办商业广告业务。1984年1月正式成立了中国民航宣传广告公司，统一办理有关对外业务宣传和广告业务。

30多年来，中国民航的市场调查和销售工作虽然取得了一定成绩，但还不能适应航空运输企业经营管理现代化的要求。要做好这项工作，首先，各级企业领导要加深对这项工作重要性和必要性的认识，要有一个健全的机构并配备业务素质较高的人员。其次,在进行这项工作时,要根据国家各个时期的方针政策,以及客观的经济规律来办事,否则就会事倍功半,甚至走向歧路。最后,还要做好基础工作,加强信息的管理和研究分析,定期进行业务预测,正确运用运价这个经济杠杆,不断改进销售方式,开拓销售渠道,时刻注意宣传工作的针对性,紧密配合运输生产的发展。

二、航班计划的制定和航班座位、吨位的管理

(一)航班计划的制定。

制定航班计划是航空运输生产业务管理的重要组成部分。因为航班计划是民航运输生产计划的具体实施,也是民航内部组织航空运输生产和社会上使用航空运输的单位或个人安排运输或旅行日程的依据。合理安排航班,不仅能够使航空运输有计划、有效率地进行,而且能够最大地和高质量地满足社会的空运需求,从而取得良好的社会效益。因此,在制定航班计划前,中国民航各有关业务部门要进行调查研究,根据主客观条件,及时地、科学地编制《班期时刻表》,并严格按照航班计划组织生产。这对贯彻落实周恩来总理关于"保证安全第一,改善服务工作,争取飞行正常"的重要批示,提高飞机利用率和载运率,更好地为旅客和货主服务,完成运输生产任务都有重要的作用。

航班计划包括中国民航全部航线的航班次数、使用的机型、飞行日期和起飞、降落、经停的地点和时间。航班计划一般是在每年夏秋和冬春进行更换,以《班期时刻表》形式对外公布。

编制航班计划总的要求是:根据国家下达给民航的运输生产计划和民航运力情况,妥善安排运输任务,保证飞行安全和正常,争取客货运输快速与方便,以利客货运输销售和提高运输服务质量。一般需先通过对空运市场的调查,并根据每条航线各个季节的客货流量、流向的分析以及地面交通变化情况,进行运力的合理安排。既要充分提高飞机的利用率,又要注意适当留有余地,以便承担临时发生的特殊运输任务,并防止因运力过分紧张而出现航班不正常情况。

在50年代，中国民航航班计划的编制比较简单，主要是因当时社会上对空运的要求少，又受机型和机场条件的限制，航班班次不多。60年代以后，随着航空运输业务的发展，航班计划的编制也日趋复杂。当时，中国民航总局和各管理局又没有统一的运输生产调度机构，对客货流量缺乏充分的调查分析，各业务部门之间的协调研究也不够，以致不少国内航班安排不尽合理。至于国际航班计划，因涉及与外国航空运输企业的协调，经常不能及时制定，影响航班载量。

1974年以后，随着中国民航国际航线的发展，国内航线扩展，航班密度加大，加之运力紧张，中国民航局适时地加强了生产调度工作。在制定航班计划前，要求各管理局充分发动群众，广泛征求各有关部门的意见。在调查的基础上，提出对新的航班计划的意见。在安排航班计划时，做到有利于提高飞机利用率，特别是两个以上地区管理局之间的对飞航线，更要妥善安排班次。航班的起飞和到达时刻，要方便旅客，同时照顾到各航站的工作安排。要保持航班班期和航班号相对稳定，如果更换航班计划，应尽早向社会公告，至迟要在实行前半个月对外公布，以利于社会上掌握使用和民航内部各个技术业务单位的工作安排。

（二）航班座位、吨位的管理。

建立航班座位、吨位的管理，是中国民航运输生产业务的一个重要内容。它与客运销售工作密切关联，是使企业获得经济效益的重要手段。航班座位、吨位管理的任务，是在航班计划确定后，保证计划内的航班生产，能更好地贯彻保证重点、照顾一般的运输原则，使航班的座位、吨位能得到充分合理地使用；做到及时售票和承运货物，提高运输服务质量；并保证航班有组织有秩序地进行。

航班的座位、吨位管理制度，长时期以来由于管理手段比较落后，一般简单地分为分配和索让两部分，即凡有经停航站的航班，在每次航班上分配给始发航站及经停航站一定数量的座位、吨位配额；有关航站的配额不够或多余时，可以相互索让。但在具体执行上，要根据航线的业务情况和使用的机型，采取统一集中或分别集中的管理方法。50年代初期，各经停航站或有关航站需要座位和吨位时,向始发航站索定。

随着运输业务的发展,为了提高运输服务质量,50年代后期实行座位和吨位分配制度。航站经停站可以根据配额,开展客货销售业务,但在执行上也存在一些弊端。主要是有些航站片面强调完成本站的生产任务,不经索让而超过配额出售客票或收运货物;有的始发航站对有关航站的索让电报迟迟不予答复;有的航站索定的座位有变化或取消,也不通知控制航站。这就导致航班座位、吨位的虚耗和运输的混乱。这种情况在运输紧张的情况下表现得比较突出。

70年代以后,由于航线网路增加,航班密度增大,中国民航总局为了保证重点,统筹兼顾,合理分配,对座位、吨位的分配原则和分工,做出了新的规定:

1. 根据各航站客货运量的需要,使航班座位、吨位得到充分利用的原则,规定了配额。

2. 民航省(区)局负责分配省(区)内航班的配额;地区管理局负责分配所属航站出发的跨省航班和未设省(区)局的省(区)内航班的配额;跨地区管理局的航班配额,由负责分配的地区管理局报中国民航总局审批同意后实施。

3. 座位、吨位索让,是分配配额制度的补充形式,在一般情况下,航班始发站就是航班座位、吨位的控制站。航班有关站在配额不敷或有紧急需要时,可以互相索让。

中国民航国际航班座位、吨位的管理,一期都采用集中控制的办法,同时为便于非控制站的客货销售,采取随售随报和自由出售等制度。为防止座位的虚耗,还实行超额订座和定额售票以及预订座位后再予证实等办法。

30多年来,中国民航的航班座位、吨位的管理工作虽有了一些进步,但由于某些航站存在着本位主义思想,执行制度不严,因此管理不善的情况仍然存在,有时旅客买不到票。随着国际和国内航班座位使用电脑管理,航班座位和吨位管理中存在的问题,将能进一步得到解决。

三、运输生产调度工作

航班计划制定后，还需要有日常的运输生产调度工作去组织实施和监督进行。这项工作的好坏，对于搞好民航的经营管理，完成运输生产任务，节省运力，提高飞机利用率和载运率，做到增产增收，都有着重要作用。特别是在空运市场变化较大的情况下，对各方需求，必须及时掌握，做出准确的判断，并采取迅速有效的措施。

中国民航运输生产调度机构，是在民航各级领导的亲自领导下协调运输、飞行、机务、航行等业务部门，是负责处理日常运输生产业务的机构。它的主要任务，是掌握社会上对空运的需要和民航本身运力情况，统筹安排和组织合理运输，努力完成运输生产任务；严格执行航班计划，监督运输生产的正常实施，提高生产效率和运输服务质量；同时掌握运输生产进度，经常分析运输生产形势，督促客货源调查组织，积极组织加班和包机运输，提高飞机利用率。

50年代初期，因空运业务量少，中国民航的生产调度工作组织不健全，基层运输部门的生产调度工作，由值机人员兼管。后来，随着飞机分属各地区管理局管理，运力的调度也分散到各地区管理局，而中国民航局主要起监督、协调等作用。

50年代后期和60年代初期，中国民航总局为进一步搞活运输生产的集中统一经营，并适应分区管理的情况，决定加强总局、地区管理局、省（区）局三级的生产调度工作，逐步健全各级生产调度工作制度，切实搞好运力安排，合理组织运输，减少了相互扯皮的现象。

70年代以后，随着中国民航运输业务的发展，要求进一步加强运输生产调度工作。当时存在的主要问题是，三级运输生产调度机构尚未健全起来，生产调度工作没有形成一个完整的、有效率的系统；生产调度工作制度还不完善，不能充分履行职责，也不能发挥它的作用；此外，运输生产统计工作不落实，未能及时向各技术业务部门提供运输生产情况和指导工作的必要资料。为此，中国民航总局于1981年9月，专门做出了《关于加强运输生产调度工作的决定》，并于1982年2月在上海召开了运输生产调度工作座谈会，要求根据统一调度、分级管理的原则，建立总局、地区管理局、省（区）局和航站四级运输生产调度机构；进一步健全运输生产调度工作制度。会上还介绍了民航上海管理局生产调度工作的经验。中国民航总局运输服务局设置了运输生产调度室，实行二十四小时值班制度。除北京、上海管理局已建立起生产办公室外，广州、成都、沈阳管理局以及分管飞机的省（区）局，也先后组建了运输生产调度机构，并调整充实了人员，建立了值班制度，加强了业务建设工作。

中国民航的生产调度工作，在保证航班计划的正常实施和完成各项重要与紧急的运输任务中起了良好作用。特别是1982年以来，在运输十分紧张的情况下，能想方设法挖掘潜力，担负国家和有关部门提出的任务，得到了外界的好评。例如，1985年在运力紧张、生产任务繁重的情况下，较好地完成了春节运输、支援西藏建设等重大运输任务。这一年，全民航主要航线，除正班运输外，还组织了客货加班机和包机共2090架次。1987年春节期间，中国民航事先妥善安排好运力，共运送旅客约95万人次、货邮1万多吨；另外还安排了加班机和包机1103架次，运送旅客88266人次。由于合理调配运力，中国民航飞机利用率逐年有所提高，1987年伊尔－18以上可用运输飞机，平均日利用率达到6.8小时，其中波音－747SP型和波音－747COMBI型飞机的利用率均在10小时以上，接近世界民航的先进水平。中国民航各地区管理局的运输生产调度工作，都有较大的改进，已经成为领导机关组织生产的好参谋。中国民航局运输生产调度室，还被北京市人民政府授予1985年"文明单位"的称号。

四、运输服务规章制度的建设

建立和健全民航运输服务工作的规章制度，并严格贯彻执行，是搞好民航的经营管理，保证飞行安全，维护正常的运输秩序不断提高运输服务质量的重要保证，也是民航运输生产业务管理的基本内容。中国民航在初建时期，就着手规章制度的建设，保证了当时民航运输生产的正常进行。初期运输服务工作的规章制度，大都是参照原"两航"的规章而拟订的。

由中苏两国合营的中苏民航公司的各项运输业务规章，都搬用了苏联民航的一套。1955年中苏民航公司撤销后，中国民航局采取以苏联民航的经验为主，并参照实际情况和国际上的惯例，对包括运输服务等各项规章制度，曾进行了多次修订。

在50年代后期，鉴于国内和国际运输业务已有了较大发展，中国民航运输服务的规章制度，也须相应地加以充实或修改。为此，除对《中国民航国内旅客、行李及货物运输暂行规则》《国内业务手册》《危险品运输规定》再次进行修改外，还制定了《国际业务手册》和《国际资料汇编》，以适应开展国际运输业务工作的需要。1964年，中国民航总局商务处还根据历年颁发的有关工作制度、规定，整理和印发了《商务文件汇编》。

为了加强规章制度的建设，中国民航总局于1962年成立了条例办公室，集中人力编写各业务系统的工作条例和细则。根据当时中央关于"填平补齐"和"成龙配套"的精神，对运输服务工作方面规章制度的制订工作，也作了全面安排。《中国民用航空运输业务工作条例》经反复讨论修改后定稿，于1965年底由中国民航总局颁发实行。同时，还草拟了国内和国际客货运输规则以及客运、货运、服务和事故的处理等工作细则。但由于后来开展"突出政治"的大讨论和十年动乱，结果《细则》未能正式公布实施。

十年动乱期间，运输服务工作的规章制度不但没有进一步完善，而且根据长期工作经验积累制订的规章制度都被诬蔑成"管、卡、压"和"修正主义产物"而遭受批判，以致有章不循、随心所欲的现象泛滥。直到1975年，国际业务和运输服务工作会议重申必须严格执行规章制度，有章不循的现象才逐步纠正。

1977年后，经过拨乱反正，运输服务方面的规章制度开始恢复，并在总结经验的基础上，重新修订了运输服务工作的各项规章制度。国内客运和国内货运两项规则，经反复修改后，于1977年7月正式对外公布试行。同时还重新修订了《国内运输业务手册》，主要对运输工作制度，如客票的格式、客运定座办法、舱单编制等，根据业务发展的需要，都做出了具体的规定。当时，由于国际运输业务发展很快，而规章制度的建设，跟不上开展业务工作的需要。为此，中国民航局国际业务局组织人力，先后编写并下发国际运输业务的《定座手册》《客运手册》《货运手册》。同时，中国民航进入国际航空市场后，社会上对旅客服务工作的要求也越来越高。为此，根据多年来机上和地面服务工作的经验，先后编写和下发了《乘务工作手册》和《地面服务工作手册》。

加强运输服务方面规章制度的建设，虽然在1977年以后作了大量工作，但在具体业务规定上，仍受到过去"老框框"的一些束缚，不能完全适应"改革、开放、搞活"和企业化的要求。

1980年3月，中国民航局归国务院直接领导后，中国民航对已有的运输服务规章制度，再次逐一进行了修订。这次修订的指导思想，主要是在涉及空运当事人之间的权利、义务和经济责任方面，以国家有关的法规为依据；有关航空运输条件，必须兼顾当事各方的利益，有利于保证安全和提高服务质量；有关民航内部的工作制度，为适应国际航空运输日益发展的需要，要向国际化的方向发展，并有利于推行全面质量管理和使用电脑管理。中国民航国内客运、货运两项规则和《中国民航旅客、行李国际运输规则》经过修订，于1984年和1985年分别正式对外颁布实行。

上述运输生产业务的组织管理工作，与其他运输服务工作一样，在前进道路上取得的每一点成绩，都凝聚着运输服务系统有关人员的辛勤劳动和智慧。他们勤勤恳恳地为中国民航运输服务建设做出了应有的贡献，其中有不少职工得到了表扬和奖励。如1959年运输服务系统荣获中国民航先进生产者称号的，有冯先泽、徐振翼、徐嘉璋、刘毓信、余木森、牟光英、徐守忱、虞春富、康淑琴、吴金栋、张立华、张玲娣和先进集体南昌站服务小组代表江惠文。这里还要特别提到的是，对组织领导原"两航"起义有功、并在新民航长期担任运输服务和国际事务领导工作的何凤元，对中国民航事业无限忠诚，在任职期间孜孜不倦地开拓运输服务工作，为全体运输服务人员树立了榜样。这些职工艰苦创业的精神和业绩，激励着中国民航运输服务人员继续不断地前进。

38年来，中国民航运输业务在发展过程中，既有成功的经验，也有失误和挫折。为使航空运输今后能持续、稳定、协调地发展，必须有一个合理的、与航空运输发展水平相适应的管理体制；必须通过改革，克服民航管理体制中存在的政企不分和权力过于集中的弊端。航空运输要坚持改革开放，努力提高经营管理水平，加强调查研究，搞好运输的规划，加强运输生产的组织，充分发挥航空运价的杠杆作用，积极推行全面质量管理，改造技术业务设施，以适应社会主义现代化建设的需要。

第五章
通用航空业的发展

通用航空①，是民用航空的重要组成部分。中国过去习惯称为专业航空。1986年1月8日国务院颁发的《关于通用航空管理的暂行规定》中，正式将它改名为通用航空，与国际上的统一分类取得一致。

在中国，通用航空一般划分为工业航空、农业航空、石油航空和特种航空四大类。主要内容包括各种空中作业及游览飞行等业务。它的基本任务，是为国家经济建设、国防建设和科学研究等各部门、各行业，以及为外国客商、企业提供各种航空服务，是国家经济建设、社会发展和对外开放中不可缺少的一个服务性行业。

通用航空经营项目多，服务范围广，飞行地域大，通常在野外作业，大多是低空、超低空飞行，一般使用的是小型飞机和临时机场，设备和设施比较简单等。它具有三个显著的特点：一是点多、线长、面广，流动性大，高度分散，且易受到气候条件和地理条件的制约，表现出很强的季节性和突击性。作业人员的工作条件和生活条件是相当艰苦的。二是专业技术性强，不同的作业项目有不同的技术标准与质量要求，飞行难度比较大，没有熟练的飞行技术、丰富的专业知识和特殊情况的处置能力，飞行安全和作业质量是难以保证的。三是它的发展，既受到经济基础的制约，也受到国家对其采取的政策、措施以及自然条件诸因素的综合影响，因此发展状况不够稳定。但

---

① 通用航空，是指"定期航班和用于取酬的或租用合同项下进行的不定期航空运输以外的任何民用航空活动"（见《国际民用航空组织用语及定义》第2卷，1985年英文版第49页）。即对社会公众开放使用的定期和不定期航空运输以外的任何民用航空活动，统称为通用航空。

从根本上说,是取决于工农业生产和社会发展的需求程度。

第一节 通用航空发展的概况和成就

中华人民共和国成立后,为了适应国民经济恢复和发展的需要,中国通用航空队伍于1951年开始建立。此后,通用航空迅速发展成为整个民航事业的一翼,与航空运输比翼齐飞。在50年代,苏联政府和人民对中国通用航空事业的建设,曾经给予友好帮助。

30多年来,中国民航通用航空事业的发展道路是不平坦的,特别是十年动乱中遭受了严重挫折。但在各级人民政府的领导下,经过民航广大干部职工的团结奋斗和各使用部门的通力合作,终于逐步地成长壮大起来,并取得了令人瞩目的成就。

一、飞行队伍的成长

1952年,中国民航组建了第一个通用航空飞行队,即军委民航局航空农林队。基地设在天津,配备有捷克制的爱罗-45型飞机10架,职工数十人。1955年中国民航局成立专业航空队,首任队长董万民。1958年专业航空队改编为航测飞行大队,基地设在天津。同年8月该大队划归中国民航北京管理局领导,基地迁到北京。从1958年以后,为了适应国家经济建设和社会发展的需要,通用航空队伍日益发展壮大。到1987年年底,已拥有民航工业航空服务公司及其所属4个分公司和民航广州、上海直升机公司;以农林业飞行为主的12个专业飞行大队、2个独立飞行中队,分布在全国19个省、自治区和直辖市。从业职工由建立时的几十人发展到8000多人,其中空勤人员约1500人。这支队伍在长期的工作和生产实践中,发扬了艰苦奋斗的优良作风,树立起全心全意为人民服务的思想,30多年来,为发展工农业生产做出了显著的成绩。

二、飞机和设备的更新

30多年来,通用航空飞机逐步得到更新和补充,已初步建立起与通用航空特点相适应的多机型、多层次、多用途的机群结构。

从1951年到1987年，通用航空使用过22种机型。1987年使用的有运－5、里－2、伊尔－14、安－30、双水獭、运十二Ⅱ、空中国王B200、米－8、云雀Ⅲ、BO－105、贝尔－212、贝尔－214ST、S－76、拉玛、海豚等15种机型共238架飞机和直升机，其中固定翼机7种、192架，旋翼式机8种、46架。"六五"期间新增了43架比较先进的飞机和直升机。有些飞机或直升机是由使用部门购买后，以代管形式交给中国民航管理使用，中国民航则优先为他们提供服务。

通用航空专用设备，主要包括航空摄影、航空遥感使用的传感器和信息加工处理设备，航空物探使用的探测仪器、设备，农业飞行使用的喷撒（洒）设备，直升机海上服务与吊挂作业必备的专用设备等。截至1987年，民航工业航空服务公司已拥有苏联AΦA－TЭ、AΦA－41、瑞士RC－8、RC－10、RC－10A、民主德国MRB、瑞典6MSP、国产航甲－17和18MSP等9种型号的传感器（航空摄影仪和多光谱摄影仪）53台，每台仪器具有少的1个、多则4个镜箱焦距，从而扩大了仪器的使用效能。

其中，RC－10、RC－10A航摄仪是该公司生产上使用的主要传感器，这种仪器在国际上也是广泛使用的。1984年由该公司与国家测绘局测绘科学研究所合作研制成功的18MSP多光谱摄影仪，填补了国内传感器上的一项空白。用它摄取的图像，具有信息丰富、色彩鲜艳、影像清晰、分辨率高等特点，既可用于资源详查和环境监测，也能用来测绘地形图，兼有"一摄多用"的功能。与6MSP多光谱摄影仪相比，其应用范围和社会效益显著地扩大和提高了。不但像幅覆盖面积增大了8倍，而且节省飞行时间75%—85%，节约飞行费用70%左右，是一种较为省时、省工、省钱的航空遥感方法。

工业航空服务公司还拥有门类比较齐全的航空胶卷、相片自动冲洗机、电子印像机、彩色放大机、多光谱相片合成仪等成套黑白、彩色摄影处理设备，加上1987年建成投产使用的、具有国内先进水平的摄影处理作业大楼，使生产条件和生产能力得到显著的改善和提高。

农业航空喷撒（洒）设备，根据其喷施方式的不同，可分为喷粉设备和喷液设备两种。由中国民航徐州地面设备修造厂研制成功,并荣获1985年中国民航局科技进步一等奖的"GP-81型农业航空喷液设备",已开始投产使用。这种设备兼有常量、低量、超低量喷液设备的特点,它的主要优点是:一种设备多种用途,携带和维护方便;定量较准确,雾化性好;速度快、工效高、费用省,超低量喷洒比常量喷洒总效率提高约4倍,作业成本降低40%左右;解决了长期以来没有解决的"拖尾巴"问题,提高了使用农药的安全性,减少或避免了发生药害事故。超低量喷洒设备(也可进行低量喷洒作业)和"三通用"喷洒设备的研制成功并用于生产,标志着中国农业航空技术向前迈进了一步。1986年11月,中国民航徐州地面设备修造厂生产的4套CYD-00型超低容量雾化器,经中国航空器材公司出口到新西兰。该设备稳妥可靠,在相同条件下,其雾化性能接近英国米克朗耐尔公司生产的AU-3000型产品的水平。

三、服务范围的扩大

1951年5月,中国民航首次使用一架C-46型飞机,执行广州市防治蚊蝇危害的飞行任务。此后,随着中国经济建设的发展,通用航空的服务范围不断扩大。到1987年,主要服务项目已增加到100多项;作业区域扩展到全国大陆29个省、自治区和直辖市;服务对象也发展到国民经济、国防和科研等30多个部门及其所属系统;销售市场已从国内初步拓展到国外,1958年10月以来,先后承担了援助越南、朝鲜、老挝等国和执行澳门等地区的航空摄影、航空磁测和培训专业技术人员的任务。

但是,从国民经济建设和社会发展需要看,目前还有许多服务项目尚未大力开发利用。诸如环境监测、鱼群侦察、气象观测、台风跟踪、地震探测、医疗急救、南极救助、工程吊挂和空中游览、教育训练、航空体育等。所有这些项目,都有待于积极开拓。同时必须加强行业管理,以促进通用航空的进一步发展。

四、管理体制的改革

中共十一届三中全会以来,在改革、开放、搞活方针的指引下,中国民航通用航空管理体制改革已迈开了可喜的一步。

为了探索和实践通用航空管理体制改革的路子，1982年7月，经国家经委批准，中国民航局把原第二飞行总队改建为中国民航工业航空服务公司。实行独立核算、自主经营、自负盈亏，调动了企业和职工的积极性。该公司从1983年1月正式开业以来，在企业化的道路上摸索前进，取得了较大成绩。1983年至1987年共计完成通用航空飞行66814小时，财务收入8167.7万元。年平均飞行小时和财务收入及利润，比改革前的1982年分别增长55.5%、130.8%和243.1%。这5年都实现了产量、产值和利润的同时增长；5年平均全员劳动生产率达到15669元，比1982年增长92.8%。

同时，为了发展横向经济联系，进一步搞活企业，从1984年以来，民航工业航空服务公司与煤炭工业部航测遥感公司、铁道部专业设计院、中国科学院遥感应用研究所、上海物理研究所、国家测绘局测绘科学研究所、广东、四川、江苏省测绘局、北京市昌平县等单位开展横向联合，从事航空摄影测量与遥感，以及空中游览等项业务。1985年4月，经中国民航局和煤炭工业部批准，中国民航工业航空服务公司与煤炭工业部航测遥感公司共同建立了"航空遥感联合工程公司"，使航测生产流程从空中摄影到地面测图的各个工序有机地连成一体，配套成龙，从而提高了生产能力，扩大了经营范围，增强了竞争机制，方便了用户需要。联合工程公司成立2年多来，承揽了多项航空遥感任务；以劳务方式承包修建了中美合作经营的平朔安太堡露天煤矿专用机场，并提供定期和不定期包机飞行服务；承担了黄河龙羊峡水库滑坡的直升机监视任务等。1987年营业额已达到530多万元，初步显示了横向联合的优势和生命力。

此外，中国民航广州直升机公司和上海直升机公司也分别与广东南海石油联合服务总公司和上海海洋石油服务总公司合作经营，为勘探、开发近海海域石油提供飞行服务。

改革也同时调动了其他部门和地方兴办通用航空事业的积极性。到1987年年底，除已成立并开始经营业务的航空遥感联合工程公司和北京联合航空旅游公司外，还成立了中国海洋直升机专业公司、中国飞龙专业航空公司、哈尔滨航空遥感公司、新疆农业航空服务队、佳木斯农业航空实验站，并已开始经营或从事飞行业务。已成立的武汉、中原航空公司，也兼营部分通用航空业务。而拥有通用航空飞机但未办审批手续的单位还有5个。上述各单位共拥有12种型号的飞机、直升机近百架。这是一支正在崛起的通用航空队伍，是发展中国通用航空事业的新生力量。

为强化政府职能，加强宏观控制，促进通用航空事业的健康发展，1986年1月8日，国务院发布了《国务院关于通用航空管理的暂行规定》。根据这个规定精神，中国民航局和国家工商行政管理局联合颁发了《关于开办通用航空业的审批程序》，正在贯彻实施。此外，30多年来，中国民航局还先后制订颁发了22种通用航空规章制度。特别是1981年1月颁发施行的《中国民用航空专业飞行工作细则》，在认真总结历史经验的基础上，结合新情况，对通用航空的飞行组织、勤务保障和生产、技术、管理等项工作，都作了比较全面、系统的规定，对搞好通用航空生产和工作起到了重要作用。

五、经济效益的提高

从1951年到1987年，中国民航通用航空总飞行量累计完成922913小时，（见表5）平均每年以11.3%的速度递增。其中，农业航空和工业航空分别飞行613900小时和257020小时，分别为通用航空飞行总时数的66.5%和27.8%。石油航空起步晚，但发展较快，效益较好。1978年至1985年累计飞行34049小时，占同期通用航空飞行时数的10.6%，而财务收入约占37.2%。由于近海石油开发受到国际石油价格下跌等因素的影响，1986年至1987年石油航空飞行只完成8620小时，年平均数比1985年下降45.2%。37年来，通用航空财务收入累计达到8.33多亿元，实现利润近1.7亿元。

中共十一届三中全会以来的9年，中国民航通用航空生产发展明显加快。在这9年里，通用航空生产飞行，结束了多年来徘徊在2万至2.5万小时左右的被动局面，平均年完成量为42538小时，比1978年增长46.7%。最

1951—1987 年通用航空飞行小时统计

表 5

年 度	飞行小时	年 度	飞行小时
1952	959	1970	25875
1953	1320	1971	27209
1954	2195	1972	30411
1955	4423	1973	24814
1956	7410	1974	22751
1957	9168	1975	24025
1958	17845	1976	27632
1959	28078	1977	24451
1960	34668	1978	28995
1961	22826	1979	39739
1962	16335	1980	42792
1963	17230	1981	38869
1964	21712	1982	38544
1965	21572	1983	42804
1966	26689	1984	47303
1967	29012	1985	43022
1968	19829	1986	44022
1969	22635	1987	45749
		合计	922913

高的 1984 年达到 47303 小时，财务收入和盈利都超过了历史最好水平。其中飞行小时和财务收入分别比 1978 年增长 63.1% 和 222.5%。这 9 年间，通用航空生产飞行共完成 382844 小时，财务收入 4.85 亿元，分别为过去 28 年的 70.9% 和 139.0%。"六五"期间完成生产飞行 210542 小时，收入 28205.3 万元，分别比"五五"期间增长 28.7% 和 107.0%。

六、通用航空的优越性及其作用

30 多年来，中国民航通用航空事业之所以发展迅速，并取得较大的成就，除了客观因素外，主要是它自身具有快速、高效、省钱等优点，并得到了社会上的广泛重视与支持。也正因为如此，它在国家社会主义现代化建设中发挥着越来越大的作用。

（一）通用航空的优越性。

通用航空的优越性，首先表现在速度快、工效高。一架运–5 型飞机，平均每日喷撒化学粉剂的面积可达2万亩左右,其工作效率比使用动力喷撒机高约50倍;平均每日可播种造林2万—3万亩,相当于地面两三千个劳动力一天的工作量。使用飞机进行探矿,其速度和效率比地面普查高得多。用1架运–5型飞机进行300小时的作业飞行,便可完成面积为8000平方公里的航空磁测任务,而地面人工普查,至少需要动员3000人,工作约8年才能完成。

其次是费用省、效益好。使用飞机进行空中作业,可以大大减轻劳动强度,节省劳力和资金。用飞机进行播种造林,一般可比地面机械作业节省费用20%;进行农作物根外追肥和喷施植物调节剂,一般平均每亩增产粮食5%—10%,其经济效益为投资的8—10倍。广西南宁至双桥的公路改线工程,应用航空相片选线优于全野外勘选方法,勘测成本降低80%,公路经济技术指标提高,里程缩短,工效提高3倍,基建投资减少60%。

通用航空的优越性还表现在视野广阔,宏观性强。地面作业,即使地形平坦,人的视野也不大开阔;何况中国疆域辽阔,地形、气象复杂,特别是高原、高寒地区、边远山区、原始森林、湖泊沼泽、沙漠戈壁和海洋外域等交通不便、人迹罕至的地区,使用人力和地面机械作业更加困难。而使用飞机在空中作业,视域十分广阔,能够有效地改变地面作业时的视界局限和自然条件的某些限制,并可在短时间内完成较大面积的作业任务。譬如,应用遥感技术,能够大大扩展人们的视觉领域和宏观认识自然界的范围。航空护林方法的运用,提高了人们观测和监视森林火灾的能力,为抓紧时间把火情"打早、打小、打了"创造有利条件,避免造成重大损失。

(二)通用航空的作用。

通用航空具有许多突出的优点,因此在国家建设中发挥着重要的作用,应用日益广泛。

一为经济建设提供基础性、超前期性服务。

首先,运用航空摄影、遥感手段,获取航空底片和相片,以及其他遥感信息,为国民经济各勘测、设计、调查、科研等部门提供可靠、精确的原始数据和基础资料。所获取的航摄遥感图像资料,广泛应用于航测制图和国土资源调查、环境监测以及宣传教育和军事侦察等方面。

其次，运用航空物探方法获取的图件资料，广泛用于解决地质找矿问题。主要是用于大地结构（包括大陆架构造）研究，以探索石油、天然气的分布规律，直接为油气资源普查服务；用于大地深部构造的研究，以期发现新的金属矿和石油、天然气资源；用于区域地质、工程地质、水文地质研究；并用于寻找各种金属矿产地，直接发现磁性铁矿或间接发现与它伴生的其他矿产资源。

二为发展农林牧渔业生产提供空中作业服务。

要实现国家的农业现代化，不但需要地面耕作的机械化，而且也需要现代化的空中作业相配合，才能构成完整的、立体型的农业现代化生产体系。因此，在加速实现农业现代化的进程中，农业航空具有不可忽视的作用，主要是：

种植。中国主要在大面积的荒原、荒山用飞机播种造林、种草，也用飞机直播农作物。

增产。通常是在植物生长期，用飞机一次或多次地进行根外喷施常量元素和微量元素的混合肥料，促进农作物、牧草和森林的生长发育，达到增产、增收和改进品质的目的。中国每年用飞机对农作物和牧草进行追肥，取得了显著的增产增收效果。1980年，河南省在小麦花期，用飞机喷洒磷酸二氢钾和石油助长剂的混合液，后据该省27个县市的调查结果，平均每亩增产小麦23.2公斤，增长率为8.2%。到1982年的3年中，该省施用面积800万亩，共增产小麦1.5亿多公斤，收入为投资的8倍至10倍。

管护。使用飞机进行农业生产管理，保护植物和自然环境，已经发挥了良好作用。其主要任务是喷撒（洒）化学药剂，一是对棉花、小麦、水稻等进行脱叶催熟；二是对烟草、马铃薯、向日葵等进行脱叶干化；三是进行防病、治虫、除草、灭鼠、促雨、消雹和护林灭火，有时也用于防除钉螺、壁虱、蝼蛄、野犬、野兔、野猪等有害昆虫或野兽。

侦查。主要是对动物、植物和渔业资源以及虫情、水情、火情等实施空中侦察、调查。中国曾成功地用飞机对出没于大小兴安岭的东北虎、新疆野驴、黑龙江省三江平原的白鹤和江西湖区的鹤类的分布情况和品种、数量进行了侦查。1985年，由中国科学院动物研究所组织的对在鄱阳湖、石臼湖和沿海滩涂地带栖息的白鹤和丹顶鹤群作空中调查，取得了一次计数丹顶鹤群480只的好效果，引起了国际动物学界的关注。

三为海洋、陆地石油资源开发提供后勤保障服务。

追溯石油工业发展史，中国同外国一样，在勘探、开发海底和陆上（尤其是交通险阻地区）石油资源的过程中，一般都是使用直升机提供后勤保障服务。如果没有这种保障服务，不论是在浩瀚的海洋勘探、开发石油，还是在无垠的沙漠、密林和险峻的高原、山区勘探、开发石油，都困难重重，甚至无法进行。其主要原因是：第一，在海上钻井船/平台工作的人员，如果乘船上下班，就要受到长时间的海浪颠簸和晕船等难忍的折磨；而乘坐直升机往返就既快速又舒适。第二，一旦发生严重的工伤事故或急病时，可以用直升机把伤病员迅速送到医院，得到及时治疗。第三，在台风到达前或遇到其他灾难性事故时，工作人员可以乘直升机撤离，得到迅速有效的援救。第四，对经营管理来说，还有两个重要作用：一是因技术原因或缺少某个重要的零部件和工具，以致钻探作业中断，可能造成经济上的损失。而用直升机作后勤保障，就可以避免或减少这类损失。二是迅速可靠的直升机后勤支援，还可以使工作人员增加安全感，从而提高工作效率，加快生产进度。

在中国与外商合作勘探、开发近海石油的工作中，钻井船/平台、后勤供应船和直升机都已列为三大招标项目。直升机已成为近海石油勘探开发的后勤保障中不可缺少的重要项目。

四为发展旅游事业提供游览飞行服务。

30多年来，中国民航除正常的旅客运输外，还在全国各地组织了人民群众和外国旅游者的游览飞行，观光中国的社会主义建设成就和名胜古迹，效果良好。1981年2月26日，云南省德宏、临沧的民族参观团，自费乘坐民航飞机游览了昆明市的滇池、西山风景区。这些过去连火车都没有见过的少数民族农民，尽情地在空中参观游览，美好的景色一览无遗，尽收眼底，个个兴致勃勃，不胜感慨。1986年7月至8月，中国民航工业航空服务公司和中国民航西安管理局共同组织了在西安市上空游览31个飞行日,乘坐飞机的中外游客达6715人次。1987年4月4日,该公司与北京市昌平县共同组建了北京联合航空旅游公司,并在定陵、八达岭、十渡等风景区,积极开展空中游览包机业务,满足了中外旅游者的需要,增加了通用航空企业的收益。

此外,在发展科技、教育、体育、卫生等项事业中,通用航空也日益显示出了它的特有作用。

第二节 航空摄影

航空摄影,亦称空中摄影,是在航空器(飞机、直升机等)上安装航空摄影仪,从空中对地球表面进行的摄影。主要用于摄影测量,绘制地形图,是航空摄影测量的第一道工序。所获取的相片资料也广泛用于农业、林业、地质、石油、水利、城市规划、环境保护、铁路、公路、高压输电线路勘测和军用测图等各个方面。

一、发展历程

(一)艰难起步。

在中国,为了适应军事侦察和军用测图的需要,从1930年开始航空摄影工作。当时成立了一个规模很小的航空测量队,隶属国民政府军事陆地测绘局领导。它的主要任务是采用航空摄影测量的方法测制军事地形图,同时也承担水利、铁道、地质等部门委托的一些航测任务。后来,水利、铁道等部门也组建了航摄队伍,但规模都很小,只在局部地区进行过少量的航摄和测图工作。到1937年,全国有关部门共有航摄飞机12架。新中国成立前夕,这些飞机和主要设备都被迁往台湾省。

新中国诞生后,国民经济建设各部门亟须航空摄影提供前期服务,航摄工作在缺乏物质技术基础的情况下重新起步。首先于1953年,由中国民航局和林业部共同组织,使用一架里-2型飞机,在黑龙江省牡丹江大海林林区进行森林航空摄影试点,飞行55小时,摄影面积5030平方公里。1954年至

1956年，根据中国和苏联两国政府间签订的科技援助协定，苏联政府先后向中国林业、铁道、地质部门共派出7架里-2型飞机、3架伊尔-12型航摄飞机，提供相应的技术设备，并派遣空中摄影、地面摄影处理专家以及森林航空调查和森林经理调查专家等来华，同中国航摄、林业技术专家一道，进行森林调查、铁路选线、地质勘察和测绘地形图等方面的航空摄影，并培训航摄等方面的技术人员，为中国航摄队伍独立执行生产任务奠定了良好基础。

（二）胜利发展。

为了集中使用航摄力量，国务院于1956年11月做出了由中国民航局统一接办航空摄影工作的决定。1957年，中国民航局接收了林业、铁道、地质三部所属的航摄技术人员和4架航摄飞机（里-2型和伊尔-14型飞机各两架）以及照相器材、地面摄影处理设备，集中管理使用，承担了全国各部门、各地区的航摄任务。

中国民航局统一接管航摄工作后，着重加强了航摄队伍和业务技术建设，并根据用户的需要，积极扩充生产能力，航摄飞机由5架增至15架。1958年到1960年，平均每年完成航摄飞行4513小时、面积91.3万平方公里，分别为民航接办航摄工作后第1年（1957年）的3.2倍和4.3倍。

在从1961年开始的3年国民经济调整时期，中国民航在总结通用航空事业发展经验的基础上，调整了航摄队伍，加强了技术改造，进行了专业培训。在这段时间内，在全国已大体完成1:10万比例尺基本图，并继续完成1:5万比例尺基本图测绘任务的同时，对广西、广东、海南岛等农业经济发达地区和河北海河流域等水利建设急需地区，相继进行了1:1万比例尺基本图的测绘。为适应大量航摄任务的需求，摄影比例尺已逐步从中、小比例尺（1:3.5万—1:7万）向大、中比例尺（1:1.4万—1:3万）过渡，实现了中国航摄发展史上有着重要意义的第一个转变。大比例尺摄影的开展，为云下摄影提供了有利条件。总结推广这项技术，不论对加快完成气象条件复杂、很少碧空天气的长江中、上游的丘陵、山区等地区的摄影任务，还是对提高黄土高原沟壑地带或冬季山区摄影阴影掩盖部分的地形测绘精度，都有着积极的作用。

(三) 曲折前进。

正当航摄工作胜利前进的时候,十年动乱开始了。这场灾难,不仅严重地冲击了航空摄影的广大用户,而且也毫无例外地冲击了航摄队伍本身。1969年二三月间,一批航摄业务技术骨干和管理干部,被下放到"五七"干校和生产建设兵团"劳动锻炼",或调去搞用非所学的其他劳动,致使航摄队伍素质明显下降。然而,尽管当时由于"左"的错误,鄙视知识、轻视人才,给航摄工作带来严重挫折,但广大干部职工顶着种种压力,在极为困难的条件下,仍然坚持工作和生产,每年都完成了一定数量的航摄任务,以及一些业务建设工作。1969年成功地改装1架安－12型飞机,并首次调往西藏高原地区执行航摄任务,填补了该地区航摄原始资料的空白。1976年又成功地改装1架米－8型直升机,第一次用于执行沈阳市1:3800和1:7500比例尺的航摄任务。城建部门利用所摄资料成功地测试了1:1000和1:2000比例尺地形图。随后,又在上海市试验取得成功。以沈阳、上海两市为范例,有力地推动了上百个大、中、小城市和工矿企业等的大比例尺航测制图工作,开创了把先进的航测技术大量引进工程测量领域的新局面,实现了中国航摄史上具有重要意义的第二个转变。

(四) 新的面貌。

中共十一届三中全会开始全面纠正"左"的错误,使中国各项建设事业重新走上了健康发展的道路,也给航空摄影工作带来了生机。中国民航局遵循实事求是的思想路线,根据工作重心转移到经济建设上来的新形势、新任务,努力开拓航摄工作的新局面,以适应国家经济建设和社会发展的需求。

第一,按照革命化、年轻化、知识化、专业化的要求,逐步调整了各级领导班子,并补充了航摄技术人员。采取就业前培训、在职轮训、函授和选送出国学习等多种形式,多层次、多渠道地进行智力开发,提高职工业务技术素质。

第二,加强业务建设和法规工作。编写了《航摄领航》《空中摄影》《摄影处理》《测绘》四本教材，出版了《航空摄影》杂志，填补了国内测绘杂志出版工作中的一项空白。1980年10月，由中国民航局和国家测绘局、总参测绘局共同研究制订，并以国家测绘局名义颁发了中国第一部正式的《1∶5千、1∶1万、1∶2.5万、1∶5万、1∶10万比例尺地形图航空摄影规范》；并根据工程摄影测量发展的需要，于1986年10月18日，中国民航局又与国家测绘局共同组织编写，由国家标准局发布了《1∶500、1∶1000、1∶2000比例尺地形图航空摄影规范》，从而使航摄规范达到了系列化的要求。同时，经国家物价部门批准，1983年适当调整了航摄收费标准，恢复了原来按航摄面积收费的办法，使航摄收费制度比较科学合理，有利于企业改善经营管理，提高技术水平和服务质量。

第三，加强企业技术改造。先后引进了一批具有国际先进水平的、适合于航摄、遥感的新飞机和新设备，同时建立了地面摄影处理中心，修建了作业楼、实验室，成立了科学研究和情报机构。1986年7月18日，经国家标准局同意，由中国民航局和国家测绘局联合下发通知，决定在中国民航工业航空服务公司建立航摄仪检测中心，作为全国测绘行业航摄仪检测的法定机构。决定指出，只有经过该中心检测认可，并发给合格证的航摄仪，方可用于测绘航摄生产。采取这些措施，使航空摄影工作逐步实现集约化、标准化和科学化，加速了航摄生产现代化的进程。

第四，在航摄科学技术研究和开发新项目、拓宽新领域等方面，也迈出了新的步伐。中国民航工业航空服务公司在国内首次自行研制成功的DZF型电子印相机，技术性能达到了国际同类产品的水平。由中国民航航摄部门与有关使用部门和科研单位合作研试成功的18MSP多光谱摄影技术和"山西西山煤田地质航空遥感"技术项目，先后荣获国家计委、国家经委、国家科委和财政部等四个部门联合颁发的"六五"国家科技攻关奖。同时，为了适应经济发展的需要，除扩大传统的航摄业务外，还积极开展了彩色红外摄影、天然彩色摄影、多光谱摄影和红外扫描、多光谱扫描以及低空地质遥感等新项目，向航摄生产的广度和深度进军。从70年代后期开始，大比例尺航摄任务在航摄总任务中所占的比重逐年增加，服务范围迅速扩大。

如1982年、1983年的工程测量摄影项目，分别占全年航摄项目总数的41.4%和56.9%。（见表6、7）由于其成图的特点是放大倍率大和精度要求高，因此对航摄成果的质量要求更严，航摄飞行的难度更大，对飞行技术要求也更高了。

1982年、1983年摄影项目与工程摄影项目总数统计表

表6

年份 \ 类别 数量（项）	摄 影	工程摄影	工程摄影项目占摄影项目总数的%
1982	87	36	41.4
1983	160	91	56.9
合 计	247	127	51.4

1982年、1983年工程摄影项目明细表

表7

年份 \ 类别 数量（项）	城市摄影	煤田摄影	其他矿区摄影	水利工程摄影	铁路工程摄影	高压输电线路摄影	其他	小计
1982	6	12	2	6	7	2	1	36
1983	39	20	4	10	10	5	3	91
合 计	45	32	6	16	17	7	4	127

总之，中共十一届三中全会以来的9年，是航摄工作得到全面、较快发展的9年。这9年平均每年完成航摄（含遥感）飞行3691小时，摄影面积49.5万平方公里。其中，1986年航摄（含遥感）飞行4484小时，摄影面积87.7万平方公里，比1978年分别增长21.8%和69.7%。社会效益和经济效益显著提高，保证了飞行安全，改善了服务工作，满足了用户需要。

二、主要成就

从1953年到1987年，中国民航航空摄影（含遥感）飞行82846小时，摄影面积1178万平方公里，（见表8）相当于把全国国土（含大陆架）面积进行了一次空中摄影。若以一张1∶10000比例尺的航摄相片摄取4平方公里面积计算，就等于为国民经济各部门提供了294.5万张相片，平均每年8.4万张。

1953—1987年航空摄影完成任务量统计表

表8

年　份	航摄小时	航摄面积（万平方公里）	年　份	航摄小时	航摄面积（万平方公里）
1953	55	0.50	1971	529	7.15
1954*			1972	779	23.25
1955	552	3.02	1973	1301	10.67
1956	789	8.47	1974	2137	24.55
1957	1396	21.36	1975	3012	36.53
1958	3904	79.37	1976	3815	35.59
1959	5676	128.72	1977	3217	41.09
1960	3976	65.75	1978	3681	51.70
1961	1696	16.83	1979	5078	54.12
1962	1655	28.03	1980	5080	61.84
1963	1511	15.77	1981	2917	32.53
1964	1486	14.07	1982	2861	20.53
1965	1080	8.69	1983	2501	29.31
1966	1449	18.68	1984	3569	47.14
1967	1980	19.12	1985	3548	65.26
1968	1523	15.00	1986	4484	87.73
1969	1860	20.75	1987	3178	47.12
1970	571	37.40	合　计	82846	1177.64

*缺苏联机组在华完成任务的航摄小时和面积。

（一）测绘基本地形图的航空摄影。

在中国，大约有70%—80%的航摄任务及所获取的航摄资料，是直接用于测绘国家1∶1万、1∶2.5万、1∶5万、1∶10万基本比例尺地形图的。中华人民共和国成立以来，国家测绘主管部门利用航摄资料（包括空军所摄的一部分资料）测绘的中国基本比例尺地形图大体上覆盖了除台湾省以外的全国国土。

测绘工作是"建设的尖兵"，在国家建设中是一项带有基础性、超前期性的重要工作，主要通过国家测绘主管部门为生产建设、国防建设、科学研究、文化教育、行政管理等部门提供各种比例尺的国家基本图来体现的。传统的测绘地形图的作业方法，是通过人工全野外测量来完成的，而利用航摄资料进行摄影测量制图作业，与前者相比则大为便捷。它的大量地形描绘和地物判读工作,是通过精密摄影测量仪器在室内完成的。这样,可以使艰苦的野外工作量减少80%左右,大大减轻劳动强度和野外作业的艰辛;可以使野外作业的季节性和室内作业的常年性紧密结合起来,充分利用人力和设备,提高工作效率和测图质量,缩短成图周期,降低生产费用,具有快速、精确、经济等优点。因此,航空摄影测量成为当今世界各国测绘地形图最基本、最常用的先进技术和方法,而航空摄影在测绘地形图工作中又具有突出的先锋作用。

(二)调查农林资源的航空摄影。

林业部门是中国最早应用航空摄影手段,并取得显著成效的部门之一。到1987年,全国主要林区和分散的小块林地,都程度不同地利用航空像片清查过一两遍,并编制出各种林业专用图,为林区的经营管理、合理采伐、更新永续提供了科学依据。自1954年至1964年,全国主要林区进行了1:2.5万比例尺的黑白航摄,摄影面积约占全国森林总面积的40%;70年代开展的1:1.4万、1:2.5万比例尺的黑白摄影和少量的1:5000、1:1万的天然彩色、彩色红外和多光谱摄影,约占总面积的25%;连同其他部门在有林地进行的摄影合在一起,覆盖了全国主要森林面积。30多年来,运用航空摄影手段,采取数理统计的抽样技术和连续清查体系等方法,使各省、自治区基本掌握了森林资源情况。这对于一个幅员辽阔而经济又不发达的国家来说,是一项重要的成就。此外,航空摄影还为适宜造林地区的调查、三北(华北、东北、西北)地区防护林体系的营林调查和森林采伐运输等林业建设,提供了第一手资料。

航空摄影技术在农业上的应用,主要是为农业土地资源调查、农田区划、地籍测量和管理,以及商品粮基地建设等方面提供航摄资料。在中国,农业土地资源调查的任务,是全面查清土地的类型、数量、质量、分布和利用状况,并做出科学评价。这是进行农业现代化建设,乃至整个经济建设宏观决策所必不可少的条件。

中共十一届三中全会以后,全国开始了规模巨大的农业土地资源详查,并要求在1990年完成。这是一项宏伟的农业系统工程。但由于大量采用航摄资料（结合运用地球资源卫星相片），所以在很短的时间内就收到了良好效果。到1984年，上海、天津两市业已完成这项工作。上海市郊区利用1：8000比例尺相片和1：2000比例尺影像图和地形图，详查到原生产队一级；天津市郊区利用1：2.5万、1：5万比例尺彩色红外相片和1：1万比例尺影像图，详查到原生产大队一级。使用航空相片，调查时间大为缩短。拥有耕地面积35万亩的天津市北郊区，仅用7个半月就完成了调查任务，比常规调查方法节省了两年时间。到1988年，全国多数地区正在进行这项工作，航空摄影任务仍很繁重。

作为农业土地资源调查的一个重要项目——土壤普查，应用航空相片已有较长时期了。1962年，中国科学院南京土壤研究所在北京市郊区、河南省新乡市和江西省进贤县等地区，使用相片对不同土壤类型及利用状况进行判读，并编绘成土壤分布图，取得了初步成效。可惜这项研究工作随后中断了10年，直至70年代中期才恢复。首先在新疆塔里木盆地的荒地资源考察中采用航空相片，并参照地球资源卫星相片进行土壤遥感判读制图，完成了20多万平方公里的中比例尺土壤调查图件。随后在全国各地陆续进行试点。1979年，中国科学院组织有关单位在云南腾冲、该省农业厅组织一批滇南土壤工作干部在蒙自草坝，分别进行了土壤普查试点，都收到了良好效果。总的来说，土壤普查中应用航空相片作底图，可以提高区划土壤类型界线的精确性，增加调查内容的详尽程度，显著地提高图纸质量和作业效率。农牧渔业部对相片的作用给予充分肯定，在其颁发的《全国第二次土壤普查暂行技术规程》中，要求"有条件的地方应尽量利用航空相片作为土壤普查的底图"。

（三）进行水利建设的航空摄影。

在中国，水利部门是应用航摄技术历史最悠久的部门之一。但是，大规模使用航摄手段进行水利建设，是在50年代中期随着综合治理开发黄河才开始的。1956年首先在三门峡水库坝址及海拔360米以下淹没区进行摄影，随后配合治黄规划，对其主要支流伊河、洛河（河南省境内）进行摄影。1958年年底、1959年年初为龙羊峡、刘家峡两个水力发电工程的勘测设计进行了摄影。运用获得的航摄相片，对工程地质构造进行解释，并配合一定的地面工作，取得了大量宝贵数据，为论证水库坝区区域和库区库岸地质的稳定性提供了科学依据。30多年来，自黄河中、下游至入海口沿线范围，反复进行了20多次摄影，一方面满足了治黄规划及工程上的急需，另一方面积累了大量的形象化的河道演变史料。60年代初，为配合根治海河工程，在冀中平原进行了1∶1.4万比例尺的摄影，面积达几万平方公里。其他重要河流如长江、辽河、松花江、大运河流域的规划治理以及南水北调工程等，都曾利用航摄资料来测绘高精度的大比例尺地形图，用于勘测设计工作。

（四）铁路选线的航空摄影。

1955年，航空摄影技术首先在从兰州至乌鲁木齐的铁路选线勘测设计中使用，为铁路航测开辟了一个新途径。此后，这方面的作业量逐年增加。1959年，对天津火车站枢纽工程进行了1∶3000比例尺航摄，飞行10小时，摄影面积达50平方公里。据铁道部专业设计院航测处1981年发表的统计材料表明：从1955年到1979年，共进行209个摄影项目，利用较好的有110项，其中铁路选线制图104项，约2.5万公里，为新旧线路、枢纽、车站货场、桥梁、隧道的勘测设计和技术改造等工作提供了大量的可靠依据。1980年以后进行的几十个航摄项目，也全部得到了充分利用。

铁路勘测选线利用航空相片，并配合一定的地面工作，可以在相当大的范围内做多方案比选，从而确定最佳线路方案，提高了选线质量和生产效率，节约了基建投资。如北京至山西省原平、河北省沙城至吉林省吉林、河北省沙城至内蒙古自治区通辽等3条线路，由于采用了航测方法，使工程造价降低了将近1亿元。青藏（西宁至拉萨）线格尔木至拉萨段总长约3000公里，所经之地大多在海拔4500米以上的高原地区，采用地面测量十分困难。于是，从1974年年底开始进行航空摄影，1个多月便完成了任务。第2年展开全线外业工作，随即跟上内业测图，前后仅用1年时间就完成了全线1∶2000、1∶5000工程地质地形图，测量面积共计3870平方公里，保证了初步设计的需要。这项任务若用地面测量，所耗费的时间和人力、物力至少增加1倍以上。

关于营运线路的航摄工作，于60年代曾航测了740公里，1983年至1985年又航测了1300公里，两次合计为2040公里。这种航测图对经营管理和技术改造十分有利，在郑州铁路局已被车、机、工、电各段所使用。然而这项工作开展得还不普遍，所摄线路仅占营运通车里程的4%。但从发展趋势看，是很有前途的。

（五）勘测高压输电线路的航空摄影。

随着电力工业的迅速发展，特别是大型水力发电站和坑口电站（山西神头和安徽淮南）的兴建，使110千伏、220千伏、500千伏的高压、超高压远距离输电线路的勘测设计工作量大大增加了。为了适应这种形势，借鉴国外经验，自70年代中期以来，各地电力工业部门利用航摄资料进行十几公里、几十公里短距离线路勘测、制图试验，结果是令人满意的。现已逐步推广到几百公里远距离、复杂地形的线路勘测设计。尽管这项工作开展较晚，由于重视总结经验，及时解决某些技术难点，现已在全国电力勘测设计系统普遍推广应用。据1977年以来的不完全统计，包括山西、四川、贵州、陕西、青海、辽宁、安徽、浙江、江苏、山东、湖北、北京和上海等省、直辖市的部分输电线路在内，航摄线路总长达6000公里以上。

（六）开展地质调查的航空摄影。

50年代中、后期，青海、云南等少数省份的地质部门，开始使用中、小比例尺航摄相片进行区域地质调查。进入70年代，地质部门开始普遍使用1∶1万至1∶2万比例尺航摄相片进行地质解释填图、矿产普查和勘探，并利用1∶5000、1∶1万比例尺地形图编制地质图件。1972年，国家地质部门正式提出发展航空地质的意见，经过10多年的努力，到1988年，已在全国地质系统推广和普及。

从80年代初开始，由于中国大量引进航天遥感资料——多光谱卫星相片，以及运用航空红外、多光谱扫描技术后，使航空地质迅速向遥感地质过渡，进入一个崭新的发展阶段。虽然遥感手段多样化，却没有动摇航空摄影的主导地位。实践证明，运用航空地质（遥感地质）方法进行地质调查，有很大好处。一是跑路线有预见性；二是确定地质点位准确可靠，从而提高了填图质量，加快了作业进度。同时，根据地质体影像在相片上的特征，还可以发现新的地质体。

单一的航空摄影发展为多层次、多手段的遥感技术，是很大的技术进步。它在农林、水利、交通、考古、资源调查、环境保护等领域的综合应用情况大致相仿，只是地质部门在这方面起步较早，使用范围较广，所获成果比较显著罢了。

（七）冶金和矿山勘测设计的航空摄影。

新中国成立以来，冶金工业，首先是钢铁工业的发展受到国家的高度重视，一些主要骨干企业如武汉、包头、攀枝花等大型钢铁企业和甘肃白银等有色金属基地，以及其他矿山建设中的勘测设计，都运用过航摄手段。到1987年，冶金工业系统从中央到地方业已建立起多层次的使用航摄资料的地质勘探和测绘机构。在矿山测图中，各单位从实际出发，经过多次试验，成功地采用了"小放大"技术进行航测成图的作业方法。它不但使平面、高程精度能够达到国家《工程测量规范》的要求，野外工作量减少一半，费用节省1/4左右，及时满足了工程的急需，而且还使航摄资料得以"一摄多用"，提高了社会效益。

（八）煤田勘测与开发的航空摄影。

煤田航摄始于60年代中期，虽然起步较晚，但发展速度很快。这与国家煤炭工业部门采取只集中装备一个航测遥感单位的技术政策有密切关系。目前，全国煤炭基地，包括勘探区、开采区和"工业广场"等，都普遍使用航摄资料测绘各种比例尺地形图和进行地质、水文调查、编图等，是全国应用航摄技术最有成效的部门之一。从1965年到1985年，煤炭工业部航测遥感公司（原航测大队）已为全国25个省、自治区和直辖市的160多个煤炭基地和矿区提供了1∶1000、1∶2000、1∶5000和1∶10000比例尺的航测地形图和航空地质图，累计面积达20多万平方公里。中国最大的煤炭基地之一——山西大同矿务局，从60年代后期开始，陆续对所属各矿的勘探区和开采区进行了1∶1000和1∶2000比例尺测图，为该局制订短期和中长期发展规划提供了可靠依据，现已着手进行第二轮测图。一些大型露天煤矿，如内蒙古霍林河矿区、山西平鲁—朔县矿区和陕西神木矿区等，也都是首先经过航空摄影，很快拿出地形图和地质资料，然后再进行勘测、设计和开发的。

此外，在油田勘探和城市建设等方面也广泛使用了航空摄影技术。中国著名的大庆、胜利、大港、克拉玛依油田，新建的或待开发的河北任丘、河南南阳、辽宁辽河油田，以及正在进行油田勘探的新疆塔里木盆地喀什—叶城地区等，都因采用了航测成图方法测制出1∶2000至1∶1万比例尺地形图，从而加快了油田各项基本建设和勘探设计工作的过程。

为了满足城市建设的需要，以城市带动广大农村，中国从50年代末开始，就在北京、南昌等城市进行过大比例尺的航空摄影，所摄资料用于测绘城市规划用图。但由于种种条件的限制，没有取得预期的效果。直到70年代中、后期，随着航空摄影测量技术水平的提高和正规化城市规划的紧迫需要，沈阳、上海等城市经过试验取得成功，使大比例尺城市摄影才得到蓬勃发展。自1976年到1987年，广州、西安、杭州等120多个大、中、小城市和一些重要城镇、港口，都陆续进行了航空摄影，其中绝大多数单位都取得了良好的经济效益。80年代以来，上海、沈阳、太原、南通等城市，又陆续开始了一项新的试验，即利用1∶2000至1∶3000比例尺的航摄资料测绘1∶500比例尺的地形图。这项试验已初步取得成功。

30多年来，航空摄影工作每前进一步，取得的每一项成果，都凝聚着广大航摄工作者的辛勤汗水。他们当中涌现出许多热爱本职工作、技艺高超、勤勤恳恳，为发展中国的航摄业务做出重要贡献的先进模范人物。现任中国民航工业航空服务公司领航主任顾振藩和机务维修中心调研员周喜祥，就是其中的优秀代表。顾振藩从1953年以来一直从事航摄领航工作。他具有坚强的事业心和责任感，勤奋好学，刻苦钻研，埋头苦干，勇担重任，领航理论基础扎实，技术精益求精，工作成绩卓著，先后荣获"全国民航安全飞行模范"、"全国技术能手"光荣称号和"五一劳动奖章"。长期从事航摄飞机机务保证工作的周喜祥，被飞行员誉为"最放心的机械员"，1985年荣获"全国民航劳动模范"称号。

80年代，中国航空摄影正在向多元化、多层次的方向发展。使用的航摄胶卷片种有新的突破，航摄技术有新的发展，电磁波的应用范围有新的扩大，获取信息资料的手段有新的增加。为了适应城市规划、地籍测量、农田区划、水利、电力设施、矿山、能源基地等工程建设，以及自然资源调查、国家部分旧基本图更新和配合卫星相片解译等方面的需要，航摄比例尺正在向大、小两头发展。这一发展趋向决定了航摄机群必须适应于多层次、多种比例尺摄影任务的需求，单有一两种机型是很不够的。由于中国民航还缺少性能好、适用时速120—150公里的低空飞机和实用飞行高度一万几千米的高空飞机，因此，还不能承担国家需要执行的这类航摄任务。

在遥感技术的应用研究方面，从中国的实际情况出发，国家在努力发展航天遥感技术的同时，近期内侧重于发展航空遥感技术。因为它具有成像比例尺大，地面分辨率高，可获得立体像对，实感性强，机动灵活等特点，能更有效地为国民经济建设服务。

为此，航摄部门必须在生产技术、经营管理和队伍建设等方面，采取切实可行的措施，进一步做好服务工作，更多更好地为使用部门提供航摄资料。

第三节 航空地球物理探矿

航空地球物理探矿（以下简称航空物探），是使用装有专门探测仪器的航空器（飞机、直升机等），从空中测量地球各种物理场（磁场、重力场、导电性等）的变化，从而了解地下地质和矿藏分布情况的飞行作业。

航空物探是第二次世界大战期间利用遥测、遥感技术发展起来的一种快速找矿和地质调查的先进方法。主要包括航空磁法、航空放射性法、航空电法、航空重力法和遥感地质方法等。最基本、最常用的是前两种方法。航空磁法主要用来勘探具有磁性的矿藏，如磁铁矿。探矿时的飞行实际高度一般为50—150米。航空放射性法系用航空能谱仪等仪器，测量地球的放射性射线（如γ射线）强度，以寻找放射性元素矿藏，如铀矿。其飞行实际高度一般为30—100米。

一、从航空磁测起步

新中国成立以后，为了满足社会主义建设的需要，必须加快步伐，普查、探明和开采蕴藏地下的矿产资源。国家在大力发展地面物探的同时，开始采用了现代探矿新技术——航空物探。

航空物探的问世，标志着中国地质勘探史的新里程。1953年，由地质部和中国民航局合作组建了中国第一支航空物探队伍。那时只有十多名飞行人员，使用的是两架爱罗－45型飞机。当年10月间，由机长包志刚驾驶装有苏联AM－9л型航空磁力仪的爱罗－45型飞机，首次在内蒙古白云鄂博铁矿上空作试验性飞行，目的是对航空磁测的可靠性及其效能进行原理性验证。由于缺乏经验和设备简陋等方面的原因，试验工作遇到了不少困难。但大家凭着一颗为祖国早日找到矿产的决心，迎着困难，摸索前进，共飞行23小时、2415公里测线，取得了一些宝贵的资料，较好地完成了这次试飞任务。通过对这批资料的分析、推断，证实了白云鄂博铁矿的位置、矿脉走向及其蕴藏量，与地质工作者原来探测的结果基本相符，为中国航空物探的发展迈出了可喜的第一步。1954年7月，在河北省承德地区开始大面积的作业飞行，投入两架爱罗－45型飞机，共计飞行225小时34分，测量面积6534平方公里，发现有希望的磁异常10多处，作业质量和生产效率都有了较大提高。

随着航空物探任务的增加和作业地区的扩大，对飞行特别是领航技术的要求也就越来越高。在绝大部分地区没有高精度领航使用的大比例尺地形图的情况下，创业者们在执行每一地区物探任务前，都主动去找有关部门和当地政府搜集现有的一些地图资料或者走访群众实地调查。对搜集来的资料，进行认真分析，加工整理，画出测区草图，设计探矿测线。在作业飞行中，一面使用罗盘和草图，一面目视地标和方位，随时校正，发现矿异常，就立即画出航迹，标出异常点。在承德地区磁测时，由于没有合格的地形图可供领航，他们就采用在地面铺设辅助标志的措施，成功地创造了无图领航的方法。虽然80年代全国都有了精确的各种比例尺地形图，不需要再作无图领航，但创业时期的这种积极探索和勇于实践的革命精神，仍需继续发扬光大。

航空探矿，常年在野外作业，甚至住马棚、睡羊圈，生活十分艰苦。可是，祖国建设的美好前景鼓舞着航空探矿工作者，他们胸怀大志，飞沙漠，越沼泽，"贴水面"，"钻山沟"，相继为鞍钢、武钢、包钢等钢铁基地的建设寻找铁矿资源。首先，在已知矿区如鞍山、本溪、大冶、白云鄂博、攀枝花等矿区的外围发现了大量的新矿体，提高了矿区的经济价值。其次，陆续发现一些重要的新铁矿，如近年来在火山岩发育地区，根据航空磁测异常发现一批火山岩型铁矿，其中半数以上为大、中型矿床，富矿约占1/4。这类铁矿有些处于长江中游经济发达地区，已成为开发的主要对象。第三，根据航磁异常，除直接发现矿床外，还可以根据某些矿床与一定的磁性矿物伴生或与某些岩体有关，间接地发现它们，从而扩大了找矿的种类，如含铜磁铁矿、铜铝锌矿、锡锑钼矿、钒钛磁铁矿、铜镍矿、锑铁矿、铬镍矿及金刚石矿等。

此外，利用航磁资料指导寻找金矿方面也取得了重要成果。在安徽省五河—凤阳地区，从断裂构造中寻找金矿，发现有9条断裂带与金矿有关；在山东焦家、新城地区发现有金矿远景地段，管店至古城地区圈出了5个金矿区；在四川省北部的青川、水晶一带也发现一个面积达几十平方公里的金异常地区。

飞机、设备的更新换代，是航空物探技术发展的重要标志。1955年，中国民航从苏联购进了安－2型飞机（中国后来仿造的同类型飞机称为"运－5"），以取代爱罗－45型飞机，并作为生产飞行的主要工具一直沿用。同时又从苏联引进了性能更好的АСГМ－25型航空磁力仪。队伍的壮大，飞机的增加，设备的更新，促进了航空物探的发展。但作业项目比较单一，一般只能承担普通的航磁任务。为了全面提高中国的航空物探水平，借鉴外国的先进技术和管理经验，中国地质部聘请了苏联专家组来华帮助工作，并为中国民航培养了一批航空物探飞行人员。在苏联专家的指导下，使中国航空物探队伍受到比较系统的训练，技术素质有了明显的提高。

二、勘测铀矿资源

铀矿是重要的能源矿产。根据国防建设和经济建设的需要，国家及时提出了发展核工业的方针，作为先决条件，要求加快铀矿资源的普查、勘探和开采。50年代中期，中国有关部门从苏联引进了人工背负式伽马射线接收器，到认为有希望的地区去找矿，作业速度慢、效率低、成果差。为此，1956年第一次运用航空测量技术,在长江中、下游流域及秦岭一带,开展专业性的超低空放射性测量飞行,作业面积2.7万平方公里,取得了良好效果。此后,航空磁测与航空放射性测量就发展成为两个不同任务的专业化队伍。

为了加快铀矿勘探进度,1957年第二机械工业部聘请了8个苏联机组来华帮助工作。先后使用8架安-2型飞机,分别在甘肃、山东、江西等省进行航空放射性测量。为了学习苏联的先进经验,中国民航派出了有一定飞行基础的驾驶员和领航员加入苏联机组,边生产、边学习。在不长的时间内,他们就能独立执行任务,并达到了带飞教员的水平。后来,他们又陆续带出了自己的一批飞行人员,成为执行超低空飞行任务的骨干力量。到50年代末,中国已能独立完成航空普查铀矿的任务。

为了满足地形比较复杂地区的低空放射性测量的技术要求,1965年第二机械工业部购买了两架国产直-5型直升机交给中国民航管理使用,并在1966年正式用于陕西省中部地区的航空放射性测量。这是中国首次使用旋翼式机进行航空物探的成功尝试。80年代,中国已经找到的铀矿中,大部分是采用航空放射性测量的方法,并结合地面勘探工作发现的。

三、普查石油矿藏

新中国成立初期,中国地面石油普查一度主要在西北地区进行。由于帝国主义散布的"中国贫油论"的影响,再加上科学技术水平不高,查找到的石油资源远远不能满足国家建设的需要。第一个五年计划开始后,石油普查工作全面展开。从1956年开始,为石油普查服务的航空物探,首先在中国东北的松花江和辽河平原揭开序幕。当时由机长马豫、领航员杨宏量等人组成机组,使用1架里-2型327号飞机执行任务,完成测量面积约20万平方公里,使石油、地质部门获得了大量航磁资料。利用这些资料,并结合地质钻探工作,首先圈出了松辽平原含油气面积,指出现今为大庆油田等一系列油气聚集带,并在大庆长垣构造钻获工业油流,从而否定了"中国贫油论"的谬论,甩掉了靠"洋油"过日子的落后帽子。

初战的胜利,极大地鼓舞了广大航空物探工作者。他们除继续在东北地区普查石油外，又转战华北、西北、西南、中南等地进行航空磁测，对发现和确定了辽河、胜利、大港、克拉玛依、任丘、中原等陆地油田和一些海底油田起到了先导作用。

经过不断的努力工作，1959 年完成并圈定了巨大的渤海坳陷。1963 年迅速南下，在雷州半岛、北部湾、海南岛及莺歌海开展航磁测量，圈出的北部湾坳陷，划出的有利的油气聚集带，当时被称为中南地区最有远景的含油气盆地。同时，对包括黄海、东海大陆架在内的大约 120 万平方公里的海域，也进行了海上航空普查工作。例如，地质矿产部航空物探总队应用航空磁测技术，对海洋大陆架地质构造和矿产资源评价进行研究，取得了显著成果，曾荣获国家科技进步奖一等奖。该项目从 1974 年开始研究，1975 年就将其成果广泛应用于生产。这项技术突破，对东海盆地及南海北部大陆架含油气盆地的发现及圈定发挥了重要作用，胜利完成了中国宽达 500 公里海域的航测任务，获得各种图件 180 余幅，圈定含油气盆地面积 36 万平方公里。该成果不仅已提供国内 50 个单位使用，并获得了效益；而且部分报告及图件，已经国务院批准，向英、美、日、法等 8 个国家的石油公司出售。

1957 年 3 月以后，为了逐步统一航空磁测资料数据，多次在全国范围内进行了地区性的航空重力联测工作，取得了较好成绩。整个航空物探工作，不论在创业时期，还是在发展阶段，年年超额完成了国家计划。例如，1959 年出动飞机 22 架，飞行 12722 小时，平均每架飞机飞行 578 小时，创造了中国航空物探史上的最好记录。

四、在曲折的道路上前进

正当航空物探工作胜利前进的时候，十年动乱开始了，全国各条战线，包括地质、冶金、石油和核工业等部门，都受到了不同程度的干扰和破坏，航空物探工作也不例外。以中国民航原第二飞行总队第十九飞行大队为例，1968 年和 1969 年任务量大幅度下降，两年分别只飞行 1458 小时和 1580 小时，比正常年份少飞 2000 小时左右；企业经营管理混乱，连年亏损，入不敷出,出现了徘徊倒退的局面。

1969年至1971年,根据国家的统一安排,为了搞清西藏高原的地质构造,以便开发祖国的西南边陲地区,中国民航原第二飞行总队在使用安-12型201号飞机多次进藏执行航空摄影任务的同时,结合进行航空磁性测量,使一次飞行作业能同时获得两种资料。在这样的高原地区成功地完成了工业航空飞行任务,填补了这一地区两种资料的空白,这不论在世界航摄史上,还是在航空物探史上,都是没有先例的。

为了迅速提高中国的航空物探技术水平,在极为困难的条件下,中国民航航空物探飞行单位还与地质、冶金等部门密切合作,积极开展科学试验工作。如70年代初期,与地质科学院物探所和二机部603所协作,共同研制成功了航空电测仪,并在北京密云铁矿区进行试飞,结果表明,矿体上空可得到明显的、可靠的矿异常,达到了当时国际上同类仪器的先进水平,使中国航空物探技术有了新的进展。

中共十一届三中全会以后,国民经济建设进入了一个新的历史时期,航空物探工作也出现了蓬勃发展的新局面。首先,根据发展社会主义商品经济的指导原则,在经营体制上打破了过去独家经营的垄断局面,正在向多家经营发展。民航内部,不仅工业航空服务公司能够承担航空物探任务,而且其他专业飞行大队也能承担;在民航外部,地方和部门建立起来的一些通用航空企事业单位,如中国飞龙专业航空公司、地质矿产部航空物探总队、中原、武汉航空公司等,也都有能力承揽航空物探任务。多家经营,优胜劣汰,有利于从外延和内涵(后者更重要)两方面创造条件,增强企业自我积累、自我改造和自我发展的活力。

其次,在认真总结经验的基础上,加强了业务建设。编辑出版了《航空物探领航》一书;统一制订了全国航空物探飞行规章;创造了地形复杂地区、无图地区和有图而无明显目标地区的飞行作业方法;总结了确保低空作业飞行安全的"五不"经验,即不进云、不进雾、不进"口袋山"、高度不低、速度不小的经验。执行航空物探飞行时间最长、完成任务最多的中国民航工业航空服务公司第二分公司(原第十九飞行大队),成功地运用和丰富了这些经验，到 1987 年已经连续 10 年保证了飞行安全。

另外，和使用单位共同研究探讨物探飞机及设备的更新换代问题。1978年，中国民航局与地质部共同组团赴国外考察，由地质部从加拿大购买了 4 架双水獭型飞机，交给中国民航管理使用。该型机配有先进的导航设备、定位记录装置和包括核子旋进磁力仪、三频电磁仪、四道能谱仪等磁法、电法、放射性测量仪器在内的综合航空物探站，一次飞行作业可同时取得多种探测资料。1979 年正式投产后，有效地提高了生产效率和社会经济效益。1980 年，第二机械工业部从美国购买了两架贝尔－212 型直升机，也交给中国民航管理使用，以解决运－5 型飞机在复杂地形不适合进行超低空飞行作业的难题。该型机从 1981 年 7 月正式投产以来，经过几年的探索与实践，逐步掌握了飞行生产规律，飞行高度合格率从 30%—45% 提高到 90%—94%。新型飞机及设备的引进使用，使中国航空物探技术达到了一个新的水平。

五、应用遥感技术

航空物探引入遥感技术，标志着中国航空物探工作已开始进入一个崭新的阶段。遥感是随着人类进入太空时代而蓬勃发展起来的一项新兴的科学技术。1971 年 2 月至 4 月，中国民航 1 架伊尔－14 型飞机使用国产航空红外扫描仪，为地质部门在广东省兴宁地区勘探地下热水源，试验飞行 40 小时，效果显著。到 70 年代后期，在经过了一段摸索后，航空遥感技术才较快地发展起来。1979 年至 1987 年，中国民航为地质部门航空遥感飞行 3863 小时，作业面积 48 万平方公里，加上其他单位的飞行作业，累计面积有 60 多万平方公里。

地质等部门综合应用航天遥感和航空遥感资料以及航空物探数据，掌握了宏观和微观两方面的丰富信息，并给以综合解译、推断，不论对寻找矿产资源，还是对弄清地质构造情况，都收到了节省时间、降低耗费、提高质量的显著效果。煤炭工业部在山西太原和吉林大兴安岭西坡煤田，应用遥感技术圈定了煤盆地，扩大了远景。在水文、工程地质等方面，如地质矿产部在三峡水利枢纽工程前期调查中，利用从宜昌至重庆约600公里长、30多公里宽的高精度1:6万比例尺彩色红外相片和高分辨力的侧视雷达的丰富信息，系统而全面地研究了沿江地区的地质结构和滑坡、泥石流等地质灾害情况，较精确地估算了几种建坝与淹没方案的经济损失，受到工程规划部门的高度评价。铁道部运用航天、航空遥感图像，对粤北大瑶山隧道工程的地质构造和水文地质条件进行了多年的研究，证实了在施工中某断裂层的出水，是过去遥感分析准确、可靠的成果，得到有关领导部门的重视。

六、取得的成绩

对国家来讲，矿产资源是基础工业的基础，地质调查更是先行部门之一，而航空物探工作又为超前查明矿产资源和地质情况，提供原始数据和图件资料。因此它在国家经济建设中具有重要的地位和作用。

1953年至1987年，中国民航航空物探飞行部门与地质、冶金、石油、核工业等部门的勘探单位密切合作，共同完成各类航空物探飞行16.6万小时，测线总长达2414万公里，（见表9）可围绕地球飞行604周，全国纯覆盖面积约963万平方公里（包括海域120万平方公里）。其中，在中国大陆东经102度以东部分已经全部覆盖，做得比较细致；以西部分，做得比较粗放，而且还有一些空白点，这主要是在海拔3000米以上、现有飞机性能还不宜进行飞行作业的高山或高原地区。总之，30多年来，中国航空磁测、航空石油普查的第一代工作业已告一段落。已经完成的航空物探的比例尺，是根据不同任务的不同要求确定的。属于石油构造普查和地质构造研究方面的，一般是1:100万（测线间隔为10公里，以下按比例递减）、1:50万和1:20万；属于金属矿普查方面的，除少数为1:20万以外，多数是1:10万和1:5万。冶金部门的测量工作，基本上是在已知的矿区及其外围找矿，比例尺一般为1:5万和1:2.5万，以1:2.5万为主；第二机械工业部所属单位以找铀矿为主，一般采用1:2.5万比例尺，使小矿也不易漏掉。

1953—1987 年航空物探完成任务量统计表

表 9

年份	航空物探 飞行小时	航空物探 万测线公里	年份	航空物探 飞行小时	航空物探 万测线公里
1953	23	0.1	1971	3631	62.9
1954	236	0.7	1972	4228	73.3
1955	1298	7.2	1973	4099	71.0
1956	2152	34.7	1974	5112	88.6
1957	3673	92.5	1975	5534	95.9
1958	8815	116.5	1976	7671	132.9
1959	12722	114.0	1977	7428	128.7
1960	12261	164.5	1978	10078	174.7
			1979	10604	189.7
1961	3338	30.3	1980	7932	148.8
1962	1101	12.3			
1963	1806	31.2	1981	5308	92.0
1964	2040	12.7	1982	6549	113.5
1965	1688	10.9	1983	4556	34.1
1966	3508	25.8	1984	6468	73.8
1967	3700	26.2	1985	5310	57.0
1968	1458	25.3	1986	3877	47.2
1969	1580	27.4	1987	2685	30.0
1970	3908	67.7	合计	166377	2414.1

30 多年来，运用航空物探方法发现各类矿异常 1 万多处，并经地面钻探证实，新发现了一大批很有价值的矿产地。为国家经济建设和国防建设提供了急需的矿产资源和必要的地质资料。

可以预料，随着遥测、遥感技术的进一步发展，中国航空物探工作必将达到更高的水平，取得更大的成绩。根据有关部门提供的情况，80 年代，中国航空物探工作除要继续发展和完善现有的航空磁测、航空放射性测量、航空电法、航空重力测量和遥感地质等方法系统外，要尽快实现按第二代技术要求开展工作。其主要技术要求是：用高灵敏度仪器和高精度工具自动导航定位，实现数字收录和处理，除深部构造类航空磁测外，基本上均要采用综合方法。例如，航空磁测、航空电法、航空放射性测量等不同方法组合的综合站进行工作，把多种测量仪器根据需要同置于一架飞机上，同时，同步获取多种地球物理数据,以提高工作效率和经济效果。按统一要求在全国范围系统开展1:100万航磁测量,编出第二代全国航磁图。在石油、天然气远景区开展高精度的航磁或其他航空物探方法。配合1:5万区调和找矿,在成矿远景区和中心城市及其周围地区以综合站开展1:5万航空物探测量。在一些需要解决专题任务(如普查某类矿,调查和研究某一专门地质现象或问题)的地区,以较大比例尺用一种或几种航空物探方法进行工作。同时,要积极发展遥感地质,使遥感技术特别是航空遥感技术广泛应用于地质工作中去。

为了实现上述目标,航空物探不仅在工作方法和技术方面要有所改进和突破,要尽快更新仪器设备,把综合推断能力提高到新的水平,而且要选择合适的飞机类型。要求飞机低空性能好,小型轻便,灵活机动,续航时间长,适合于不同地区飞行作业的特点,使航空物探工作能在现有的基础上进一步开拓前进。

第四节 石油航空

石油航空是1978年以来随着石油资源勘探、开发工作的发展而兴办的一个新的服务项目。它是以直升机为主要工具,辅以小型固定翼飞机,为海洋与陆地石油、天然气资源勘探、开发和管理,提供空中运输与吊挂服务的飞行活动。

一、海洋石油航空

海洋石油航空,是使用直升机担负海上石油钻井平台、采油平台、后勤供应船平台与陆地之间的运输飞行。其主要任务是运送上下班的职工,急救伤病员,运输急需的器材、设备及地质资料,在台风前运送人员紧急撤离,发生海难事故后进行搜索、援救,进行空中警卫巡逻和空中消防灭火等。

中国有漫长的海岸线和辽阔的海域,从60年代开始,石油地质部门就着手进行近海石油勘探普查。但由于受到国家经济发展水平和科学技术水平的限制,直到1978年,这项工作才逐步开展起来,直升机的近海服务也随之兴起。1978年5月初,中国民航原第二飞行总队第二十飞行大队1架BO-105型直升机,由机长吴顺生驾驶,从邯郸调往天津张贵庄机场,经过短期的海上飞行训练后,于5月24日为渤海石油勘探指挥部首次提供了直升机近海飞行服务,揭开了中国石油航空发展史的序幕。

1979年11月24日深夜,发生了渤海二号钻井船翻倾的重大事故。翌日凌晨,正在渤海执行任务的中国民航BO-105型直升机机组接到命令后,立即飞赴事故区域,完成了翻倾钻井船的搜索定位任务,初步显示了直升机在近海石油开发中的独特作用。

1980年8月,中国民航天津市局直升机中队贝尔-212型直升机阮正亮机组,以上海为作业基地,为在黄海南部进行石油钻井的英国BP石油公司提供服务。这是中国民航第一次为外国石油企业提供的直升机飞行服务。接着,该中队和中国民航广州管理局湛江直升机中队,又分别为在渤海和南海北部湾海域钻井的日本石油公团、法国埃尔夫—阿奎坦石油公司和法国道达尔石油公司提供了飞行服务。

为了学习并借鉴外国的先进技术和管理经验,1980年11月至12月,中国民航局和石油工业部联合组成的"中国海上石油直升机服务考察组",由中国民航局专业航空局局长郭浩率领,访问考察了法国、美国、加拿大、日本等国的7家直升机服务公司和制造公司,了解到当时国际上直升机近海服务的基本特点、经营情况、管理经验和直升机制造业的现状。1982年6月,由中国民航局专业航空司副司长陈国友率领的"中国民航直升机技术考察组",应邀访问了英国、意大利、法国的5家直升机服务公司和制造公司。此后,中国民航局还多次派出专业性的团组,参观访问了有关国家的同行企业。所有这些,对中国直升机近海服务和吊挂业务的发展,起到了积极的推动作用。

为了适应近海石油勘探开发工作迅速发展的需要,从1982年3月到1983年12月,中国民航先后成立了广州直升机公司、工业航空服务公司第三分公司(邯郸直升机公司)和第四分公司(天津直升机公司),以及上海直升机公司,实行企业化经营管理。1982年12月,国家经委批准成立了中国海洋直升机专业公司,由海军航空兵、航空工业部、中国海洋石油总公司和广东省有关部门联合经营。

中国民航各直升机公司的作业基地，除使用沿海各地民航机场或军民合用机场外，还新建了珠海直升机专用机场和湛江坡头、深圳蛇口、天津塘沽等处直升机起降场。特别是1981年年底新落成投产的较为现代化的珠海机场，位于珠江口西岸，距离附近海域钻井船平台最近，为开发南海石油提供了一个比较理想的空中后勤支援基地。同时也为改善珠海市与外界的交通条件，发展旅游事业，振兴特区经济起到良好的作用。1984年和1985年，国务院主要领导人都曾先后亲临珠海机场视察。

从1978年以来，用于开发近海石油服务的直升机，由4架增加到30多架。新增的直升机，主要采取租赁的方式。中国近海石油开发的规模尚未确定，向外国临时租赁直升机，既可解决资金的困难，满足任务的急需，又可避免或减少因选型不当而造成经济损失；租赁期间，可以充分了解和掌握所租机型的性能和特点以及用户的意见，为将来选型购买取得第一手资料；采取租赁方式，可以学习国外同行在飞行、机务维护、航材供应和经营管理等方面的先进技术和经验。

上述直升机公司的相继成立，机场及设施的改善，直升机数量的增加，竞争局面的形成，标志着中国海洋石油航空工作，在经济体制改革形势下，已进入一个新的发展阶段。

从1978年到1985年，中国民航直升机近海服务飞行累计达到24283小时，平均每年递增41.6%。其中，后4年（1982年至1985年）飞行19756小时，为前4年（1978年至1981年）飞行时数的4.4倍。但从1985年下半年开始，由于近海石油开发受到国际石油价格下跌等因素的影响，使海洋石油航空发展速度趋缓，近海服务飞行量明显下降。

几年来，由于直升机灵活、机动，在执行渤海、南黄海和南海等海域的抢险救援任务中发挥了积极作用，被人们誉为空中"救护车"。比较突出的事例有：

1981年11月29日，有6名航标工人被困在渤海内的曹妃甸海面，因天气条件恶劣，无法派船接应，天津市政府紧急要求民航派直升机援救。中国民航天津市局接到通知后，立即调派1架贝尔-212型直升机，由机长阮正亮驾驶，在复杂的气象条件下，经过紧张的援救，终于把6名遇险航标工人安全地接回塘沽。

1984年7月31日，在第六号台风到达前夕，中国民航上海直升机公司应英国BP石油公司的请求，及时派出两架S-76型直升机，共飞行7架次，将在南黄海海域钻井作业的87名人员全部安全地撤回大陆。对上海直升机公司的真诚合作，英国BP石油公司非常感激，在致谢电中说："感谢你们在安排船台工作人员撤离中所给予的协助和配合，也感谢你们高效率和卓有成效的飞行作业，我们不能希望从别处得到比你们更好的配合了。"

1985年7月10日深夜，在南海海域钻井作业的美国埃索石油公司船平台上的一名工作人员得了急病，生命垂危。中国民航广州直升机公司应该公司的急救请求，立即派机长罗灶金驾驶S-76型直升机，连夜把垂危病人从船平台直接送到广州南方医院进行抢救，使病人脱离了危险。类似这样的急救飞行，中国民航直升机公司已经进行了多次，并得到用户的热情赞扬。

二、陆地石油航空

在高原、高寒、山地、沙漠等人烟稀少、交通不便的地区，从事勘探开发石油工作，单靠地面运输工具，显然是困难重重。因此，需要借助于直升机（或必要的小型固定翼飞机）的独特功能，来担负空中吊挂与运输飞行任务。这类飞行活动称之为陆地石油航空。这项工作是从1982年开始的，已在青海高原和新疆"沙海"石油勘探与开发中发挥了它的独特作用。但由于它起步较晚，其服务范围和规模都还比较狭小。

为了加快青海柴达木盆地石油开发的步伐，1981年年底，石油工业部门要求中国民航提供直升机后勤支援。这项艰巨的任务落实到中国民航原第二飞行总队所属第二十飞行大队（现为中国民航工业航空服务公司第三分公司）。在中国民航局和中国民航北京管理局业务主管部门的大力支持和帮助下，他们经过短期紧张的适应性飞行训练后，于1982年3月29日，第一次使用石油工业部从法国购买的拉玛型直升机，由机长吴顺生驾驶，以青海冷湖为基地，正式为中国与美国企业合作进行石油勘探提供了空中吊挂与运输服务。

柴达木石油勘探区处于戈壁腹地，自然条件很差，空气稀薄，人迹罕至。在这样的地区进行直升机飞行服务，其工作条件和生活环境都是十分艰苦的。野外飞行作业点油泉子，位于柴达木西北边缘，距离冷湖基地400多公里，海拔高度2700多米。这里除了黄色的沙山、沙丘，便是白花花的盐碱滩，只有作为宿营地的几节活动车厢。这里气候恶劣，在冬春季节，经常风沙漫天，天气干冷；到了夏季，早晚温差又在30摄氏度以上。营地的粮食、蔬菜都得从700多公里外的敦煌购买，用水要从七十公里以外的茫崖拉来。有时公路遇阻，便吃不上菜，甚至洗脸水也没有。特别是高山反应，往往给飞行工作人员带来更多困难。在这样艰苦的条件下，中国民航的空、地勤人员怀着一颗为祖国早日献石油的赤诚之心，发扬艰苦奋斗的优良传统，坚持在那里为石油勘探区进行飞行服务。到1987年年底，他们已经连续工作了将近6个年头，3架拉玛直升机（1987年为两架）已累计飞行8717小时。

青海高原的石油勘探，是中国石油部门雇请美国石油公司共同进行的。开始，美方要求由美国飞行员来飞。那样，中国就要付出大量外汇。但在这样复杂的条件下，对执行这项新任务的中国民航直升机队来说，也绝不是一件轻而易举的事。不过，中国民航飞行人员为了振兴中华，表示一定要自己掌握新型直升机的驾驶技术飞上蓝天！经过艰苦的磨炼，他们终于取得了新型直升机的驾驶执照，博得了人们的信任。

同样，在新疆"沙海"中担负运输飞行，也是民航石油航空部门在新时期开拓的一个新的服务项目。

据中国石油地质部门预测，位于新疆塔里木盆地中的塔克拉玛干沙漠地区，蕴藏着丰富的石油资源。但因"沙海"浩瀚，气候恶劣，交通困难，开发进度缓慢。为了加速勘探与开发进程，急需空中后勤支援。为此，中国民航工业航空服务公司第三分公司，在继续为青海柴达木地区石油勘探提供直升机吊挂运输服务的同时，又于1983年6月，调用两架苏制米-8型直升机，以新疆库尔勒为基地，为在塔克拉玛干沙漠地区合作勘探开发石油的中国和美国石油企业提供运输飞行服务。截至1987年年底,共已安全飞行6323小时。

1987年,新疆石油勘探公司决定在距离南疆库尔勒市西南方向的塔克拉玛干沙漠腹地的满西石油钻探一井,修建一条专用钢板机场跑道,即用10400块(每块重达30公斤)钢板,一块块拼接组装起一条长600米、宽20米的跑道。由中国民航工业航空服务公司第二分公司提供服务的1架双水獭飞机,将上述钢板陆续运抵机场工地,并较快地完成了机场跑道修建任务。同年10月6日,又由该分公司使用1架双水獭飞机,一次试航着陆成功。这不仅是中国民航历史上首次成功的尝试,而且使昔日的"死亡之海"变通途,为沙漠地区石油钻井工人换班、救援飞行和运送急需物资等提供了便捷的空中交通条件。

从1982年到1987年,中国民航的陆地石油航空服务飞行达到15040小时,为中国西北地区的石油开发工作贡献了力量。

第五节 航空护林

森林是人类的宝贵财富,是国家的重要资源。它除了为人类源源不断地提供大量的林产品外,对大自然也起着重要的调节作用。

中国是少林国家之一,森林面积只有18.3亿亩,森林覆盖率只有12.7%;而且多数分布于偏远地区。加之中国地处北温带,春秋两季风大、雨少、干旱,森林火灾频繁发生。1987年春季发生的大兴安岭特大森林火灾,受灾过火面积高达101万公顷,其中有林面积70万公顷,损失极为严重。因此,国家对护林防火工作非常重视,在加强地面护林防火的同时,也积极开展航空护林工作。这对于保护森林资源,使青山常在,绿水长流,永续利用,生态平衡,具有重要的意义。

航空护林,是使用航空器(飞机、直升机等)和仪器设备,并配备专业人员,来保护森林资源的一种重要方式。它的基本任务是担负林区森林巡逻报警、空投物资、空降急救、机降扑火、化学灭火、灭虫治病和催化降水等项工作。主要保护东北、内蒙古、西北、华南和西南等重点林区的森林资源。

一、航空护林的发展过程

中国航空护林业务开始于1952年,其发展过程大致如下:

(一) 从1952年到1959年,重点是建立护林基地,确定巡逻区域及航线网,配备飞机、设备和专业人员,积极开展护林业务。

1952年,根据林业部的要求,中国民航航空农林队和运输飞行队分别派出4架爱罗-45型飞机和1架C-47型飞机,担负了东北、内蒙古部分林区的航空护林任务,共飞行959小时。其中,在春护期的4月至6月,以嫩江和牡丹江为基地,以庆安、博克图为加油站,以伊春为导航点,通过9条航线,巡护了大小兴安岭、阿尔山、完达山和张广才岭等地63万多平方公里的林区面积,飞行441小时。在秋护期的9月至10月,航空护林有新的发展,增设了博克图基地和乌兰浩特、上库力、桦南加油点;巡护航线增加到17条;巡护范围扩大到长白山和老爷岭等林区,面积达70多万平方公里,使用飞机5架,共飞行518小时。在航空护林期间,除从事正常巡护飞行外,还察看了50多处火情,主动发现火情16处,为扑火群众空投了扑火急需物资,并视察了林相(森林外貌),在居民点撒下了防火宣传单。执行这期航空护林任务的飞行员有周纪祥、杨积、廖潭清、林雨水、杨宝堂等。他们在工作中克服了航路不熟,业务生疏和天气多变等困难,边实践、边总结,保证了飞行安全,成绩显著。当飞机马达的隆隆声响彻嫩江林区上空时,手持树条打火的群众激动得热泪盈眶,纷纷表示要严格管制火源,保护好林子,支援国家建设,造福子孙后代。

1956年,根据护林任务发展的需要,林业部及时调整了航空护林机构,成立了嫩江航空护林总站,统一领导和管理东北、内蒙古地区的航空护林工作。至此,航空护林基地增为嫩江、海拉尔、呼玛、桦南和敦化等5个基地。与此相适应,民航护林飞机也增至7架。其中安-2型飞机的投产,增强了护林能力,它比爱罗-45型飞机客货舱大,载重量多,用途也较广,既可巡护,又能空投物资,成为航空护林以至整个农业航空机群的主体。

1957年2月至3月,航空护林从东北地区扩展到云南、四川地区。1958年,飞机除在护林防火中进行巡护、空投外,还在黑龙江省北安地区的浅山区，对大片火烧迹地进行播种造林，更新森林植被的试验，发挥了很好的作用。1959年，林业部门又新建了伊春护林基地，民航护林飞机也相应增加到10架。

从1952年到1959年，航空护林重点在东北、内蒙古地区逐步展开，西南地区也进行了航空护林试验。8年累计飞行11056小时，发现火情170处，空投物资和食品210吨，撒防火传单近300万张，对及早发现和扑灭森林火灾起到了重要作用。

（二）从1960年到1968年，重点是建立护林航站，增添直升机，开展伞降扑火，进一步提高了扑火效果。

1960年，林业部在嫩江成立空降扑火专业队伍，配备空降扑火伞兵120名。经过专门训练后，从1961年秋季起，这支队伍便在大兴安岭扑灭了多次山火，为及时扑灭偏远地区的森林火灾开辟了新途径。

为了进一步加强对航空护林的组织领导，1964年林业部以嫩江航空护林总站为基础，组建了东北航空护林局，统管东北、内蒙古地区的航护工作。并于1966年相继建成了嫩江、海拉尔、伊春、敦化、乌兰浩特、加格达奇、根河护林航站和佳木斯、黑河临时站点。航站建有固定跑道、导航设施和加油设备，负责生活供应，保障飞行安全，管理和实施航空护林业务，保证顺利完成任务。

在这个阶段，机群组成及应用有了很大变化。1961年5月，民航航测飞行大队派出里-2、伊尔-12、伊尔-14型共5架飞机，由副大队长杨玉昆带队，前往黑龙江省兴安岭林区执行空投、灭火任务，壮大了空中支援力量。1964年全部淘汰了在护林中服役13年的爱罗-45型飞机，改由后续机型运-5飞机代替，提高了巡护和空投效果。1965年，林业部购买了7架国产直-5型直升机交给中国民航管理使用，并于1966年正式投产，主要担负空运扑火队员和急救伤员等任务，增强了机群的机动能力，加强了扑火力量。首次执行直升机护林任务的机长有王勇、陈安才、王国兴等。到1968年春护时，已可同时出动20多架飞机，通过21条航线对全国主要林区进行护林，巡护森林面积达到4亿多亩。

从 1960 年到 1968 年的 9 年中，航空护林累计飞行 20816 小时。特别是空降扑火方法的应用，仅 1964 年至 1966 年，在对 79 个火场的空降扑火中，共计空降伞兵 885 人次，成功地扑灭了 63 起山火，扑灭林火率高达近 80%。同时，由于增加了巡航航线网密度和班次，使这一阶段的火情发现率由 50 年代的 50% 提高到 60%。

（三）从 1969 年到 1987 年，重点是建立航空护林飞行大队，扩展护林地区及巡护范围，大力开展新的作业项目，提高探火扑火的技术水平及应用效果，加快航空护林的现代化进程。

在这个阶段，为了适应护林防火工作发展的需要，中国民航局进一步加强了飞行队伍建设。1978 年，经国务院和中央军委批准，中国民航沈阳管理局组建了以航空护林为主的第二十五飞行大队，基地设在哈尔滨，装备运－5、里－2、贝尔－212、米－8 等 4 种机型，主要承担东北、内蒙古地区的护林任务。同时，中国民航其他一些专业飞行大队和公司，也参加了护林防火，使航护力量大大增强了。护林范围也从东北、内蒙古地区逐步向西北、西南和华南地区扩展，巡护班次、密度和护林项目都有所增加。

随着中国林业工作的进一步发展，过去那种比较单纯的巡护飞行和空投作业，已经不能满足护林防火的需要，必须不失时机地积极开发新项目，采用新技术、新方法，以应急需。经过中国民航通用航空部门与使用部门和科研单位的共同研究试验，一批新项目获得成功，并应用于生产，提高了护林防火水平。比较突出的有：

一是根据农区人工催化降水的经验，1969 年 5 月至 6 月，在大兴安岭林区火险高峰期，使用伊尔－14 型飞机向云中撒播尿素，取得较好的催化降水效益。不但增加了林区湿度，降低了火险等级，减轻了火灾损失，而且还有一定的直接灭火效力。

二是为了采用先进技术扑灭林火，1972 年在嫩江和大兴安岭林区进行了飞机喷洒化学药剂直接灭火试验。这项试验，是用运－5 型飞机每平方米喷洒磷胺类化学灭火剂 0.4—0.7 公斤，有效地阻隔和熄灭了稀疏林冠火或沟塘草甸地表火。经技术鉴定，这是一项可行的灭火措施。1981 年，大兴安岭林区使用5架运-5型飞机喷洒化学灭火剂，先后飞行了183架次，形成了拦截防火带，将23场山火全部扑灭。同年秋季，将这项新技术应用于林区和草原开辟防火道，也取得了显著效果。

与传统的扑火方法相比，航空化学灭火具有方法简便、扑火及时、拦截火头效果好，能节省大量人力、物力和财力等优点，适用于扑灭草原、沟塘、林缘和浅山区小火。这项科研成果，受到了国家的重视和奖励。与运-5飞机配套使用的化学灭火喷洒设备，也由中国民航沈阳管理局李长佳等研制成功，1982年荣获国家科技发明四等奖。鉴于运-5型飞机载量有限，使用它进行化学灭火，难于在距离机场较远的火场推广使用。因此，1983年中国民航黑龙江省局对使用米-8型直升机化学灭火进行了设备改装试验，并在生产中试用，初步获得成功，载药量比运-5型飞机提高1.5倍，达到2500公斤，基本满足了灭火需要。

三是1978年在大兴安岭林区开展了米-8型直升机载运扑火队员进行机降扑火试验，达到了出动迅速、扑打及时、效果显著的目的，随后便在扑火中实际应用，并逐渐成为护林防火中一种重要的扑火方法，从而取代了调动空降伞兵的扑火方法。

1979年4月8日至5月20日，在大兴安岭林区采用机降扑火方法，用米-8型直升机空运扑火队员3100人次，先后扑灭森林火灾21起。其中，4月12日一起，直升机运去扑火队员31名，仅用5个小时，便将面积1平方公里的火场扑灭。1981年春季，在加格达奇等地区使用米-8型等直升机，先后向50个火场空运扑火队员606人次，单独扑灭火场29个，占扑灭火场总数的58%。嫩江护林站5月17日发现林火3起，由于用直升机空运扑火队员，出动迅速，扑救及时，当天全部扑灭。机降灭火与飞机化学灭火密切配合使用，两者相得益彰，能发挥更大的作用。1981年春季在大兴安岭林区火险高峰时期，应用这种手段，一天之内曾扑灭火场31起。

四是1980年贝尔-212型直升机投入护林后，进行了红外线探火仪和地面喷液灭火器探火新手段的试验，提高了火情发现率。1981年春护期间，在东北和内蒙古林区，飞机主动发现火情率由70年代的70%提高到91.4%，减轻了森林火灾造成的损失。

从1969年到1987年,航空护林发展较快,作业量迅速增加,19年累计飞行59703小时,平均每年飞行3142小时,比前两个阶段分别增长127.4%和35.8%。

二、特殊的战斗,模范的业绩

1987年5月6日至6月2日,在彻底扑灭黑龙江省大兴安岭北部林区发生的特大森林火灾中,航空护林的多种手段和综合能力显示出独特作用。在担负这次扑火救灾任务中,中国民航沈阳、北京、成都管理局和工业航空服务公司,先后出动各种型号的飞机、直升机32架,执行巡护、空投、机降扑火、化学灭火、红外线探火、催化降雨和运输飞行等项任务,共计飞行1212小时、1208架次,运送扑火等各类人员4771人次,空投食品1500公斤,空运扑火器材、物资11万公斤、降雨炮弹3000发。中国民航为扑灭这场特大森林火灾全力以赴,行动迅速,效果明显。1987年11月5日,经国务院同意,中央森林防火总指挥部《关于表彰大兴安岭扑火救灾先进集体、先进个人的决定》中,给中国民航黑龙江省局大兴安岭扑火救灾塔河前线基地、沈阳管理局塔河临时基地、第十二飞行大队、第二十五飞行大队飞行一中队、工业航空服务公司第三分公司王福元机组等5个单位授予"大兴安岭扑火救灾先进集体"光荣称号;给中国民航黑龙江省局副局长樊树林、第二十五飞行大队机长孔祥瑜、第二十五飞行大队一中队分队长赵全生、第二十五飞行大队机务中队机械师詹道滨、第二十二飞行大队机长周建平、沈阳管理局航行通信处调度员陈东林等6人授予"大兴安岭扑火救灾先进个人"光荣称号。这些先进集体和先进个人,是中国民航参加大兴安岭扑火救灾第一线的突出代表。他们服从命令听指挥,有着高度的组织性、纪律性和一切以国家和人民的利益为重的崇高品质;他们不顾个人安危、连续作战和顽强拼搏的革命气概;他们兢兢业业、一丝不苟和认真负责的工作作风,是民航全体职工学习的榜样。

30多年来,中国民航的航空护林业务从无到有,由小到大,发展较快,已初具规模。1952年到1987年，护林飞行85319小时，年递增率为5.3%；护林飞机已增至30多架；巡护航线增加到40多条；巡护面积也扩大到8亿亩左右。航空护林在保护森林资源，改善生态环境，发展农林业生产中日益发挥着重要作用。

第六节 航空播种

航空播种，是使用安装在航空器上的喷洒设备，把种子从空中撒到地面预定播区的一种机械化直播成苗方法。它包括飞机播种造林、播种草类和播种农作物等。同地面农机具播种相比，飞机播种具有速度快、播幅宽、播面大、播期短、用工少、成本低等优点，其应用范围日益广泛，已成为中国发展农、林、牧业的重要生产手段。

一、飞机播种造林

飞机播种造林，是模拟天然飞子落地成林而进行的一种机械化直播造林方法，是造林技术上的新发展。为了加快"植树造林，绿化祖国"的步伐，中国在大力进行人工造林和封山育林的同时，在条件适宜的地区积极开展了飞播造林工作。

1958年，在林业部门的统一组织和领导下，中国民航开始飞机播种造林试验。第二年在四川省凉山自治州的西昌、凉山地区试播成功。这一年6月，中国民航成都管理局派出1架伊尔-14型飞机，由机长邓重煌驾驶，在西昌市东山地区作业飞行25小时，播种面积10.5万亩。1960年6月实地调查，每亩有幼苗500—1000棵，有苗面积率占播种有效面积的60%。这两项技术指标均达到了技术设计标准和要求。这是中国民航飞机播种造林首次获得成功。此后，在全国范围逐步推广应用。从1958年到1965年，在四川、云南、贵州、广东、广西、湖北、湖南等13个省、自治区的39个县市，共计飞播造林飞行1335小时，作业面积1000万亩。

1964年，为了提高飞播造林质量，减轻使用部门负担，适应西南地区飞播任务量增加的需要，中国民航成都管理局通过民航102厂，将伊尔-14型飞机播种设备由半自动化改为全自动化。一是把1959年设计制造的木质种子箱，改为铝制结构，增大了容积，减轻了重量，使载重量增加200公斤；二是在扩散器的左右"裤管"部位分别加长200毫米，提高了种子分散性，增加了播幅；三是将出种口由原来的人工抽板改为电动启闭，自动控制流量，由领航员操作，省去使用部门的两名机上操作人员，又增加载量150公斤。以上改进不但提高了播种质量和自动化程度，还增加了350公斤载种量，降低了作业成本。

从1966年到1977年的12年中，在各级人民政府林业部门的组织领导下，飞播造林除在原有的作业地区扩大推广外，又在华东和中南地区开辟了新播区，并于70年代中期又推进到南起黄河以北、北至长城内外的广大区域。全国飞播造林面积大部分是在这个时期完成的。12年间，飞播造林先后在16个省、自治区和直辖市的250个县（旗）进行，共计飞行37900小时，播种面积1.4亿亩，平均每年播种1167万亩，比前8年（1958年至1965年）增长了9.3倍。其中，1972年中国民航共出动飞机178架次，在10个省、自治区的72个县市播种造林2237万亩，是播种作业量最大的1年。同时，经过反复试验探索，在干旱少雨的北方地区，飞播造林也获得成功。1974年，河北省在承德、保定、唐山和石家庄地区的石质山区播种油松取得良好效果，成苗率达到30%—70%。

在这12年中，中国民航还配合使用部门广泛地进行了不同地域、树种、播期和针阔叶混播方式等试验，在飞行作业方法、种子播量调节和空地联络等方面积累了大量技术数据，为进一步提高飞播造林质量，促进飞播造林工作的开展做出了贡献。其中，中国民航广州管理局做了两项比较突出的工作：一是将运-5型飞机原装种用的金属桶改装成钢管架式帆布桶，使每架次的载种量由过去的1350公斤增加到1850公斤，平均播种面积增加1667亩。该局将这种设备在中南五省、区推广应用后，从1967年到1976年的10年间，共增加播种造林面积2600万亩。二是根据播区规划，在中南五省、区协助使用单位合理选建36个临时机场，使飞机作业往返空飞时间减少，作业成本降低。如广西防城县进行飞机播种造林,过去使用南宁机场时,由于航路上有十万大山横阻,只能绕飞,每架次飞行时间长达82分钟,作业成本很高。1976年,中国民航广州管理局建议该县在华石修建临时机场后,使每架次飞行作业时间减少到36分钟。这个县1976年飞机播种造林面积112万亩,仅这一项改进措施,就节约飞行时间140余小时,收到了良好的经济效益。

从1978年开始,飞机播种造林纳入国家投资计划,每年由国家统一安排播种造林任务。重点是绿化偏远荒山、荒原和大江大河上游地区,并在东北、西北的一些省、自治区开辟新播区。到1987年的10年中,在全国24个省、自治区和直辖市的180多个县市进行了飞播造林,累计作业飞行49107小时,播种面积11093万亩,平均年播种量比前20年的平均年播种量增长了38.8%。同时,中国民航还与使用单位合作,积极开展草类和乔灌木树种混播、不同土壤类型和立地条件下成苗效果、种子泥丸化雪地播种、无信号作业法和重叠播幅作业法等项试验,大多获得成功,并在生产中推广应用。

从1978年以来的10年中,国家除了在财政上支持发展飞播造林外,还加强了对飞播造林工作的组织领导。1980年6月,国家农委成立了飞播造林领导小组,具体负责领导全国的飞播造林工作,并先后在西昌、承德、贺县召开了三次全国性的飞播造林工作会议,总结交流经验,有力地推动了全国飞播造林工作的开展。

30年来,中国飞播造林工作,在林业部门和民航的共同组织和安排下,已在全国24个省、自治区和直辖市近百个地区的500多个县、旗进行,共计飞行85002小时,播种面积超过2.64亿亩。其中,保存面积8000多万亩,占新中国成立后全国人工造林保存总面积的16%,有5000多万亩已郁闭成林,2200多万亩已成林始伐。总之,飞机播种造林,对改变中国森林分布不均状况,改善自然生态环境,扩大森林后备资源,促进农林业生产发展,支援国家经济建设,发挥了重要作用。

(一)提高了森林覆盖率。

飞机播种造林最早取得成效的四川凉山彝族自治州西昌县东西河播区,从1958年开始,连续8年播种造林98万多亩,保存率占宜林地面积的63%,

森林覆盖率由播种前的3%提高到35.8%。到1980年，该州飞播造林达到700多万亩。其中面积较大的北山播区，是已经绿化了的一望无际的林海。从山脚到岩顶，从沟谷到山峰，从平缓的土坎路边到悬岩绝壁的石缝内，都长出绿油油的青松。

飞播造林成效较好的广西梧州地区，从1961年开始飞播以来，有林面积由新中国成立初期的425万亩增加到1252万亩，森林覆盖率由飞播前的11.7%提高到了34.7%。飞播造林进展较快的广东省惠东县，1965年全县荒山面积为240万亩，以后10年中飞播造林成苗面积126万亩，占人工造林总面积的81.7%，全县绿化率由30%提高到80%。

（二）扩大了森林后备资源。

飞机播种造林集中连片、面积大，经过抚育，能较快地形成新型林业基地，扩大了森林后备资源。据广西、广东、贵州、湖南、云南、四川、湖北、陕西、江西9个省、自治区统计，飞机播种较早的播区已成林的大片中，10万—50万亩的有129片，50万—100万亩的有17片，100万亩以上的有8片。这些成片森林以广东、广西、四川等省、自治区分布最为集中。广东省比较集中分布的飞播区有3大片，面积达700多万亩。其中南岭南麓200万亩，云雾山南段217万亩，莲花山南段282万亩。四川省已形成10万亩以上的飞播林区12片，其中凉山州一片面积就达500万亩。广西壮族自治区飞播林区面积在10万亩以上的有80片，100万亩以上的有2片，合计面积1000万亩，占飞播造林总面积的60%以上。这些集中形成的森林大片，成了国家开发利用的新型绿色宝库。

（三）提高了社会经济效益。

最早使用飞机播种造林的四川省，以早期飞播的西昌县东西河播区为例，取得的社会效益是非常显著的。一是木材蓄积量多。全区飞播造林面积40万亩，木材蓄积量达到240多万立方米。这片林子自1985年始伐，每年采伐木材量可达20万立方米。二是小径材收入高。全区从1971年开始抚育间伐以来，共出小径材16万立方米，除解决本地区20多个乡的用材外，还支援了本省7个地、市和4个外省的部分用材需求。三是生物能源作用大。从1965年以来,利用松毛、剪除枝杈和抚育管理剩余物作燃料,解决了本地区17万人口的烧柴问题,为国家节约了大量煤炭。四是林副业发展快。一般副业队年收入2万—5万元,多的达10多万元。以上四项总产值达到2.3亿元,平均每亩产出为投入的28.8倍。在全国其他飞播区的收益也是很可观的。

(四)发挥了生态防护效应。

飞机播种造林成林后,形成大自然的绿色宝库,连峰续岭,林木毗连,茫茫苍苍,蔚为壮观。群众风趣地形容它是造雨机、蓄水池、挡风墙和摇钱树。在蓄积木材、涵养水源、保持水土、改善生态环境、促进农业生产、提高人民生活等方面发挥了多种效应。

四川省西昌县东西河播区,播种前全是光秃秃的荒山,水土流失十分严重。飞播造林绿化后,改善了生态环境,使该地区洪水流量减少1/3,泥沙含量减少70%—80%,水土流失减少80%,年降雨量增加20%,空气中相对湿度提高14%,风速减小18%。由于河床稳定,过去被山洪冲毁的4000多亩耕地重新恢复了生产。生态环境的改善,使农牧业生产因受森林庇护而得到迅速发展。全播区粮食产量和牲畜头数,1982年比1962年分别增长1倍和2倍。这些年来,东河乡人民群众在林子中拾柴火、捞松毛、拣菌子等林副业收入很可观,既改善了人民生活,也壮大了集体经济。正如群众所比喻的:"山上造起了林,等于社员办起了小银行。"

广西壮族自治区隆安县敏阳播区的那隆水库,库容量达1800万立方米。据观测记载,飞播区成林前,入库水流量每秒只有0.032立方米;飞播区成林后,由于森林雨的形成,入库水流量增加了6倍,达到每秒近0.2立方米。广东省惠东县有水库104座,1967年飞机播种造林前,库蓄水量为6400万立方米;飞机播种造林13年后调查,库蓄水量达到8434万立方米,比播种前增加了31.8%。水是农业生产的命脉,由于水库蓄水量的增加,使该县旱涝保收农田扩大了4.6万亩,粮食产量增加近3成。

与四川、广西、广东等省、自治区相类似的情况,在飞机播种造林起步较晚的河北省，也已逐渐变成了现实。该省播区的人民群众，已经在飞播造林后的林副业生产中得到了不少实际利益。

30年来，飞机播种造林工作，在为实现"植树造林，绿化祖国"的宏伟目标中，发挥了积极作用，做出了应有的贡献。但是，中国是个少林国家，森林覆盖率很低，分布又很不均匀。为了满足国家建设和人民生活的需要，中共中央、国务院提出：到20世纪末，要扩大森林面积10亿亩，使森林覆盖率由现在的12.7%提高到20%。实现这一目标，要广泛动员全国人民积极开展地面造林绿化，飞机播种造林也担负着艰巨任务。到1987年，在全国尚有的12亿亩宜林荒山荒地中，就有4亿亩的面积适于飞播造林作业，按年播2000万亩左右匡算，大约需要20年方能完成飞播任务。今后必须采取切实可行的措施，做到种源、技术、经费三落实，把好封山、抚育、间伐三道关，使飞播造林工作更有成效。

二、飞机播种草类

飞机播种草类，如同飞机播种造林一样，是利用草种的自然萌发力和广泛的适应性，通过飞机撒播来分步实施的一种直播方法，以达到更新植被的目的。

中国从1958年开始飞机播种草类，为的是防风固沙和防止水土流失。首先在陕西省榆林和甘肃省兰州、古浪、皋兰、民勤、天水等地开始试验，后来又在青海、新疆、宁夏、山西、内蒙古等省、自治区进行小面积试验。但由于缺乏经验和对成苗条件掌握不好，飞播区草种出苗率和保存率都很低。通过总结经验教训，1974年又在陕西省榆林地区恢复了飞播草类试验，效果明显。到1981年的8年间，该地区在红石峡、孟家湾和小纪汗播区，种下踏郎、花棒、白沙蒿、沙打旺、棉蓬等草种和半灌木14种，总面积为6.3万亩。其中踏郎和白沙蒿的保存有苗面积率均达到了设计指标，分别为24.7%和24.3%。这次试验，为全国干旱地区草原机械化播种草类和治理流沙积累了新经验。

从1979年开始，飞机播种草类进入了以播种优良牧草为主的试验阶段。

截至1986年的8年中，中国民航派出飞机在全国22个省、自治区和直辖市的100多个县（旗），共计作业飞行7282小时，播种面积832.7万亩。其中，保苗情况较好的有湖南、云南、四川、黑龙江、辽宁、吉林、陕西、山西、新疆和内蒙古等省、自治区，平均保苗率，北方为71%，南方则高达85%。一般南方在飞播当年或次年便可形成茂密的草地，进行放牧或割草；而在北方，则要到播后的第3年或第4年才有收益。

30年来，飞机播种草类，尤其是播种牧草，成果是显著的。主要表现在生产、生态、经济效益三个方面。

（一）生产效益。

湖南省城步县南山播区，1979年到1982年飞播牧草4.1万亩，平均每年亩产优质鲜草1450—2600公斤，比天然草场产量高达81%—225%。贵州省威宁播区同期飞播牧草9.5万亩。其中，1980年播种1万亩，当年保苗面积率达到83.7%，收割牧草450万公斤，平均每亩791公斤，比非播区原生植被高出25.5倍。由于牧草长势良好，不仅当年就放牧了牛羊，同时还刈割了牧草，采集了种子。现在，南山和威宁播区已发展成为利用价值较高的常绿性人工草场。

1982年5月至1983年10月，中国民航成都管理局同有关单位合作，在海拔3362米的云南昭通大山包播区，首次试播牧草成功。平均每亩产草981.5公斤，连续刈割的产草量为天然植被的5.5倍，载畜量提高了5倍。这次试播成功，为在中国3000米以上的高海拔地区开展飞播牧草，发展牧业生产，提供了有益经验。

在甘肃、辽宁、陕西、黑龙江等北方播区，大致情况也是如此。如甘肃省华池和环县播区，从1981年开始飞播沙打旺后，由于优质牧草生长茂盛，解决了牲畜冬春饲料问题，使牲畜死亡率显著降低。1982年播区所属6个受益生产队的过冬羊群死亡率仅为4.3%，相当于附近非受益队羊群死亡率的1/3。此外，其他省一些播区，有的还实行草粮轮作制，把发展农、林、牧业结合起来，进一步提高了生产效益。

（二）生态效益。

飞机播种的草场成型后，植被覆盖率提高，生态环境得到改善。如内蒙古毛乌素沙地播区，飞播前是一片"沙海"，1978年到1982年飞播牧草2.2万亩，3至5年后，大部分草场植株保存面积率达到36.2%—41.7%。其中，台格庙播区飞播后经过封禁，植被覆盖率迅速增加，第3年就达到了40%，为播种前的3倍。新形成的植被发挥了防风固沙作用，经过检测，风速可比原来降低45%左右；大部分播区内的新月形沙丘高度也比原来降低约1/3，有的已变成平缓起伏的沙地或植丛沙垄。5年来，已有两万亩流动或半流动的沙丘得到了改造。

位于黄土高原水土流失区的陕西省吴旗和宜川县，使用飞机播种沙打旺后，第2年就形成了郁闭草地，同撂荒地相比，土壤冲刷减少约90%，地表径流则减少一半左右，较好地发挥了生物工程效应。

（三）经济效益。

飞机播种牧草，改良了草场，提高了效益。一般测算，仅播区出售商品草和草籽的纯收入，三四年内即可收回全部建设投资。

贵州省威宁播区，1981年飞播牧草2万亩，有苗面积率达86.2%，当年采集草籽2169公斤，纯收入12672元。全播区已飞播草场9.5万亩，发展牲畜和采收草籽等项的年总产值可达500万元以上，三四年后便收回了全部飞播投资。

飞机播种牧草，从一个方面促进了畜牧业的发展，同时也富裕了人民群众。湖南省城步县南山牧场，从1979年开始飞播牧草，到1981年就摘掉了亏损帽子。其中，飞播牧草效益的提高，是一个重要因素。经济收入的增加，生活水平的提高，大大地调动了全场职工的生产积极性，为牧区脱贫致富开辟了一条新的途径。

30年来，中国民航与农牧业部门和有关单位密切合作，共同组织安排，先后在全国22个省、自治区和直辖市的30多个县、旗开展飞机播种草类，累计作业飞行9575小时，种草30多种，面积达1571.9万亩。其中播种牧草飞行7322小时，作业面积834.2万亩，分别占76.5%和53.1%。实践证明，飞机播种草类，是改造利用边远荒山、荒原、沙地和草坡的重要措施之一，是整治国土的一项新兴事业，得到国家领导人的重视和关怀。1984年3月，国务院领导人在湖南省视察南山示范牧场时,亲临现场察看了飞播牧草的生长情况,并连声称赞:"飞播牧草好!"

到1987年,全国可以利用的草原面积约33亿亩,其中有10亿亩草山、草坡需要种植优良牧草,7亿亩退化草原亟待复壮。"七五"期间国家计划安排飞机种草7000万亩,中国农业航空必将为发展畜牧业生产做出更大贡献。

三、飞机播种农作物

飞机播种农作物,是按照农业技术设计要求,用飞机将农作物种子从空中撒到耕地上的一种播种方法。在中国,这种方法主要用于播种水稻,同时也用于播种大麦、小麦、油菜等试验。

1967年,中国开始飞机播种水稻试验。经过长期的摸索、总结和示范后,于70年代后期在全国得到推广应用。到1986年止,中国民航飞机已在全国13个省、自治区和直辖市的40多个农场开展了这项作业,累计飞行2583小时,播种面积100.2万亩,分别为飞播农作物总量的66.3%和24.7%。目前,飞机播种水稻,结合飞机除草、施肥和灭虫等系列化作业,已发展成为许多国营农场或农垦场建立以飞机作业为中心的机械化栽培体系。

各地试验和应用的结果表明,与地面机械种水稻相比,飞机种稻具有快速、高效、产量高、效益好等优点。但是,从整体上看,飞机播种农作物,目前仍然还是处在继续探索的阶段,今后需要在更大的范围内进一步进行试验、总结和推广应用。

第七节 航空化学作业

航空化学作业,是按照农业技术设计要求,使用航空器(飞机、直升机等)喷洒(撒)化学药物的飞行作业。这类作业,在世界上农业比较发达的国家,如美国、苏联等国,应用范围相当广泛。而在中国,主要用于农作物、森林、果树和草原植被以及病、虫、鼠害的防治,化学除草,根外追肥,脱叶催熟和催化降水等方面。它是中国农业航空最早开展的一类作业项目,和航空护林、航空播种共同组成了中国农业航空的主体生产结构。

中国航空化学作业始于1951年。37年来，由于中国民航和用户的共同努力，服务领域不断扩大，作业项目不断增加，飞行时间累计达到42万多小时，作业面积（不含催化降水）约7.5亿亩。其中，"六五"期间飞行8万小时，作业面积1.54亿亩，比"五五"期间分别增长了34.5%和64.9%。同时，生产性飞行显著增加，救灾性飞行大幅度减少。1983年与1978年相比，农作物根外追肥等生产性飞行小时在航空化学作业量中所占的比重由8.6%上升到40.8%；而病虫害防治等救灾性飞行小时，则由82.6%下降到35.2%。这种生产结构的变化，说明中国农业航空已基本实现了从救灾型到生产型的转变，日益成为中国农业现代化的一种不可缺少的生产手段。

一、飞机根外追肥

飞机根外追肥，是基于植物叶部孔道同外界进行物质交换的生理机能和叶表面的内渗力，用飞机将营养或生长调节物质喷布到植株地上部分，以供吸收利用的一种施用方法。同地面机械施肥相比，它的速度快、范围广，喷洒均匀，节省肥料，减少用工，不踩坏庄稼，更适应农时的需要。在中国，这种方法已在小麦、水稻、大豆、玉米、谷子、高粱等粮食作物培植上大面积推广应用；在牧草植被和油菜、甜菜、花生、棉花等经济作物培植上也进行了试验。事实表明，它是中国现代农业生产的一项重要增产措施。1982年和1985年曾分别荣获国家优秀科技成果奖和科技进步奖三等奖。

中国首次飞机根外追肥试验，是1955年4月间，由中国民航天津航空农林队派出1架安-2型飞机，在河北省国营芦台农场的冬小麦田进行的，作业飞行4小时，追肥面积189亩，与未喷洒区相比，取得每亩平均增产12.4%的效果。继而于1958年，又在黑龙江省国营友谊农场的春小麦田上进行了重复试验，进一步肯定了增产效果。这两次试验，都是当时在中国民航局从事通用航空工作的陈新具体组织并参加实施的。但这项增产措施，当时未能在生产上迅速推广；直至70年代后期，才逐步在黑龙江、吉林、辽宁、陕西、河南、山西、安徽、江西、湖北、新疆等16个省、自治区和直辖市的150多个县市推广开来。到1983年止，中国民航飞机已累计作业飞行3.3万小时，对农作物和牧草追肥面积达4000多万亩。特别是飞机根外追肥与喷施植物激素相结合，效果更好，应用更广。仅1979年到1983年的5年间，作业飞行就达到2.44万小时，喷施面积约3000万亩，分别占全国飞机施肥总作业量的74%和75%，喷施面积比1979年前5年增长近3倍。目前采用这项技术累计作业面积最多的是黑龙江省，达到1500万亩；其次为河南省800万亩、辽宁省630万亩、安徽省500万亩、湖北省200万亩。

从各地应用的实际效果看，飞机根外追肥和喷施植物激素，并结合一定的地面工作，具有调节植物生长发育，增强抗逆性，促进早熟和增产等作用。

一是增强农作物的抗逆性。在农作物的不同生长发育时期，按不同需要进行根外追肥和喷施植物激素后，增强了农作物抗御低温冷害或风、旱灾等自然灾害的能力。1982年，河南省在小麦扬花期，用飞机进行根外喷施磷酸二氢钾、尿素和石油助长剂或增产灵等试验，结果使喷洒区的植株蒸腾强度比未喷洒区减弱，保水力增强。据测定，组织含水率和自由水量分别增加10.8%和14.6%，减轻了干热风对小麦生长的危害与损失。

二是促进农作物增产增收。根据黑龙江、辽宁、河南、安徽、新疆等省、自治区多年来的大面积测产调查，运用飞机根外追肥和喷施植物激素技术，一般能使农作物大面积增产7%—8%，产出一般为投入的5倍以上。黑龙江省在大豆花期，用飞机喷洒50%的仲钼酸铵，亩用量10克，或混合施用氮、磷、钾或硼肥，使大豆增产8%—12%。据该省农业部门测算，从1964年到1983年，应用这项技术的1000多万亩大豆田，共增产大豆1.25亿公斤，平均每亩增收12.5公斤，纯收入为投资的11倍。

三是促使作物脱叶早熟。辽宁省为了抗御低温冷害对农作物生长的不利影响，曾在水稻、小麦扬花期，用飞机根外喷施磷酸二氢钾和植物激素增产灵，促使农作物早熟3至5天，减轻了早霜的危害，提高了作物的产量。新疆、江苏棉区，用飞机喷洒植物生长调节剂乙烯利，对促使棉花脱叶早熟方面，也已取得显著效果，并在生产中大面积推广应用。

到1988年，全国每年约有1/3的低产农田需要施肥。使用飞机根外追肥和喷施植物激素的作业项目虽然发展较快,但平均年施肥面积仍只占全国农作物播种面积的 0.25% 左右。它的发展潜力是很大的。

二、飞机化学除草

飞机化学除草,是根据农业技术设计要求,将化学除草剂通过航空器的专用设备进行分布实施的一种除草方法,以达到杀死杂草、保护栽培植物的目的。这种除草方法,作为一项技术措施应用于农业生产,国外早在 20 世纪 20 年代就已经开始了,中国则始于 50 年代末期。先在东北地区试验成功,尔后逐步推广到华东、中南和西北地区,以国营农场、农垦和军垦场应用为多。

第一次水田飞机化学除草,是在黑龙江省进行的。1959 年在该省延寿县,使用中国民航飞机喷洒选择性除草剂 2、4、5 – T 钠盐,对稻田双子叶杂草进行了防除试验,共飞行 25 小时,作业 3 万亩,除草效果达 90% 以上。1964 年,河北省涿县芦台农场,在稗草危害严重的稻田,用飞机喷洒触杀型除草剂敌稗,防除稗草等单子叶杂草的危害,效果达 85%。在稻田飞机化学除草试验成功的基础上,1963 年推广到对旱田杂草进行防除试验,也取得了良好效果。当时在黑龙江省的国营克山和红 5 月农场,于春小麦三叶期,使用两架运 – 5 型飞机喷洒 2、4 – T 钠盐防除双子叶杂草的危害,共飞行 73 小时,作业面积达 10 万亩,除草效果达到 90% 以上。

进入 70 年代后,由于农作物密植栽培,水稻航空直播和免耕、少耕法的推广,加快了飞机化学除草的发展步伐。同开始试验时相比,这种除草方法的应用作物、用药品种、作业项目和服务领域等方面,都有了较快发展。同时,还把除草剂与化学肥料、杀虫剂或植物生长调节剂混合施用,既防除杂草,又施肥、灭虫,调节作物生长,达到一次作业、多种收效的目的,进一步发挥了飞机作业的综合效能,降低了生产成本,提高了经济效益。

到 1987 年,飞机化学除草已在黑龙江、辽宁、河北、山西、新疆、吉林、安徽、内蒙古、湖南、湖北、广东和江苏等 14 个省、自治区的近百个县、市、农场的农、林、牧业区开展。截至 1985 年止,累计作业飞行 21830 小时,防除杂草面积 2800 万亩,占全国同期化学除草总面积的 42%。

从各地区实际应用的情况表明，飞机化学除草取得了良好的效果。如黑龙江省使用飞机进行大面积化学除草后，每亩平均增产小麦16公斤、水稻24公斤、大豆15公斤、玉米35公斤、高粱18公斤、谷子5公斤；其中小麦增产率为13%，水稻为12%、大豆和玉米等中耕作物为10%。此外，飞机化学除草后，收获时机械作业方便，进度加快，工效提高，降低了田间损失；还促进了粮食品质的提高。

事实证明，飞机化学除草是战胜草荒危害，夺取农业丰收的一项可行措施，适合于地广人稀而机械化程度又较高的国营农场大面积推广应用。

三、飞机防治植物病虫和鼠害

飞机防治植物病虫和鼠害，是按照农业技术设计要求，用飞机喷洒（撒）各种化学、生物、毒饵或性激素等制剂，来消灭植物病虫和鼠害的一种作业方法，以达到保护人类生活环境和农作物、果树、森林、牧草以及生物圈的目的。是农业航空开展最早、作业量最大的服务项目。它具有快速、高效，短时间内便可控制虫灾和病害的蔓延以及鼠害猖獗等优点，在发展农林牧业生产和净化人类生活环境方面，发挥着它的作用。

根据有关部门提供的信息资料表明，中国农业病虫和鼠害连年发生，造成损失严重。全国每年由此而造成的粮食损失，估计达50亿—75亿公斤。为此，除了大量使用地面药械防治病虫和鼠害外，从1951年开始使用飞机进行防治，到1985年止，已先后在全国28个省、自治区和直辖市，对80多种病虫和鼠害进行了防治，取得了明显效果。一般杀虫、灭鼠率为90%—95%，病害减退率在80%左右。累计作业飞行31万多小时，防治面积近6亿亩，分别为同期农业航空飞行小时和作业面积的56.4%和63.2%，居各类作业项目之首。同时，使用药剂和防治方法也有发展，除用各种化学农药防治外，还用微生物杀虫剂进行治虫、灭病，用人工培育释放天敌（益虫）消灭害虫等。所有这些，不但有效地防治了迁移性飞蝗、暴食性粘虫、突发性草地螟虫和毁灭性松毛虫等的危害，而且对落叶松难治之症——早期落叶病、流行性大豆灰斑病、卫生害虫蚊蝇和草原布氏田鼠等，也进行了大面积的防治，都取得了较大成绩。

飞机防治植物病虫和鼠害，是属于抗灾性质的任务。随着农业现代化的进展，经营管理水平的提高，控制自然灾害能力的增强，这类任务已有明显减少的趋势，80年代比60年代下降了一半左右。目前，中国民航每年仍要出动100多架飞机，为1000多万亩的农作物防治病虫和鼠害。

（一）防治飞蝗。

自古以来，水、旱、蝗灾就是中国历史上威胁农业生产和人民生活最严重的三大自然灾害。其中，东亚飞蝗是危害农业生产最大的一种灾害性害虫，曾给亿万农民带来过深重的苦难。新中国成立后，中国共产党和人民政府关怀蝗灾地区人民的生产和生活，决定根治蝗虫。尽管当时国民经济处于恢复和发展时期，百废待兴，财政困难，但人民政府仍每年拨出大量经费用于治蝗。在垦荒改制，大力改造蝗虫孳生地生态环境的同时，提出"防重于治，药剂为主"的治蝗方针，改变过去人工用柳条等扑打的落后方法，大大加快了防治进度，提高了防治效果。

1951年中国空军派出飞机，由陈映机组执行了中国历史上首次使用药剂进行治蝗的任务。他们于6月13日从北京出发，历时3个多月，辗转河北黄骅、皖北泗洪、湖北天门、汉川、河北芦台、清河等地蝗区，用波－2型飞机喷撒六六六农药粉剂，进行灭蝗试验，取得了杀灭蝗虫90%以上的防治效果。

在学习中国空军飞机药剂治蝗和苏联农业飞行经验的基础上，1953年中国民航开始独立承担农业部门提出的飞机治蝗任务。同年5月至6月间，民航派出3架波－2型飞机，在江苏省微山湖地区的沛县和铜北县蝗区，共计作业飞行123小时，喷洒药剂面积10.8万亩。在蝗蝻阶段，每亩喷撒1%的六六六粉剂0.61公斤，杀虫率达90%以上。1954年，以河北、山东、安徽、江苏、河南、湖北等省蝗区为重点，逐步展开飞机药剂治蝗工作，并取得了更好效果。参加这两年治蝗任务的，有飞行员兼队长姚维涛、飞行组长廖潭清和业务干部陈新等。

1955年，改用安－2型飞机治蝗。这种飞机的载量高于波－2型飞机近7倍，大大提高了作业效率，降低了生产成本，提高了经济效益。到50年代后期，飞机治蝗工作有了较大发展。1956年至1960年作业飞行1.3万小时，防治面积5400余万亩，约占全国同期药剂防治面积的1/3，同1956年前5年相比，飞行小时和作业面积分别增长了10倍和20倍。进入60年代，国家在进一步发展农业生产中更加重视治蝗工作，并大量采用飞机药剂治蝗。到1966年前后，通过采取包括人工防治在内的一系列综合防治措施，终于基本上消灭了东亚飞蝗的严重危害，宣告了数千年来曾经危害中国农业生产和人民生活的历史性蝗害的泯灭。在16年中，飞机药剂治蝗飞行约4万小时，防治面积1.6亿多亩。防治蝗虫的卓著成果，曾作为新中国成立后农业上取得的十大成就之一，于1978年推荐给第一次全国科学大会。

（二）防治其他灾害性农作物害虫。

灾害性农作物害虫发生及危害的共同特点是：虫情来势猛、密度大、蔓延快、毁灭性强，常使地面防治工作措手不及，以致造成严重损失。飞机药剂治虫，具有速度快、效率高、机动性强、防治适时等优点，因此很适于防治灾害性农作物害虫，如粘虫、草地螟虫等。

粘虫是危害农作物的一种暴食性害虫，对小麦的危害尤其严重，全国20多个省、自治区和直辖市都曾发生过。1972年黑龙江省曾经发生一次，受害的小麦、玉米、谷子面积共达500多万亩。中国民航黑龙江省局急用户所急，及时调派22架飞机，配合农业部门飞撒药剂防治，仅半个月之内，就将250万亩农作物的粘虫扑灭，减少粮食损失2500多万公斤。从1958年到1982年，中国民航飞机撒药防治粘虫面积达1500万亩，作业飞行7500多小时，为增产粮食做出了贡献。

1982年6月，黑龙江省9个地、市同时发生了历史上罕见的草地螟虫灾。它是危害农作物和牧草等的一种突发性害虫。当时受害面积400多万亩，严重危害着小麦、大豆、玉米、谷子等夏秋作物的生长。为此，中国民航沈阳管理局迅速派出17架运－5型飞机，飞往受灾地区治虫抗灾。与此同时，中国民航局也立即调派飞机，将60吨高效农药运到虫灾地区，解决了治虫的急需。从6月25日到7月10日的半个月内，飞机治虫面积就达55万亩，杀虫率为95%以上，为抗灾保粮做出了贡献。

（三）防治松毛虫。

松树是中国的一种主要用材树种，全国现有松林面积约6亿亩，占森林总面积的1/3。它在生长发育过程中常常受到多种害虫的危害，其中松毛虫是危害松树的一种毁灭性害虫，华南、中南、华东、华北、东北等地林区常有发生，每年受害面积3000多万亩。1981年，南方15个省、自治区的林区松毛虫发生面积达2560万亩，被害松树共损失木材460万立方米。同时还使松脂产量减少，质量降低。

为了及时、有效地防治松毛虫对松树生长的危害，全国林区在积极开展人工防治的同时，针对松林大多分布在偏僻山区，交通不便，水源缺乏，地面防治困难的情况，也使用飞机喷撒（洒）药剂，进行大面积防治作业。

50年代末期，中国民航开始使用飞机喷洒药剂防治松毛虫。1959年8月，湖南省攸县使用1架运-5型飞机，作业飞行41小时，防治面积1.1万亩，每亩喷撒1%六六六粉0.75公斤，治虫效果良好。以后这项业务逐渐扩展到全国20多个省、自治区和直辖市，通常每年用飞机防治面积达400万—500万亩，有的年份可达近千万亩，约占防治总面积的1/3。

同时，防治松毛虫药剂也不断得到更新，由化学农药发展到生物制剂，从而提高了防治效果。1983年，湖南省使用飞机超低容量设备喷洒新农药溴氰菊脂乳剂水溶液，防治松毛虫林区面积达30万亩，每亩喷洒400克（有效剂量375毫克），24小时后虫口减退率平均达到97.3%；飞行费每亩平均约0.3元，相当于飞机常量喷洒防治费用和地面人工防治费用的55.6%和25%。

1984年，中国民航广州管理局同有关单位合作，开始应用一种新的微生物杀虫剂——青虫菌六号液剂，采取以菌治虫的方法，对松毛虫进行大面积防治试验，效果显著。试验在湖北、广东省的12个市县进行，分别运用飞机常量、低量和超低量喷洒作业，进行了比照试验，共飞行370小时，作业面积46万亩，每亩喷洒70—100克菌剂，在三天内，松毛虫3—4龄幼虫的死亡率达到95%以上。两年来防治试验面积100万亩，社会效益显著。与使用化学农药防治相比，采用这项新技术，不但效益好，而且还具有安全可靠，不伤害虫天敌，不污染环境，不腐蚀飞机喷洒设备等优点，是目前防治松毛虫的一种先进方法，可在松毛虫多发地区进行大面积推广应用。

（四）防治大豆灰斑病。

大豆灰斑病是危害大豆生产的一种真菌性病害。黑龙江省大豆产区连年受害较为严重。由于这种病害防治的季节性很强，而且大豆植株繁茂，土壤泥泞，地面机具作业十分不便，工效也不高。因此，从1984年以来，应该省农场方面的要求，中国民航局除了由民航沈阳管理局从哈尔滨、长春、朝阳等基地调飞机参加防治作业外，还从西安、南昌、济南、兰州、长治、合肥、沙市、衡阳、长沙、南阳、呼和浩特等地抽调飞机支援。到1986年共派出92架运－5型飞机，在40多个农场开展大豆灰斑病及虫害的防治工作，累计作业飞行9500小时，防治病虫害面积达930万亩，取得良好成效，提高了大豆品质，增加了大豆粒重，平均每亩可增产大豆约10公斤。1987年，中国民航局又从全国各地调集了64架运－5型飞机，前往该省垦区对375万亩大豆进行病虫害防治。

（五）防治蚊蝇。

蚊蝇是普遍性的卫生害虫，不仅影响人们的正常工作和休息，损害人体健康，而且在人口集居的城镇，有时还会引起疫病流行，造成更大的危害。为此，在蚊蝇活动猖獗的季节，根据实际需要，中国民航积极开展了飞机喷洒药剂防治蚊蝇业务。

1951年5月，中国民航首次使用1架C－46型飞机，在广州市上空喷洒5%DDT油剂进行防治蚊蝇试验，取得一定成效。到1966年以后，这项业务除在广州市继续开展外，又在北京、郑州、南宁、乌鲁木齐、西安、唐山等10多个城市进行应用推广。

飞机喷洒药剂防治蚊蝇，在防疫工作中也发挥了重要作用。1976年7月28日，唐山、丰南一带发生强烈地震，以致市区苍蝇孳生、密度很大，每平方米有的高达500—600只；而且唐山地区又是乙型脑炎流行区，每年8月为发病高峰期。在当年大地震后的8月初调查，肠炎、痢疾发病率迅速上升，有的地区高达20%以上。8月5日，国务院向中国民航局下达了速调飞机防除震区蚊蝇危害的紧急任务。中国民航局迅速安排民航沈阳、上海管理局派4架运-5型飞机担任。从8月8日起至9月7日止，经过1个月的努力，先后在唐山市区、近郊区、东城区和丰南县城等80平方公里的范围内进行了4次喷药作业，共飞行74小时，洒药面积42.4万亩，使用低毒有机磷杀虫剂45吨多，平均每亩用药量0.2—0.3公斤，喷后半小时，苍蝇减少约80%，有效地控制了疫病的传播，为抗震救灾做出了贡献。

此外，在防除鼠害方面，飞行作业也起了不小的作用。1964年，中国民航首次派飞机在海拔3250米的青海高原河卡地区进行灭鼠作业，撒饵面积10万亩，每亩喷撒磷化锌毒饵0.25公斤，对鸣声鼠的防除效果达到90%以上。1965年，作业区域推进到海拔3300—3700米处的同德县和泽库县，撒饵面积30万亩。每亩喷撒磷化锌毒饵量若增至0.425公斤，则可提高除鼠效果，其中在泽库县的防除效果平均达到97.7%。1969年以后，飞机撒饵除鼠又推广到内蒙古地区，用于防除沙土鼠和布氏田鼠对草原的危害。1978年防除面积50万亩。由于改进了飞机作业方法，在防除区域内采用隔带喷撒投饵，进一步提高了作业效率，降低了防治成本。同时，采用草籽代替粮食作饵料，使草场也得到更新改造。

实践证明，在地广人稀、鼠害严重、发生蔓延面积大的地区，使用飞机撒饵防除鼠害，具有速度快、成本低、效果好的优点，是保护农林牧业生产的一项有效措施。

四、飞机催化降水

当云中降水条件不足时，使用飞机对云层播撒催化剂，促使云中水晶或大水滴迅速形成雨或雪降到地面，这种方法称为飞机催化降水。而利用飞机向地面山坡覆盖的冰雪喷撒吸热物质，提高冰雪温度，促使冰雪融化的方法，一般称为飞机融冰化雪。它们在生产和生活上都具有重要意义。

中国针对南部地区伏旱和北部地区春旱的规律，于1958年开始进行飞机催化降水试验。30年来，先后使用里-2、伊尔-12、伊尔-14、歼-5、轰-5等多种机型，对干冰、盐粉、碘化银、芥乙醛、尿素和氯化钙等十多种催化剂的作用，进行了催化降水效果对比试验。结果表明，对深厚层状云系播撒少量催化剂，可增加降水量10%—20%，而对发展旺盛的浓积云进行催化，可增大降水量1—2倍。全国每年有十多架飞机从事这项工作，降水架次率约占总作业架次的70%，受益面积约为35万平方公里。不但不同程度地缓和了旱情，促进了农、牧业生产和山区经济的发展，而且对扑灭森林火灾，增加水库蓄水量，也发挥了一定作用。

中国民航从1958年起一直承担飞机催化降水任务。到1986年止，先后在浙江、湖南、四川、湖北、吉林、黑龙江、内蒙古、新疆等19个省、自治区和直辖市进行，累计飞行4971小时。同时，还积极配合气象部门，在不同的地区，对不同云系、喷撒不同种类试剂、采用不同飞行作业方法，进行了一系列试验，为进一步发展催化降水业务创造了条件。

全国飞机催化降雨成功的事例很多，比较突出的有：

湖北省，1972年夏季出现伏旱，使用4架飞机对农区进行催化降雨作业202架次，其中198架次在作业后降了雨，降雨量一般为20毫米，有的地区则达60毫米以上，受益面积涉及全省62个县、117个区的440个乡，缓和了旱情，促进了农业生产。旱情较重的大冶县群众，看到飞机作业后下了雨，激动得热泪盈眶，奔走相告，并在全县范围内迅速掀起了农田播种热潮。

四川省，1978年5月16日至6月23日，用飞机在绵阳、南充农区进行催化降雨作业22架次，成功率为73%。飞机催化降水作业后，都不同程度地降了雨，降雨量最小的为8.1毫米，最大的达73.3毫米，比对照区平均增加8.8毫米，受益农田面积870万亩。1980年该省又用飞机催化降雨作业7架次，全部下了雨，降水量比未催化区增加19%—51%，使38个县受益。飞机催化降雨的成功，不仅受到旱区群众的欢迎，也得到了四川省领导干部的重视和表扬。

在旱季，采用飞机催化降雨方法，以增加水库蓄水量，既可抗旱，又能发电，效益明显。1958年至1972年，浙江新安江水电站，使用飞机催化降雨作业130架次，降雨成功率达70%。其中，1970年至1972年共降雨265毫米，水库蓄水量增加9亿—15亿立方米，可多发电2.6亿度。3年中飞机催化降雨费用支出仅 50 万元，平均每度电只花成本费约 2 厘。1971 年，湖南柘溪水库区使用飞机催化降雨作业 29 架次，库区降雨量平均增加 77 毫米，比附近未催化区多了 1 倍。水库水位提高后，可增发电量 6300 万度，收益为支出费用的 10 倍。此外，广东新丰江、吉林小丰满等水库，也曾采用同样的方法，收到了相应的效果。而陕西、甘肃、新疆等省、自治区，曾在冬春季节进行了飞机催化降雪试验，也初见成效。

中国飞机催化降水虽尚处在生产性试验阶段，但随着当代科学技术的进步，人类控制气象水平的提高，发展工农业生产和保障人民生活的需要，它将得到进一步的推广应用。

新中国通用航空事业建设已经走过了 37 年历程，取得了可喜的成绩。这是在中国共产党和各级人民政府的正确领导和关怀下，通用航空系统广大职工和有关部门以及广大用户互相支持，团结奋斗的结果。但是，通用航空在前进的道路上并不是一帆风顺，也有过失误和挫折，出现过徘徊乃至停滞的局面。从总体上看，中国通用航空业还很不发达，既不能完全满足国家建设的需要，更比不了国际上发达国家的先进水平。国际民航组织公布的 1970 年至 1984 年所属注册国（不包括苏联和中国）的通用航空飞行量和飞机数量分别为 4600 万小时和 33.4 万架（其中美国约占 70%），而同期中国只有 49 万小时和近 400 架飞机。因此，今后建设中国通用航空事业的任务仍是十分艰巨的。

回顾历史经验，给人们有益的启迪是，必须服从和服务于国家的总任务、总目标，贯彻执行中国共产党在新时期的路线、方针和政策，依靠国家科学技术的进步和经济实力，才能把通用航空事业搞上去。而在通用航空内部，还必须依据它自身的特点，认真改革经济管理体制，搞好优质服务，实行科学实验，加强队伍建设等方面的工作，才能进一步打开通用航空工作的新局面。

首先，要针对通用航空现行管理体制存在的政企不分和过分集权等弊端，按照政企分开、简政放权的原则，围绕转变企业经营机制这个中心环节，加快和深化通用航空工作的体制改革，充分调动企业和职工的积极性。并且，要在进一步改善本系统管理的同时，从方针政策、规划立法、组织协调、信息咨询、监督服务等方面，充分发挥归口管理全国通用航空业务的职能作用，为建立一个既适合中国国情，又符合通用航空特点的新管理体制而不断探索和实践。

其次，30多年的实践证明，通用航空发展速度的快慢，从根本上说，是取决于广大用户对通用航空的客观需求。因此，必须牢固树立一心一意为用户服务的思想，克服"官商"作风，端正服务态度，一切为用户着想，对用户负责，向用户提供质量高、效益好、信得过的优质服务，推进用户使用通用航空的积极性，把满足经济建设的需要作为自己的根本任务。

最后，目前通用航空科学技术水平不高，农业航空方面的技术装备力量更为薄弱，不能适应振兴通用航空的要求。因此，要加快现有通用航空特别是农业航空飞机和设备的更新步伐，用比较先进的技术和装备去改造和武装通用航空企业。根据不同时期国家经济发展的需要，加强应用技术研究，积极开发新项目，拓宽新领域，提高新效益。因此，要积极开发智力，按需培养各类专业人才，全面提高职工队伍素质，提高科学管理水平。

第六章
航行业务管理

保证民用航空器（包括飞机和直升机，下同）在空中正常飞行，并完成其所担负的任务，不仅依靠飞行人员在空中正确地操纵航空器飞行，而且有赖于各种地面人员参加飞行保障工作。飞行和飞行保障工作人员，分别属于各个不同的技术业务部门。他们是按照严密的分工和统一的规章制度，有组织地共同参与飞行活动。统一组织飞行和协调各技术业务部门的飞行保障工作，是航行业务管理的主要职能，也是民航的一项重要的技术业务组织和管理工作。

航行业务管理包括航行调度、通信导航、气象保证、航行情报和空勤人员管理。航行业务管理部门的主要职能是组织与实施飞行，保证飞行安全，争取飞行正常，顺利完成飞行任务。

第一节 航行调度

一、航行调度工作的主要任务

中国民航的航行调度工作是由两项基本业务组成的，即负责指挥飞行的空中交通管制业务和负责组织飞行的调度业务（亦称签派业务，下同），简言之，中国民航航行调度工作的主要任务，就是组织和指挥飞行。

空中交通管制主要是加速和维持有秩序的空中交通活动，防止航空器与航空器、航空器与障碍物相撞，协助机组处置飞行中发生的特殊情况，在未设援救专职机构时兼理告警业务，以及向机组提供有助于飞行安全和有效实施飞行的情报。

航行调度主要是根据安全、正常和效益的原则,拟订或审批每日飞行计划,并严格按照计划组织实施,掌握飞机起飞前的各项准备情况,确定飞机的接收与放行。飞行结束后,进行总结提高。

空中交通管制工作是民航当局的工作,调度工作是航空公司的工作。鉴于目前中国民航是实行政企合一的管理体制,因此,这两项工作都由中国民航局承担。

二、航行调度管理体制及其组织机构

中国的空中交通管制,一直实行由空军统一领导、各部门分别指挥的管理体制。根据这个原则,民航的飞行活动听从空军的统一管制,但又必须由自己组织指挥,提供空中交通管制服务。为了对全国民航飞行活动实施有效的组织指挥和空中交通管制,首先必须确立航行调度业务管理体制,在全国形成一个统一、完整、高效能的民航飞行指挥体系。航行调度业务管理,是实行民航局、地区管理局、省(自治区、直辖市)管理局和航空站四级管理的体制。民航各级管理机构内都设有主管航行调度业务的职能机构和负责组织指挥飞行的指挥调度机构。全民航的一切飞行活动,在民航局指挥调度部门的统一领导下,由下属各级指挥调度部门分别组织实施指挥。

中国民航历来重视航行调度业务的建设和发展,不仅在各级管理机构内设置主管航行调度业务工作的职能机构,而且选派得力干部主管这些部门的工作,以加强对各级指挥调度部门的领导,使其真正成为各级领导组织指挥飞行工作的参谋和助手。

中国民航的飞行组织指挥体系是逐步健全和发展起来的。民航初建时期,中国民航局内设有主管空中交通管制和航行签派工作的专门机构。1950 年成立的中苏民航公司和 1952 年成立的中国人民航空公司,都设置了航线签派室或飞行管理室,负责所经营航线的航行调度和飞行指挥工作。自 1952 年起,中国民航在东北、内蒙古地区开始担负护林飞行任务。因此,每年春秋两季护林飞行时,中国民航有关单位要派航行调度人员到护林基地,在当地区域指挥调度室领导下,负责该地区护林飞行的调度指挥工作;没有派专职调度

人员的基地，则由飞行人员兼管这项工作。此后，在全国各地分散的临时基地执行通用航空作业任务，也按此办法实施航行调度工作。因上述中苏民航公司和中国人民航空公司先后撤销，从1955年起，全国民航的航行调度业务，归民航局统一管理。为了适应这种新情况，中国民航局决定实行统一领导、分区管理的航行调度业务管理体制，民航局设中央调度室，各民航管理处设地区调度室，中心航站设区域调度室，航空站设航站调度室。这种分区管理体制，为后来建立四级航行调度机构打下了基础。

为了进一步健全民航的指挥调度体系，更好地贯彻统一指挥与分区负责相结合的原则，中国民航局决定从1956年1月1日起实行四级航行调度制度，即把中央调度室改为总指挥调度室（简称总调），地区调度室改为地区管理处（局）指挥调度室（简称管调），区域调度室改为区域指挥调度室或省（区）局调度室（简称区调），航站指挥调度室（简称站调）不变，这个制度至今仍在实行。现在中国民航局总调设在北京，全国设北京、沈阳、上海、广州、成都、西安、乌鲁木齐7个管调、32个区调或省（区）调、94个站调（不含台湾省）。

三、飞行调度指挥区域划分

中国国土广袤，幅员广大，空域非常宽阔。全国各地的天气、地形等自然条件差异很大。因此，在中国境内组织飞行，只能采取统一指挥、分区负责的原则。而要实行分区负责，就必须根据民航四级指挥调度部门的职责分工，把全国划分为若干个大小指挥区，作为各级指挥调度部门的飞行指挥区域。一般规定航站的飞行指挥区域的范围为半径50公里；区域的飞行指挥区域的范围不超过半径500公里。但是，飞行指挥区域不是一成不变的，它是随着客观情况的变化而适时改变的。30多年来，特别是中共十一届三中全会以后，民航事业发展很快，飞机数量增加，机型不断更新；每年都有新的航线开辟，通航点遍及全国各省、自治区、直辖市，航站数量也随之增加。为了适应各个时期的情况变化，中国民航局从成立以来，对飞行指挥区域的划分，曾作了多次改变，到1988年，全国民航（除台湾省外）共有航站指挥区

（包括塔台和进近指挥）94个，7000米以上供大型飞机使用的高空指挥区18个，7000米以下供中、小型飞机使用的中、低空指挥区34个。

为了便于对在中国境内飞行的外国民用飞机实施空中交通管制和提供飞行情报，全国（包括国内陆地和沿海与毗连公海空域）共划分了沈阳、北京、上海、广州、昆明、武汉、兰州、乌鲁木齐和台北9个飞行情报区。

四、飞行搜寻援救区域划分

中国为了对在中国民航飞行情报区内的遇险、失事的民用航空器进行搜寻援救，在中国境内及其附近海域上空，划分了9个搜寻援救区。搜寻援救区的范围与中国民航9个飞行情报区相同。凡在中国民航搜寻援救区内遇险、失事的民用航空器，不论其属何国籍，中国的搜寻援救部门均予以搜寻援救。

在中国民航搜寻援救区内，陆地上的搜寻援救工作，由各省、市、自治区人民政府组织当地的人民和军警进行；海上的搜寻援救工作，由全国海上安全指挥部组织进行。全国海上安全指挥部在中国沿海港口均设有分部，具体组织对海上遇难航空器和人员进行搜寻援救。搜寻援救部门可以动用消防、救护队、中短程飞机、直升机、救生船艇及其他设备，并提供通信、医疗等服务。

中国民航各搜寻援救区设立搜寻援救协调中心。协调中心的工作由中国民航局有关的空中交通管制部门兼任。在中国民航飞行情报区内飞行的航空器，如果发生严重危及航空器和人员安全并需立即援救时，其机组可以在当时使用的地空频率上，向中国民航局有关的空中交通管制部门报告，并按照国际民航组织的规定，发出遇险信号。中国民航局有关空中交通管制部门收到航空器遇险信号时，要迅速判明遇险航空器的位置和遇险性质，并立即通知有关搜寻援救部门组织援救，同时采取下列措施：立即开放所有可以利用的通信导航和雷达设施搜寻；指挥空中其他航空器避让；随时发给遇险航空器有关保障安全的指令，协助机组脱险。

中国民航管调所在地机场，设有应急处置中心，对失事的民用航空器进行援救工作。各搜寻援救中心和应急处置中心定期进行演练，一旦需要执行任务，就能立即出动。

五、航行调度业务工作

中国民航局成立初期，只有少量的不定期飞行，到1950年8月1日国内固定航线开航后，才建立起专门的航务机构，负责飞行签派业务工作。

初期的民航航行调度工作很不健全。为了加紧航行调度业务建设，由中国民航局主管航务工作的业务部门主持，先后召开了各种专门会议，研究制订了一些规章制度，逐步明确了各级航务管理部门的任务，飞行签派职责和签派区域划分等问题。这些规定对保证飞行的实施和安全起到了一定作用。

1952年7月中国人民航空公司成立后，民航实行政企分开。在航行调度业务方面，实行管制与签派分开的制度，即民航局负责民用航空空中交通管制业务，航空公司负责飞行签派业务。为明确职责分工，中国民航局颁发了《民航局民航站人员与航空公司机航人员的分工与职责暂行办法（草案）》。1953年中国人民航空公司并入中国民航局后，飞行签派业务即由中国民航局航行调度部门办理。

中苏民航公司的飞机在中国境内的一切飞行，必须遵守《中华人民共和国飞行基本规则》的有关规定。所有飞行，均须按照规定于飞行前一日向中国人民解放军空军司令部和中国民航局提出申请，经批准后方可飞行；而且还必须按照规定及时通报飞行动态，并由中国民航局通报有关部门。但其飞行的具体组织指挥工作，仍由公司负责。

自1955年中国民航局统管全国民航的航行调度业务以后，对各级航行指挥调度部门的职责分工、工作细则和工作程序都作了明确的规定，从而使民航的飞行指挥调度工作逐步走上了规范化、制度化、程序化的轨道。

总调。负责审核民航国内干线、国际航线和地区管理局之间的飞行计划，监督和检查各级指挥调度室的飞行组织和指挥工作，调整各地区管理局之间的飞行活动，掌握全局范围内的国际飞行、专机飞行、跨地区管理局飞行、边境地区飞行和科学实验飞行以及其他特殊飞行的情况。必要时，直接或者通过有关指挥调度室组织指挥飞行。

管调。负责审核所属各省（自治区、直辖市）管理局的飞行计划，监督和检查所属指挥调度室的飞行组织和指挥工作,掌握地区管理局范围内的飞行情况,并且直接组织和指挥指定区域内的飞行。

区调。负责审核所属航空站的飞行计划,监督和检查所属指挥调度室的飞行组织指挥工作,并且直接组织和指挥省(自治区、直辖市)管理局范围内的地方航线飞行和通用航空飞行,以及指定区域内的国内干线和国际航线飞行。

站调。负责计划、组织和指挥航空站范围内的飞行,以及指定区域内的航线和通用航空飞行。

民航担任飞行直接指挥和空中交通管制工作的主要是机场塔台和区调,而航行签派工作主要由站调担任。总调和管调一般不直接组织指挥飞行,主要负责检查督促。

1954年,中国民航局提出飞行组织与实施工作,具体划分为飞行预先准备、飞行直接准备、飞行实施和飞行讲评等四个阶段,飞行和飞行保障工作必须按照上述四个阶段的规定进行。各级航行调度部门也逐渐将飞行指挥调度工作纳入四个阶段的范畴进行。在实际工作中,飞行指挥调度四个阶段的工作是交错进行的,不能截然分开,只不过各个阶段都有它的重点工作罢了。

各级指挥调度室,是民航各级领导组织指挥飞行的决策机构。在飞行过程中,有关飞行的安全、正常等问题,都必须由指挥调度室请示局或站领导决定。因此,加强各级领导干部对飞行的管理,就成为搞好民航飞行组织指挥工作的关键环节。1958年,中国民航局就对此问题作了规定,要求各级领导干部轮流值班,通过各级指挥调度室组织与实施飞行,掌握放行和接收飞机,监督航路上的飞行动态,及时处置在飞行过程中发生的特殊情况。这项制度首先在北京首都航空站实行,并很快在全民航推广。30年来,中国民航各级组织仍然坚持执行,并在实践中不断总结、充实和完善。实行这项制度以后,领导干部能及时发现和处理飞行过程中的问题,有利于提高工作效率和保证飞行安全。

以指挥调度为中心的协作制度,是中国民航多年来在政企合一的管理体制下总结出来的组织指挥飞行的一项行之有效的工作制度。飞行保障工作是各有关技术业务部门既分工、又协作的集体活动。由于指挥调度室在飞行保证中联系面广、掌握情况多，又是各级领导组织指挥飞行的机构，因此，很自然就成了各技术业务部门协作配合、沟通联系的一个中心枢纽。据此，1957年，中国民航局、各地管理局和航站所属业务部门制订以站指挥调度室为中心的联系合同，明确规定了调度室必须向各部门提供飞行动态，各部门必须向调度室提供保障情况，使航班正常和飞行安全保障工作得到了改进。1958年，中国民航局在总结上述联系合同实践经验的基础上，建立了在值班首长领导下的、以指挥调度为中心的协作制度。这项制度的贯彻执行，使各有关部门在飞行保障工作中，逐渐做到了密切配合，共同完成安全生产任务；同时，使指挥调度部门与各部门保持密切联系，全面掌握飞行保障工作情况，工作更主动，又符合实际，真正成为各级首长组织和指挥飞行的机构。

经过30多年的建设，航行调度部门所使用的通信导航和航行管制设备也逐步得到了更新。先进的机器设备正在取代一些陈旧过时的设备。供航线指挥用的地空通信已大量使用超短波、单边带，主要航站已安装了全向信标（VOR）和测距装置（DME），不少机场已安装管制雷达和仪表着陆系统。新设备投入使用后，不仅提高了工作效率，而且使航行调度部门能够更加准确、及时和不间断地实施飞行指挥，在组织指挥飞行中发挥积极作用。

30多年来，随着民航事业的发展壮大，航行调度工作也有了明显进步，在保证民航安全生产工作中做出了很大成绩，而且在自身建设方面也取得了较好成果。如广州白云机场是全国最繁忙的机场之一。1987年，机场塔台平均每天指挥150架次飞机的飞行，最多时达266架次，小时高峰约30架次。由于他们长期坚持精心组织和精心指挥，30多年来在保证飞行安全方面取得了良好成绩。

六、国际飞行的指挥调度工作

中国民航管理的国际飞行，包括外国民用飞机在中国境内的飞行和中国民航飞机执行国际航线任务的飞行两部分。

从1950年7月1日中苏民航公司首次国际航班飞行算起，30多年来，中国民航国际飞行已有了较大发展。到1987年，中国对外开放的国际机场有20个，每天约有20多家外国和地区航空公司的近百架次国际飞行的飞机，沿中国境内的15条国际航线，来往于北京、上海、广州等十几个城市。这些飞机在中国境内的飞行指挥调度工作，都由中国民航航行调度部门承担。民航航行调度部门无论从人员素质和技术设备等方面，都能按照国际上的要求，完成指挥调度工作任务。北京首都机场是国际飞行最多的机场，曾有近60个国家和地区的飞机在此起降过。30多年来，各个国际机场塔台能够严格按照有关规定，为外国飞机提供空中交通管制服务，保证了飞行安全。当外国飞机在空中发生机械故障、发动机失火等险情时，塔台管制员能够多方面给飞机提供空中交通管制服务，使飞机在机场安全着陆。因此，多次赢得外国航空公司人员的好评。1986年7月5日，一家外国航空公司的一架波音－747型飞机预计于16时30分到达北京首都机场，但机场塔台于15时接到起飞站关于该机轮子在起飞时爆破了的电报通知。根据此情况，塔台管制人员立即研究了应急指挥方案，从各方面做好了充分准备。当飞机到达机场上空后，管制人员按预定方案指挥飞机安全降落在首都机场。事后，该外国航空公司的人员再三向首都机场塔台管制人员表示谢意。

中国民航对外国民用飞机在中国境内的保障工作，除了和保障中国民用飞机的工作有相同之处外，还必须按照经中华人民共和国国务院批准、由中国民用航空局颁布的《外国民用航空器飞行管理规则》和中国政府与通航国家政府签订的航空运输协定及其他有关文件的规定，实施严格的管理。在此前提下，还要尊重外国民用飞机机长的自主权和对其提供必要的协助。

外国航空公司飞机在中国境内的航务管理，由各该国航空公司驻中国办事处的航务代表事先办理航务手续，决定飞机放行；如无航务代表，则委托中国民航航行部门代理。中国民航对外国民用飞机的指挥调度工作，也是按照飞行四个阶段的工作程序进行的。

中国民航执行国际飞行任务的飞机，在外国境内的飞行，由所在国根据两国协议和国际民航组织的有关规定提供空中交通管制服务。中国民航局派驻国外办事处的航行代表负责进行航务管理，办理航行手续，决定飞机的放行；如未派出航务代表，则委托所在国航空公司代理。同时，中国民航局在北京、上海、广州、昆明、乌鲁木齐等五个地点设立了大功率电台，不间断地收听中国民航飞机在国外各地的飞行情况，并由中国民航局总调掌握，对飞机在飞行中发生不正常情况时及时给予指示。对在国内航段飞行的保障方法，除没有接受制度外，其他都与执行国内任务的飞机保障办法基本一样。

为了加强国际飞行的指挥调度，提供空中交通管制服务，中国民航局先后同日本、缅甸、朝鲜、苏联、巴基斯坦等国家和香港地区的航空当局签订了空中交通管制移交和通信方面的协议，并定期进行会晤，保证国际飞行安全顺利地进行。

七、航行调度规章制度的建设

中国民航航行调度规章制度的建立，是一项重要的业务基本建设。它不仅对做好航行调度业务工作本身具有重要的意义，而且对保证飞行安全与正常，提高服务质量，圆满完成生产任务，也具有重要的作用。为此，中国民航始终把搞好航行调度规章制度建设，作为一项重要工作来抓。30多年来，随着各个时期客观情况的变化和为适应安全生产的需要，适时地修改和完善了已有的规章制度，同时建立了一些新的规章制度，从而有力地保证了安全生产任务的完成。

1950年11月，由中央人民政府人民革命军事委员会主席毛泽东签署颁布的《中华人民共和国飞行基本规则》（以下简称《基本规则》），对飞行管制、飞行指挥、机场、航路的飞行规则和高度配备、飞行中特殊情况处置和地面各种保障工作，都作出了明确规定。它是包括中国民航在内的全国各航空部门在中国境内飞行时必须共同遵守的规则。各航空部门制定有关飞行的一切条令、条例、规则和指示，都必须符合《基本规则》规定的原则。这本《基本规则》以后根据情况的变化，虽曾作了多次修改，但其基本原则并未改变。

50年代，中国民航先后组织编写、修订并颁发了《飞行签派制度（草案）》《民航飞行暂行规定（草案）》《空中交通管制制度（草案）》《统一签派制度（草案）》《关闭机场暂行条例（草案）》《飞行指挥工作细则》《中国民航飞行条令（讨论稿）》等项规章制度。

60 年代，中国民航在管理飞行方面已积累了一定经验，编写出一本具有中国民航特色的飞行方面的规章制度的条件已基本具备。根据中共民航局委员会 1961 年关于编写民航条令、条例的指示，并从各个方面抽调人员组成了航行条令编写小组，由局长邝任农领导，张瑞霭、王建功、张家骅、卢开周、吴仰玉、徐希尧等人参加，总结了中国民航飞行指挥调度方面的主要经验，并吸取了国际民航规章方面的有益内容，于 1965 年完成了《中国民用航空飞行条例（草案）》（以下简称《条例》）、《中国民用航空飞行指挥工作细则（草案）》（以下简称《细则》）和《外国民用航空器管理规则》（以下简称《规则》）的编写工作。

《条例》的内容涉及管理飞行的各个方面，是民航组织与实施飞行的基本依据。《细则》是《条例》的派生本，是民航组织和指挥各类飞行的依据。《规则》经国务院批准，由中国民航局颁发，是中国民航行使国家主权，管理外国民用飞机在中国境内飞行的基本依据。这三项基本规章，自 1965 年颁发实施以后的 10 多年间，根据民航发展与变化的新情况，中国民航总局于 1979 年进行了一次修改和补充，之后正式颁发施行。此外，中国民航局以及航行业务管理部门还根据实际情况，适当地以"航行规章"的形式，下发了一些规定、制度和指示，以补充基本规章之不足。

30 多年来，由于中国民航一贯重视航行调度规章制度的建设，并认真贯彻执行，因此，在组织与实施飞行中，无论遇到什么问题，各级各类人员大都能做到有章可循，对保证民航飞行安全与正常，顺利完成各项生产任务，起到了积极作用。

第二节 通信导航

一、通信导航的作用和任务

通信导航与国际民航组织惯用的"航空电信"是同一个概念，但通信导航所表达的含义更为确切些。它是利用无线电话和有线电话、有线电传发射或接收各种方式的信息，以达到保障飞行安全和正常，提高经济效益的目的；

是民航组织与实施飞行，进行安全生产和经营管理的重要手段。它与航行调度、航行情报、气象保证、机务维修、运输服务等组成一个完整的飞行保障体系，共同为贯彻"保证安全第一，改善服务工作，争取飞行正常"的方针发挥重要的作用。

具体地说，通信导航的作用，在于它能够提供通信手段，及时了解机场和航路的天气演变情况，保障航行的地面设施完好状态，及时传递飞行动态，交换航行信息和经营管理信息；而且利用机场导航、航路导航和航管监视雷达，可以确保多种类型飞机在昼夜复杂的气象条件下，进行正常飞行和安全起降。随着无线电电子技术的飞速发展，各项电信设施的不断完善，通信导航在发展民航事业和飞行安全生产中的保证作用也将越来越重要。

通信导航的基本任务，是组织与实施地面之间、地空之间的通信及无线电导航和雷达保障，进行通信导航设备的管理、维修，使之正常运行；规划并组织通信导航和雷达设施的建设；组织在职通信导航人员的业务技术训练；等等。

由于通信导航在民航事业中的重要作用，不论在新中国民航事业创建初期，还是在以后的年代里，各级政府都很重视加强民航通信导航部门的建设。早在1949年年底，中国民航局成立后不久，上级机关就选派红军通信老干部罗振云来民航工作。1950年2月，"两航"起义员工中的电信工作人员陆续复员回到天津、广州后，在民航局局长钟赤兵、副局长唐凯和机航处处长方槐的主持下，即从上海调顾乐村、查复疆、阮任、聂怀燕来北京，协同起草了《民航电信事业统一计划草案》。同年3月15日至24日，中国民航局在北京召开了民航统一电信会议。会议主要是为了配合民航正式开航和恢复生产作组织准备，建立了由民航局统一领导和管理的通信导航体制。此后，根据民航事业发展的需要，尽管通信导航机构及其隶属关系屡有变更，但总的是逐步得到加强和完善的。

二、通信业务的组织和实施

民航通信分为地面通信和地空通信两类。地面通信和地空通信网络的建设，是根据航线分布，空中交通管制区域划分，各种飞行的指挥要求，生产业务和行政工作的需要，并结合已有通信手段和经济效益等因素综合研究确定的。现分述如下。

（一）地面通信。

地面通信是中国民航各地面台传递飞行、气象、运输生产和其他各种保障安全生产的电报、电话通信，其通信电路由连接中国民航局、各地区管理局、各机场、各导航台之间的通信单位组成，按不同类别分为以下几种：

一是国际通信电路。它是中国民航与外国民航通信中心之间的航空固定业务通信电路，用来传递国际上规定种类的航空电报，并视情况采用有线或无线传输方式工作。1950年7月1日，中苏民航公司先后开辟了北京—伊尔库茨克、海拉尔—赤塔和乌鲁木齐—阿拉木图3条短波地面业务通信电路。1956年前后，中越、中缅、中朝间国际航线相继开航，相应建立了南宁至河内、昆明至仰光、腊戍和北京至平壤间的短波地面业务通信电路。1974年，中国民航新的国际航线和地区航线陆续开辟，随着中华人民共和国在国际民航组织中的合法席位的恢复和该组织指配中国地名代号使用"Z"路由区，又陆续建立了北京至卡拉奇、莫斯科、平壤、东京和广州至香港之间的无线电传打字或卫星电传打字电路；同时，中国民航局与蒙古人民共和国民航局还签订了建立北京至乌兰巴托之间的短波平面通信电路的协议。1987年秋，中国民航又建立了拉萨至加德满都之间的人工无线电报电路。国际民航组织已将北京至卡拉奇、北京至东京和北京至平壤之间的电传打字通信电路列为该组织航空固定通信网（AFTN）的组成部分。1980年5月，中国民航参加了国际航空通信公司（SITA）。从此，中国国际航空运输业务电报可经该公司的通信网进行传递。同年9月，北京通信中心正式建立，并连通了SITA通信网。这不但使中国国际通信问题得到解决，而且为中国民航运输部门租用该公司的加布里尔（GARBRIEL）电子计算机自动定座系统创造了条件，既增强了中国民航国际运输业务的竞争能力，又提高了国际航线定座的工作效率。到1987年，中国民航国际地面通信电路已有卫星电传电路和有线电传电路、无线电传电路、人工无线电传电路和为空中交通管制服务的直达电话电路。

二是国内干线和地方航线通信电路。国内干线通信电路，是中国民航局、地区管理局与干线机场以及有关航路导航台之间传递各类业务电报的电路。这些电路以使用有线电传工作方式为主，无线电传、无线电报工作方式为辅。到80年代，主要采用了电子计算机低速自动转报系统，从而提高了工作效率和准确性。

地方航线通信电路，是在干线机场与地方航线机场及有关导航台之间，主要传递地方航线飞行的各类业务电报的电路。这些电路一般使用无线电报工作方式，有条件的地方也使用有线电传工作方式。

经过30多年的建设，中国民航国内干线和地方航线的地面通信电路发展较快，到80年代初，已具备了一定的规模。1987年已有有线电传打字电路30多条，干线和地方航线的电报通信网点近60个。国内通信电路的联络对象和电报业务量逐年增长。1950年的通信电路通达地点为19处，1960年增至122处。到80年代，已较普遍采用有线电传电报电路，电报通信网的工作方式也起了变化。电报收发的总份数，1951年为41.6万份，1960年为575万份，增长14倍；1980年为1390万份，比1960年增长2.4倍；1986年为1665万份，比1980年又增长12%。通信工作总时间，1960年将近79万小时，1980年为197万小时，增加2.5倍；1986年为216万小时，比1980年增加10%。机场台站和航路导航台数（含远、近信标导航台）也增加较多，1950年只有19个，到1987年已拥有250多个。

中国民航的通信队伍逐渐成长壮大，报务人员业务素质也比较好。1957年9月，中国人民国防体育协会为选拔参加社会主义国家国际高速收发报比赛的人选，在北京举行了全国高速收发报竞赛，中国民航派出了以通信处陆元斌为领队、周正康为裁判，有陈正心、季骏千、陶金德（以上机抄）、李瑞莲、马锜、吴华康（以上手抄）6名选手参加的代表队，与邮电部、交通部、铁道部、人民解放军、气象局、新华通讯社等单位的代表队进行收发报比赛。民航代表队获得了发报团体第一名和马锜获得个人发报第一名。以后，民航内部也开展了多次报务比赛，促进了报务人员学习技术的积极性和业务水平的提高。

按照国际民航组织的规定，飞行动态电报从始发电台至到达电台的传递时限为5分钟（不论电报须通过多少个转报台）。因此，国际上已普遍采用电子计算机自动转报系统，加速了电报的传递速度。但中国民航的地面电报通信网，长期以来是采用人工或撕纸条的转报方式，办报环节多，不仅时效慢，而且容易发生差错。为了改变这种落后状况，经过调查研究，中国民航于1981年6月购进了自动转报系统，并开始组建以中国民航局为自动转报主中心，连接北京首都机场、上海、广州、成都分转报中心的民航地面电报通信网的自动转报系统。这个系统到1986年已建成。由此，民航各地区管理局与各主要机场之间的业务电报均可自动交换，电报传递时间缩短到1—2分钟，从而大大提高了对飞行安全生产的保障能力，也减轻了电台报务人员的劳动强度。

三是调度电话通信电路。它是相邻飞行指挥管制区域中心之间（包括中国与相邻外国飞行指挥管制区域中心之间）和内部各保障部门之间进行管制移交和传递各项指挥事宜的电话通信电路。这些电路根据条件，可以使用有线电话或无线电话，必要时也可以利用地面对空台进行通话。

在国际航线和地区航线上，为了保证中国与相邻国家之间进行空中交通管制移交，中国民航已开辟了上海至东京之间（后改为上海至那霸，1983年又改为上海至福冈）、广州至香港之间的调度电话电路，同时还开放了昆明至仰光之间的直达电话电路，后又分别与朝鲜、苏联、巴基斯坦民航签订了沈阳至平壤、沈阳至赤塔、乌鲁木齐至拉合尔之间的无线电话电路的协议。在国内调度部门之间，过去是通过邮电部门挂民航调度等级的长途电话，从1983年8月起，改为向邮电部门租用专线，开通中国民航局与各地区管理局、地区管理局与各主要机场之间的微波传输电话。

四是通用航空通信电路。它是用于负责指挥通用航空飞机飞行的机场电台与作业基地流动电台之间的通信电路。主要传递通用航空飞行的各类电报，必要时还可兼作通用航空飞行的地空通信，使用无线电报或无线电话方式工作。在每年的通用航空生产飞行季节，全国各地都有民航派出的临时小功率短波流动电台在各飞行作业区工作。一般每座流动电台配备无线电报务员1—2人，负责电台架设、通信联络和设备维护，同时还要担负气象测报，充分发挥了"一专多能"的作用。据统计，通用航空流动电台的出动台次数，1952年为5台次，1960年增加到313台次，1980年为356台次，到1984年最高达到417台次，比1980年增加18％。

（二）地空通信。

地空通信是民航地面对空台与飞机电台或飞机电台与飞机电台之间用于空中交通管制，飞行动态通报，飞行情报传递的无线电通信。按照不同的职责要求，地面对空台可分为管制塔台、起飞线管制塔台、进近管制台、场面管制台、超短波航线对空台、短波中低空和短波高空对空台、短波专机对空台、短波国际对空台、短波通用航空对空台以及短波和超短波航务管理通信等多种。

国际民航组织规定的地空通信原则，一般在大陆上以使用超短波通信为主，在越洋和远距离情况下使用短波单边带通信。中国民航在短波通信方面有较好的基础，但在航路超短波通信方面，除管制塔台通信早已改用超短波外，由于中国幅员辽阔，地形复杂，超短波易受视线传播特性的限制，所以较难做到覆盖全部航线。为使航行管制员能与飞机驾驶员在较远的距离内直接通话，遂在首都机场扩建工程中，特别将超短波电台设在北京市西郊的百花山。此外，在山东泰山顶上设立了转发台，在四川中梁山上设立了遥控台。采取这些措施，都是为增加超短波通信的有效距离服务的。在短波地空通信方面，中国民航按照国际民航组织要求，分阶段在规定的时间内改用单边带技术传输，以改善短波对空通信质量，提高工作效率。在北京、上海、广州、昆明和乌鲁木齐等地的短波航务管理对空台，都已具备了担负远程联络的能力，对中国飞往国外的飞机可以保持定时联络。例如，1980年中美通航后，就是由上海的30千瓦单边带发信机的短波航务管理对空台承担这一联络任务的。

三、导航业务的组织和实施

（一）导航的种类和部署。

导航分为机场导航、航路导航和航管监视雷达三种。

机场导航包括导航台、远近信标导航台、全向信标台、测距装置、仪表着陆系统和着陆雷达等设备。其部署是根据机场等级、飞行繁忙程度和机场区域的气象和地理特点等因素决定的。目前，机场一般都设有导航台和远近信标导航台，国际机场和国内主要机场都设有全向信标台、测距装置、仪表着陆系统和着陆雷达。

航路导航包括航路导航台、全向信标台和测距装置等设施，可向飞机提供可靠的导航信息，保障飞机能够连续准确地沿航路飞行。目前全国设立的航路导航台基本可以衔接，国际航路也设有全向信标台。

航管监视雷达是实现空中交通管制的重要保证设施。它以维护空中交通秩序，保证空中飞行安全，保持飞行间隔和提高飞行效率为目标。其部署是根据航行管制的需要决定的。目前全国国际航路和国内主要航路都可使用一次或二次雷达信息对航路飞行的飞机进行监视。

（二）导航保障的发展。

中国民航开航初期，机场导航设施比较落后，除少数航站设有短波定向台外，大部分机场和导航点只有中长波导航台为飞机实施安全保障。1953 年，民航采用苏联新的技术标准，在跑道中心延伸线上增设远、近信标导航台。1955 年至 1965 年，导航保障逐年有所加强。在机场导航方面，继续增设远、近信标导航台，有重点地设置夜航灯光设备，为飞机安全起降和开辟夜航创造条件。到 1960 年，全国多数干线机场的飞行天气标准降低到云高 100 米，能见度 1000 米，从而对导航保障提出了更高的要求。如北京首都机场从 1959 年春开放使用中程监视雷达和着陆雷达后，于当年 9 月又开放使用第一着陆方向航向，下滑信标台和着陆雷达 II – 30 远程监视雷达。随后，在上海龙华机场安装并开放使用民航科研所林立仁高级工程师主持研制成功的安全 58 – 1 型仪表着陆设备。在航路导航方面，除了沿航线增设中间导航台外，短波定向台网的定位业务也起了重要作用，为机场和航路导航提供归航和定位双重保证。1956 年，北京定向台组为武汉飞郑州因大顶风而迷航的里 – 2 型 316 号飞机测定位置，机长在得到定位报告后，驾驶飞机顺利到达了郑州机场。1959 年，苏联一架图 – 104 型班机由北京飞伊尔库茨克，因天气原因返航，但机上无线电罗盘失效，当时首都机场天气又不好，就利用定向台穿云下降，引导飞机安全降落。

1963年，中国民航购进英国子爵型飞机。同年12月，中国和巴基斯坦、柬埔寨相继签订航空运输协定。面临美、英等国生产的飞机通航中国的新情况，中国民航通信导航系统继续按照苏联民航体制模式已不能适应业务发展的需要。因为，子爵型飞机上的机载无线电设备都是按照国际民航组织规定的标准设置的，而在中巴通航会谈中，对方也要求中方在地面装设能供波音－707型飞机安全起降的、符合国际民航组织标准的无线电导航设备。为了满足国际通航的要求，中国民航加紧改建、扩建上海虹桥和广州白云两个国际机场，其中通信导航工程项目就有40多项。根据工程建设的需要，民航科研所林立仁又组织技术力量，成功地将只能适合苏制飞机使用的比相式仪表降落设备（安全58－1型仪表着陆设备），改装成为国际通用的比幅式仪表降落设备，并按时提供使用，受到了好评。

1964年，是中国民航通信导航技术政策开始转变的一年。中国民航除自力更生进行技术革新，继续进行设备改造外，从确保飞行安全和适应新形势需要出发，开始从国外引进一些国内尚不能生产的新技术设备。1965年从法国汤姆逊公司购进甚高频全向信标设备，分别安装在江苏无锡、北京大王庄、广东英德和云南昆明，提供走廊口导航服务。此后，为加强空中交通管制，一方面，在一些机场增设国产监视雷达和791型着陆雷达；另一方面，在西北地区及若干主要国际航线上增设从法国购进的甚高频全向信标设备，加强了航路导航保障。1979年，民航在西沙群岛建立了长波导航台和全向信标台，为在南海海域飞行的国际飞机提供导航服务。为了加强国际机场和国际备降机场的仪表进近和降落保证，并保障波音－707、三叉戟型飞机投入飞行后的安全着陆，1974年中国民航又从英国购进了STAN37/38型符合国际标准的仪表着陆设备，还从法国汤姆逊公司购进配有LP－23B型远程雷达、RS－770B型二次监视雷达、显示系统和传输设备的航管雷达系统，分别安装在北京首都机场和上海虹桥机场开放使用。同时，又在广州、成都、沈阳、武汉、西安、乌鲁木齐、广汉等机场装设了国产586、514型雷达。1981年，在广州白云机场增配了从美国伊顿公司购进的二次监视雷达和显示系统，以适应该机场飞行业务迅速增长和加强空中交通管制的需要。同年，中国民航还从美国购进了仪表着陆系统,分别装设在成都、沈阳、西安、桂林和长沙5个飞行业务繁忙的机场。1983年,中国民航电信修造厂研制的符合国际标准的仪表着陆系统,一次通过了国家技术鉴定,并开始成批生产。这种仪表着陆系统,经1985年在湛江、海口机场安装、调试后,于1986年正式开放使用,效果良好,从而改变了完全依靠进口这类新设备的状况。至此,中国民航不仅在国际机场配有仪表着陆系统,而且在国内重要机场也逐步改善了安全降落保证条件。

1982年,中国民航购进了测距装置,重点加强西南国境出入点耿马经昆明至广州的国际航线,为外国民航飞机过境飞行提供定位保障。1983年又为沈阳、西安、桂林引进了测距装置。这些设备的购进,标志着中国民航导航保障已从测向逐步过渡到测位方面发展。

1986年,在航管监视雷达方面,先后完成了厦门、大连两处的一次、二次航管雷达系统。以后又给西安、武汉、郑州、南宁、南昌、贵阳等机场配备了二次航管雷达系统。

综上所述,中国民航的导航保障,是一个逐步加强的过程。最初只有十几个中长波导航台(归航台),经过30多年的建设和发展,到1987年,共有机场台站及航路导航台(含远、近信标导航台)250多个,仪表着陆系统22套,着陆雷达19套,全向信标台33个,测距装置16台,一、二次或二次航管雷达10座,形成了具有一定规模的全国民航导航、雷达保障系统。为了改善飞行校验手段,中国民航于1986年分别从美国和加拿大购进了空中国王B-200型飞机和全自动校验设备,大大地加强了飞行校验工作。

为了保证导航和雷达设备及时准确地提供导航服务,中国民航局规定了定期的设备校验制度。按照国际民航的标准,过期未校或者校验不准的导航和雷达设备,不能提供飞机使用。为了提供准确的校验设备,中国民航局提供了专用飞机,安装了专用设备,专门担任校验工作。

中国地域广阔,初步建成了纵横交错的航线网。根据航行的需要,中国民航在不少航路上设有专用导航台。它们大都分布在高山峻岭、边疆海岛、高原沙漠和少数民族地区,那里交通不便,气候恶劣,生活艰苦。在这种条件下,通信、机务人员常年以台为家,坚守岗位,日夜为过境飞机提供导航保障服务,涌现出一批民航系统的先进单位和先进个人。例如,西沙群岛东岛导航台的工作人员,工作兢兢业业,时常与十二级以上的狂风作斗争,表现了顽强拼搏精神。还有一些导航台的职工,因工作成绩卓著而获得了中国民航局颁发的《边陲优秀儿女》奖章。民航云南省局的耿马导航台,1986年被评为全国民航的文明单位。

中国民航通信导航业务,经过30多年的建设,发展较快,很有成效。截至1987年,地面通信已从人工无线电报发展为采用电传打字和实现自动转报,短波地空通信从双边带逐步过渡到单边带传输;导航方面淘汰了短波和超短波定向,采用仪表着陆系统、全向信标、测距装置和自动化导航雷达。依靠这些技术进步,促进了民航安全保证的加强和生产效能的提高。通信导航工作取得成绩的主要原因是:

第一,坚持把提高工作质量,确保飞行安全,放在首位。30多年来,通信导航部门从未发生过影响飞行安全的事故,工作差错也逐年有所减少。

第二,执行正确的技术政策。30多年来,中国民航通信导航部门坚持贯彻自力更生为主的方针,采取逐步改造、发展的途径,做到生产和建设两不误。与此同时,根据中国民航发展的急需和国际民航组织规定的标准要求,不失时机地从国外购进一些必要的新技术和新设备,以补充、更新和加强民航通信导航设施。在通信导航设备的研制和维修方面,除由民航北京电信设备厂主要承担这一任务外,各地也都有电信修配单位,开展设备维护和技术革新工作,这对保证通信导航设备的正常运行起到了重要作用。在通信导航的技术指导和生产实践中,民航局通信导航处的林立仁、华祝、周良佐、暨懋旂等高级工程师和民航各地的广大通信导航技术人员,在各个历史时期都做出了可贵的贡献。

第三,重视规章制度建设。规章制度是管理业务、执行任务的重要依据,各个时期的规章制度,都是全体工作人员应该严格遵守的法规。建立和健全各项规章制度,使工作人员有章可循,是做好工作,顺利完成任务的重要保证。因此,30多年来,民航通信导航部门始终把加强规章制度建设作为一项重要工作来抓。1950年年初就组织草拟了《民航电信事业统一计划草案》，明确提出民航的通信导航工作必须由国家民航当局统一领导和管理，这是创建民航电信事业的一个法规原则。根据民航业务发展的需要，1951年到1956年，先后制定、颁发了《电信业务管理暂行办法》《民用航空通信规则》《电信工作制度》《中华人民共和国民用航空通信条令》。以后根据新的情况，又经过多次修改、补充，逐步形成了正在执行的《中国民用航空通信导航工作条例》和《通信业务规程》、《通信导航设备运行、维修规程》两个工作细则。这些规章制度的颁发施行，对促进民航通信导航工作，起到了积极作用。

此外，采取多种形式，通过多种渠道，加强培训多层次的通信导航人才，以满足中国民航事业发展的需要，也是通信导航部门长期坚持，努力不懈，并取得成绩的一项重要任务。

第三节 气象保证

一、气象工作的作用

民用航空飞机，不论是担负运输飞行，还是承担通用航空各种作业飞行以及其他飞行，都是在大气中进行的。因此，各种天气因素对它的安全、正常、服务和完成任务，都有直接或间接的影响。比如，机场气温的高低，会影响飞机载量和起飞滑跑距离的长短。在飞机起降过程中，风对飞机起降的影响很大，逆风可以增加引力，缩短滑跑距离；顺风则使升力减小，增加滑跑距离；侧风过大时，会给飞行员操纵飞机带来困难，甚至危及飞行安全；低云或由于烟雾、降水、沙尘等造成机场的低能见度，都会影响飞机的安全起降。

通用航空作业飞行受天气因素的制约更大，对天气标准的要求更高。比如，当使用飞机进行灭虫、除草、施肥等农化作业时，对风的要求很严格，当风速大于3米/秒时，所喷洒的化学药剂就会被风飘浮吹偏，影响作业效果，甚至造成药害事故。当使用飞机进行航空摄影时，对摄区的能见度条件和云量分布要求都很严格。

由此可见，气象与飞行的关系非常密切。据统计，中国民航航班不正常的原因，其中约有 50% 是由于天气的影响造成的；航摄飞机调往作业基地后，有时等待一两个月甚至半年时间，也难得有一个适航天气，对完成生产任务影响很大。因此，做好气象工作，努力摸清大气规律，掌握天气演变的特点，提高飞行天气预报准确率，为各类飞行趋利避害，对于保证飞行安全与正常，搞好服务工作，提高经济效益，具有重要作用。所以，气象工作历来是民航飞行保障体系中不可缺少的业务之一。

二、气象工作领导体制和气象台、哨的设置

（一）气象工作领导体制。

从中国民航局成立到 1955 年，民航气象工作一直隶属民航局建制，并设有专门机构负责管理气象业务。

1956 年起，为了进一步加强和改进民航气象保证工作，参照外国民航气象工作管理经验，经中央气象局和中国民航局商定，并报国务院批准，民航气象系统改归中央气象局建制，实行中央气象局和中国民航局双重领导，即其人事、设备和技术业务由中央气象局领导，政治工作和行政管理由中国民航局领导，双方并设立或指定相应的业务机构负责组织实施。同时，两局还共同组成了"民航气象保证业务联合委员会"，研究民航气象的重要建设和工作计划，审查民航气象的重大业务工作问题。

1960 年，经中央气象局和中国民航局协商决定，又将民航气象台、哨归回民航建制，实行以中国民航局为主的双重领导。国家气象部门对民航系统的气象工作仍在技术业务上进行领导，有关气象仪器的校订、检修和指导安装，高空飞行和重要飞行所需资料的供应和技术干部的输送、培训等，由中央气象局负责。1963 年以后，中国民航各地区管理局和部分省局也先后成立了气象管理单位，以加强民航气象业务工作的领导。

（二）气象台、哨的设置。

1956 年以前，中国民航系统拥有气象台 3 个，分别设在北京西郊、武昌南湖和沈阳东塔机场；气象预告工作组 3 个，分别设在广州天河、昆明巫家坝和重庆白市驿机场；气象观测哨 11 个，分别设在太原亲贤、成都凤凰山、衡阳、南宁吴圩、上海龙华、南京大校场、徐州、宜昌、重庆白市驿、海拉尔和天津张贵庄机场。

1956 年 1 月 1 日，中央气象局和省（自治区、直辖市）气象局接管民航气象工作后，直至 1960 年年底，民航气象台和气象观测哨经逐步增建、扩大，已分别增加到 54 个和 45 个，设置在全国 25 个省（自治区、直辖市）的民航机场和航线上的适当地点。

1961 年 2 月，中央气象局将上述民航气象台、哨移交给民航系统后，中国民航局根据国内、国际航线逐渐发展的需要，对民航气象台、哨适时地进行了改革整顿，到 1987 年年底，已调整为 78 个气象台和 25 个气象观测哨。这些气象台、哨，形成了一个能够为本国和外国民航飞机飞行提供各种气象服务的、独立的气象保障体系。

三、气象业务的发展

30 多年来，中国民航气象业务的发展，主要表现在以下三个方面：

（一）飞行资料图表范围和数量不断扩大和增加。

50 年代，民航气象台绘图天气资料的收集，是通过无线电收讯机，用人工抄收国家气象部门广播的国内外天气资料。当时，机场气象台在保证中、小型飞机飞行任务不多的情况下，根据飞行需要，一般每天只需选绘东亚地面天气图 2 张，850 和 700 毫巴高空天气图各 1 张，地面辅助天气图 2 张，以及点绘中央气象台广播的 700 毫巴高空分析图等少量图表。

60 年代，中国民航购进的伊尔－18 型飞机陆续加入国内和国际航线飞行。随着民航高空飞行任务的增多，民航气象台接收绘图资料的范围及绘制天气图的种类和数量也相应增加。国内主要机场气象台在保证中、低空飞行的天气图基础上，增加了 500 毫巴以上的有关高空天气图等资料。

从 1971 年起，中国民航先后购进的伊尔－62、波音－707、波音－747 等大型飞机相继加入国内、国际航线飞行，同时各类中、小型飞机也在全国各地进行通用航空作业飞行。这样，从距离地面几米、几十米的超低空到 1 万米以上的高空，每天都需要提供飞行天气情报服务，使机场气象台的业务量大大增加了。例如，飞行业务比较繁忙的北京首都机场气象台，每天要绘制东亚、欧亚和北半球各种地面和高空天气图以及重要天气预报图和高空风、高空气温、预报图等26张，还要点绘有关地点上升曲线图和高空风图，以及接收国内、外广播的有关传真天气图和绘制部分南半球天气图等。

（二）新技术设备日益广泛地得到应用。

在50年代，中国民航气象台、哨，从使用简单的地面观测设备，到逐步配备了云幕灯、云幕球、高空测风等常规设备。以后，随着国内、国际飞行业务的发展和保证飞行安全的需要，不断地采用了各种新的技术设备。

从1964年起，中国民航先后购置了32部气象雷达，分别安装在国内、国际航线上的主要机场气象台，基本建成了覆盖国内主要干线地区的雷达监视网，从而加强了对雷雨等飞行危险天气的监视。此外，气象部门还购置了一批国产光脉冲测云仪、光控云幕灯和天气图传真机等设备，分别安装在国内各主要机场。

从1973年起，中国民航各地区管理局所在地机场和国内、国际航线上的主要机场气象台，共配备了9部不同类型的卫星云图接收设备。这样，就能够接收到高分辨率的地球静止卫星气象资料，通过卫星云图的分析，可以了解到云雨的分布和变化情况，有助于判明天气系统的发展趋势和动向，从而及时、准确地做出飞行天气预报。在航空上，卫星云图使飞行人员能够形象直观地识别出机场周围和航线上的云、雾等天气状况，对保证飞行安全具有重要作用。

为了加强民航机场气象情报的传递工作，适应国家气象部门气象资料由莫尔斯到无线移频广播发展的需要，中国民航从1977年以来，相继购置了较为先进的国产62型（甲）单边带收讯机27部、74型单边带收讯机10部和62型（丙）单边带收讯机15部，装设在有关机场气象台，用于移频接收气象资料广播等。与此同时，中国民航还从美国购进了42型快速电传机90部和1000型电传机65部，解决了部分机场气象台利用有线电传机接收当地国家气象部门发送绘图资料和邮电部门发送航空天气报告和危险天气通报的需要。

1983年以后,北京首都机场和广州白云机场气象台先后安装了机场"自动气象观测系统",其中包括跑道视程、云幕高、风向、风速、气压、温度等气象要素的探测。这些气象要素的收集、处理、显示和传送都是自动化的。气象台和空中交通服务单位,如果装有联接该测量设备的显示器,就可以在室内及时掌握机场的天气情况。这个项目的建成并投入使用,标志着北京首都机场和广州白云机场的地面观测工作,已开始进入自动化观测的新阶段。

1984年以后,中国民航气象部门除在北京首都机场和广州白云机场等气象台装置自动填图机,实现天气图资料填写自动化外,还购置了少量微型计算机,正在一些机场气象台的预报、观测和资料业务中试用,并取得了初步成效。其中如北京首都机场气象台利用微机研制成实况自动绘图器,准备逐步推广。

(三)建立和健全气象业务规章制度。

50年代,中央气象局制定了《民航气象专业建设方案(草案)》,同时参照苏联民航气象服务规范,制定了《中国民用航空气象服务规范(试行本)》,并制定了航空天气报告、危险天气通报的组织办法等规定。这些制度和规定均下发实行。

1976年1月,中国民航局颁发了《国际航空气象电码》,从此在国内、国际航线上统一使用它编报天气,扭转了长期以来使用电码编报天气不统一,乃至经常发生问题的混乱局面。1977年11月,中国民航局下发了《气象工作条例(试用本)》以及由此派生出来的气象预展、观测等一系列具体规章制度。有了这些规章制度,气象部门就能有效地、有秩序地进行日常气象服务。

1974年,中华人民共和国在国际民航组织中的合法席位恢复后,根据该组织《亚太地区飞行气象通报交换方案》的规定,1976年10月北京预报收集中心分别与东京、卡拉奇、德黑兰、孟买预报收集中心建立了定时交换机场天气预报的制度;1977年和1986年,又分别与香港及曼谷、新加坡和澳大利亚悉尼预报收集中心建立了定时交换天气预报的制度。

此外,中国民航气象部门从1979年起,还着手将机场气象台提出的雷雨、积冰、颠簸、大风和低云、低能见度等预报和观测方面的技术经验总结进行审选，并编印成册。到1986年年底，共审选160篇文章，编印成11册。这些材料发给各地机场气象台组织学习，有助于提高气象人员技术业务水平。与此同时，还搜集、整理了全球不少国际机场的气候资料，以供国际航班或重要专机出国飞行时参考。

　　30多年来，由于气象业务的不断发展和气象部门全体职工的共同努力，使民航气象业务工作质量有了明显提高。航空气象预报准确率，50年代为85%，1986年达到91%，从根本上保证了良好的服务效果，尤其在保证重要专机飞行方面，效果更为明显。其中飞行气象情报服务做得比较出色的有北京首都机场气象台和广州白云机场气象台。例如，1954年11月30日，缅甸总理吴努应邀来中国访问，计划12月1日由广州乘专机来北京，中国民航为此派了6架DC-3型飞机在广州迎接。但11月30日那天，恰遇西伯利亚寒潮南下，冷锋伴随雨雪横穿北京—广州航线，空中结冰将严重威胁着DC-3型飞机的飞行安全。在这种天气形势下，很难确定12月1日航路天气对小型活塞式螺旋桨飞机的飞行是否适航。因此，中国外交部通知广东省人民政府，如果不能肯定适航，须立即安排吴努总理一行乘火车来北京。当时，中国民航局考虑到6架飞机已在广州等待，不飞可能对外造成不良影响。为此，广州民航气象部门在广东省气象局和其他兄弟气象台的大力协助下，利用有关天气资料，经过慎重分析和反复研究，果断地做出了次日天气适航的科学结论。这样，12月1日6架飞机终于按计划顺利地完成了这次专机飞行任务。

　　总之，30多年来，中国民航气象业务发展比较迅速，不论是国内飞行还是国际飞行的气象保证工作，都取得了可喜的进步，为民航飞行安全生产的发展做出了贡献。

第四节　航行情报

一、航行情报在民航的作用

　　航行情报，是航空器顺利完成各项航行任务必不可少的资料。包括航线、机场、通讯、导航、气象、空中交通管制、禁区、限制区、空中走廊等方面的资料和规定。

航行情报工作的任务，主要是收集整理、设计制作情报资料，发布和提供给飞行人员、指挥调度人员及其他航空技术单位，以便他们在组织与实施飞行过程中使用。此外，有关机场选址、通讯导航设施的布局和航线规划等，也都需要航行情报部门提供必要的准确资料。因此，航行情报工作是航行业务管理工作的组成部分，它不仅是民航组织与实施飞行中的一项重要保障工作，而且在民航建设中常常起着先行作用。

航行情报工作与飞行有着十分密切的关系。在每次执行飞行任务前，飞行人员和指挥调度人员要制定飞行计划和指挥预案，就必须了解和研究各种航行情报资料。特别要着重了解各降落机场和备降机场的情况、空中交通管制和沿线飞行数据与规定等。同时，在飞行过程中还要不间断地收听情报部门发布的航行情报通告，以便及时修正。因此，航行情报部门要不断收集、整理和更新航行资料，及时、准确、完整地提供给飞行人员和指挥调度人员使用。

飞行的安全和正常及其经济效益，与情报资料工作直接有关。在民航运输飞行和通用航空作业中，航行情报资料属于随机携带的主要飞行文件之一。所以，航行情报资料不准确或不齐全，就可能导致飞机迷航、迫降、甚至酿成飞行事故。资料不整齐、不清晰，携带就不方便，使用就有困难。因此，做到准确、及时、完备齐全、整洁清晰和注意保密，是对航行情报工作的基本要求。

航行情报资料是一项具有国际性的工作，在《国际民航组织公约》附件十五中规定：每一个缔约国应提供航行情报资料服务。中国民航航行情报部门是经国家批准、代表国家向国内外发布航行情报资料的单位。其发布的主要项目，是航行资料汇编（AIP）和航行通告。这类资料在内容和编排印刷上，要求做到内容充实、数据准确和形式醒目。这项工作做得好坏，有关中国民航在国际上的声誉。

二、航行情报业务发展历程

30多年来，中国民航航行情报业务的建设，经历了一个从无到有、从小到大的发展过程。中国民航建立初期，航行情报工作量不大，也未设立专门机构或专职人员掌握此项工作。1952年，根据飞行业务发展的需要，中国民航局航行处内设一名航行资料员，负责航行资料的收集、编写、绘制、修订、晒印和分发工作。为了进一步开展全国各地区的领航工作和航行资料工作，从1955年开始，中国民航成都、北京、上海、广州、兰州管理局相继成立了领航室，负责开展领航业务的组织和保障工作以及航行资料的收集、整理和服务工作。经过几年的努力，中国民航局和各地区管理局领航部门陆续编印了比较完整、系统的机场飞行工作细则和航线飞行工作细则，提供给各级领导和飞行、指挥调度人员使用，为民航航行情报资料工作打下了良好基础，对保证飞行安全和完成生产任务起到了重要作用。1961年，中国民航局在对领航工作的指示中，进一步强调了航行情报资料工作的重要性，并明确指出：航行情报工作，应作为航行部门的重点工作之一，要分工明确，专人负责，尤其是国外航行情报资料，要系统地进行翻译研究。随着认识的深化和提高，促进了航行情报资料工作的建设和发展。

1965年，中国民航局正式成立了航行资料室，负责统一管理全民航的航行资料工作。从此，民航情报资料档案和正常的工作程序逐步建立起来；有关航行情报的规划、设计、汇编和出版等工作，也逐步走向了正规化和系统化。

70年代初期，中国民航班机开始飞到日本和欧洲、西亚、北非地区，不少外国航空公司的班机也相继通航中国。因此，中国民航航行情报工作范围扩大，工作量增加，不但要定期收集和整理汇编航行情报资料，而且还要24小时连续值班，密切注视国内外航行通告中航行情报的变化情况，以便及时、准确地提供给国内外民用飞机使用。

1974年，中国在国际民航组织中的合法席位恢复以后，要执行国际民航组织公约附件十五的规定，按国际标准为国内外民用飞机提供航行资料服务。这对中国民航航行情报资料工作提出了更高的要求。然而，由于十年动乱的影响，民航航行情报组织机构、人员和设备等，都满足不了客观形势发展的需要。在1975年召开的全国民航领航工作座谈会上，认真检查、总结了这方面存在的问题和经验教训，特别指出："航行情报资料工作长期以来渠道不通，不少单位至今还没有配备专职的航行资料员，人员、技术设备满足不了工作的要求，使情报资料的制订、修订等在技术上、制度上都与国际民航组织的要求差距很大。"这次会议后，组织人员集中翻译国际民航资料，并指定航行情报资料员顾杰飞（现为高级工程师）重新整理编写航行资料汇编（AIP）；各地区管理局、省（区）局领航室工作人员逐渐增加，并相继恢复了正常工作。从此，民航航行情报工作进入了一个新的发展时期。

经过20多年的工作实践，中国民航航行情报部门已逐步积累了一套工作经验、工作方法和工作制度，并逐步形成了一套行之有效的规章制度，加快了航行情报工作正规化、系统化建设的进程。截至1979年，航行情报部门共制订了11种规定，其中《关于航行资料分类和供应使用办法》《航行通告和航行资料通告规定》《关于障碍物"A"型图制作规定》《关于停机坪经纬网格画法规定》《关于建立过渡高度、过渡高度层规定》《关于我国民航航行情报资料规章与国际民航差异对比》等，都是航行情报资料工作的主要依据。

进入80年代以后，中国民航的飞行业务发展迅速，航行情报的业务建设也加快了步伐。首先是航行情报系统的各级组织机构比较健全了。以中国民航局航行情报室为中心，连接民航北京、沈阳、西安、成都、广州、上海管理局航行情报室，已基本形成了一个辐射全国的航行情报网络，从而在组织上保证了航行情报资料工作渠道畅通。其次，对航行情报人员的培训工作抓得较紧。从1982年起，中国民航局航行司先后举办了4期航行情报人员训练班，同时还陆续派人去新加坡国际民航组织开办的航行情报和航图专业班学习。通过这些办法，不仅增加了航行情报人员的数量，而且提高了人员素质和技术业务水平。最后，在更新设备和采用新技术方面，也迈出了可喜的一步。1985年起，中国民航局和民航上海、广州等管理局航行情报室先后正式使用微机处理航行通告和修订航行资料，为国内外飞行提供航行情报服务，不仅明显地提高了工作效率，而且减少了工作差错。

三、航行情报的收集整理、设计制作和服务工作

收集整理和设计制作航行情报资料的目的，是给需求者使用。因此，航行资料的制作与开展服务工作是紧密联系在一起的。30多年来，中国民航航行情报资料的收集、制作工作，是紧紧围绕着各个时期各种飞行任务的要求进行的。

在中国民航创建初期，它的各种飞行仅限于国内，从1954年起，中国民航开始承担去越南、苏联、蒙古、缅甸、印度等国的班机和专机飞行任务。这就要求不但收集国内航行资料，还要收集国外的航行情报资料。为此，航行情报部门就通过外交途径收集国外的资料。并将收集到的资料绘制成《中国至越南嘉林机场航线和航行管制区域图》《中苏民航三条航线图》《中国至缅甸、印度航线图》，连同着陆机场、备降机场、飞行高度、进出国境点和空中走廊等资料，及时地提供给飞行人员使用。在国际飞行情报资料的制作方面，中国民航参照苏联、朝鲜等11个国家民航会议文件的精神，于1956年编写了中国至苏联、朝鲜、蒙古、越南的国际航线手册。

机场使用细则，是民航的一种主要航行资料。它包括机场概况、通讯导航设施、主要障碍物、气象资料、天气标准、进离场及穿云规定、走廊禁区、备降机场、特殊规定及注意事项等内容。到1956年，中国民航共完成了29个民航机场使用细则的编写工作。并同时规定，民航新机场投入使用前，必须编写机场使用细则，否则不准开放使用。

1959年，航行情报部门不但要为伊尔-18型飞机加入航班飞行提供所需的航行资料，而且还要重点保证庆祝中华人民共和国成立10周年期间的大量专、包机飞行所需的航行资料，工作任务十分繁重。但经过大家努力，都圆满地完成了任务。同时，为了提高工作效率，根据10年航行情报工作的经验，中国民航局和各地区管理局航行部门还对资料的收集、审核、制定和提供等工作作了明确分工。

1961年和1962年，航行部门集中力量对一些有变化的资料和航行情报工

作规定进行了修订，其中包括航行情报资料范围、机场使用细则、航线手册及说明、机场一览表以及航行情报的承办、编制、审批、秘密等级划分、供应、使用保管和携带等规定的修订。特别是经过技术计算和论证后，使各机场的方盒穿云飞行时间缩短了。例如，伊尔－14型飞机的穿云时间就由9分钟缩短为8分钟，每次节约飞行1分钟。这对于节约油料和提高效益都是有利的。根据飞机穿云方法的改变，航行部门又重新制订了全国各机场穿云图124幅，按时保证了各方面的需要。

到60年代中期，在航行情报资料的制作和服务方面，除统一绘制和印刷全国民航机场图、进近图217幅和重新审订各机场使用细则外，还要为国际航线开航和国家领导人出访的专机飞行提供国际航行情报资料。1964年，中国和巴基斯坦正式通航，中国民航需要向巴基斯坦国际航空公司正式提供从云南西部中缅国境点经昆明、广州至上海一线的中英文对照的航行情报资料。所提供的资料不仅要有文字说明，还要有图表。工作人员在时间紧、工作量大、航行情报设备简陋的情况下，共同努力，克服了各种困难，终于按时完成了任务。1965年6月，周恩来总理出访坦桑尼亚，专机飞行途经11个国家，在8个外国机场起降。同年9月，陈毅副总理又出访阿尔及利亚、马里和几内亚三国。为了确保这两次专机任务的顺利完成，中国民航航行情报部门认真做好专机飞行的情报准备工作，收集了大量的沿途各国、各地区的航线资料、着陆机场和备降机场资料等情报，及时准确地为飞行提供了保障服务，没有发生任何差错。

为了使飞行人员和指挥调度人员使用的航线图逐步走向正规，符合国际标准，先后由飞行领航教员金焕章（现为高级工程师）、飞行领航检查员杨宏量（现为高级工程师）进行规划设计，于1979年6月正式出版。这两幅英文版无线电领航图（RNC—1、2），是中国民航第一次正式对外提供的比较正规的航图，使用起来很方便。从1981年开始规划设计的供国内飞行用的航线图（RNC—3、4、5、6），是将全国民航101条高空航线、177条中低空航线数据、无线电导航资料、管制区、禁区走廊等飞行必要资料，综合绘制成4幅航图。这种航图图幅较小，在空中便于铺开，对整条航线各种资料一目了然，因此在使用中受到飞行人员的普遍好评。

1983年8月，中国民航正式编制出版了第一部较为完整的、符合国际民航组织规定的《航行资料汇编（AIP）》。这部资料汇编，是在中国民航局航行司航行情报室主任孙本主持下，由全国"五一劳动奖章"获得者、航行情报资料员顾杰飞（现为高级工程师）主要负责重新汇编的。这部资料汇编出版后，不但提供给中国民航系统及民航外部有关的77个单位使用，而且还向48个国家和地区民航当局、40多家外国航空公司和国际民航组织提供、交换和出售。

30多年来，中国民航航行情报部门在开展航行情报服务方面，除了通过邮寄、书信和电报等方式及时给使用者提供资料外，还加强了各级航行情报室的值班工作，特别是80年代以来，为了适应民航飞行任务迅速增多的需要，每天24小时内各级航行情报室都能保证随时向有关单位和人员提供航行情报服务。

第五节　空勤人员管理

民航空勤人员包括飞行人员、空中摄影员和乘务员等。其中飞行人员是指在飞行中操纵飞机和机上航行、通讯设备的人员，包括驾驶员、领航员、空勤通讯员和空勤机械员（工程师）。他们是民航生产中的主要成员。飞行人员的素质高低，是衡量民航生产力水平的主要标志。

为了保证民航空勤队伍的迅速健康成长，必须对他们实施组织、技术、飞行和生活方面的管理。它是通过各级航行业务部门和其他有关部门制定规章制度，以及深入飞行队检查了解情况，帮助解决实际问题等办法来进行管理的。

一、空勤人员的组织管理

中国民航从1952年组建第一个飞行队起，基本上是按中国人民解放军部队的组织形式和要求来建设和管理飞行队的。也就是在全国范围内，根据飞行人员的驻地和数量及其所担负的任务等因素，逐级地建立相应的组织，而分属各组织的飞行人员又根据飞行任务的特点编成机组。与此同时，民航还结合飞行队的实际情况，制定了一系列管理规章制度和组织纪律。

根据30多年的经验，加强飞行队伍建设的关键，是要建设好飞行大队和机组，选配好大队长和机长，并对他们的职责和权力做出明确规定。有了一个好的大队长或机长，这个大队的飞行工作就做得好，这个机组的飞行任务就能圆满完成。

飞行大队长负责领导与组织全大队的飞行工作。对提高空勤人员的技术水平，培养空勤人员的良好作风，保证飞行安全以及完成生产和训练飞行任务负责。

机组是保证飞行安全，争取飞行正常，提高服务质量，完成飞行任务的战斗集体，是处于生产第一线的基层单位。他们的工作结果，是民航工作好坏的重要体现。因此，中国民航历来重视机组的组织建设。推行机组的机长负责制，每次飞行，空勤人员都被编成机组，机组由机长领导。在执行飞行任务期间，机长对飞行安全、航班正常、服务质量和完成飞行任务负责。机组成员不论职务高低，必须服从机长领导，听从机长指挥。

机组的成员数额，由中国民航局根据机型和飞行任务，以及航程的远近，分别做出规定。飞行中需要配备各种检查人员和见习人员时，其机组人员总数也不得超过规定标准。随机工作人员和见习人员在机上工作中，必须遵守飞行安全规定，并服从机长领导。

30多年的实践证明，采取这种管理飞行队伍的组织形式，对加强空勤人员的思想作风建设，提高他们的组织纪律观念和飞行技术水平，都是必要的，也是有利的，它给完成飞行安全生产任务提供了有力的组织保证。

二、空勤人员的技术管理

飞行技术是搞好飞行安全、完成生产任务的重要保证。因此，对飞行人员的技术管理，历来是民航飞行管理工作中的一件大事。民航飞行人员的技术管理工作，主要由航行、训练部门负责。

民航的飞行人员最初都要经过飞行学校的专门系统训练。毕业的驾驶员分配到飞行队，经过转机型训练合格后先定为副驾驶员，而后再经过一段训练，合格后才转为正驾驶员。领航、通讯和机械学员分配到各飞行大队后，先要经过跟班飞行实习，积累飞行经验，而后根据个人的技术状况和所任工种再进行提高训练，并经检查考核后，方可单独执行任务。

民航对飞行人员技术管理的主要方式是严格技术检查。技术检查类型主要有以下几种：

一是对飞行人员的各种飞行资格进行检查和批准。飞行人员初次单独执行飞行任务、转气象最低条件、转作业飞行项目和转机型等，都必须经过技术检查员进行技术检查合格，并得到授权的领导批准后才能有效。没有授权的人员和单位，不得批准上述任何项目。

二是正驾驶员对所飞的任何一种机型的间断飞行超过一定期限时，必须经过检查飞行合格后，方准执行飞行任务。正驾驶员若因生病、疗养、休假原因，间断飞行虽未超过规定期限，但大队及其以上领导认为需要时，也可以在他单独飞行前对其进行飞行技术检查。

三是为切实了解和掌握飞行人员的航空理论和技术水平，民航各地区管理局每年要组织对他们进行定期检查。检查的内容包括理科测验和术科检查。

四是飞行人员由于技术操作原因造成飞行事故或事故征候，以及技术检查不合格者，都必须进行训练和带飞，并经检查合格后，方可批准其单独执行飞行任务。

执行技术检查的人员，应当具有比被检查人员更高的技术水平，至少应当具有同等的技术水平。各级领导（检查人员）在进行技术检查时，必须严格掌握批准条件，并对其飞行的质量负责。

采取以上这些技术管理措施，不仅使各级领导机关能及时掌握飞行人员的技术状况，把住飞行人员的技术关，从技术上给飞行安全、正常和质量提供可靠的保证，而且还能调动飞行人员学习飞行技术、钻研航空理论的积极性，从而促进民航飞行人员技术水平的提高。

三、空勤人员的飞行管理和保健工作

如前所述，民航飞行管理是按飞行四个阶段，即飞行预先准备阶段，飞行直接准备阶段，飞行实施阶段和飞行讲评阶段进行的。这四个阶段构成了组织与实施飞行的全过程。它不仅明确了各个阶段的不同工作重点和具体要求，而且还体现了各个阶段的密切关系。民航飞行人员每次飞行时，都是按四个阶段的要求做好每个阶段的工作。飞行四个阶段的工作，是民航飞行队伍多年的经验总结，经过长期的实践，它的内容逐步得以充实和完善。抓好了对飞行四个阶段的管理，也就是抓好了对飞行人员的飞行管理。它对保证飞行安全和顺利完成任务，具有很重要的意义。

空勤人员的生活管理，是指由民航航行、卫生部门负责管理的空勤人员的飞行量、值勤和作息时间以及卫生保健等方面的管理。这是由于空勤人员所从事的飞行活动，具有一定的特殊性。为了保证他们有强壮的身体素质和充沛的工作精力去完成复杂的飞行任务，中国民航制定了必要的特殊规定和要求。早在1951年，中国民航局就组织制定了《空勤人员作息暂行条例（草案）》。为了贯彻劳逸结合的原则，1958年又制定了关于《空勤人员劳动休息几项规定》。以后，从中国民航的实际出发，并参照国际上的通常做法，对空勤人员的作息制度不断进行了修改和补充。1981年中国民航局重新制定了关于《民航飞行人员飞行值勤、休息时间的规定》，以代替以前的有关规定。新制度规定：运输飞行每人每日飞行时间通常为8小时。至于长途飞行或特殊飞行，另有明确规定。每个成员每月飞行时间通常为80小时，最多不超过100小时。

通用航空空勤人员的作息时间，根据各种专业飞行任务的特点、劳动强度和机型不同，参照上述标准做出规定。

体格检查是飞行队伍中不可缺少的重要工作之一。通过体检，可以全面了解和掌握空勤人员的身体健康状况，避免因身体原因而发生意外。在民航飞行队伍组建初期，由于中国民航局卫生组织机构还不健全，所以这个阶段空勤人员不但没有飞行前常规体格检查，就是定期检查也很少进行。直到

1958年中国民航局成立了空勤体格检查组后，才开始有了专门机构负责空勤人员的这项工作。1959年，在民航首次卫生工作会议上正式确定：对空勤人员每年要进行一次全面的体格检查；常规的体格检查每月或每季度进行一次。在以后的不断实践中，又将体格检查制度改为定期和不定期的全面体格检查和每次飞行前的常规体格检查，并分别有其具体要求。机组到航行调度部门办理飞行手续时，需主动出示"医务证明书"。

一年一度的疗养制度，是恢复空勤人员身体健康，增强体质，矫治疾病和延长飞行年限的主要措施之一。1957年，中国民航局卫生部门根据空勤人员的工作量及身体健康状况，向民航局提出了建立定期疗养制度的建议。这一建议，得到了中共民航局委员会的重视和采纳。遂于1958年就组建了民航杭州疗养院。随后，在1959年民航卫生工作会议上制定了疗养制度，规定民航空勤人员每年疗养一次，每次1个月。1979年，中国民航又建成了大连疗养院。

至于对空勤人员的营养和卫生保健方面的特殊要求，中国民航飞行队伍初建时期，根据当时情况，为了保证空勤人员的膳食营养和生活水平，由所在单位每月发给每个空勤人员一定的营养津贴。1958年，民航对空勤人员实行了按规定的伙食标准免费供应办法，并规定空勤人员在空勤灶集体用餐。此后，空勤人员的伙食状况有了较大的改善。同时，各地空勤食堂还配备了营养医生或护士，经常进行督促检查，以保证空勤人员的伙食质量。

30多年来，民航在空勤人员的卫生保健方面，做了不少工作。在1959年的民航卫生工作会议上，制定颁发了《空勤人员保健工作暂行规定》，对各级领导和航空医生提出了明确要求，规定了他们的工作职责。1978年中国民航总局卫生处编写了《民航运输、专业飞行的卫生保障》，并于1980年下发试行，要求飞行大队的航空医生必须认真履行职责，根据各方面情况，有针对性地做好飞行人员的卫生保障工作以及体育锻炼等工作。

回顾30多年来的历程，中国民航航行业务管理工作，取得了很大成绩。但是，航行业务管理工作还不能完全适应民航事业迅速发展的需要，同世界先进国家的民航航行业务工作相比，还有不小的差距。为了尽快赶上世界先

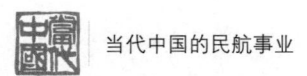

进水平，还需要做很多艰苦细致的工作。

首先，民航正在深入进行管理体制改革，航行业务管理工作的改革，必须同民航实行新的管理体制的要求相适应。

其次，要加快航行业务管理技术设备的更新步伐，逐步向现代化和自动化方向发展。"七五"期间，在通信导航方面，要逐步建成以电子计算机控制的中、高速自动转报系统为主的地面通信；逐步建成以甚高频为主、短波单边带为辅的航路地空通信网；逐步建成机场以仪表着陆系统为主，航路以全向信标/测距装置为主的导航系统；逐步建设航行雷达管制系统；搞好空中交通管制移交话路建设。在气象保证方面，要进一步改进气象业务保障体系，组建北京气象中心和7个分中心；建成9个对空气象广播台；组建气象自动观测体系，普及微型电子计算机在气象业务工作中的应用。在航行情报方面，要使飞行繁忙的机场都能应用电子计算机处理航行情报。

最后，必须加速航务管理人员的培养训练，从技术业务上提高他们的素质，充分发挥他们的积极性和主动性，不断提高航务管理工作水平，为民航事业的更大发展做出贡献。

第七章
飞行安全工作

民用航空为社会公众服务，是通过飞行在空中实施的。飞行的特点是速度快、范围广，遇到特殊情况时，处置要比地面复杂。因此，保证飞行安全，有其特殊的重要意义。如果飞行安全没有保证，不但飞行任务不能完成，而且会给国家和人民生命财产带来无法弥补的损失，同时对民航事业本身的生存和发展，都会产生不良影响。

早在1957年，周恩来总理就在中国与缅甸通航一周年的工作总结报告上批示："保证安全第一，改善服务工作，争取飞行正常。"明确了民航工作的指导方针。30多年来，中国民航遵循这一方针以及中共中央和国务院的一系列指示，始终坚持把"保证安全第一"放在一切工作的首位，并已取得了可喜的成就。

第一节 飞行安全的基本状况

新中国民航成立至今，由于贯彻了"保证安全第一"的方针，日益改进了各种保证飞行安全的设施，逐步完善了各项保证飞行安全的制度，使飞行安全水平有了明显的提高。38年来，由民航执行的各类专机飞行，做到了绝对安全；国际间的运输飞行，没有发生过飞行事故；国内运输飞行、通用航空飞行和训练飞行的安全系数逐年都有提高。

一、航班运输飞行

航班运输飞行，包括国际、地区间和国内的航班飞行或包机飞行。

1950年7月1日，中苏民航公司开辟了从北京经中国东北和西北地区，分别通往苏联的赤塔、伊尔库茨克和阿拉木图的3条国际航线。此后，中国民航又陆续开辟了通往欧洲、非洲、澳洲、美洲以及亚洲各个国家和地区的国际航线。同时，在中国境内也逐步开放了国际航路和国际机场，提供外国飞机使用。经过30多年的发展，到1987年，中国民航经营的国际航线已达39条，在24个国家的30个城市起降，从未发生过任何飞行事故，赢得了国际上的普遍赞誉。

1950年8月1日，中国民航开辟了两条国内航线之后，随着国民经济和社会发展的需要，民航运输业务发展比较快，国内航线不断增加。截至1987年年底，中国民航经营的国内干线和地方航线达到了280条。

从1950年到1987年，中国民航各种飞行总量为530万小时，其中国际、国内和地区航线运输总飞行量为303万小时，国内航线运输每亿客公里死亡人数为0.299。

二、专机飞行

中国所称的专机飞行，是指运载中国领导人、外国国家元首或政府首脑以及中外知名人士等的专用飞机的飞行。它是运输飞行的重要组成部分。

确保专机飞行安全，做到万无一失，是一项极其严肃的政治任务，中国民航对此历来非常重视。凡有重要的专机飞行任务，都要专门研究，周密部署，严格组织，精心指挥，以保证飞行安全，顺利完成任务。

从1950年到1987年，中国民航执行的各类专机任务，累计飞行5000多架次，都做到了安全可靠，圆满地完成了任务，在国内外享有很高的声誉。

三、通用航空飞行

中国民航的通用航空作业始于1951年5月。30多年来，飞行业务发展比较快，截至1987年，累计飞行92.3万小时，平均年递增率为11.3%，事故万时率为0.498。

四、训练飞行

中国民航的训练飞行,是指为了提高飞行队伍的技术业务水平,并为了培养后备力量的飞行。包括在职训练飞行和学校训练飞行。

保证训练飞行安全,完成各项训练飞行任务,是民航安全工作的重要环节之一。30多年来,民航一直重视这项工作,并取得了良好成绩。到1987年,训练飞行累计达41.3万小时,事故万时率为0.29。

五、保证飞行安全工作中的经验教训

30多年来,从总的方面看,中国民航的飞行安全状况比较好,特别是确保了国际航班运输和专机飞行安全,在国内外赢得了良好信誉。究其原因,主要是民航各级领导和飞行部门以及各勤务保障部门重视安全工作,牢固树立"保证安全第一"的指导思想,始终坚持把飞行安全工作放在一切工作的首位;建立健全了各级管理安全工作的机构,制定了各项安全规章和工作程序,管理上强调"严"字当头和铁的纪律;加强了各项基础设施建设,加快了飞机和设备的更新换代;重视了飞行人员的训练和各类技术人才的培养。这是中国民航在保证飞行安全工作中的基本经验。但是,在保证飞行安全工作中还存在不少问题和薄弱环节,有过失误,也有深刻的教训。

从1950年到1987年的38年中,中国民航共发生机毁人亡的飞行事故38起,报废飞机39架,死亡342人,其中旅客219人。平均一等飞行事故万时率为0.072。其中,通用航空飞行占42.1%,国内运输飞行占36.8%,训练飞行占18.4%,试飞飞行占2.7%;从不同飞行阶段发生的事故来看,着陆阶段占42%,起飞阶段占11%,低空飞行占21%,航线飞行占26%;而从发生飞行事故的责任来分析,属于空勤组的占66%,组织和指挥的占21%,其他方面的占13%。此外,还发生多起损坏飞机的飞行事故。发生各类飞行事故的原因,主要有以下几方面:

(一)"保证安全第一"在一部分人的思想上树立得不牢固。

在飞行组织与实施过程中,当安全与生产、安全与正常、安全与服务发生矛盾时,不能坚持把安全放在第1位,因而导致飞行事故的发生。1964年,

运-5型18185号飞机在辽阳执行灭松毛虫任务时，由于任务完成得好，受到用户表扬，机长因此滋生了麻痹大意和骄傲自满情绪，经常飞往计划外的地区进行作业或低于安全高度飞行，以显示自己技术高超，结果发生了飞机碰撞高压线而机毁人亡的事故。有的机组在飞行情况比较复杂或任务比较紧急时，产生急躁、蛮干或侥幸取胜心理，从而导致飞行事故。1977年，运-5型8107号飞机在南昌执行水灾地区的空投任务，由于天气不好，机长急于求成，临时改变航线，仓促起飞，结果飞机偏离航线，进云撞山失事。1970年，运-5型8201号飞机从西安调往蒲城途中，飞机进入云层后找不到机场，机长请求返航，而地面指挥人员存有侥幸思想，错误地指挥飞机再飞行两分钟就"可以出云"，结果撞山失事。

实践证明，只要认真贯彻安全第一的方针，依据主客观条件，本着实事求是的态度处理各种矛盾，飞行安全就有保证；反之，就可能发生飞行事故。

（二）违章操作，违章指挥。

民航组织与实施飞行方面的规章制度，是飞行实践的经验教训总结，是保证飞行安全的主要依据。但是，有些飞行人员和指挥人员法制观念淡薄，违章操作或违章指挥，以致发生严重飞行事故。据中国民航飞行事故统计分析，有90%的飞行事故与违章有关。1958年，民航伊尔-14型632号飞机执行成都—西安航班任务，由于机长违反规定，在山区云中飞行，未确定飞机位置，就擅自降低高度，结果机毁人亡。1969年，民航伊尔-14型618号飞机执行武汉—南昌包机任务，南昌调度室在没有确切掌握飞机位置的情况下，盲目指挥当时在山区飞行的飞机三次下降到安全高度以下飞行，结果撞山失事，机毁人亡。1970年，伊尔-14型616号飞机执行广州—贵阳航班任务，机组在贵阳机场上空未按规定程序穿云，偏离下滑航线，又提前下降高度，而导致撞山失事，机毁人亡。

由此可见，加强飞行和指挥人员的作风建设，严格组织纪律，坚决执行各项规章制度，对保证飞行安全至关重要。如果不按规章操作和指挥，就会发生飞行事故。

（三）领导重视不够，飞行人员技术水平低。

飞行技术是保证飞行安全，完成各项飞行任务的基本条件。对此，有些领导干部认识不足，平时对飞行人员的使用抓得多，放松了对他们的飞行技术训练，特别是特殊情况的处置及复杂天气飞行训练，标准不高，要求不严，以致有些飞行人员的基本驾驶技术不过硬，航空理论知识不扎实，甚至有的对一些技术问题概念不清，一旦在飞行中出现特殊情况时，便举止失措，处置不当，酿成事故。有些领导对少数飞行人员，特别是对少数飞行领导干部的飞行技术水平迁就、照顾，有时竟调配一些飞行人员去执行他们技术上不能胜任的飞行任务，结果导致机毁人亡。1973年，民航运－5型8079号飞机在山东省莱山机场执行林业灭虫任务。担任该项任务的机长，技术水平不高，反应迟缓，判断和操作能力都比较差，基本上是属于需要技术淘汰的飞行员；中国民航总局和上海管理局虽曾多次对该飞行员进行技术检查，一致认为飞行技术不合格，应予停飞。但他所在大队领导为了照顾其本人的情绪，就在飞行任务结束前的半天，让他单独飞行作业，结果由于操作错误而撞山，造成机毁人亡。这是一次极为深刻的血的教训。1973年，伊尔－14型644号飞机执行成都—贵阳航班任务，在贵阳机场穿云落地时，由于机长仪表飞行技术差，提前转弯偏离五边沿长线下降高度，结果撞山失事。有一个飞行大队长，在不太长的时间内连续转飞3种机型，哪一种机型都没有掌握好。1977年，他驾驶伊尔－18型204号飞机由北京飞沈阳航班，当时沈阳机场能见度较差，飞机进场高度过低，又处置不当，遂在着陆前坠地失事。

飞行是一门复杂的科学技术。飞机在空中飞行时可能发生各种意想不到的特殊情况，这是客观存在，也是难于完全避免的。重要的是在发生特殊情况时，飞行人员能沉着、冷静地正确处置，地面指挥人员也要主动配合，积极提供有利条件，才能化险为夷，保证安全。而加强飞行人员的理论学习和技术训练，则是提高飞行人员的特殊情况处置能力和复杂气象条件下的飞行技术水平的有效途径，也是保证飞行安全，完成各项飞行任务的关键所在。

（四）航空器维护作风不好，器材质量差。

飞机和发动机及其附属设备在空中工作的好坏，对保证飞行安全起着极为重要的作用。由于有些航空工程技术人员工作责任心不强，作风不扎实，维护修理质量不高，使有些航空器带着故障隐患飞行；有些航空器材质量不够标准，有的甚至超寿命使用，也使航空器带有故障隐患上天。这些问题也导致事故发生。1961年，运-5型18168号飞机在湖北执行灭蝗虫任务，飞机在空中作业时，由于螺旋桨的一片桨叶突然断裂，使飞机剧烈抖动而坠毁。其原因是那片桨叶已经脱胶，而航空工程技术人员在维护时未及时发现。1972年，运-5型8030号飞机执行长治—太原航班任务，由于航空工程技术人员在安装发动机上的传动齿轮盒时，对齿轮间隙没调整好，飞机从长治起飞后，齿轮盒的主齿轮折断，磨穿了齿轮外壳上的滑油供油路，使大量滑油喷出，经过汽缸导航片喷到排气管上，引起失火烧毁了飞机。1970年和1977年各有1架直升机，分别由于旋翼轴断裂和发动机离心增压叶轮断裂，先后在北京地区和湖南省执行飞行任务时坠毁。

上述事故说明，提高航空器维护修理质量，使用符合技术标准的航空器材，使航空器处于完好状态，是保证飞行安全的重要条件之一。

第二节 加强飞行队伍建设，保证飞行安全

飞行工作，是诸种专业科学技术的有机结合。任何一次安全飞行的实现，都有赖于组织指挥、空中交通管制、航行调度、航行情报、飞行、机务、场道、通信、导航、气象、油料、运输和安全保卫以及其他各有关部门广大职工的通力合作。任何一个环节出现差错和失误，都有可能导致飞行事故的发生。但是，飞行是在空中实施的，航空器是由飞行人员在空中操纵的，30多年来的经验证明，飞行人员素质好、技术水平高、应变能力强，是保证飞行安全的决定因素。分析中国民航30多年来发生飞行事故的直接原因，有50%左右是由于飞行人员本身的思想行为问题造成的。有些事故是其他客观原因引起的，倘若飞行人员能够正确处置，也可转危为安。因此，中国民航十分重视加强飞行队伍的建设，把它作为保证飞行安全的一个先决条件。而加强飞行队伍的建设，主要是加强组织管理和提

高技术素质两个方面。

一、飞行人员的组织管理

中国民航对飞行人员的组织管理，主要是根据中国民航事业的发展及其生产、训练飞行任务的需要组建飞行队，分别归属民航地区管理局和航空公司，以便加强思想教育、作风建设和技术管理。

新中国成立初期，1952年由原"两航"起义人员和从人民解放军空军调来的部分飞行人员，组建了新中国民航第一个飞行队；第二年12月，飞行队扩编为飞行大队，直属中央军委民航局领导。大队下辖飞行中队，飞行中队下辖空勤组。空勤组是根据飞行人员的技术和思想、作风等情况进行编组，并相对固定，形成一个能够远离驻地单独执行航空运输和通用航空飞行任务，而且能够保证飞行安全的战斗集体。1955年1月1日，随着中苏民航公司中的苏联股份移交中国，该公司的中国飞行人员也并入这个飞行大队。从这一年起，根据全国各地区建设的需要，有计划地将飞行大队的飞行人员分配到民航北京、上海、重庆、广州、乌鲁木齐管理处，分别执行所在地区的运输和通用航空飞行任务。该大队三中队仍留驻天津，不久即扩编为军委民航局直属的专业航空队，担负全国范围的通用航空飞行任务。后来，在民航北京地区管理处的飞行人员又单独编为飞行大队；其他4个地区管理处的飞行人员也相继组建为飞行队。1955年，在天津组建了中国民航局直属的飞行训练大队，担负飞行人员转机型的训练任务。到1957年年初，民航飞行队伍已发展成为1个飞行大队、4个飞行队和直属专业航空队，另有1个飞行训练大队。

根据发展航空测量业务的需要，1958年民航专业航空队改归民航北京管理局建制，并连同地质部、林业部和铁道部移交给民航的4架飞机（伊尔－14和里－2型飞机各两架）和一些业务技术人员以及专业仪器、设备，改建为该局的航测飞行大队。1959年，民航上海、兰州、成都、广州管理局分别成立了运输与通用航空混合的飞行大队。第2年，民航上海、广州管理局又分别改建为运输飞行大队和专业飞行大队；民航成都、兰州管理局又组建了专业飞行中队。到1960年年底，中国民航已拥有8个建制飞行大队。

为加强飞行队伍的建设和组织领导，根据飞行任务性质的不同，中国民航总局于1963年对飞行队伍第一次实行统一编制，共编成14个飞行大队和两个独立飞行中队。随着生产任务的扩大，1965年将驻在北京基地的飞行大队扩编为民航北京管理局第一飞行总队，下辖4个飞行大队；第2年又将由北京改驻山西长治的中国民航航测飞行大队扩建为民航第二飞行总队，直属3个飞行大队。至此，中国民航飞行队伍已发展到两个飞行总队、13个飞行大队和两个独立飞行中队。

从1979年起，在改革、开放、搞活的方针政策指引下，中国民航飞行队伍又有了进一步发展。根据东北地区农林业航空和地方航线发展，早于1978年7月11日在哈尔滨组建了民航第二十五飞行大队。1981年8月，天津训练飞行大队改为民航第二十三飞行大队；驻呼和浩特市的飞行独立中队，扩编为民航第二十四飞行大队。1982年7月，基地设在太原的第二飞行总队改为中国民航工业航空服务公司，下属4个分公司，划归中国民航局建制，实行独立核算、自主经营、自负盈亏的管理体制，主要担负全国性的航空摄影、遥感、探矿任务和海洋、陆地石油勘探服务飞行，以及部分农林业飞行和运输飞行任务。1982年3月和1983年12月，又先后组建了中国民航广州、上海直升机公司，以适应勘探、开发海底油田的飞行服务需要。

从1953年民航组建第一个飞行大队起到1987年止，中国民航飞行队伍已发展到1个运输飞行总队、6个运输飞行大队、3个混合飞行大队、9个专业飞行大队和5个飞行独立中队以及3个通用航空公司。

把飞行人员编成飞行大队、飞行中队和空勤组，这是中国民航加强飞行人员管理的主要组织形式。30多年来的实践证明，这一组织形式，对于培养一支有组织、有纪律、有理想、有道德，能够掌握飞行技术，保证飞行安全，完成飞行任务的飞行队伍，起着重要的作用。

二、飞行人员技术素质的成长

随着飞行队伍的组建和发展，构成这个队伍主体的飞行人员，不但在数量上有了很大增加，而且在素质上也有了明显提高。30多年来，为了提高飞行人员的技术素质，中国民航除了抓紧日常的飞行训练外，主要是通过不断更新机型，进行相应的转机型训练，使飞行人员尽快掌握先进的飞行技术。这大体上经历了以下三个阶段。

（一）驾驶活塞式螺旋桨飞机的阶段。

1958年以前，中国民航使用的是活塞式螺旋桨飞机。在这个阶段，中国民航飞行人员就是依靠这些飞机，逐步地锻炼和提高了自己的飞行驾驶技术的。

1949年11月9日"两航"起义北飞的12架飞机，共有飞行人员43名。他们人数虽少，但大都已飞行了几千小时，有比较丰富的飞行经验和熟练的飞行技术。1952年民航成立第一个飞行队时，只有飞行人员83人。1955年空军又调给民航4架伊尔－12型飞机及其全部机组人员。此后，民航还从空军调来50多名飞行人员，使民航飞行队伍的技术力量得到了充实与加强。

在中苏民航公司运营期间，该公司曾为中国民航培训了一批各类空、地勤人员。在该公司工作的苏联专家为此付出了辛勤的劳动。1955年民航飞行训练大队成立后，又在苏联顾问的帮助下，承担了中国民航飞行人员的技术提高与转机型的训练任务。仅在当年，就培训了各类飞行技术人员137名。

到1958年，中国民航空勤人员已增加至524名（其中飞行人员512名），比1950年增长3.4倍；与此同时，飞行人员的技术业务水平也逐步有了提高。早在1951年8月，民航就与空军一起承担了支援西藏的空投任务。1956年，为执行经西藏试航印度的飞行任务，以王来泉为领队、潘国定为机长的试飞小组，驾驶CV－240型401号（又称"北京号"）飞机，在海拔4300米的西藏当雄机场起降，飞越"世界屋脊"——喜马拉雅山脉，到达印度的巴格多拉格机场，胜利完成了这次试航任务。

（二）逐步过渡到驾驶涡轮螺旋桨飞机的阶段。

1959年，中国民航首次从苏联购进了伊尔－18型飞机。从此，中国民航飞行人员从驾驶活塞式螺旋桨小型飞机逐步过渡到驾驶涡轮螺旋桨飞机。1958年5月，中国民航派出空、地勤人员17名，由张瑞霭和边任耕两位机长率领，赴苏学习该型飞机的操纵与维护技术；第2年又在苏联专家的指导下，对 20 名空勤人员进行了转机型训练,并于同年底即投入了航班飞行。当时,中国民航空勤人员已增至 860 名,技术素质也有了提高。1959 年培养了 27 名伊尔－14 型飞机的机长,并训练了 6 名达到一号夜航天气标准的机长,而具有夜间二号天气标准的机长,则从原来的 7 名增加到 27 名。这说明中国民航已初步具有昼夜间都可执行航班飞行任务的能力。

1960 年 4 月,由中国民航北京管理局第一飞行总队机长孙全贵等 10 人组成的机组,驾驶伊尔－18 型飞机首次试航西藏拉萨成功,架起了祖国内地与西藏边陲的空中桥梁。交通部副部长潘琪在庆祝大会上曾这样评述:"这次试航成功,标志着中国民航技术的飞跃发展。……对密切西藏与祖国大家庭的联系具有重要意义。"

从 1963 年开始,根据生产发展的需要,中国民航又陆续购进了子爵号、安－12、安－24 等型飞机,并相应对一批空、地勤人员进行了转机型的训练。到 1969 年年底,中国民航空勤人员发展到了 2892 名,为 1950 年的 19 倍。其中飞行人员 2240 名,占 77.5%。

(三)进入驾驶涡轮喷气式飞机的阶段。

为了适应中国民航国内、国际航班飞行迅速增长的形势,1970 年,民航从巴基斯坦购进了英制三叉戟飞机,中国民航飞行人员随即进入了驾驶涡轮喷气式飞机的阶段。第 2 年,民航还从苏联购进了伊尔－62 型涡轮喷气式飞机两架。由于转机型的训练工作进行得很顺利,这些新购进的机型很快便投入航班飞行。

1972 年,由周恩来总理和中央军委副主席叶剑英决策,民航又从美国订购了 10 架波音－707 型飞机,次年完成飞行人员转机型训练后,迅速投入了运输飞行。波音飞机的使用,大大增强了民航运输能力,锻炼了飞行队伍,为开辟远程国际航线打下了良好基础。1974 年 4 月,由阎志祥和刘崇福任机长,驾驶波音－707 型飞机试航美国,分别从东西两线,环绕地球一周,并在纽约会合获得成功,为后来的越洋洲际飞行以及中美正式通航积累了飞行经验,创造了技术条件。

中共十一届三中全会以后,在改革开放的新形势下,迎来了发展民航事业的新时期。1980年，民航第一次购进了美制波音-747SP大型宽体客机，1981年以后又陆续购进了一批远程和中短程的新型飞机。到1985年，民航各地区管理局都已装备了涡轮喷气飞机，并相应训练了一大批空、地勤人员。空勤人员的技术素质有了进一步提高。民航北京、上海、广州、成都、西安、沈阳管理局，都已担负起了日益增多的航班任务。

中国民航通用航空机群也有所增加，到1987年止，拥有7种型号的飞机192架和8种型号的直升机46架。随着机群的扩大，飞行人员的技术水平也有了较大提高。现在，通用航空飞行队伍承担了全国绝大部分的工业、农林业等飞行任务，其中航空摄影、遥感、物探等服务项目，已初步具备了参与国际市场竞争的能力。

由于飞行人员技术素质的提高，处置特殊情况能力的增强，所以多次在空中发生的飞机发动机停车、起落架收不上、放不下和飞机起火等危及飞行安全的情况下，都能处置得当，转危为安。1985年8月8日，中国民航北京管理局第一飞行总队1架波音-747型飞机在阿拉伯联合酋长国沙迦机场起飞时，发动机突然起火，机组临危不惧，按照特殊情况的处置程序进行操作，空勤组成员分工协作，保证了飞机在海湾上空紧急放油后安全返回机场降落，避免了一次可能发生的严重飞行事故。

30多年来，中国民航飞行队伍已在安全生产的实践中不断成长壮大起来。截至1987年，航空运输和通用航空系统共拥有空勤人员5530名，比1950年增长32倍；其中驾驶人员有2032名，占36.7%，为1950年的21倍。其中许多驾驶人员已能在昼夜复杂气象条件下执行国际国内飞行任务。

第三节 同劫持和破坏飞机的犯罪行为作斗争

防止劫持和破坏飞机，是保证民航飞行安全的一项重要工作。30多年来，中国民航同国际上许多航空运输企业一样，一直存在着劫持与反劫持、破坏与反破坏的斗争。一是国内外的反动势力，出于政治上的需要，企图破坏中国民航的航班飞行；二是国际上接连不断地发生劫机事件，对中国也有一定影响。国内少数歹徒和犯罪分子有时也蠢蠢欲动，妄图劫持中国民航飞机外逃。为了搞好空中航行的安全，中国民航与公安部门协同配合，对国内外歹徒的阴谋破坏行为进行了长期的坚决的斗争。从 50 年代末到 1987 年，共破获预谋劫机案件多起。其中，1977 年至 1987 年，在中国民航班机上发生劫持飞机事件 5 起、破坏飞机事件 2 起，除 1 起得逞外，其余 6 起都在广大旅客的大力协助下，被中国民航机组人员所粉碎，确保了空中飞行安全，受到国内外旅客的好评。

对防止劫持和破坏飞机的工作，中国政府历来非常重视。国务院专门成立了防止劫持飞机的领导小组，设有专门的办事机构，负责处理有关劫机的具体工作，并做出明确规定，采取一系列措施。1956 年 6 月 6 日，国务院发出通知，"凡乘坐民用航空飞机，无论军事人员、国家机关、团体工作人员或一般旅客，一律不准携带武器"。1986 年发生了一起旅客冒名乘坐民航飞机的事件后，中国民航总局于同年 2 月下发了《确保空中安全，把好客货关的通知》，规定旅客应凭介绍信和身份证件购买飞机票的办法。为了粉碎坏分子任何形式的劫持和破坏民航飞机的事件，中国民航总局指挥部、政治部于 1970 年 12 月 20 日和 1971 年 8 月 27 日，先后发出了《关于预防敌人空中劫持飞机的措施》和《提高警惕，彻底粉碎敌特阴谋破坏活动的措施》；中国民航总局政治部还于 1974 年 6 月 18 日下达了《关于进一步做好防止敌人劫持、破坏民航飞机工作的通知》。

为了适应中国民航运输业务发展的需要，做好空防安全工作，国务院于 1973 年 12 月 17 日批准了中国人民解放军总参谋部、公安部、外交部、中国民航局、对外贸易部《关于加强对外开放机场和国际班机安全保卫工作的指示》。1981 年 7 月 9 日，国务院批转了中国民航局和公安部《关于组建民航公安机构的请示报告》。同年，国务院还批准了公安部、中国民航局、外交部《关于在我国民用机场逐步建立公开安全技术检查的请示报告》，并对北京、上海、广州、沈阳等地始发的国际航班和国内航班的旅客，陆续实行安全技术检查制度。

1982 年 7 月 25 日，中国民航兰州管理局第八飞行大队杨继海机组，驾驶伊尔-18型220号飞机执行西安—上海航班任务,在飞行途中被5名歹徒手持凶器劫持。由于机组人员机智勇敢,沉着冷静,按照反劫持预案和中国民航局关于反劫机方面的要求,驾驶飞机在上海虹桥机场安全着陆,粉碎了罪犯的劫机阴谋,受到国务院通令嘉奖,被授予"中国民航英雄机组"的称号。同年12月1日国务院发出了《关于保障民用航空安全的通告》。

1983年5月5日,中国民航沈阳管理局第十飞行大队王仪轩机组,驾驶三叉戟296号飞机,执行沈阳—上海航班任务,在飞行途中被6名歹徒持枪劫持。全体机组人员临危不惧,采取各种措施,英勇机智地与罪犯周旋,后由于燃料不够,被迫在南朝鲜春川机场着陆,保证了飞机和机上96名旅客的安全。飞机着陆后,机组人员和旅客团结一致,坚持原则,严肃认真地维护国家尊严,一丝不苟地执行各项规定,终于使飞机、旅客和机组人员安全返回祖国。同年5月8日国务院发布了《关于加强防止劫机的安全保卫工作的命令》,对乘坐民航飞机的旅客身份及手续等,进一步做出了严格规定,并采取措施加强旅客在机场登机前的安全检查和检查后的隔离工作。为了加强对旅客的安全检查,国务院还决定自同年7月起,把这项安全检查工作全部交由中国人民解放军武装警察部队办理。1987年9月,中国民航局还进一步制定了《民用航空安全保卫工作规则》。

上述各项行政法规及管理制度的颁发施行,对搞好防止劫持和破坏飞机工作以及保证飞行安全都起着重要的作用。

20世纪50年代中期以来,中国民航遵照国务院的一系列重要指示和要求,并参照国际民航公约的有关规定,在防止劫持和破坏民航飞机方面做了大量工作,并采取了许多行之有效的具体措施。

首先是在地面认真执行旅客售票、安全检查和登机的"把三关"制度。即旅客购买飞机票时,必须持有本人所在单位的介绍信及本人身份证件;旅客办理乘机手续时,必须查验其飞机票和身份证件,并对旅客及其手提行李实施安全检查;旅客登机时,必须凭飞机票和登机牌放行。1988年第一季度,中国民航发现了多起持伪造身份证件购买飞机票的人。如3月9日鞍山钢铁公司修建部福利厂1名工人,持着鞍山市铁东区兴旺摩托车配件商店(个体户）的介绍信，到民航沈阳管理局沈阳售票处购买 7 张沈阳—上海航班的飞机票，经查其中有 5 名聋哑人不是该商店的职员，有 4 人的身份证是伪造的。10 月 13 日，民航广州管理局湛江航站对湛江—广州 3822 航班的旅客进行安全检查时，发现有 1 名旅客随身携带了 2 把匕首、1 支塑料手枪和 1.2 万元人民币，被公安部门拘留审查。

其次是加强机场和飞机的警戒。机场是国家的重要保卫目标之一。中国民航国际机场和省、自治区、直辖市一级的机场，都驻有警卫部队，停场飞机都由警卫人员看守。1981 年实行安全检查制度后，对机场按划分的区域进行管理，凡是隔离区和禁区，无关人员和车辆都不得入内。对执行航班任务的飞机，在客机坪停放期间，也有专人负责监护，严防无关人员接近飞机或擅自登上飞机。

此外，对旅客托运的行李物品也要进行必要的安全检查或抽查。对货主托运的货物，除进行必要的安全检查外，一般都须存放 24 小时后才能启运。1988 年上半年，中国民航各地机场共抽查旅客托运的行李 223 万多件，其中查出枪支 3 支、易燃易爆物品 10274 件。这对保证空防安全和飞行安全起了重要作用。

30 多年来，中国民航防止劫持和破坏飞机的工作取得了显著成绩，对保证飞行安全，发展航空运输和通用航空生产，起了积极的作用。这是中国民航广大职工和公安、武警人员以及有关方面协同配合、辛勤工作的结果。他们中间涌现出了一批英雄模范人物，杨继海机组和王仪轩机组就是其中的杰出代表。

第四节　保证飞行安全的基本措施

30 多年来，中国民航从社会主义原则出发，本着对国家和人民的生命财产认真负责的态度，把保证飞行安全作为自己工作的首要职责，采取了一系列措施。归纳起来，基本有以下五条。

一、加强组织领导，牢固树立"保证安全第一"的指导思想

新中国成立以来，中国共产党和国家领导人对民航建设及其飞行安全，一直非常重视。毛泽东主席、周恩来总理生前对民航建设十分关心。邓小平、李先念等多次亲自过问民航的安全工作。十年动乱期间，林彪、"四人帮"干扰破坏民航建设和飞行安全。周总理为使民航免受意外损失，对民航工作，特别是飞行安全、空防安全抓得更加具体，即使对一些航班的安排，服务质量，以及飞行人员的培养等，都及时做出重要指示。

中国民航局始终把"保证安全第一"作为建设和发展民航事业的指导方针，经常教育民航全体职工牢固树立安全第一的思想，正确处理安全与其他各项工作的关系，在任何情况下都要把保证飞行安全放在第1位。各级领导机关衡量工作和考核干部，都把保证飞行安全作为首要条件；在安排和总结工作以及调查与处理问题时，也把保证飞行安全列为首要内容。

新中国民航建立初期，中国民航局及其所属单位，不以飞行任务少而放松飞行安全工作，而是经常总结飞行安全工作中的经验教训，对发现的问题进行分析研究，及时提出改进措施。

1953年，中国民航开展安全立功运动和安全飞行10万公里的竞赛活动，广泛发动和依靠群众抓好飞行安全工作。

1958年，是中国民航飞行事故比较严重的1年。为此，中国民航局发布了第117号命令，要求民航全体职工认真贯彻"保证安全第一"的思想，确保飞行安全，并且从人员思想到飞行、调度指挥、气象、机务、通信、训练、通用航空等各方面提出了14条要求。

1959年9月4日，周恩来总理在听取交通部部长王首道汇报时，又针对当时民航发生飞行事故的情况指出，"一定要保证飞行安全，不仅要保证数量，而且要保证质量。"当时全国正处在"大跃进"时期，在"左"的思想影响下，各个部门都程度不同地存在着急于求成、追求数量、忽视质量等现象。因此，周总理又进一步强调了民航"保证安全第一"的重要意义。

1961年7月，中共民航总局委员会总结了自1958年以来飞行安全工作中存在的问题，发出了保证飞行安全的指示，从思想上和技术上要求民航各部

门齐心协力抓好飞行安全,提高各部门各工种的工作质量。在思想上,要增强政治责任心,充分发挥人的主观能动性,责任落到实处;在组织和技术工作上,要求组织与实施飞行工作必须把好放行、接受、航路指挥三个关口,正确掌握和处理好"没有把握不飞"的原则和积极主动争取飞行正常的关系。飞机维修工作要严格检查,力争四无(无事故、无故障、无缺陷、无锈蚀和油泥),加强四防(防风、防火、防潮、防尘),做到不带故障上天,不带故障出厂。运输业务工作必须防止超载、载运危险品和因装卸捆绑不当而损坏行李、货物和飞机。通信导航工作必须做到迅速、准确、不间断、保密,充分发挥通信导航工作对飞行安全的保证作用。气象工作要把好预报、实况和危险报的传递三关,尤其对雷雨季节的复杂天气必须集思广益,认真讨论,及时准确地提供天气实况,严密监视天气演变,纠正报喜不报忧和盲目乐观的偏向。油料供应工作必须做好一保(保安全)、二查(经常检查油料质量、规格和数量)、三洁(各种加油设备、工具和油料清洁)、四无(油料无水分、无杂质、无金属末、无纤维)。场务工作要做好机场维护工作,加强场内管理,对土质道面和农业临时机场,在雨季中要勤于检查维护,消防设备必须经常处于完好可用状态。通用航空必须根据作业地点分散、时间集中、任务紧迫和野外作业的特点,充分做好飞行前的准备工作,加强生产实施过程中的组织领导,以及搞好各方面的通力协作。

1965年,中国民航总局颁发《中国民用航空飞行条例》(草案)中规定了建立首长值班制度。各级飞行值班首长由各单位首长轮流担任,负责日常的飞行组织与实施。在值班期间,要求严守岗位,履行职责,切实抓好安全生产工作。自此,从总局到各地区管理局、省(区)局、航站以至飞行总队、大队,都建立了首长值班制度。做到有飞行就有领导干部值班,负责组织与处理安全生产方面的问题。实践证明,这是当时中国民航管理体制下的一项行之有效的制度。它不但加强了对飞行的组织领导,而且密切了领导干部同职工之间的关系,对确保飞行安全起到了积极作用。

随着民航事业的发展,中国民航担负的重要专机任务逐渐增多。为了加强对专机工作的组织领导,确保飞行安全,遵照国务院、中央军委指示,中共民航总局委员会于 1973 年 10 月 23 日做出决定，成立专机安全工作小组，各地区管理局、省（区）局也成立相应的组织，具体负责专机飞行的组织与实施。

实行"飞飞整整"，是中国民航广大空、地勤人员参照中国人民空军的做法，在长期保证飞行安全实践中总结推广的先进经验，目的是及时发现不安全因素，及时采取预防事故的措施，主要是定期和不定期地进行群众性的安全检查，认真查处飞行事故征候，把飞行事故消灭在萌芽状态中。要求做到：有了苗头及时检查整顿，出现问题重点检查整顿，别人的事故要对照检查整顿。在安全检查整顿中，强调要联系实际，抓住重点，进行"四查"，即查思想、查纪律、查制度、查领导。对飞行中出现的问题，既要找思想原因，又要找技术原因，使大家接受经验，吸取教训。民航北京地区管理局第一飞行总队坚持这一原则，始终保证了飞行安全。民航广州地区管理局第十五飞行大队还经常根据上级指示，结合大队实际情况，做到飞行顺利时主动整，出了问题及时整，上级有指示马上整。他们根据上级布置，在通用航空作业基地开展了包括安全、质量和作风纪律的"三赛三比"活动，收到了良好效果。

1980 年，中国民航局决定在航行局下设安全检查处，具体承办全局的飞行安全工作，以加强飞行安全的管理，严格检查监督，完善飞行事故的调查程序和方法，交流保证飞行安全工作的经验教训。

1980 年 6 月，中共民航局委员会做出决定，在全民航系统开展"安全、正常、服务好"百日大检查、大竞赛活动。1981 年、1982 年，民航局结合全国开展的"质量月"活动，根据民航的具体情况，继续在全民航开展"安全、正常、服务好"的竞赛活动，并颁发了《民航飞行人员和单位长期安全飞行的奖励试行办法》，受到了广大空勤人员的拥护，推动了飞行安全工作的开展。

80 年代初期，中国民航发生了几起飞行事故。除了 1983 年在桂林发生的三叉戟 266 号飞机一等飞行事故的特殊情况外，1982 年在广州发生了伊尔－18 型 202 号飞机失火事故，次年在广州发生空中国王 B200 型飞机遇风切变的飞行事故，以后又发生了三叉戟 264 号飞机在桂林机场被空军飞机撞坏等飞行事故,给国家和人民生命财产造成了重大损失。为了认真贯彻中共中央、国务院关于保证飞行安全的指示、命令,迅速扭转安全形势不好的局面,民航系统自下而上进行了安全整顿,广泛发动群众"查隐患,堵漏洞,订措施";并在全民航开展了以保证飞行安全为中心的"安全月"和"质量月"活动。通过这一系列工作,提高了广大职工对保证飞行安全的重要意义的认识,增强了保证飞行安全的责任感和紧迫感。在此基础上因势利导,中国民航局做出了《关于保证安全的决定》,重申了有关飞行的十九条禁令,同时进一步完善了飞行安全工作的组织机构。

1984年2月20日,国务院批复同意中国民航局设立安全检查司。民航各地区管理局、工业航空服务公司和飞行专科学校也相应设立了飞行安全检查处,驻有飞行队的省(区)局设立了飞行安全检查科,其他单位设立了飞行安全监察人员,进一步加强了对飞行安全工作的组织领导。

1984年,由于民航系统各级领导和广大职工认真贯彻落实中国民航局颁发的《关于保证安全的决定》《关于提高运输服务质量的决定》《关于民航系统贯彻国营企业职工思想政治工作纲要(试行)的决定》,大力抓紧安全生产,改进服务工作和思想政治工作,使这一年的安全生产形势大有好转,不但全面超额完成了年度生产计划,而且较好地保证了飞行安全,杜绝了飞行事故,是1965年以来安全生产形势最好的1年。

在保证飞行安全的工作过程中,民航各级领导干部经常深入生产第一线,进行调查研究,发现问题,及时解决,对保证飞行安全起到了积极作用。民航北京管理局第一飞行总队的领导,长期坚持接送班机进出港,把思想政治工作做到机舱里,掌握了班机安全和正常的第一手材料,既密切了干群关系,又及时解决了飞行安全中存在的问题。民航广州管理局第十五飞行大队在执行通用航空飞行任务时,多年来一直坚持须有领导干部带队的规定。中国民航每次担任的重要专机任务,都是由总局和地区管理局领导干部亲自部署和指挥,并亲自带队,以保证专机飞行安全可靠。

30多年来的实践证明,只要民航全体职工坚持贯彻"保证安全第一"的指导方针,牢固树立安全第一的思想,切实加强安全工作的组织领导,认真落实各项安全工作措施，飞行安全就有了可靠的保证。

二、建立、健全并严格执行各项规章制度

要保证飞行安全，必须建立、健全一整套合乎客观规律的规章制度，并在实践中严格贯彻执行。

中国政府和中国民航局对建立、健全民用航空规章制度是十分重视的。在制订有关保证飞行的规章制度时，历来强调要吸取外国的和国际民航组织的先进经验，结合中国的具体情况，使它既能符合国际标准，又能适应中国国情，使中国民航的安全生产标准化、制度化、规范化、程序化。做到工作起来有章可循，有法可依，检查起来有据可查。同时，要求在安全生产的实践中不断地总结经验教训，根据体制、机型和保证飞行安全的设备以及人员技术业务水平的变化情况，及时对规章制度进行修改或补充。

1950年11月1日，中央人民政府人民革命军事委员会主席毛泽东签署颁布了《中华人民共和国飞行基本规则》。这是在中国境内组织实施飞行、维持飞行秩序和保证飞行安全的基本依据。

中国民航建立初期，为尽快恢复和发展民航事业，根据《中华人民共和国飞行基本规则》，1951年民航局颁布了《民航暂行规则（草案）》和《空中交通管制制度（草案）》；1956年参照苏联民航的经验，组织编写并颁布了《中国民航飞行条令（草案）》，其中包括《组织保证与指挥飞行之各级人员的职责与权利》；随后又颁布了《民航指挥工作细则（草案）》、《飞行事故调查程序》和《专机工作细则》。这些条令和细则，对民航初建时期的飞行组织与实施，以及确保飞行安全，都起到了良好的作用。

随着民航事业的不断发展，飞行任务逐渐繁忙，新机型、新技术不断增加，原有的一些规章制度已经不适应发展的需要。根据中共中央和国务院领导指示，中共民航局委员会于1960年做出决定，要建立和健全民航的条令、条例和规章制度。当时，抽调各业务部门一些有经验的人员和工作在第一线的空地勤人员组成编写小组，集中在杭州着手编写各行业、各工种的条令、条例、细则和规章制度。先后参加这次民用航空规章制度编写工作的专家有数百人，历时6年，编写出各种规章制度近百本，为搞好以后民航飞行安全工作提供了法规依据。

1964年1月11日，中国民航总局颁布了经过国务院批准的《外国民用航空器飞行管理规则》。1979年2月23日，由民航总局修改后重新颁发。这是外国民用航空器进出中国国界和在中国境内飞行或者停留时必须遵守的规则。

1965年10月1日，中国民航总局颁发了《中国民用航空飞行条例（草案）》和《中国民用航空飞行指挥工作细则》。1980年7月28日，又将修改后的《条例》和《细则》重新颁发。这是中国民航组织与实施各种飞行的依据，也是中国民航所属飞行指挥人员（包括各级首长、飞行队的飞行指挥员、航行调度员和航行管制员）、空勤人员以及保障飞行的有关人员必须遵守的规章。

1965年4月20日，中国人民解放军空军颁发了由空军和民航共同派人参加编写的《专机工作条例（草案）》。这是空军和民航组织与实施专机工作的基本依据。1977年经过修改后由空军重新颁发。根据这个条例，中共民航总局委员会于1978年1月11日发布了《民航执行〈中国人民解放军空军专机工作条例（草案）〉的补充规定》。这个规定也是中国民航组织与实施专机工作的基本依据。

至此，中国民航在保证飞行安全方面颁发的重要条令、条例、细则已基本齐全。民航各级领导和广大职工遵循这些规章组织实施飞行，保证了飞行安全。

中共十一届三中全会以后，中国民航根据过去的经验教训，又补充制订了一些规章制度。1980年6月16日，中国民航总局颁发了《飞行事故调查条例》，以代替原有的《飞行事故调查程序》。1980年5月13日，中国民航总局下发《飞行大队长职责》；1983年5月16日，又下发《飞行四个阶段中空勤人员工作职责》《机长职责》《关于在穿云下降着陆过程中机组分工配合的规定》《生产条件下带飞训练有关飞行安全的几项规定》等。这些规定，都是各飞行队以至每个机组、每个机长多年来飞行实践的经验总结，进一步完善了保证飞行安全工作方面的规章制度。

实践证明，建立健全各项规章制度是做好安全工作的必要条件。但是，如果没有中国民航广大职工良好的工作作风和组织纪律，并认真贯彻执行各项规章制度，要想有效地保证飞行安全，也是不可能的。

因此，中国民航局非常重视严格执行规章制度问题。要求民航全体职工加强组织性纪律性，服从命令，听从指挥，做到雷厉风行，令行禁止；认真学习并熟记有关的规章制度内容，做到自觉遵守，严格执行；各级领导干部要以身作则，为人表率，用自己的模范行为带动和教育部属，养成说老实话，办老实事，做老实人和严格要求，严密组织，严明纪律，严肃态度的"三老四严"的优良作风。同时，在执行规章制度方面还强调做到赏罚分明，对规章制度执行得好，保证安全的有功人员，给予表彰奖励；对违章操作，违章指挥，以致危及安全的有过失人员，要追究责任，严肃处理；特别是对于违章的领导干部，则必须从严从重处分。

中国民航北京管理局第一飞行总队，在飞行过程中一丝不苟地执行规章制度，坚持做到"两个一律""两个坚决"，即在半能见度、半仪表进场时，一律按仪表进入；可穿云可不穿云时，一律按穿云程序着陆；该返航的坚决返航，该复飞的坚决复飞，不作盲目或勉强动作，把安全建立在稳妥可靠的基础上。因此，安全形势一直很好。

中国民航上海管理局第五飞行大队学习《机长职责》，坚决执行职责中提出的要求，大队长亲自给飞行员上课，专讲"怎样当好机长"，使机长真正起到机组的核心和领导作用。

中国民航局副局长兼北京管理局局长徐柏龄，在实践中做到了领导干部带头执行规章制度，规定凡是理论学习不及格的，不参加转机型训练；飞行前准备不好的，不参加飞行操作等。这对部属来说，是一种无声的命令。

三、加强技术业务训练，严格技术业务考核

民用航空技术装备复杂，所需的飞行和指挥以及各勤务保障部门的各类技术人员，都必须经过严格的专业训练与考核，不断提高他们的技术业务水平，才能充分发挥先进装备的使用效能，保证飞行安全，完成各项飞行任务。

中国民航各级领导干部，都把抓好各类专业技术人员的培训工作，建立行之有效的学习和考核检查制度，作为自己的重要职责。

中国民航局规定，各类专业技术人员于专业院校毕业后，进入工作岗位单独工作前，必须进行有关的理论学习和技术训练，并经过理论考试，技术考核，符合规定标准，发给专业执照，方可单独执行任务。之后，如果间断飞行或间断工作超过规定时间的，还必须进行带飞检查和跟班见习，并经考核合格后，才能再次单独执行任务。

为了切实了解各类专业技术人员的航空理论和技术水平，中国民航局规定每年要组织定期检查，内容包括理科测验和术科检查，其成绩均记入本人档案，作为奖励和晋升的依据。如果由于技术操作原因发生了事故或事故征候，以及定期的理科测验和术科检查不合格的人员，还必须进行带飞训练或跟班见习，待检查合格后，方能批准其单独执行任务。

为了保证各类专业技术人员的知识更新和不断提高技术业务水平，中国民航局规定，飞行人员每月应有规定的熟练飞行小时，其他人员每周应有不少于4小时的业务学习时间。各级领导应在师资、设备和时间上予以保证。熟练飞行和业务学习的重点，应放在提高特殊情况处置能力和复杂气象条件下飞行能力上面。

飞行是在大气中进行的。它要受到气象条件和季节变化的制约。因此，中国民航局还规定，每年要进行两次换季学习和检查，使专业技术人员的思想、技术和飞行以及地面设备等适应季节的变化，以确保飞行安全。其中，飞行人员主要是进行航空理论、机械使用和气象知识的学习，以提高在雷雨、结冰、低云、低能见度、大风、扬沙等气象条件下的飞行操纵能力。

30多年来，中国民航各级领导和飞行训练部门，遵循"积极领导，稳步前进"，"严格训练，严格要求"的方针，狠抓飞行人员的飞行技术训练和航空理论教育，保证了飞行安全。民航北京管理局第一飞行总队，重视抓好驾驶技术的基本功训练和航空理论教育，在放单飞的问题上；坚持标准，决不迁就，因此飞行人员的飞行技术水平都比较高。总队长尹淦庭是1952年参加飞行的老飞行员，飞行技术娴熟，经验丰富，但他从不自满，仍严格要求自己，带头练好起飞落地和仪表穿云的基本功，并积极钻研外语，每年都坚持参加技术考核。由于他基本驾驶技术扎实，曾经被评为全国民航安全飞行模范。

四、明确分工，密切协作，主动配合

民用航空装备先进，技术复杂，工种繁多。空地之间、地面各勤务保障部门之间，在组织与实施飞行中，必须在值班首长的统一领导下，从整体出发，密切协作，主动配合，互相尊重，团结一致，切实按照飞行预先准备、飞行直接准备、飞行实施和飞行讲评四个阶段的分工，尽职尽责地做好保证飞行安全工作。

飞行实施阶段，是飞行四个阶段中保证飞行安全，完成各项飞行任务的关键。因此，搞好空中与地面的协同配合尤其重要。空中了解飞行中的情况比地面具体，地面掌握飞行区域的情况比空中全面。指挥调度和空中交通管制人员在指挥飞行时，必须认真考虑空中情况，给机长留有机动处置的余地；机长应当准确执行指挥调度和空中交通管制人员的指示。当执行指示将影响安全时，必须立即报告；如果时间来不及，可根据情况采取措施，并将自己的决定报告指挥调度和空中交通管制员；地面应积极提供一切有利条件，协助机长正确处置，保证飞行安全。

在组织与实施飞行中，航行调度部门是各级值班首长组织与指挥飞行的办事机构。因此，根据多年来的飞行实践，为加强机组与各勤务保障部门之间的密切协作，中国民航局于1958年制定了以调度指挥为中心的协作制度。主要内容是：各机场根据本机场的具体情况，规定了飞行四个阶段中飞行人员与各勤务保障人员的工作分工，以及完成的时间和互相提供情况的要求；各自按照规定程序和时间表进行工作，形成一个统一的、系统的、有机联系的整体，共同为保证安全飞行进行工作。

这项制度实施以后，取得了良好效果。首先，使调度部门能够与各协作部门保持密切联系，全面掌握飞行和飞行保证工作的情况，使调度指挥更加切合实际，取得主动。其次，使调度部门能够根据保证飞行安全的要求，加强与各协作部门的工作配合，通过飞行前的检查和飞行后的讲评，及时纠正差错，防止事故的发生。第三，调度部门能够根据飞行计划和飞行动态，组织各协作部门按时完成准备工作，杜绝责任延误，争取飞行正常。第四，各勤务保障部门能够及时了解飞行计划与飞行动态，根据调度部门的统一安排，有计划地组织飞行保障工作，主动配合调度部门共同完成安全生产任务。

在执行以调度指挥为中心的协作制度中，民航各级调度部门发挥了在值班首长领导下保证飞行安全的核心作用。新中国成立十周年国庆期间，在专机、加班包机以及航班运输十分繁忙的情况下，北京首都机场以及武汉、西安、昆明等站调度部门，以高度的责任感和组织纪律性，密切协调各业务部门的工作，较好地保证了运输飞行的正常与安全。在十年动乱期间，以调度为中心的协作制度一度受到不应有的批判，但多数地区管理局、省（区）局依然坚持了这一制度。粉碎"四人帮"以后，这项制度得到了全面恢复和贯彻执行。1980年颁发的《中国民用航空飞行条例》规定："航行部门根据飞行任务，在值班首长指示下，负责组织各部门之间的协作，保持密切联系，及时通报有关情况。各勤务保证部门，必须围绕飞行安全，按时完成保障任务。空勤组、各勤务保障部门应当在航行部门的统一安排下，主动配合、密切协作，保证飞行任务的顺利完成。"执行这一规定，使飞行安全的组织保障工作进一步得到加强。北京首都机场站调度室，长期以来一贯重视严把调度指挥关，保证了飞行安全，1983年被评为北京市先进单位；北京首都机场区域调度室被共青团中央授予1984年"新长征突击队"称号。民航上海虹桥机场站调度室塔台，多年来在加强调度指挥工作，保证飞行安全和空防安全方面做出了出色的成绩，1982年被上海市评为交通口先进集体。

保证飞行安全还必须依靠群众的智慧和力量。30多年来，中国民航局在下发的有关安全工作的通报、通知中，都充分强调依靠群众，群策群力，严把安全关的重要性和必要性。只有充分调动群众的积极性和创造性，才能有效地确保飞行安全和空防安全。这方面的突出事例很多。中国民航工业航空服务公司第一分公司（原民航第二飞行总队第十八飞行大队），到1987年，已连续20年保持了飞行安全的先进纪录。这个分公司常年执行全国性的通用航空任务，机组远离领导，出差时间长，有很大独立性。他们针对这一特点，发动群众，依靠群众，人人都把安全关。首先是调动"两长一员"（机长、党小组长、支部委员）的积极性，使他们在执行各种任务中，严格要求自己，吃苦在前，工作在前，较好地发挥了安全生产的骨干作用。其次是经常开展群众性的确保安全活动，坚持做到安全措施大家订，事故隐患大家找，事故苗头大家抓，安全关口人人把，基本上形成了一个群众性的保证安全的可喜局面，促进了安全生产的发展。

五、更新机型和各种保障设备，推广应用先进技术

不断更新机型和各种保障设备，学习和吸收先进技术，是保证飞行安全的重要手段。30多年来，中国民航在中共中央、国务院、中央军委的关怀和领导以及有关部门的支持下，对一些重要机场多次进行了修建与扩建，增加了必要的机务维修、通信导航、气象保证等重要设备；对全国的航行管制区、情报区以及飞行航路进行了规划和建设；同时，还购进了比较先进的新机型、新设备；学习吸收了相应的飞行和维护新技术，加强了飞行安全保证工作。

30多年来，中国民航更新了三次机型，由活塞式螺旋桨飞机到涡轮螺旋桨飞机进入到涡轮喷气飞机时期。到1987年，中国民航已拥有世界上比较先进的波音－747、757、767以及A－310等机群。为了配合机型更新的需要，中国民航新建、扩建和改建了100多个机场。其中，北京首都机场于1958年3月建成，其后进行了第二次扩建，1980年和1982年新建了旅客候机楼和航管大楼，进一步更新了地面保障设施，初步建成了一套比较现代化的旅客服务系统、指挥系统和导航系统，成为中国的现代化航空运输中心。

中国实行对外开放，对内搞活经济的政策以来，外国通航中国的飞行班次增多，中国民航也不断开辟国内航线并增加班次，以致各地机场，尤其是北京、上海、广州、桂林等地机场的飞机起降架次日趋增多。中国民航为了适应航空运输和通用航空业务的迅速发展，陆续采用各种新的技术装备，加强了机场和航路的空中交通管制系统的建设。国际机场和国内主要机场已采用仪表着陆系统（ILS）；国际航线和国内主要航线已采用全向信标（VOR）、测距（DME）导航系统；飞行比较繁忙的空中交通管制中心已采用一二次雷达（SSR、ASR），以便掌握飞行动态，调配飞行层次和距离；地空通信已采用单边带，部分地区采用特高频（VHF）；平面通信已采用低速自动传报系统，并着手筹建中、高速自动传报系统。

新型飞机的增加，机场的加紧建设，保障设备的更新，为保证飞行安全提供了良好的物质基础。

第五节 安全飞行先进单位与个人

30多年来，在中国民航飞行队伍中涌现出一批长期保证飞行安全的先进单位与先进个人。为了表彰先进，进一步搞好安全生产，1982年，中国民航局按照《民航飞行人员和单位长期安全飞行的奖励试行办法》，认真评选出14个连续安全飞行10年以上的总队、大队、学校和分校；评选出符合一级安全飞行奖章标准的飞行人员166名，二级的204名，三级的556名。同年8月，在北京召开的全国民航安全飞行授奖大会上，民航第一飞行总队、第五飞行大队、第十五飞行大队和民航飞行专科学校第二分校4个单位，被命名为"全国民航安全飞行红旗单位"；徐柏龄、尹淦庭、黄绪春、蒋远猷、徐继富、王国希、何大运、顾振藩、崔天富、李太福、沙金玉11名飞行人员，被授予"全国民航安全飞行模范"称号。从1983年到1987年，又有495名飞行人员达到了一级安全飞行奖章标准，其中有99名达到了特级安全飞行奖章标准。1985年至1987年，在民航空勤人员中，被评为全国民航劳动模范的有张铁成、张远生、王永盛、郝莉莉、黄宝富、苏本富、尹海明、汪春庙；荣获"五一劳动奖章"的有蒋志伟、张延本、顾振藩、张铁成、宗三鼎、黄宝富、谢远征、孔祥瑜、朱志勤、苏本富、尹海明、汪春庙。

在上述受表彰的先进单位和先进个人中，民航第一飞行总队是一个杰出的代表。这个总队从1955年组建飞行大队起到1987年止，先后在100多个国家和地区的210多个机场起降，安全飞行70多万小时，完成运输总周转量40多亿吨公里，执行重要专机任务5000多架次，创造了连续安全飞行33年的优秀纪录。为了表彰这个总队的卓著功绩,在1982年8月全国民航安全飞行授奖大会上被命名为"全国民航安全飞行红旗总队"。在这以前,中国民航总局和国家有关部门,也曾先后分别授予它"安全飞行标兵单位""长期保证飞行安全先进单位""全国安全生产先进集体"等荣誉称号。1986年中国民航局给它记了集体二等功。1987年10月5日,中国民航北京管理局在纪念周恩来总理生前对民航批示"保证安全第一,改善服务工作,争取飞行正常"30周年的大会上,还向该总队安全飞行1.3万小时的9名特级飞行员颁发了奖章,使该局的特级飞行员增加到了30名,是中国民航各地区管理局、公司中拥有优秀飞行员最多的一个单位。

第一飞行总队的广大飞行人员,在他们长期的飞行实践中深深体会到,要保证飞行安全,必须牢固树立"保证安全第一"的指导思想,任何时候都要把飞行安全放在一切工作的首位,坚持做到"四严",即严密的组织、严格的训练、严明的纪律和严谨的作风。

首先,要做到严密的组织。就是对飞行安全工作实施严密的组织领导和科学管理,把飞行安全建立在可靠的基础上。选拔思想好,技术过硬,理论水平高,有组织领导能力的干部担任飞行领导职务;妥善配备机组成员,重点抓好机组的建设,落实机长责任制。

坚持安全讲评制度。总队、大队和中队定期进行安全讲评,机组每次飞行后进行安全讲评。30多年来,虽然总队领导多次更换,工作环境变化很大,但这些做法始终坚持不懈。

为了防止执行规章制度出现"常讲常松"等现象,总队领导除了进行广泛宣传教育外,还专门规定了领导干部的跟班检查,大队、中队之间的相互检查,以及把执行规章制度纳入考核范围等办法,以监督规章制度的贯彻落实。

其次,要做到严格训练。就是培养飞行人员具有坚实的航空理论,精湛的飞行技术和较好的外语知识。为此,训练上认真执行飞行训练大纲,坚持高标准、严要求。技术上严格把关,坚持一视同仁,不论职务高低,资历深浅,一律严格考核;特别重视特殊情况和复杂气候条件下的训练,不够标准的不能单独执行任务；提倡能者先上，不搞特殊照顾。1980年以来，总队相继增加了一批新飞机，转机型的训练任务很繁重，他们把它作为加强队伍建设的一个重要环节来抓，保证了训练质量和飞行安全，并使新机型较快地投产使用。同时积极进行特殊科目的训练，以提高飞行人员处置特殊情况的能力。

第三，要有严明的纪律。就是对违反安全规定，不按规定程序操作的人员，严格执行纪律。中国民航局《关于保证安全的决定》做出后，总队立即组织学习贯彻，特别是对决定中的19条禁令，要求每个飞行人员必须熟记，并在工作中照办。同时还订立了机组驻外守则和加强组织纪律性的12条规定。对在执行上述规定中出现的问题，决不遮遮掩掩，姑息迁就，始终维护规章的严肃性和权威性。在保证安全上，以多做预防性的工作为主，注意抓征兆、抓苗头，不能等到出了问题才去处理。而在处理发生影响安全的问题时，坚持"三不放过"的原则，即做到不找出原因不放过，不总结出教训不放过，不制定出措施不放过的原则。并且在处理问题时，不照顾情面、资历和职务，尤其强调领导干部的表率作用。

第四，要有严谨的作风。最主要的是，提倡尊重知识，尊重科学和刻苦钻研飞行技术的作风。使大家认识到，飞行无小事，安全无小事；对待飞行安全工作，必须严肃认真，一丝不苟。如飞行四个阶段中的具体规定，所有机组每次飞行时都要严格履行。虽然飞行了千百次，重复了千百遍，但每一次都必须当作第一次飞行那样严格认真去做，任何人都不能例外。在飞行实施阶段中要念检查单的规定，坚持做到眼到、口到、手到的要求，许多机组人员并不因为所念的内容早已背得很熟，而产生厌烦情绪或敷衍塞责的态度。在执行远程国际航班任务时，往往飞机需要在国外过站。这时，即使机组经过长途飞行后已很劳累，但总要坚持先对飞机进行检查，发现故障和问题，及时排除和处理，牢牢地把住"安全关"。1987年5月，薛仁山机组从美国旧金山起飞后不久，火警铃发出报警信号，飞机立即返航，落地后请美方技术人员进行检查，结论是："假信号，可以飞行"。但机组根据各种迹象判断，认定飞机存在安全隐患。遵照19条禁令中关于严禁飞机带故障上天的规定，他们要求美方再次进行检查,终于发现第一台发动机高压活门和压力放气活门漏气的故障,并及时排除,避免了可能导致的一起飞行事故。像薛仁山机组那样,以高度的事业心和责任感,严肃认真对待飞行安全的工作态度,在一总队已蔚然成风。

长期以来,中国民航北京管理局第一飞行总队和受过表彰的其他先进单位和先进个人,同民航广大职工一道,为民航安全生产做出了卓越的贡献。

第八章
航空机务维修工程

　　航空机务维修工程，在民航通常称为机务维修工作。它对保障投产飞机具备其应有技术性能，处于适航状态，并能顺利地完成飞行任务，起着重要作用。

　　航空机务维修工程，是一门综合性的技术科学，是航空科学的重要组成部分。它包括飞机（含直升机，下同）的选型、使用、维护和修理，直至飞机退役的全过程的监督、实施与管理等。其中最主要的是用科学的方法和最低的消耗来维护和修理飞机，以确保飞行安全和正常，满足各种飞行任务的需要，达到最好的经济效果。

　　飞机的维修，是由低级向高级以至大翻修发展的。较低级的飞机维护和航班飞机的日常维护工作，由于停场时间短，一般是露天作业，所以通常又称为外场维护；而高级的飞机维护、大修理和改装工作，停场时间较长，一般都是在室内进行，通常又称为内场修理。

　　30多年来，中国民航的机务维修工作，同整个民航事业一样，也经历了从小到大的发展过程，并取得了较大的成绩。1987年与1949年相比，民航拥有生产用飞机，由3个型号、12架飞机增加到31个型号、402架飞机（其中包括7个型号的直升机46架），相应的机务维修能力也大为增强；机务职工队伍也逐渐成长壮大，从业人员由1100人增加到8335人。

　　30多年来，中国民航的机务维修工作大体上经历了四个时期，即1949年至1954年的初建时期，1955年至1966年的发展时期，1966年至1976年的十年动乱时期和1977年至1987年的开拓前进时期。

第一节 初建时期

（1949—1954年）

一、建立天津和重庆飞机维护基地

1949年年底，中国民航在天津张贵庄机场设立维护基地，担负"两航"起义归来的12架C-46、C-47及CV-240型飞机的维修任务。1950年8月1日国内航线正式开航后，在重庆白市驿机场增设了维护分基地。抗美援朝战争爆发前后，中国民航飞机曾一度全部集中在重庆。

1951年，根据当时维修工作的需要，民航重庆外勤维护组扩充为机务工作队，负责往来西南地区的各型飞机200飞行小时以下的各级维护和小检修工作。当年7月2日，军委民航局奉命派出3架C-46型运输飞机，支援中国人民解放军进军西藏的运输空投任务时，由民航重庆基地派出了钱文元、谈治安、高锡麟等10多名机务人员参加了"民航支藏中队"，并于1952年7月返回民航。"民航支藏中队"因出色地完成了支藏任务，曾荣立集体二等功。

1952年，中国民航经过整编，实行政企分开的管理体制，并于同年7月在天津成立了中国人民航空公司。由于客观形势发展的需要，航空运输和通用航空业务都有所发展，天津张贵庄机场已逐步成为当时民航飞机的主要维护基地。该基地设有机务工作队，约有内外勤机务人员100人，承担5种中、小型飞机共28架（除大修以外）的各级维护和加装或改装工作（简称加改装工作，下同）。

新中国民航成立初期，机务系统基本上是沿袭原"中航"的维修合一的管理体制，全部采用当时国际上通用的定时维修方式。各型飞机飞行前、飞行后及过站或过夜，都要进行一次维护。而每隔50、100、200飞行小时都需要进行一次定期维护工作，对飞机机体、发动机和各个系统做例行检查，进行故障排除和补给燃油、水等一般勤务工作，以保证飞机完好适航。这种飞机维护工作，是逐级进行的，待飞机需要小修、中修、大修或对飞机各系统原设计项目进行加改装工作时，才送到修理厂修理。

当时，在厂房设备条件极其简陋和航空器材供应十分困难的情况下，机务人员发挥了聪明才智，克服了各种困难，完成了多项飞机加改装任务。如将爱罗－45型飞机单座驾驶改为双座驾驶，以利于空中作业；在飞机上加装了加温装置，以适应寒冷地区的空中作业等。

二、建成太原机械修理厂

1950年，军委民航局原拟在天津张贵庄机场修建一座飞机修理厂。但由于朝鲜战争爆发，国际形势发生了重大变化，故于同年7月22日提出了转移到太原建立飞机修理厂的建议。经周恩来总理批准，并电告中共山西省委，将太原亲贤机场及其附近的抗日战争时期的日军旧军营和一座火柴厂旧址，移交民航改建为飞机修理厂。

1951年1月，军委民航局决定将太原飞机修理厂改名为太原机械修理厂，并任命华凤翔为厂长、于辉为政委。同年1月15日，太原机械修理厂正式破土动工。参加此项工程的有民航华北办事处、空港工程处、太原机械修理厂和器材仓库派出的职工共231人。由于全体建厂职工的艰苦努力，克服了严冬季节施工的种种困难，到4月25日止，就顺利完成了太原机械修理厂的建厂任务。共计改建旧厂房5500平方米，新建厂房500平方米，修铺道路3450平方米，修补围墙175米，耗资约35.7万元。

1951年5月1日，民航太原机械修理厂举行了竣工典礼。大会对建厂功绩显著的先进的单位——器材搬运组和空港工程处工程科以及唐杰、冯长林、汪泰中、屠孔春、杨凤山、李寿坤、向得海等24名模范人物进行了表彰。

1951年5月7日，太原机械修理厂正式开工生产。经过半年多的努力，就超额完成了军委民航局下达的年度生产计划。共修理了23台R－2800型、27台R－1830型发动机和46副螺旋桨，以及汽化器和各种仪表等零附件2.5万余件，可供C－46、C－47和DC－3型飞机飞行2万小时的需要，对增加中国民航初建时期的航空运输能力和保证飞行安全等方面，都做出了应有的贡献。

三、建立上海机械修理分厂

1949年5月上海解放时,"两航"留守上海的约200名员工(其中机务人员约占1/3)和龙华机场的厂房设施、器材仓库以及一批停飞已久的旧飞机,全部由上海市军事管制委员会接收。"两航"起义后,军委民航局将约400名起义员工分配到上海,并在上海设立了办事处,接管了"两航"人员和上述厂房及物资。1951年年初,民航上海办事处向军委民航局提出报告,建议组织力量修复停放在龙华机场的旧飞机,并利用原有机库、厂房等设施,创建飞机修理厂。这个报告经民航局批准后,于同年2月12日正式成立了上海机械修理分厂。当时,该分厂共有职工330人,其中各级机务人员301人;车床仅有1台,所需维修飞机的工具和设备也很缺乏。因此,便动员"两航"机务人员捐献出一批自用工具,并组织他们设计和自制了近200台试验设备,1000多项工具,检修了一批动力设备,及时解决了建厂初期设备短缺的困难。在不到1年的时间里,该分厂员工把原设备简陋的飞机修理队扩建成一个能制造部分飞机零备件的工装设备的小型飞机翻修厂,为抢修旧飞机创造了有利条件。

四、抢修解放前遗留的旧飞机

上海是原"两航"的基地。上海解放前,"中航"和"央航"都在龙华机场遗留了一批旧飞机。为了早日修复这批旧飞机,民航上海办事处于1950年9月1日成立了飞机修理队,由章华、斯汉章分别担任正副队长,全队有职工90多人。该队挑选了两架遗留的C-46型飞机,将飞机各系统及零附件拆下来进行翻修。经过艰苦的努力,不到4个月时间,就完成了修复任务。经军委民航局派试飞员试飞,证明飞机性能良好。为此,民航上海办事处于1950年年底在龙华机场召开了庆功命名大会。军委民航局给这两架飞机分别命名为"上海号"[①]和"上海二号"。这两架飞机重上蓝天,为民航增加了运

[①] 1950年11月8日,军委民航局局长钟赤兵、副局长唐凯发布的命令称:"此次上海修理队同仁们积极努力修复国民党时期报废之C-46运输机一架,实对民航事业是一贡献,特命名为'上海号'机,以志纪念。这是民航史上的光荣事迹。"

力，也振奋了民航全体员工自力更生、奋发图强的精神。

上海飞机修理队修复两架 C-46 型飞机的消息传遍了全民航。各地民航机务人员、特别是"两航"起义归来的机务人员闻讯后都十分激动，纷纷表示愿为修复旧飞机做出贡献，以表达他们报效祖国的热忱。1951 年 3 月，民航华北办事处派出了吴敬诚等 20 余人组成了天津飞机修理队；同年 4 月，民航中南办事处派出了王树坤、严维桢等 66 名机务人员组成了广州飞机修理队；民航西南办事处派出了高锡麟等 15 人组成了重庆飞机修理队。各队派出的机务人员先后抵达上海龙华机场，同上海机械修理分厂的员工们一道，为修复这批旧飞机而共同战斗。

上海机械修理分厂和各飞机修理队因成立不久，既缺乏工具设备，也没有足够的器材；而且这批美式旧飞机都已年久失修，各系统零附件残缺不全，在美国对华封锁禁运的情况下，广大员工只能依靠自力更生，艰苦奋斗，一面建设，一面生产。到 1951 年底，在民航太原机械修理厂的协助下，上海机械修理分厂又修复了 8 架 C-46 型飞机和 2 架 C-47 型飞机。其中，C-46 型飞机被依序编为上海三号至十号；1 架 C-47 型飞机则被精心装修成为 DC-3 型客机，并于 1951 年 5 月 4 日在北京西郊机场，由中国新民主主义青年团中央召开大会命名为"中国青年号"。另 1 架修复的 C-47 型飞机，是为迎接国庆节并献给毛泽东主席的，经周恩来总理定名为"国庆号"。

与此同时，民航天津和广州修理队各修复 1 架 C-46 型货机，分别命名为"天津号"和"广州号"；民航重庆飞机修理队修复的 1 架 C-46 型货机，命名为"重庆号"。此外，民航中南办事处机务工作队还修复了解放前因飞机头部损坏而遗弃在广州的 1 架 C-46 型飞机，命名为"武汉号"。

这样，在不到 1 年的时间里，上海飞机修理分厂以及各地飞机修理队发扬了艰苦创业、勤俭建国的精神，共修复了 14 架 C-46、2 架 C-47 型飞机和 1 架 PBY 型水上飞机。使民航拥有可供航线飞行的飞机，由"两航"起义时的 12 架增加到 29 架，使民航初建时期的运力提高了近一倍半。同时，还清理出 97 台可用的发动机和数以十万计的飞机零部件及备用器材，充分体现了修旧利废，挖掘生产潜力的可贵精神。为了表彰在修复旧飞机中做出突出贡献的单位和个人，军委民航局曾给上海分厂颁发了嘉奖令；上海分厂及各民航办事处也都进行了评功授奖等活动。民航上海办事处评选出的劳动模范有陈嘉颐、沈福兴等；民航广州办事处评选出机身组和操纵组为优胜小组，许政新、谢道正、计正福等12人为劳动模范。

五、建立北京飞机维护队

1952年，中国人民航空公司成立后，天津飞机维护基地机务工作队奉命迁至北京，与北京飞机维护组合并成立北京飞机维护队。1953年6月，该公司奉命撤销并入军委民航局，北京飞机维护队改由军委民航局直接领导。维护队下设内勤、外勤和动力3个车间，全部工场面积只有578平方米，机务维修设备也很简陋。维护队本着自力更生、勤俭节约的原则，发动工程技术人员和老工人自己动手设计和制造了仪表试验车、液压试验台等30多项设备，使该队初步具备了维修飞机的生产条件。

到1953年末，北京飞机维护队有职工185人，除了承担往来北京的航班飞机的各级维护工作外，还负责当时民航全部7种型号飞机的100飞行小时以上的各级定期维护和中修、大修以及改装工作。它是民航在1952年整编后，重新组建起来的一个规模不大的飞机翻修基地。

六、"革新型"飞机的诞生

截至1953年8月，中国民航共有运输飞机18架（不包括小型通用航空飞机及中苏民航公司的飞机）。其中，10架美制C-47和DC-3型飞机装用的R-1830型发动机，当时只剩下2000飞行小时的生产能力，如不及时解决发动机问题，这10架飞机就将被迫停飞。为此，军委民航局机务处徐文良工程师及时提出"用苏式阿什-62型发动机代替R-1830型发动机并加以改装"的合理化建议。这个建议被采纳后，第1架C-47型飞机的改装工程于1954年4月在北京飞机维护队开始进行，由邓振瑛工程师负责改装设计，并首先成功地试制了发动机装架的安装接头，解决了不同型号的发动机装到C-47型飞机上的关键问题。飞机的操纵、燃油、仪表、电器等各个系统都有不少相应的改装项目,而且需要自行设计和制造不少零部件,有的加工难度大,又没有专用的设备,只能靠有经验的老工人用手工仿制。如所需螺旋桨毂圆锥形整流罩,就是由老金工王阿泉凭自己的灵巧手艺,用小榔头敲出来的。总之,在改装过程中遇到的各种困难,通过工程技术人员和老工人的通力合作,都被一一克服了。第1架飞机的试改装工作于同年5月28日全部结束。

改装后的C-47型飞机在天津—北京航线上经过多次性能试飞,证实C-47(DC-3)型飞机改用苏制阿什-62型发动机是成功的,改装后的飞机性能基本与苏式里-2型飞机相同。接着,中国民航局决定将其余的C-47和DC-3型飞机,分期分批交给北京飞机维护队继续改装。这样,用美制飞机机身与苏式发动机组合而成的、并被命名为"革新型"的飞机,便在北京正式诞生了。

"革新型"飞机的改装成功,在政治上和经济上都具有重要的意义和影响。它不仅使中国民航在当时受到封锁禁运的情况下濒临停飞的10架美制飞机能够继续飞行,为发展民航运输事业做出了贡献,而且为民航节约了400万元。为此,中国民航局对改装有功人员给予奖励和表扬,徐文良和邓振瑛还被评选为民航先进工作者,于1956年出席了在北京召开的全国民航先进生产(工作)者群英大会,受到毛泽东、刘少奇、周恩来、邓小平、彭真等党和国家领导人的亲切接见。

七、中苏民航公司的机务维修工作

1950年7月,中苏民航公司成立时共有苏制里-2型飞机14架,1951年增至16架。该公司对飞机的使用维修,同原"两航"采用的方式不同,它的管理体制和技术标准都采用苏联民航的一套。其主要特点是:(1)分区管理,即公司下设北京、沈阳和迪化3个航线管理处,各有自己的航线、维修基地和飞机;(2)固定飞行组和飞机,即每架飞机有其固定的正、副驾驶员、随机机械员和报务员;(3)飞机的各级维护工作,由其所属航线管理处的维修基地负责进行;(4)实行飞机的维护和修理分开的管理体制。

中苏民航公司各管理处的维修基地，都设有航线修理厂和停机线两部分，承担各级维护、更换发动机、换季、飞机小修理和一般改装工作。公司所属飞机的中修、大修及发动机翻修工作，则全部送往苏联伊尔库茨克或阿拉木图的飞机修理厂进行。

在中苏民航公司存在的4年半里，中苏双方机务人员对技术工作认真负责，严格要求，兢兢业业，圆满地完成了各项维修任务，从未发生过因机务原因而造成的重大责任事故，飞机平均可利用率达到85.8%，达到了当时苏联民航的较高水平，在保证飞行安全方面做出了优异成绩。此外，中苏民航公司还为中国民航培训了154名机务人员，提供了一批里－2型飞机维修技术资料，经翻译成中文约100万字，对中国民航的机务建设给予了有力的支援。

第二节　发展时期

（1955—1966年）

一、新的机务维修布局和组织

1955年，中国民航的机务工作，仍采用了苏联民航的维护与修理分开的管理体制。民航北京、上海、广州、重庆、乌鲁木齐地区管理处和专业队、训练队都设有机务处（科），分别负责所执管各型飞机的各级维护工作，属于外场机务部门；北京飞机维护队属内场机务部门，负责全民航各型飞机的中修、大修、加改装和零附件翻修任务。全民航共有内外勤机务人员482人，承担了全民航10种中、小型飞机共63架的维护和修理工作。

二、飞机修理厂的建立

（一）民航一〇一厂。

1956年5月，北京飞机维护队改名为北京飞机修理厂，负责中国民航、空军、海军、体委及朝鲜、越南等国送修的各型飞机的中修、大修和加改装任务。1958年11月，北京飞机修理厂由西郊机场迁至新建的北京首都机场。1959年，该厂新建的发动机修理车间、机械加工车间、附件车间等相继投产；

修理厂的主要厂房——一座大跨度预应力拱形结构机库,也于1960年上半年建成,同年11月24日,该厂改名为中国民航局一〇一厂,承担各型飞机及其零附件和两型活塞式发动机的翻修及加改装工作。厂房设施和维修设备,都比建厂初期有了很大改善,技术力量也迅速增加了。截至1960年年末,全厂职工人数增为1623名,其中工程技术人员106名,各类技术工人1013名。工厂的生产能力和技术水平比原飞机维护队都有了很大提高,真正成为民航第一个初具规模的能够翻修飞机、发动机和各种零附件的综合飞机修理厂。

(二)民航一〇二厂。

随着国产运-5型飞机的投产和通用航空飞行任务的增加,为使一〇一厂集中力量负责中、大型飞机和发动机的翻修工作,1958年中国民航局决定,在上海地区另建飞机修理厂,专门承担里-2、运-5型飞机的翻修任务。工厂设计生产能力为每年大修两型飞机100架次。1958年9月,民航上海管理局调出153名职工参加建厂工程,民航北京飞机修理厂也抽调了20名机务人员前往支援。他们在龙华机场旧候机楼右侧杂草丛生的荒地上,清理出一大片场地,并积极参加建厂的各项辅助性劳动,使新工厂的土建工程进展顺利。1960年元旦,民航上海飞机修理厂正式成立(同年11月改名为民航一〇二厂),并于8月投产。当时全厂共有职工335人。建厂后试修的第1架安-2型18031号飞机,经试飞鉴定合格,于12月10日放行出厂。民航一〇二厂从此就成为专门承修苏制安-2型和国产运-5型飞机的翻修基地。

(三)民航一〇三厂。

1964年,根据当时民航运输生产发展趋势,中国民航总局决定建立民航一〇三厂。并决定由民航一〇一厂抽调10名技术人员协助民航成都管理局进行工厂筹建工作。1965年该厂厂房在成都双流机场破土动工,历时一年半于1966年10月建成投产。该厂总建筑面积为13016平方米,其中包括有飞机修理库和喷漆机库各一座,可用生产面积为5240平方米。1966年年末全厂职工共有368名,其中技术工人290名。工厂设计生产能力为年翻修伊尔-14型飞机15架次。投产后试修的第1架伊尔-14型618号飞机,于1967年1月20日通过试飞鉴定放行出厂。至此,中国民航又增加了一个能专门承修苏制中型运输飞机的修理厂。

三、外场和内场飞机维修能力和技术水平的提高

50年代后期，随着民航运输和通用航空事业的发展，到1960年，民航生产用飞机总数已增加到230架，除普遍使用了伊尔－14型飞机外，新引进的苏制涡轮喷气螺旋桨伊尔－18型飞机，也陆续加入航班飞行。为此，从1957年起，民航各地区管理局的机务科相继扩编为机务处，下设的维修厂（航修厂）或机务大队，也补充了机务设备，修建了厂房和机库；各地区管理局的外场维修部门也逐步形成了修理零附件和小修飞机的生产能力，从只承担飞机200飞行小时维护，逐渐向800、1000飞行小时的高级检修发展。进入60年代，又从维护里－2、伊尔－14型、运－5型等中、小型飞机，提高到维护伊尔－18型和子爵型飞机。维护这种具有涡桨发动机和增压座舱以及设备比较复杂的飞机，标志着中国民航飞机维修技术发展到了一个新阶段。到60年代中期，各地区管理局维修厂大都能够承担里－2型飞机的中修和特修任务，有的还能独立完成运－5型飞机的大修工作；民航北京管理局还可承担伊尔－18型飞机1000飞行小时和子爵型飞机3000飞行小时的高级检修任务。为了提高飞机维修能力和技术水平，各地区管理局经常组织机务人员改进维修设备，扩大飞机零附件修理的品种和范围。

在生产实践中，机务系统涌现出一批热爱民航事业，努力钻研技术，并在工作中做出了出色贡献的先进人物。如民航广州管理局的青年机械员汪大用，曾自制和改进高度表、电仪表等10多种试验设备，对加强机务维修工作起了很大作用，曾多次被评为先进生产者，并先后出席了全国先进生产者代表会议、全国青年工人代表会议和1959年的全国群英会，受到党和国家领导人的接见。

与此同时，内场飞机修理能力与技术水平也有了明显提高。为了尽早自行翻修苏式飞机，中国民航局机务处于1955年把原计划送往苏联中修的4架里－2型飞机，交给北京飞机维护队试修。该队经过努力，当年便完成了任务，为国家节约了16万卢布的外汇。第2年，维护队改为北京飞机修理厂

后，又取得了完成大翻修和中修里－2型飞机各8架次的好成绩，从而结束了里－2型飞机送往苏联翻修的历史。尽管厂房条件差，绝大多数工艺装备和试验设备都得自行设计和制造，但基本上能够保证飞机和零附件翻修的质量。当时，应聘来华协助民航机务维修工作的一位苏联专家，对北京飞机修理厂翻修质量的评语是："除陀螺仪表外，一般均已达到了翻修标准。"

在顺利完成里－2型飞机大修的基础上，北京飞机修理厂进一步扩大了大修机种，缩短了大修飞机周期，并创造了12天完成1架伊尔－14型飞机大修的新纪录。1959年该厂迁到北京首都机场后，当年又翻修了中、小型飞机67架次，取得了建厂以来的最好成绩。同时，经过学习、试修和鉴定，该厂还建立了AШ－62ИР发动机的大修生产线，并在当年翻修出AШ－62ИР型发动机124台。1960年2月，该厂新试车台建成投产，对试修的AШ－82T型发动机进行了500小时的长期试车，并经鉴定合格后，随即批量生产。AШ－82T型发动机大修生产线建成后，到1960年底，共翻修了该型发动机52台。至此，北京飞机修理厂（即民航一○一厂）已成为一个多功能的综合性的中型飞机修理厂。

1960年建成的民航一○二厂，为了充实和提高飞机修理能力，发动群众，开展技术革新，自行设计制造了铝条压制机、螺旋桨试验台等154项工艺装备，使大修运－5型飞机的产量迅速提高。到1962年年底就大修了52架次，翻修的零附件品种也有117种、6432件。1963年，该厂还成功地试修了运－5型飞机的起落架、螺旋桨和滑油散热器三大附件，使民航一○二厂成为能独立自主地承担民航所有运－5型飞机及其全部零附件翻修任务的飞机修理厂。

1964年，中国民航总局给一○一厂下达了伊尔－18型飞机的试修任务。一○一厂为此进行了1年的技术准备工作，共抽调了约90名工程技术人员、有经验的老工人和干部组成了"三结合"试修组，编写和印发了修理工艺规程和技术说明书226份，自行设计了52种试验台、32项测试器、108种地面设备和417种工夹、模具，为试修工作创造了有利条件。1965年10月，第1架伊尔－18型202号飞机进厂试修，历时1年，胜利地完成了大修任务。经送修单位派出的鉴定试飞小组进行全面检查和性能试飞鉴定合格，于1966年

12月放行出厂,从而揭开了中国民航自力更生地翻修涡桨式增压客舱运输机历史的新的一页。

四、民航204号飞机的修复

1965年9月,民航北京管理局伊尔-18型204号客机由成都飞往拉萨,在当雄机场着陆时,不幸冲出跑道,造成左机翼折断、机身结构严重损伤。对受损这样严重的飞机,能否修复也成了问题,特别是当雄机场的地理条件差,海拔4300米,空气稀薄,交通困难,加上没有任何维修设施,更增加了修理工作的困难和复杂程度。在摸清204号飞机结构损坏情况后,中国民航总局做出了"克服困难,就地修复"这架飞机的决定。随即组成了以民航北京管理局和一〇一厂工程技术人员为主的204号飞机修理队。经过周密计划,充分准备,确定了修理方案。随后,修理队的首批成员20多人,包括有邓振瑛、孙正佛、孙洪士、王迁、赵佑贤等,由民航总局三局修理处副处长佟权带队,于1965年10月乘飞机到达当雄机场。为挽救国家财产,免受更大损失,全队员工不避艰险,忍受着剧烈的高原反应,克服了施工条件差和设备不足等困难,经过20多天的紧张劳动,才将飞机左大翼、左中翼、左侧1号和2号发动机、螺旋桨和左主起落架等拆下来,并用预先准备好的自制轮式机身托架及拖车,将飞机拖到停机坪停放封存。

从204号飞机拆下待修的零部件,于当年11月初全部装上大拖车,由孙正佛、王张裔等随车护送,在青藏高原公路上,经过十几天晓行夜宿,在大雪封山之前越过唐古拉山口,到达红柳园车站后,再改用火车运输,于12月运到北京,作为特殊任务交由民航一〇一厂进行抢修。

民航一〇一厂指定技术科工程师邓振瑛担任204号飞机结构件修复的设计施工工作。在既无伊尔-18型飞机制造图纸,又缺乏可供参考资料的情况下,他组织工程技术人员和有经验的老工人,制订出一套详细的修理计划和施工程序,设计和制造了修复左中翼等结构件需用的各种型架及左中翼4号肋模板等工装设备;飞机修理和机械加工车间的老工人还用"土洋结合"的办法,加工制造出既有弧度又有锥度的左中翼前缘蒙皮以及对接接头等零件。

其中有几件关键器材，如左中翼前、中、后三根大梁上的长角铝和中翼后蒙皮，是商请冶金部、三机部和七机部所属有关的工厂加工制成的。在各有关单位的大力支援下，用了近半年时间，才将损坏飞机的全部结构件修好。并于1966年6月，将修好的左中翼等结构件运回拉萨。

与此同时，204号飞机修理队的第二批成员也已进藏。他们在当雄机场露天作业，将机身与左中翼顶平接好后，再安装起落架、短舱、发动机、螺旋桨和各系统的零部件。当时正值高原天气多变，午晚温差很大，阳光照射强烈，修理队员工个个被晒得脸黑脱皮。但是，他们为了争取及早修复204号飞机，向国庆节献礼，大都早出晚归，努力工作，连节假日也不休息，前后历时3个月，终于将这架飞机修复，并于9月14日从拉萨安全飞回北京。

为了表彰204号飞机修理队的卓著功绩，中国民航总局给该队记了集体二等功一次。204号飞机再展银翼，重上蓝天，说明中国民航机务人员维修飞机的能力已达到了一个较高的水平。

这一时期，即从1955年到1966年，中国民航实行维护与修理分开的分区管理体制。经过11年的经营和建设，维修的运输飞机和通用航空飞机由63架发展到380架；外场机务人员由311人扩编为2175人；内场维修部门则由仅有171名职工的一个飞机维护队，扩展成为共拥有2589名职工（内有机务人员2100名）的3个综合性的飞机修理厂。上述工厂的年生产能力，已提高到可翻修伊尔－18型飞机以下各型运输机93架次和两型活塞式发动机540台次的水平。1966年，内场修理部门完成总产值2250万元，相当于北京飞机修理厂1956年完成总产值128.5万元的17.5倍，年平均增长33%以上。

第三节　十年动乱时期

（1966—1976年）

十年动乱期间，从总体上看，由于受到极"左"错误的严重干扰和破坏，民航机务工作遭到严重的损害。但是，广大机务人员，特别是外场机务职工，极力抵制极"左"思潮的影响，仍然坚守生产岗位，为保证飞行安全和航班正常做出了难能可贵的贡献。

一、技术力量削弱，职工素质降低

1965年，中国民航总局原政委以"纯洁"和"清理"民航职工队伍为借口，将1000多名各类机务人员调出民航，削弱了机务部门内外勤技术力量。十年动乱中，大批技术业务熟练的机务人员有的被下放到"五七"干校和内蒙古生产建设兵团，有的被送往工厂劳动锻炼或农村插队落户，有的甚至被开除公职并押送回原籍劳动，使民航机务队伍经历了一次前所未有的浩劫。

1969年11月，中国民航划归军队建制，成为空军的组成部分。各级外场机务组织改为大队、中队和分队，并全面实行"义务工役制"，大批文化水平较低（大都只有小学、初中水平）的义务工补充到机务部门，使机务维修人员的技术素质下降。而且，按规定义务工3年期满后退役更换新兵，这样，经过培训已能独立工作的技术人员无法保留，技术水平也难以提高。因此，在维修工作中发生的各种差错便明显增多。例如，1970年民航第十四飞行大队1架运－5型8097号飞机在本场训练飞行时，曾发生间歇空中停车事故，机务人员检修时对故障判断错误，误以为是贫油而反调为富油放行试飞，结果造成再次空中停车而迫降。1975年民航第十飞行大队1架运－5型飞机方向舵调整片马达线接反，造成空中返航。更严重的是，1976年民航广州管理局伊尔－14型662号飞机汽油箱通气管未拧紧，造成该机空中失火迫降，几乎酿成重大事故。

二、规章制度废弛，生产水平下降

在十年动乱中，因受极"左"思潮的影响，中国民航机务系统无政府主义非常严重，以致各级机务维修部门组织涣散，纪律松弛，作风马虎，不按科学态度办事；各项规章制度和维修施工法规被废弃，无章可循、有章不循的现象普遍存在，严重地影响了飞机维修的正常进行和维修质量的提高。仅1976年，全民航因机务原因造成的飞行不正常多达578次，比十年动乱前的1962年增加了2.7倍以上。1962年内场修理的发动机因质量问题而退厂返修

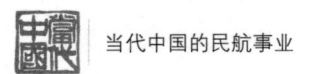

的只有1台次，而1970年竟高达68台次。

极"左"思潮对机务维修作风的危害很大，不仅影响飞机维修质量，而且对飞行安全、对国家和人民生命财产也带来了严重威胁和损失。如1970年民航云南省局机务队对329号里－2型飞机作定检维护时，因违章操作，将右起落架安全销拔起，致使右起落架突然向上收缩，造成严重事故，压死了正在起落架舱内工作的机务人员1人、压伤2人。1976年民航广州管理局252号三叉戟飞机在地面试车时，也因违章操作，导致1号发动机连续两次喘震而损坏。

十年动乱期间，民航各飞机修理厂是开展"四大"的单位，大都派性作祟，无政府主义思潮泛滥，以致党政机构瘫痪，劳动纪律松弛，指挥调度不灵，生产水平下降。从1970年起，各厂大修飞机和发动机以及零附件生产的产量与产值连年锐减，虽一再削减生产计划，但仍未能完成。不少飞机已到翻修时限，但不能进厂翻修。民航一〇一厂是当时受派性之害最深的单位，厂的领导班子更换10次之多，但仍未能安定团结，扭转生产的被动局面。民航3个飞机修理工厂财务状况入不敷出，靠向银行贷款过日子。1960年扩建起来的徐州维修厂曾一度被迫停产，该厂人员和设备大都被调给民航其他省局，直到1973年才逐步恢复生产。

三、抵制极"左"思潮，保证安全生产

中国民航机务系统从十年动乱一开始就受到冲击。然而，担负外场机务工作的广大干部职工，在上级领导的严格要求与督促下，为了保障航班正常飞行，他们极力抵制极"左"思潮的影响，坚守工作岗位，较好地保证了飞机维修生产的进行。

1967年年底，中共中央、国务院、中央军委、中央文革联合发出《关于民航系统文化大革命的通知》。《通知》明确规定民航各直接参加航空运输和通用航空生产的单位一律坚持实行"正面教育"。这项措施保证了各个飞机场免受冲击，民航各地区管理局的航行、机务、运输等部门，从1968年起大都能坚持生产，外场机务维修人员能够做好飞机维修工作，基本上保持了航班

飞机的正常飞行与安全。

1971年"九一三"事件后，民航机务部门的工作和生产情况开始有了好转。特别是当时民航先后购进的伊尔－62、三叉戟、波音－707等新型飞机的相继加入航班飞行，迫切要求民航机务工作紧跟上去。为此，民航各地区管理局从1972年起都加强了对新老机务人员的培训，提高了他们维修飞机的能力和技术业务水平。以民航北京管理局机务大队为例，70年代所完成的各型飞机的维修工作量和保证安全飞行时数，都开始逐年回升。以1976年同1970年相比，维修飞机架次和保证安全飞行小时分别增长了72.9%和63.7%。其他民航地区管理局外场维护部门的生产情况也有好转。它们不仅完成了各自担负的飞机维修任务，较好地保证了维修质量，而且在十年动乱后期，还将无法送往民航一〇一、一〇二、一〇三厂翻修的伊尔－14、里－2和运－5等中、小型飞机，先后由各单位自己进行维修或翻修，共达80多架次。

第四节　开拓前进时期

（1977—1987年）

十年动乱结束后，随着全国政治、经济形势的迅速好转，民航运输和通用航空业务也日益增长。为适应这一新形势，中国民航机务系统加强了对内外场维修工作的统一领导，各机务部门通过整顿、恢复，步入了开拓前进时期，使飞机维修生产、技术与管理都得到了全面发展。

一、维修生产能力在整顿中提高

1977年至1980年，民航机务系统在整顿生产和加强各项基础工作方面，主要抓紧了提高维修生产能力和整顿飞机修理工厂两个环节。

（一）加强基础工作，促进维修生产的发展。

十年动乱结束后，民航各地区管理局立即开始拨乱反正工作，并通过整顿，大力加强了各项业务的基础建设。各级机务部门着重抓了各项规章制度建设；实行岗位责任制和经济责任制；整顿不良工作作风，恢复并树立维修工作中认真负责、一丝不苟的优良传统；重视技术统计工作和强化检验制度，把质量管理和监控工作提到重要位置。经过4年的努力，各维修单位的生产计划管理、技术管理、质量管理等，都有了不同程度的加强，并逐步向企业化经营转变。

从1977年到1980年，中国民航又陆续从国外购买了安－30、云雀、贝尔－212、双水獭等型通用航空飞机和直升机。特别是1980年购进波音－747SP大型宽体客机后，使中国民航的机群结构在数量上和质量上都发生了很大变化。与此同时，机务保障安全飞行小时数，也有了很大增加，由十年动乱时期的年平均16778小时，增长到这4年的年平均26081飞行小时，增加了约55%。内外场维修工作量也相应有了较大增长。如民航北京管理局机务大队在这4年中年平均维修飞机15090架次，比十年动乱时期的年平均9060架次增加了66.6%以上。民航其他地区管理局外场维修工作量也都有了较大的增长。此外，成都、兰州、沈阳地区管理局的机务部门，都先后开始承担了伊尔－18、波音－707或三叉戟型等飞机的维修任务。

随着维修任务的迅速增长，民航各地区管理局的机务维修能力和维修技术水平都有所提高，飞机维修质量和飞机完好率（可用率）以及各型飞机的日利用率也都在稳步提高。1977年各型飞机的日利用率分别为：安－24型为3.2小时、伊尔－18型为2.5小时、三叉戟型为2.8小时、波音－707型为2.9小时；到1980年，上述各型飞机的日利用率分别提高到4.1、4.0、4.0和4.7小时，分别增长了28.1%、60%、42.9%和62.1%。

（二）整顿修理工厂，提高飞机修理能力。

中国民航总局于1977年2月在北京召开了飞机修理厂工作会议，明确要求各厂要以认真负责的态度，消除派性和无政府主义思潮的影响，大力整顿厂风和劳动纪律，迅速改变落后面貌。

会后，民航一〇二厂率先进行整顿，改组了厂领导班子，恢复各职能科室机构，修订了各项规章制度，加强生产和技术管理工作，使生产秩序渐趋正常。1977年7月，中国民航总局在一〇二厂召开了现场会，介绍和推广了一〇二厂的先进经验，进一步促进和推动了各修理厂厂风和厂容的转变，各工厂的生产形势都出现了可喜的变化。

各修理工厂停滞多年的基本建设,也取得了明显进展。一〇一厂新建了1座面积为3858平方米,可容纳整架三叉戟或波音–707型飞机的喷漆机库和工具车间。一〇二厂新建了两座可用面积为4900平方米的机库,扩建了面积为18170平方米的生产车间、4443平方米的仓库、3901平方米的辅助生产车间以及17200平方米的停机坪。一〇三厂新建厂房5061平方米,仓库2463平方米,增购和自制了为试修安–24型飞机和阿依–24型发动机所需的工装设备和试验台。基本建设的进展,进一步提高了3个工厂的生产能力。

随着飞机维修生产的发展,各修理工厂的财务情况也迅速好转,结束了十年动乱时期连年亏损,靠贷款过日子的被动局面。1977年,一〇二厂只用了3个月时间,就扭转了生产停滞不前的形势,飞机修理和地面航空设备等产品的产量和产值都大幅度回升。其中,大修运–5型飞机,创造了建厂以来的最高纪录。当年该厂共大修运–5型飞机70架次,平均大修成本由1976年的每架4.3万元降低到1977年的2.56万元,即降低大修成本40%。此外,还完成了1架伊尔–14型666号飞机的试修任务。当年10月份,该厂实现了扭亏为盈,超额23%完成了年度生产计划。全年完成总产值达380万元,为1976年总产值的2.5倍以上,不但还清了该厂历年的全部贷款,当年底还上缴了7.5万元的利润,在民航三个飞机修理工厂中首先摘掉了亏损企业帽子,成为民航工业企业实现1年扭亏为盈的先进单位。

一〇三厂在1977年大修了伊尔–14型飞机13架,两型涡桨发动机34台(其中达特525型20台,阿依20型14台),分别为1976年大修飞机和发动机年产量的4.3倍和11.3倍。当年该厂完成的总产值达412万元,为1976年总产值的3倍,除还清了十年动乱期间的全部贷款外,还上缴了利润6万元。

一〇一厂在十年动乱期间,累计向银行贷款654万元,是当时民航3个工厂中亏损最严重的。该厂生产形势从1977年起开始好转,当年归还了404万元贷款。停场9年而未修复的1架子爵号飞机,经过1年多的努力,终于试修成功,于1978年4月份试飞鉴定合格并放行出厂。李先念副总理于同年5月3日针对一〇一厂形势好转指示说:"民航一〇一厂现在不错了,已经团结起来,把生产搞上去了,应该表扬他们。"在国家领导人的亲切关怀下,全厂职工受到了极大鼓舞,生产形势越来越好,1978年超额44%全面完成了年度生产计划,生产总值1294万元,比上年增长1.5倍,不仅偿还了历年积欠的全部贷款,摘掉了亏损企业的帽子,还向国家上缴了300.2万元的利润。

二、维修管理与技术在改革中拓展

自1981年至1987年的7年中,民航机务工作主要是对飞机的维修管理和技术工作实行改革,朝着飞机维修现代化的方向前进。

(一)组建北京维修基地,推行新的维修体制。

为适应新型飞机维修工作的需要,推行世界民航普遍采用的先进维修管理体制,中国民航局于1980年6月16日做出决定,将北京首都机场的飞机维护部门(民航北京管理局所属机务处、航材处、机务大队、航线修理厂)和内场飞机修理部门(民航一〇一厂)合并,组建为维修合一管理的民航北京维修基地。1981年1月1日,该基地正式成立。它是直属民航北京管理局领导的一个实行独立经济核算的航空维修企业。全基地共有职工3457人,是中国民航规模最大、设备比较齐全的综合性民用飞机维修基地。

维修基地组建以后,根据国务院《关于企业全面整顿的决定》和中共十二届三中全会《关于经济体制改革的决定》精神,立即着手整顿组织机构,统一调整厂房设施,并先后颁发了以强化经济责任制为核心的各种规章制度,改善企业经营管理。自1982年起,该基地开始试行新的经济责任制,并实行科学管理,建立全面计划管理程序,采用网络计划技术来调度指挥生产,提高了生产效率;开展经济活动分析,推行了"经济技术协议制度",保证完成各项修理任务,提高了经济效益和为用户服务的信誉。在技术管理方面,加强了管理基础工作,贯彻以预防为主和以可靠性为中心的指导思想,推行以视情维修、状况监控为主和定时维修为辅的先进修理方式;整顿工艺规程,按新的维修理论制定颁发了6型新飞机的维修方案。在质量管理方面,建立了以质量控制处"监控分析室"为中心的全基地监控网,修订并颁发了43种新的检验制度,实行三级检验制,进一步健全了质量控制系统;各部门都建立并实行了岗位经济责任制。在劳动组织方面，按系统进行分工与调整，组建了飞机部、发动机部、附件部和机械加工部，各部下设共有 14 个生产车间。组建后的维修基地，基本上形成了内场外场维修合一，密切协作，共同为中国民航运输航线飞行服务的经济实体。

推行维修合一体制和新维修方式的结果，尽管新机型增多和维修任务逐年增加，但飞机维修质量和飞机完好率以及经济效益均有较大的提高。1987 年北京维修基地共执管大型运输飞机 22 架，年保证飞行小时由 1981 年的 30329 小时增至 59396 小时，增长了 95%；完成各型飞机维修架次，由 1981 年的 41291 标准架次增至 1987 年的 78425 标准架次，增长了 90%。在维修质量方面，不正常飞行千次率由 1981 年的 7.3‰ 下降到 1987 年的 4.8‰。全员劳动生产率，由 1981 年人均 5458 元提高到 1987 年人均 10922 元，增长了 1 倍。利润总额由 1981 年的 330 万元提高到 1987 年的 600 万元，增长了 81.8%。

（二）引进新技术装备，开展国际技术合作，促进维修技术的现代化。

中国民航在 1980 年购进波音－747SP 型宽体远程运输飞机以后，近几年来又先后引进了 MD－82、波音－737、波音－747COMBI、波音－767、肖特－360 和 A310 型等各种新型运输机。这些飞机的设计和制造工艺先进，各系统装备的零附件，都集中采用了当代最新的技术成果。如波音－767 型飞机采用了节能型发动机，飞机操作系统已安装了电子计算机等。随着新型飞机的投产使用，进一步要求民航机务系统提高维修技术和管理水平。为此，中国民航选派了一批批机务人员出国考察和学习新型飞机的维修技术，选购了一部分必要的维修设备，并扩建了维修厂房设施。民航北京管理局机务大队修建了 1 座现代化的波音－747 型飞机维修机库。该机库跨度 72 米、长 96.9 米、高 32 米，总使用面积为 10336 平方米。机库内可停放 1 架波音－747 或两架波音－707 型飞机。这座大跨度钢构架的机库，备有能在 63 米×60 米平面范围内任何一点起吊重达 8.5 吨的多支点吊车和高效泡沫灭火设备等设施，是中国唯一的大型现代化的维修机库。

由美国中央工程公司负责设计的现代化涡扇发动机试车台，在中美双方技术人员的共同努力下，已于1984年在北京维修基地顺利建成投产。该试车台是一种多功能、快速拆卸式试车台。它能迅速转换并测试斯贝－512、JT3D和JT9D型3种功率不同的涡扇发动机。试车台观察室内有先进的测试仪表，有电子计算机控制的试车程序、性能监测和数据收集系统，是中国民航仅有的最现代化的发动机试车台。

中国民航为了加速机务系统的现代化进程，积极开展了对外技术合作与交流。民航广州管理局与美国洛克希德飞机制造厂洽谈合资经营维修基地问题，经过可行性研究的论证和评估以后，已由中国民航局批准，于1988年9月正式签订了协议。新建的维修基地主厂房土建工程即将完工。民航一〇二厂已与意大利一家制造厂达成协议，由意方提供原材料交一〇二厂组装生产飞机座椅，供应国内外市场。1985年7月，中国民航已与西德汉莎航空公司签署了一份技术合作合同。按合同规定，该公司将向中国民航提供各项技术工作的管理咨询，并为中国民航北京维修基地与汉莎航空公司合资经营飞机维修企业进行可行性研究。经过2年多的合作，取得下列成果：（1）建立了飞机维修控制中心、发动机控制中心、附件寿命时间控制中心、飞机零部件管制中心和计量中心，安装了电传、计算机现代化管理手段，使基地开始从传统的经验管理向科学管理转变；（2）1986年10月取得了美国联邦航空局批准的波音－747型飞机B检、无损探伤、JT9D发动机热部件检修等7个项目的生产许可证；（3）成功地建立了JT8D型发动机修理生产线，增强了发动机维修能力。1988年，此项合资项目，已由国家计委批准，预计1989年可正式签约开业合营。通过上述多种形式的对外技术协作或中外合资经营，不仅加强了中国民航飞机维修的基础建设，提高飞机维修能力和技术水平，而且还在促进中国民航机务管理科学化和维修技术装备现代化等方面发挥了良好作用。

（三）采用新技术，试修新型飞机和发动机。

十年动乱结束后，中国民航各飞机修理工厂又开始担负起新型飞机的试修任务，并采用新型飞机的先进维修技术和维修方式，以缩短飞机的修理时间。

1978年1月，民航一〇一厂只用了27天时间突击修复了民航北京管理局1架机尾被千斤顶顶穿的波音－707型飞机，为国家节约了24万美元外汇，受到中国民航总局的表扬。当年该厂又接受了安－12、伊尔－62型飞机的试修任务。在试修工作中，改变了过去大拆大卸的方法，采用了视情维修的新方法，从而简化了检修项目，大大加快了试修进度。1980年，该厂又以40多天的时间，快速完成了1架安－30型飞机的特修任务。与此同时，民航一〇二厂和一〇三厂，也分别完成了伊尔－14型飞机大修和安－24型飞机Ⅰ级试修任务。

在发动机修理方面，民航一〇一厂采用了一系列新工艺、新技术，延长了活塞式发动机的翻修寿命和总使用时限。并先后完成了英制斯贝511和512两型新涡扇发动机的特修和热部件检修的试修任务。自1979年起，原计划要全部送往英国检修的斯贝发动机，也大都改由该厂自行检修。此外，民航一〇三厂从1978年开始，也较好地完成了试修阿依－24型涡桨发动机和阿依－20涡桨发动机改型试验与鉴定任务。

进入"六五"时期，中国民航70年代购进的波音－707、三叉戟等型飞机，都已先后达到规定使用年限，必须进行机体结构检修（即相当于过去的飞机大修，或称为D级检修），以确保飞行安全。这些飞机如果送往国外检修，不仅不能提高中国民航的维修能力，还要耗费不少外汇。为此，中国民航局决定以自力更生的精神，开展上述新机型的试修工作，提高自身修理飞机的能力。

1981年年初，民航北京维修基地接受了波音－707型飞机的"D检"任务。第1架波音－707型2412号飞机于2月20日进厂，按新的维修方式进行"D检"，并采用若干新工艺、新技术，进行了16项加改装工作，如加装近地警告系统和提高厕所防火能力等。这架飞机于同年7月修好出厂，不仅恢复了它的固有性能，而且使机身内外装饰得焕然一新。到1983年9月为止，中国民航全部10架波音－707型飞机的"D检"任务均已完成。负责主持此项工作的该基地副总工程师郑宝书虽已年逾六旬，但他不顾辛劳，立即组织技术力量，翻译了大量外文技术资料和改装通告，亲自制订了检修计划和施工方案，并经常深入现场，及时处理检修过程中出现的技术难题，出色地完成了这项任务。此外，三叉戟型252号、296号飞机机身受损的特修任务，也都是在郑宝书的主持和指导下完成的。郑宝书因此多次被评为民航北京维修基地的先进工作者，1985年又被评为北京市劳动模范。

"六五"期间，民航北京维修基地还完成了651型、斯贝512型发动机大修和JT9D型涡扇发动机热检的试修任务；民航一○二厂和一○三厂也分别完成了米-8型直升机大修、贝尔-212型直升机1000小时检修和安-24型飞机Ⅱ级修理任务，并且都取得了良好的经济效益。"六五"期间维修基地及各工厂共完成工业总产值2.3亿多元，上缴利润6100多万元。

（四）飞机维修能力稳步提高。

中共十一届三中全会以后，中国民航事业发展更加迅速。大批新型飞机的购进与使用，并通过培训和工作实践，使民航机务人员的维修能力和技术水平都得到提高。同1977年相比，民航各地区管理局机务部门所负责维修飞机的种类、型别和数量都有较大的增加，不仅提高了承担各型飞机的维修等级，也扩大了维修工作范围。以民航北京管理局为例，1985年共维修各型飞机55331架次，保障安全飞行55461小时，分别比1976年增长3.2倍和1.2倍。1987年，全民航机务系统共完成保证安全飞行270355小时（其中训练飞行19351小时）、246349次起落。各主要机型百次离站延误率则从1984年的0.93%下降到1987年的0.58%；另外各地区管理局和通用航空机务部门维修能力也都有了提高，截至1987年年底，各地外场机务部门维修的飞机已增到31个型号，共402架飞机（未包括用于飞行训练的飞机）。

第五节　飞机维修工程的成果

30多年来，随着中国民航运输和通用航空事业的发展，从事飞机维修工作的内外勤机务技术力量也已成长壮大。到1987年，不仅拥有一支8335名职工的专业机务队伍，而且维修能力和水平也大为提高，已从维修活塞式发动机推进的飞机，发展到能够承担多种现代化的大、中型运输飞机、通用航空飞机和直升机的各级检修以及部分飞机、发动机的大修工作，取得了丰硕的成果。

一、重视飞机维修质量，保证了飞行安全

中国民航机务部门的外勤机务人员，直接担负着专包机、航班运输和通用航空各型飞机的日常维修和各级定检工作，在保证飞行安全方面取得了良好成绩。这是广大机务人员长期不懈努力的结果。在他们当中涌现出许多先进生产者和劳动模范，如民航沈阳管理局的黄葆均、北京管理局的程积善、兰州管理局的许政新、上海管理局的谢国良、成都管理局的严载厚等就是他们中的优秀代表。黄葆均工程师被机务人员喻为是妙手回春的诊治飞机的"大夫"，曾使1架被大风吹翻而严重受损的运-5型飞机"起死回生"。30多年来，黄葆均在飞机维修工作和保证飞行安全方面做出了突出的贡献，在沈阳管理局3次立功、6次被评为先进工作者，并曾荣获全民航先进工程师的称号，1984年又被评为全民航的劳动模范。

二、提高了各型运输飞机完好率

保证飞行安全，及时提供技术状态完好、舒适、可靠的飞机，以满足航空运输和通用航空任务的需要，是飞机维修工作的中心任务。而飞机完好率的高低，则是衡量飞机维修质量与工作效率的主要指标。中国民航初建时期，各中、小型飞机的平均完好率为75%；随着机务人员技术水平的提高，飞机维修停场周期的缩短，近年来各型飞机的完好率已逐步提高。1984年，民航8种主要运输飞机的平均完好率上升到81.4%，1986年12种主要运输飞机的平均完好率已达到83.9%的较好水平。与此同时，各型运输飞机的延误率也有所下降。近年来，因机务原因而产生的责任差错和飞行不正常事件已明显减少。各主要机型离站总架次，1986年为121055架次，比1985年增加了36%，而延误架次数却减少了15.4%，百次离站延误率也相应下降为0.67%。

三、提高了飞机和发动机大修理能力

中国民航初建时期，飞机修理能力很小，1951年只能大修美制C-46、C-47型飞机。1956年建立飞机修理厂以后，飞机修理队伍逐步扩大，飞机修

理能力也日益提高。1956年至1987年，民航北京飞机维修基地和各修理厂共完成了24种型号2321架次飞机的各种修理和改装工程，对保证航空运输和通用航空飞行任务的完成起了重要作用。

1951年，中国民航飞机修理厂共大修了50台两型活塞式发动机。从1959年起，各修理厂开始试修新型发动机，以后发展到修理涡桨、涡扇等大、中型发动机。截至1987年，共完成16种型号、10982台发动机的大修、特修和热部件检修等各项修理任务，为提供飞机运力做出了可贵贡献。

四、飞机零附件修理工作取得了进展

飞机零附件，是飞机燃油、动力装置、仪表、电器等各系统的零件和附件的总称，其品种和数量繁多，不少零附件的结构也很复杂。中国民航从1956年重建飞机修理厂后，才开始自行修理飞机零附件。到1987年，伊尔-18以下各型苏式飞机的零附件，已能全部自行修理；三叉戟和波音-707型飞机零附件的自修能力已达到50%以上。但近几年来购进的新型飞机，如波音-747和波音-737等型飞机的零附件，还只能修理很少一部分。

五、初步注意了航空地面设备的修造

新中国民航成立初期，航空运输、通用航空以及机务维修所需的专用设备，如登机梯、千斤顶、特种车辆等，大都是随同飞机购进或由飞机维修部门自行设计制造的。随着运输飞机和通用航空飞机型别的增多，所需航空地面设备的品种和数量也日益增加。这些设备的及时自行补充和修复，不仅可以节省资金和外汇，更重要的是能保障航空运输及通用航空生产任务的顺利完成。为了逐步提高民航自行修造多种航空地面设备的能力，中国民航局曾先后指定民航一〇二厂和徐州设备修造厂分别承担航空运输地面设备和农业航空专用设备的研制和修造任务。

1965年，民航一〇二厂根据中国民航总局下达的生产计划，专门组成了一个航空地面设备研制小组，先后精心设计和试制成功一种既轻便灵活、又外形美观的机动客梯和一种供高大建筑物擦玻璃的工作梯，颇受使用单位的

欢迎。此后，在研制小组的基础上，逐渐扩充成为一支专业性的技术生产队伍，并仿制和研制出维修飞机用的千斤顶、弯边机、零附件试验台和清洁车等地面设备。1977年，中国民航总局做出"飞机、发动机分工定点修理"的决定，进一步明确民航一〇二厂除承担运-5型飞机修理任务外，还需承担运输服务设备和特种车辆等航空地面设备的制造任务。该厂随即着手研制加高客梯、货物传送车、飞机牵引车等新产品，并为此继续扩充了地面设备研制队伍，成立了新产品研制室和地面设备生产车间，扩大了生产厂房面积，添置了新的机器设备，从而提高了航空地面设备的生产能力。加油车、餐车、集装箱等新产品的研制成功和投入批量生产，深受用户的好评。新产品研制室副主任辛翠华工程师，在设计和试制QCY-14型牵引车和大加油车发动机联轴器等项工作中，因成绩突出，多次被该厂评为三八红旗手。该厂研制的集装箱及集装箱拖车，也大批交付使用，效果良好。第1辆14HSPT-5600大型货物升降平台，也已于1985年5月研制成功。

民航徐州设备修造厂在航空设备的研制方面也取得了较好成果。1977年，中国民航总局决定将十年动乱中停产的民航徐州维修厂改为民航徐州设备修造厂，直属中国民航总局业务主管部门领导。该厂主要承担航空运输服务设备和农业航空专用设备的研制和修造任务。全厂职工增加到80多人，组成了农业设备、机械加工、钳工和辅助生产4个车间，并于当年就研制出行李车、平板车等多种急需的地面服务设备，投入批量生产，供应民航各地区管理局使用。

1979年以后，民航徐州设备修造厂仿制成功常量（每亩喷洒量2公斤以上）和超低量（每亩喷洒量0.5公斤以下）喷洒设备。80年代中期，该厂又研制成功兼有常量、低量和超低量喷洒设备功能的"三通用"喷洒设备。它可根据生产实际需要调节化学药物喷撒（洒）量，定量比较准确，雾化性好。另外，还试制了三叉戟型飞机的刹车风扇和旅客座椅等项产品，均已陆续批量生产并装机使用。

民航徐州设备修造厂经过10多年的艰苦创业，已初具规模。截至1987年，全厂共有职工216人，厂房面积7000余平方米，并拥有各种机床、锻压、焊接、电镀等设施和必要的试验设备100多种，是中国民航担负农业航空和运输服务设备修造工作的专设企业。该厂历年来研制出10多种专用设备，其中超低量农业航空喷洒设备曾获得民航局级科技进步奖一等奖。不过，到1987年，该厂的规模还小，设备修造能力也不高，因此，要进一步加快发展步伐，以满足中国民航事业发展的实际需要。

总之，30多年来，中国民航机务部门在保证民航事业的发展中，走过了一段艰难的道路，并且取得了可喜的成绩。但是，同世界上发达国家的民航机务维修部门相比，中国民航的机务工作，无论是维修设施，还是人员素质和管理水平等方面，都还有不小的差距；并且是中国民航技术工作中的薄弱环节之一。特别是在实行政企分开的过程中，如何把机务维修管理纳入适航管理的轨道，仍是民航机务工作今后面临的一项急切任务。为此，中国民航各级机务部门及全体职工，必须努力钻研技术业务，提高机务维修技能和机务管理工作水平，并积极学习世界各国民航的先进技术和管理经验，结合中国民航和中国航空工业的具体情况，逐步对中国民用飞机的设计、生产和使用维修，从工程技术和质量控制等方面，实行符合国际标准的科学的统一管理，使中国民用飞机的适航管理尽快走向世界的先进行列。

第九章
机场建设

机场是用于飞机起飞、着陆、停放、维修和实施飞行保障活动的场所。在民航事业的发展中，机场建设占有重要的地位，它是从事航空运输和通用航空生产的先决条件之一。

民航机场按其服务性质，分为运输机场和通用航空机场。运输机场又分为国际机场和国内机场；通用航空机场包括农业、林业、航空飞行学校、航空体育运动学校等专用机场及综合性机场等。民航机场根据使用的飞机型别、区域大小、跑道承载能力和设施完善程度等特点，又可分成若干等级。中国民航将机场分为一、二、三、四级。不同等级及用途的机场，均有不同的标准和技术要求。

机场建设是民航基本建设中的主要部分。它的显著特点是：占地较广；选址标准严格，与周围环境和城市规划关系密切；工程门类较多；要求采用比较先进的技术。

38年来，特别是中共十一届三中全会以后，中国民航机场建设取得了很大成绩，初步建成了一个以若干大型、技术装备比较先进的机场为骨干，连结中、小型机场的全国机场网，基本上能够适应当前民航事业发展的需要。

第一节 38年来民航机场建设概况（上）
（1950—1978年）

新中国成立以来，随着中国民航事业发展的需要，新建、扩建和改建了100多个民航机场，累计投资将近50亿元（地方投资尚不包括在内）。其中以运输机场为主，同时也修建了一些学校机场和通用航空机场。

本节主要叙述新中国成立初期至中共十一届三中全会以前，即1950年至1978年期间的民航机场建设概况。关于中共十一届三中全会以后，即1979年至1987年期间民航机场建设的新气象，本章第二节将专作叙述。至于50年代北京首都机场的兴建及其60年代以后的两次扩建情况，则集中在本章第三节详细叙述。

一、国民经济恢复时期

1949年年底，军委民航局成立后，为了迅速恢复和发展民航事业，首先抓紧机场建设工作。当时，在局机关组成了空港建设委员会，并先后成立了北京、天津、太原、武汉四个工程处，分别负责筹建各该城市的民航机场。在这个时期，民航机场建设的重点是改造天津张贵庄机场和修复太原亲贤机场。

（一）改造天津张贵庄机场。

1949年11月9日"两航"起义后，为适应中国民航事业发展的需要，中央人民政府政务院决定将原有天津张贵庄机场加以改造，主要是修建一条长2000米、宽60米的水泥混凝土跑道以及滑行道、停机坪等，作为新中国民航的基地。张贵庄机场是在1938年日寇侵占天津时所修建的一个老机场。从1949年冬开始，该机场一直归民航使用和管理。1951年9月成立了天津空港建设工程处，由军委民航局直接领导，从民航局场站处、民航太原工程处、民用建筑公司抽调了工程技术人员等，并招收了一批高中毕业生，从事勘测、设计和组织施工。这是新中国民航进行的第一个规模较大的机场建设工程。于同年10月开工，先做土方工程，并积极进行备料。1952年5月初场道工程全面铺开。当时，工程施工主要依靠人力劳动，全部测量、设计、备料和施工均由工程处自行组织实施。全部扩建工程于1952年11月15日验收合格，并交付使用。通过这个工程实施，锻炼培养了一批技术骨干，对以后各地民航机场建设起了积极作用。

（二）修复太原亲贤机场。

1950年10月，在民航局空港建设委员会领导下成立了太原工程处，其主要任务是修建仓库和对机场及其房屋进行整修，以便储藏从香港运回来的

"两航"原有航空机务设备、器材和建立中苏民用航空股份公司太原站。自1950年11月至1951年年底，共完成新建房屋5555平方米，修整房屋28138平方米，修筑道面14354平方米，清除机场净空障碍土方21.4万立方米。

二、国民经济第一个五年计划时期

在这个时期，民航机场建设的重点是兴建中国民航的主要基地——北京首都机场和改造武汉南湖机场。关于北京首都机场的兴建及其60年代以后的两次扩建情况将在本章第三节详述。

至于改造武汉南湖机场的修建工作是1953年进行的。武汉位于中国中部，是贯通南北和东西交通的重要枢纽。南湖机场在武昌城南，原有碎砖混凝土面的跑道两条。武汉解放后由空军接管，并修补了东西向跑道，1951年移交给民航使用，第2年又进行了修整。

根据民航业务发展需要，1953年经中央财政部批准，决定改造南湖机场。改造项目包括修建一条长1300米、宽50米的南北向水泥混凝土跑道，改善机场排水，修建新站坪、滑行道、航站楼、机头库和宿舍等。当时集中了民航范围内几乎全部土建技术力量，组成了一支武汉机场工程队，担任勘测、设计和场道工程施工管理。4月上旬开始准备，在机场附近余家湾车站开辟卸货场，跨巡司河搭临时便桥，将工程所需沙石料迅速运进场内。各项施工准备工作同时并进。在道面工程中，首次采用了六角形混凝土道面分块法，同时采用按重量比级配混凝土料的方法，以保证工程质量。7月13日开始道面混凝土浇筑，时值炎夏，施工困难，经过修建职工的努力，场道工程于当年就投入使用。1954年，机场经历了长达4个多月的特大洪水浸淹，跑道上水深一米半；水退后，用18吨重型卡车在跑道上行驶，试验结果，压痕很少，不久即恢复使用。新修的跑道经受了这次洪水的严峻考验，证明其工程质量是优良可靠的。

三、国民经济第二个五年计划及其调整时期

在这个时期，民航事业有了进一步发展，要求有计划、有步骤地考虑全

国各地区的机场建设。根据当时的客观情况和要求，首先是重点安排西南和华南地区的机场建设；其后是考虑西北地区的兰州、乌鲁木齐等地的机场建设。但后者动手较晚，因国家压缩基本建设的投资而下马。此外，还修建了为培养民航各类专业人员的学校机场和一些地方航线机场。1963年至1964年，为打开国际航空通道，中国民航以高速度扩建了上海和广州两个国际机场。为通航高原城市拉萨，机场修建人员克服了重重困难，于1965年建成了当雄机场。

（一）建设西南、华南地区的民航机场。

为改善西南和华南地区的机场状况，中国民航局决定同时修建昆明、南宁、贵阳、成都4个干线机场。为了克服基建技术力量严重不足的困难，采取了依靠地方，发挥民航局和省、市地方两个积极性的方针。同时，在内部采取统一使用基建技术力量的"一竿子插到底"的办法，打破过去设计人员只管设计、施工人员只管施工的界限。除决定把新建立的民航工程大队调到南宁去施工外，对另外几个机场只派少数人去，让他们结合地方上的力量，从头到尾全面担负起建设工作的技术责任。这些措施在当时起到了加速民航机场建设的作用，使民航工程技术人员得到了锻炼。

1. 改建昆明巫家坝机场。这个机场原来只适用于伊尔－14以下类型飞机起降。为了贯彻实现国家领导人提出用自己的飞机由自己的飞行员飞出去的意图，要求尽快修建昆明机场，使其能够适应中国民航正在洽购的苏联伊尔－18型飞机的起降要求。民航局于1956年派遣一个小组对昆明地区的民航机场建设问题作了全面的调查研究。通过对多处场址的踏勘选择，认为巫家坝机场场址虽然存在一些缺陷，但对多山的昆明地区来说，仍不失为一个较好的现成机场。经过改建可以作为中国与东南亚地区各国交往的一个国际机场和国内航线的干线机场，因此决定改建巫家坝机场。

这个机场作为当时西南地区的一个重点建设项目，云南省和民航局领导都十分重视，组织力量，全力以赴。中国民航局指派任有悌工程师等人协助配合当地力量，负责技术工作。1958年10月开工，在不到1年的时间里就完成了铺设一条长3000米、宽60米的跑道工程，并于1959年10月1日如期投产。当场地还未全面清理完毕时,周恩来总理出国访问时就使用了这个机场。

昆明巫家坝机场改建工程是在本场不停航的情况下进行的。在机场扩建指挥部的统一指挥下,采取了现场设计等具体措施,加快了工程进度,保证了工程质量。

当时正在建设的有昆明、南宁、贵阳、成都、兰州等机场,为了交流建设经验,并讨论决定各地机场建设中普遍遇到的原则性问题,号召开展以技术革新为中心的增产节约运动,中国民航总局于1959年4月在昆明召开了全民航的基本建设现场会。会议由陈瑞光副局长主持,总局机关有关部门和正在建设的各机场的主管部门均派员参加。这是一次富有成效的会议,它有力地推动了当时各地的机场建设工作。

2. 新建南宁吴圩机场。南宁原用旧机场位于市区内,场地短窄,净空条件不好,与城市建设之间存在很大矛盾。经现场勘察,并报经国务院批准,1958年选定在距南宁市中心南面31公里的吴圩地区修建新机场,机场建设规模为民航二级机场(规划发展至一级机场),供伊尔-18型以下各型飞机使用。

南宁机场是一个从平地起家的新机场。在新机场场址确定后,广西壮族自治区立即成立了南宁机场修建委员会,下设工程处,具体负责修建工作。中国民航局除派去技术工作组外,并由新成立的民航工程大队承担大部分工程项目的施工。初步设计文件在1958年12月完成。场道工程于1959年3月开工。但因当年春夏之交,遭遇天灾人祸,劳动力特别紧张,运输工具、材料亦十分缺乏,工程进展极其缓慢,9月起施工形势才稍有好转。通过各方协同努力,1961年11月26日新建吴圩机场正式投入使用。在这个机场的建设过程中,大力发动群众对技术革新献计献策,提出了不少革新项目和合理化建议。场道方面由于设计和施工均系自营,易于密切配合,效果较好。在有些地段所做的少量石灰稳定过渡性等试验道面为以后继续进行这类课题的研究开辟了道路。

3. 修建贵阳新机场。1957年,中国民航使用清镇机场开辟了重庆--贵阳航线。该机场周围多山,跑道两端净空条件差,只能勉强起降里-2型飞机,没有发展前途。经民航局会同贵州省及贵州军区多次踏勘场地,选定在贵州市西南距市中心32公里的磊庄场址修建新机场。同南宁吴圩机场一样，贵阳磊庄机场也是在一片荒丘上建设起来的。1958年9月成立了机场修建委员会。中国民航局派员协助贵州省组织安排新机场的勘测设计，进行技术指导。工程按民航三级机场技术要求修建，规划发展为二级机场。投资由中国民航担负500万元，其余由贵州省负责。有关修建任务、规模、总平面布置、跑道长度等问题统由机场修建委员会商讨决定。

由省军区副司令员汪乃贵任总指挥的机场修建指挥部，集中领导19个设计、施工单位，做到统一指挥，分工协作，密切配合。到1959年4月底，飞行区工程和为保证飞行安全所必需的一些工程项目已告完成。经对尚未完工的项目采取适当临时措施后，磊庄机场于1959年5月1日用伊尔-14型飞机试航成功。随即陆续开辟了各条航线的定期航班飞行，大大便利了当时西南地区的交通运输。一个新建三级机场，在定址后进行勘察设计到基本建成投产，只花了短短8个月的时间，效率是相当高的。

由于土方施工期间阴雨连绵，含水量大，土壤密实度不足以及沙子质量较差，水泥的质量和数量达不到规定的要求，模板木质好的木材极度缺乏等多方面的原因，当时被迫采用了水泥结碎石道面作为过渡，准备以后根据使用情况在必要时再铺设高级道面。1964年空军在原道面上加铺了20厘米厚水泥混凝土面层，并将跑道长度由原来的2000米延长至2500米。从此磊庄机场成为一个军民合用机场。

4. 改建成都双流机场。成都自1957年起使用双流机场。由于该机场原有跑道短窄，道面松散，设备简陋，远不能适应成都地区航空运输和通用航空发展的需要。鉴于成都平原范围内机场比较多，要再安排一个新的民航大型机场有一定困难，而双流机场对成都市的相互位置又比较适当，因此决定采取在双流机场原有的基础上加以改建的方案。按照1957年夏季李富春、薄一波副总理视察西南地区时指示的"双流、温江①两个机场应该共存。成都地区的空中指挥调度由民航统一掌握"的原则，经有关部门协商研究后，由国家

---

① 温江机场为当时第一机械工业部正在修建的飞机工厂的试飞机场。

计委确定温江和双流两个机场采用同样的跑道方位，机场飞行区按二级修建，可供伊尔-18型以下各型飞机使用。规划中考虑将来在必要时可扩建成一级机场。

四川省因基建任务繁重，没有能直接领导这项建设工程。民航成都管理局于1959年年初成立了修建指挥部，全面承担双流机场改建工程的勘察、设计和施工任务。中国民航局派出工作组到现场协助进行设计和其他技术工作，各项设计分别委托有关专业设计单位进行。但由于修建指挥部与其他设计、施工等单位的隶属关系不同，实际上只能起一个协调作用，因此工程进展较慢，道面质量亦较差。1960年4月完成了铺设一条长2200米、宽60米的跑道工程，并正式交付使用。其他工程项目在此之后陆续完成。

（二）民航学校机场和若干地方航线机场的建设。

在"二五"计划时期，中国民航除致力于运输机场的建设外，还进行了为培养训练民航各类专业人员而修建的学校机场。

1956年5月，中国民航局为十四航校筹建使用的机场，几经反复，最后定为新津、彭山、遂宁三处，1957年空军再增拨广汉机场。1958年主要进行了广汉和新津两个机场的修建，部分发包，部分自营。同年末，遂宁机场亦开始施工。此后两年继续进行广汉、新津、彭山（1961年7月彭山机场奉命移交空军）和绵阳等机场修建。1982年为配合成都双流机场的扩建，成都航班临时转场到广汉机场，为此对广汉机场略作扩建，这使广汉机场具备了接受伊尔-18型飞机运行的能力，进一步改善了训练飞行的物质条件。

在这个时期，为适应航校训练的需要，中国民航对张贵庄机场进行了再次扩建，包括场道和机场排水工程、改善机场净空、增加通信导航和机务维修等设备，并修建了新的教学大楼、食堂、宿舍等。早在1957年8月就成立了修建委员会，具体负责工程建设工作。机场全面勘察任务系委托建筑工程部综合勘察院承担。当年9月，邀请苏联专家奥尔洛夫到现场踏勘后，他提出了很多宝贵意见。这位苏联专家还先后为民航当时准备建设的南宁、昆明、成都等机场建设亲自前往布置勘察任务、研究勘察内容、范围等。在他由西南回到北京正准备继续赴西北勘察兰州、乌鲁木齐机场场地时，其他单位因有紧急任务请他先赴南京，不幸在上海飞往南京途中因飞机失事遇难牺牲。苏联专家奥尔洛夫为中国民航早期的机场建设付出了很多心血，做出了贡献。

在"大跃进"年代，一些省会和自治区首府，如内蒙古呼和浩特、宁夏银川、安徽合肥和全国许多中等城市都纷纷赶修机场，开辟短程地方航线。有新建的，有利用旧机场改建的，也有在空军机场内建立民航站的，当时形成了一股热潮。陕西省的延安、安康，安徽省的屯溪、阜阳，江西省的赣州、吉安、景德镇，广东省的湛江，湖北省的沙市、恩施，河南省的南阳，四川省的南充、达县，云南省的保山、思茅，内蒙古自治区的包头、赤峰、通辽、锡林浩特，新疆维吾尔自治区的克拉玛依、和田、富蕴等地方航线机场都建于此时。此外，还修建了长治航测基地，并帮助林业部修建了嫩江、加格达奇和根河等林业机场。至于各类临时性和永久性的农业航空机场，数量更多，遍及全国。

（三）修建西藏当雄机场。

西藏处于中国的边陲，与内地交通阻隔。飞机通航西藏，是国务院、国防部、全国各族人民，特别是藏族同胞和进藏干部多年的殷切期望。经批准，决定在距拉萨市180公里的当雄修建机场。但当雄场址海拔4230米，地形复杂，在此修建机场供飞机安全起降，是前所未有的一个课题。当时在所选场址上平整碾压了一条长4300米、宽100米的土跑道。场址夹在南北山峰之间，飞机只能从东端进入，在经过乔克溪山口距跑道头46公里处可以下降高度而直达机场；起飞也是从机场向东爬升越过山口后转入航线。

1956年上半年，空军与民航先后用伊尔-12、图-4和CV-240型（"北京号"）飞机试飞拉萨当雄机场成功。1959年为将伊尔-18型飞机用于这条航线，中国民航局确定了"充分准备、大胆试验、认真总结、步步登高"的原则，积极准备试航。在中共西藏工作委员会领导下，当雄机场进行了场地平整，并在跑道上加铺了3500米长的薄层沥青道面。1960年6月，由民航第一飞行总队孙全贵机长驾驶的伊尔-18型飞机两次试航均告成功。但发现机场道面不够平整，沥青表层太薄，必须再加整修，加强维护，方能通航。尽管当时开辟西藏定期航班未能立即实现，但已为此后的通航打下了基础。

1964年8月，中国民航总局派出以民航成都管理局副局长傅新喜和民航北京管理局飞行大队长王敏为正副组长的工作组去西藏，会同当地政府研究筹划开航事宜。他们发现，由于时隔4年，当雄机场跑道表面沥青层已经老化，基础普遍松软，当即决定先抢修出3000米长的跑道。经过10年的艰苦努力，开辟北京—成都—拉萨航线的愿望终于在1965年3月1日实现了。接着，又对该机场跑道进行了修理平整、加长加宽，以保证飞行安全。在这项工程修建中不仅严格保证质量，厉行节约，而且积极培养藏族民工队伍。对民工的生活和医疗予以多方照顾，激励了参加修建机场工程的藏族同胞。

1965年，空军在雅鲁藏布江畔修建了贡嘎机场。该机场海拔较低，距拉萨市较近，有长3600米水泥混凝土跑道。因此，民航飞往拉萨的班机也改在该机场起降，进一步便利了旅客。

（四）高速度修建上海、广州国际机场。

60年代初，中国受到霸权主义大国的封锁，亟须打开一条飞出去的空中通道。1963年，为适应巴基斯坦通航上海和广州的需要，中国政府确定了建设上海、广州两个国际机场的紧急任务，并要求次年5月1日正式通航。中国民航总局和其他部门立即行动，齐力完成这项抢时间、争速度的艰苦工程。各有关部门对调拨物资、车辆，审批方案、概算，一路开放绿灯。上海、广州两市市长亲自挂帅，调度力量，主动配合。友邻省、市也全力支持，有求必应。中国民航总局派出人员精心设计、现场指挥。在各方通力合作下，工程建设进展迅速。上海、广州两机场的场道工程，分别于1963年12月和1964年1月开始动工。到1964年4月下旬，两个机场的第一期工程都已竣工，只用了四五个月的时间，建设速度之快，是中国民航机场建设史上所没有过的。1964年4月29日，披上新装的上海、广州两个国际机场，在欢声雷动中迎接了巴基斯坦首次通航中国的班机。

上海是中国最大的城市，城市周围有好几个机场。民航原用龙华机场，条件较差，没有发展前途。为与巴基斯坦通航，必须另选场址新建或扩建其他机场。1963年8月，空军和中国民航总局会同上海市对此作了调查研究，着重对比了扩建江湾机场和虹桥机场两个方案的优缺点。最后由周恩来总理亲临察看，决定将虹桥机场扩建为上海国际机场。

虹桥机场的扩建任务和设计任务书批准后，以周继选、蔡东山工程师为首的民航工程技术人员在同年10月中旬到上海。上海市也立即行动，于10月17日开始征地拆迁工作。11月9日成立了机场修建委员会，由上海市副市长李干成任主任委员。次日成立了虹桥机场修建指挥部，由民航总局副局长张西三任指挥，亲驻现场，日夜操劳。担任施工的主力是中国人民解放军部队。9000名战士迅速出动，11月底全部进场。12月10日正式破土动工。参加这一工程的勘察、设计、施工单位有20多个。大家同心协力，紧密配合，鼓足干劲，奔向同一目标，到1964年4月20日，为通航所必须的第一阶段工程已告完成。国家计委、国家经委、空军、中国民航总局组成验收组对工程逐项进行检查、试验和试运转，认为建设速度快、工程质量好，可以交付使用。当年4月24日由中共上海市委书记陈丕显、上海市副市长李干成率200多人参加进行机场总体试运转，结果良好，并使用波音－720B型飞机试飞成功。4月29日如期正式开航，胜利地完成了预定的计划。

广州民航原与空军合用白云机场。1963年夏，中国和巴基斯坦商定通航上海、广州后，白云机场也迅速地进行了扩建。同年9月，由空军、民航、广东省、广州市派员组成勘察小组，积极展开白云机场扩建的准备工作。随后，在省、市领导下成立了机场修建委员会，由曾生市长任主任委员，并组成工地指挥部。白云机场的扩建规模与上海虹桥机场相仿，要求同时完成。修建机场的主力是广州军区空军第四工程总队，承担场道设计和施工。中国民航总局派出以沈崇武、冯克鑫工程师为首的工程技术组，会同承担机场其他建设项目设计、施工的各个专业单位共同积极协作。从1964年1月开工，到4月份就完成了第一阶段为通航所必需的工程项目，质量较好。它同上海虹桥机场一起成为60年代中国民航机场建设中具有战略意义的两项重点工程。

四、十年动乱时期

这个时期，包括1966年至1978年的国民经济第三、第四两个五年计划时期和粉碎"四人帮"以后的调整时期。在十年动乱后期，中国民航为适应国内外形势发展，于1971年和1973年先后向苏联和美国购买了伊尔－62和波音－707大型客机，迫切需要加速修建和改建一些重点机场。此外，60年代后期国家强调"三线"建设，民航为此也投入了一些资金。总的来说，这一时期中的民航机场建设工作，是在相当紧张和十分艰苦的情况下进行的。一方面，由于十年动乱造成秩序紊乱，纪律松弛，劳动力、建筑材料、运输力量长期严重缺乏；另一方面，大批工程技术人员遭受迫害，被下放到"五七"干校和农村，高级技术人员几乎已全部脱离工作，剩下能独立工作的人员寥寥无几，使这一时期民航机场建设的质量和速度都受到了影响。从1973年起，大部分民航工程技术人员和其他基建业务人员陆续返回原工作单位，并重新参加工作，机场建设工作才有所转变。

(一)"三线"地区机场建设。

1965年后，在全国进行"三线"建设的时期，民航在成都双流机场内建设了一个修理飞机的后方基地（一〇三厂）；在绵阳修建了器材总库，作为航空器材的后方储备基地；新建了西昌锅盖梁子机场和兰州中川机场；扩建了太原武宿机场。

1. 修建西昌锅盖梁子机场。西昌市原用的小庙机场距该市西北约6公里，以伊尔－14型飞机飞成都至西昌航线。十年动乱前期，毛泽东主席提出"备战、备荒、为人民"的号召，林彪把它发展成为"用打仗的观点观察一切、检查一切、落实一切"。中国民航总局按照当时空军领导的意图，报经国家计委批准，于1967年年初开始修建西昌锅盖梁子机场，投资估算为2400万元。施工期间，由于西昌地区社会秩序比较混乱，曾一度停工。在修建过程中，该机场的建设规模和技术要求曾凭着领导的意图随时任意变更，造成设计多次返工，施工计划不断改变。总概算调增到3450万元，到1973年机场才全部完工，投入使用。整个机场建设历时7年。机场性质则从原来以战备为主的要求，转变成为能起降波音－707和伊尔－62等大型飞机的民用机场；而事实上，该机场自建成后，中国民航只设立了一个小航站，每周仅用安－24型飞机飞两次航班，浪费极为严重。

2. 易地兴建兰州中川机场。兰州市原来使用东郊的拱星墩机场，净空条件很差，与城市建设之间的矛盾甚为突出。1957年选定了中川场址，准备修建新机场，接二级规模修建，将来必要时可以扩建为一级。当时交通部、中国民航局和省、市各级领导对这项建设都很重视，但因求成心切，在勘测设计不够准确、施工准备不足的情况下，仓促上马，以致进展迟缓，问题丛生。此时恰值国家经济遭遇困难，紧缩基本建设战线，该机场建设工程于1961年下马，但已给国家造成1500万元的损失。

1969年又考虑"三线"建设，经国务院批准，决定恢复兴建兰州中川机场。当时由于错误地片面强调"靠山、分散、隐蔽"的建设方针，认为1957年原已选定、并于1959年至1961年动工兴建的那块场地不符合战备要求，经中国民航总局和空军后勤部领导于1968年7月去现场察看后，建议将场址西移至马家山脚下重新上马，按一级机场规划，二级机场修建，列为"三线"建设重点工程之一。兰州军区和地方政府对此项工程都抓得很紧。飞行场地距山脚650米。南北向跑道长3200米（后改为3400米）。除航站区少数房屋建筑外，所有房屋设施包括飞机维修厂、器材库、主要车库、宿舍、食堂等全部建在向西面伸展的几条山沟内。实践证明，这种布局很不合理，不仅造价昂贵，经常性开支增大，仅车辆运输浪费燃油一项就很严重，而且对广大职工的工作和生活都非常不便。

兰州中川机场虽然在布局上存在上述问题，但在具体工作上，则在中国民航和地方政府的领导和支持下，依靠参与此项修建工程的全体人员的积极努力，克服了很大困难，较快地完成了修建任务。该工程于1968年11月动工，1年就建成了跑道和部分配套设施，1970年7月27日正式投产使用。在不到两年的时间内，在地处荒僻、海拔较高、交通不便、水电困难的情况下，建成这样一个工程艰巨的新机场，是做了大量艰苦工作的。还应看到，中川机场的修建正值十年动乱时期，各项制度松弛，局面混乱；工程战线长、工期短、人员缺、材料困难、土层复杂；工程进度要求甚急，边勘察、边设计、边施工。在这种情况下，基本建设中的各个环节很难衔接配合得好，有些工作与过去相比要粗糙简化得多，在工程管理和质量控制方面也很难达到严格要求。

3. 扩建太原武宿机场。太原亲贤机场从一开始就与城市规划有矛盾。太原市自1955年起就要求民航尽早迁出，另建新机场。1959年，中央军委曾批示同意将军用武宿机场交给民航使用。当时因国家处在经济困难时期而被搁置。

1967年9月，中国民航总局为改善首都至西北及中南地区航线，决定扩建太原武宿机场，并将中国民航第二飞行总队由长治迁到该机场。场道工程于1970年4月1日正式动工，进度较快，质量较好。当年9月完成了场道工程和通信导航设备安装，10月1日进行了试飞，1971年7月1日正式通航。

民航第二飞行总队基地建设，经中国民航总局决定进山，选定在五龙沟。这种布局方案，同兴建兰州中川机场一样，费工费时，增加了造价，工程建设周期长，一直延续到1973年，该总队队部及所属第十八飞行大队才从长治转移到武宿机场。

武宿机场扩建工程是在十年动乱中，秩序混乱、制度偏废的时候进行的。这是工期拖长和投资增大的客观原因。当时在劳动力、材料、运输等各方面都极为困难，在参加这一工程的全体人员的辛勤努力下方告完成。但民航第二飞行总队基地进山的规划则是根本失败的，给工作和生活带来了种种不便。如机场疏散道建成后几乎没有使用过。它与兰州中川机场一样，是林彪"山、散、洞"建设方针在民航工程建设中所造成的苦果，应当从中吸取沉痛的教训。

（二）突击扩建杭州笕桥机场。

杭州笕桥空军机场原有水泥混凝土跑道一条，长2200米、宽60米。中国民航局于1957年1月1日在该机场设站，开辟航线。

1972年美国总统尼克松访华要乘总统号专机（波音–707型飞机）去杭州，要使用的笕桥机场跑道长度和厚度都嫌不足。为此，1971年11月8日国家下达了"关于扩建笕桥机场"的紧急指示。中共浙江省委立即进行研究，建立了工程领导机构，迅速开展工作。这项工程的时间要求比上海虹桥机场和广州白云机场扩建工程更加紧迫。扩建工程主要内容为场道工程和航站楼建筑。场道工程包括在原跑道上加覆盖层并延长至3200米，改建相应的滑行道、停机坪，使其能承受民航近期使用的各类大型飞机。以空军修建部为主负责设计，由空军部队负责施工。该项工程于1971年11月11日开始筹划，15日施工部队陆续进场，20日试打道面混凝土，到12月29日就完成了跑道和滑行道等主体工程。其他场道工程于1972年1月15日亦全部完成，总共所用时间不到两个月。由浙江省工业建筑设计院负责设计、浙江省第一建筑公司和省安装公司负责施工的航站楼，于1971年11月25日动工，第2年1月底竣工，2月9日正式交付民航使用。整个扩建工程从下达命令起到全部竣工只用了80多天。1972年2月下旬，笕桥机场迎接了美国尼克松总统的到来。

（三）同时新建和扩建5个大型机场。

1. 改建乌鲁木齐地窝铺机场。原地窝铺机场从1950年起就由中苏民航公司使用，并建立了航站。1956年，中国民航局认为乌鲁木齐为新疆维吾尔自治区首府，是中国从西北方向通往苏联、东欧、西亚、中东、北非的孔道，地位非常重要。原地窝铺机场场址不适于扩建，应按一级机场的要求另选场址建新机场。经过对所选各场址方案作比较，选定在下泉子场址新建乌鲁木齐新机场。1959年开始进行勘察设计，按一级机场规划，二级机场修建。要求能作全天候飞行。1960年已筹划施工，民航从南宁调来工程大队人员从事打井、修建工棚等，准备自营施工。1961年春，因国家经济困难，下泉子机场工程奉命下马。

10年以后，根据当时国际形势发展的需要，乌鲁木齐机场建设问题又被重新提到议事日程上来，其重要性不亚于1964年上海、广州两个国际机场的建设。经过长时期的反复研究，这时已不再考虑新建下泉子机场，而是改建地窝铺机场了。当时拟定跑道长度为3200米，批准的工程总概算为3700万元，计划在1971年开工，次年完成主体工程，交付使用，1973年收尾。但当时正处在十年动乱期间，无政府主义泛滥，派性猖獗，纪律松弛，有令不行，对国家基本建设程序完全弃之不顾，整个建设工作处于极为混乱的局面。没有设计任务书就先设计，设计任务书和设计文件未经批准和审定就先施工，设计中间不经调查研究就对原则问题随意变动，不作全面周密考虑就任意增加和修改建设项目，其结果必然是少、慢、差、费。

地窝铺机场虽于1973年交付使用,但许多配套工程则年复一年,一拖再拖。直到1982年该工程销号时,不仅投资较原概算超出了40%以上,而且在规划设计中也还存在不少问题。如跑道长度3200米,按当地海拔648.5米核算,显然过短。1972年年底曾打算再延长300米,因当时跑道及两端的归航台建筑已经完成,无法弥补。从多年来使用大型飞机飞国际航线的经验来看,确实该机场的跑道长度不足,不能在该机场加足所需燃油,以致机组不得不经常在国外留驻,造成很大的浪费和不便。地窝铺机场改建工程前后迁延11年,成为民航机场建设史中一个典型的"胡子工程",其教训是很深刻的。

2. 扩建合肥骆岗机场。合肥原使用距市中心4公里的三里街机场,飞里-2型飞机,机场条件很差。1971年空军后勤部和中国民航总局选定将原安徽省体委航空俱乐部的骆岗滑翔机场进行扩建,作为民航机场。该址地势高亢,净空良好,交通便利。当年5月国务院、中央军委批准了这个修建方案。

此项工程建设亦处于十年动乱时期,基本建设不讲规律,程序倒置,强调主观愿望,忽视客观实际。1972年,整个建设均处在边施工、边健全机构、边研究任务、边设计和纠正,不按基本建设程序办事的混乱过程中。同时,由于干部和技术力量缺乏,施工机械不足,有些材料不能及时供应,以致进度很慢。直到1973年,情况才有所好转,集中力量完成了混凝土跑道工程。但此后3年又受"四人帮"的干扰,阻碍了工程的顺利进行。粉碎"四人帮"后,通过1977年1月的继续努力,完成了各项主要工程,经验收后交付使用,才正式开航。

合肥骆岗机场是中国民航新建的大型机场之一。但建成后业务量甚少,未能真正起到国际航线备降机场的作用。它同天津张贵庄机场和哈尔滨新建的阎家岗机场相类似,国家投入了大量资金,但经济效益不好。

3. 第三次扩建天津张贵庄机场。这次主要是使它成为北京首都机场国际航线的备降机场而扩建的。将该机场原跑道延长至3200米,设双向盲降设备,新建航站楼、油库,改造和充实辅助设施及公用设施。场道工程由中国人民解放军工程兵担任施工。1974年5月开工,5000多名干部、战士艰苦奋战,历时3年,到1977年8月完成了主要工程,并经天津市政府会同工程指挥部验收，确认工程质量良好。是年10月先行使用跑道。其他配套工程因受唐山大地震影响和"四人帮"干扰，拖延时日较久。整个工程到1980年才结束。

经过这次扩建，张贵庄机场已成为一个能适应波音-707和伊尔-62类型飞机使用的民航一级机场。但建成以来用于国际航线备降很少，大型飞机的训练飞行也不多，经济效益不高。为充分利用这个机场，除努力发展航空运输业务外，已成立了一个国际训练中心，并用其作为海上石油勘探的华北直升机基地，使机场日益发挥其潜力，逐步提高社会经济效益。

4. 新建哈尔滨阎家岗机场。民航在哈尔滨原与空军合用位于市区内的马家沟机场。该机场仅有土跑道一条，机场常因地面泥泞而关闭，随着城市建设的逐渐发展，机场周围已被建筑物所包围，早已不符合使用标准。为此，几经周折，到70年代初始确定在阎家岗附近另行修建新的民用机场。

1974年着手进行规划设计，使其能接受波音-707和伊尔-62型飞机，并有限制地接受波音-747等类型飞机。中国民航总局派出以陆孝斌工程师为首的工作组负责机场总体、场道工程、通信导航设施等设计，并协助施工监理工作。其他项目的设计分别委托各专业设计单位承担。场道设计中需要解决的主要问题是防止道面冻害。经对东北地区几个军用机场的调查研究，并通过修建试验路段取得数据，组织当地及空军和民航技术人员多次讨论后才确定了设计方案。

阎家岗机场于1975年10月1日正式破土动工，但工程进展较慢。除了1975年和1976年两年安排投资较少的原因外，主要是工作无纪律，指挥不灵，规章制度不严，不正之风严重，浪费现象普遍存在。从1977年起，在该省当时新任建委主任陈雷和中国民航总局后勤部部长戈江的全力推动下，情况开始有所好转。到1978年年末基本上完成了为开航所必需的工程项目。在经过试飞后，于1979年4月1日正式开航。那时，航站楼仍在施工中。1979年12月20日，国家建委授权中国民航总局会同黑龙江省组织有关各方正式验收了新建的哈尔滨阎家岗机场全部工程。验收结果，场道总评为良好，航站楼总评为优良。工程造价超过9000万元，比原批准的概算增加较多，随即交付民航黑龙江省局使用。

哈尔滨阎家岗机场建成后，成为中国东北地区所有机场中场地最大、净空最好的一个机场，为发展该地区的民航事业提供了一个良好条件，对巩固祖国边防也起了一定作用。但是，目前飞行的航班不多，机场的经济效益较差。

第二节 38年来民航机场建设概况（下）
（1979—1987年）

1978年12月，中共十一届三中全会确定把工作重点转移到社会主义现代化建设上来。贯彻对外开放、对内搞活的方针，促进了生产发展，经济繁荣，国际交往增多，各方面对航空的需求量日益增长。为了适应新形势发展的需要，中国民航陆续购置了较为先进的大型飞机，而民航机场建设也须有较大的发展。随着民航在国民经济和对外交往中的地位和作用日益加强，国家对民航机场建设投资比重也逐年增多，而且各省、市、自治区也纷纷自己筹措资金，以补不足。各地要求扩建和新建机场的呼声越来越强烈。4个经济特区把机场建设作为开发特区不可缺少的先行项目，都花大气力来抓。沿海14个开放城市和海南岛，也竞相新建和改建机场。各省省会和重要城市，都渴望与海外和口岸城市直接沟通，把机场建设视为一项重要任务。一些旅游区点和侨乡，则把开辟空中通道作为招揽游客、归侨和创汇增益的必要条件。迁延二三十年悬而未决的西安和武汉民航机场的场址问题，也终于得到了解决。中国民航机场建设出现了一派前所未有的新气象。

一、经济特区的机场建设

在4个经济特区中，厦门机场建设走在最前面，汕头居第2位；深圳、珠海因毗邻港澳，情况比较复杂，牵涉的问题较多，具体选址亦较困难，因而进展较慢。情况虽然各异，但存在着同一性，就是作为一个经济特区，首先要有一个合适的机场，以解决其空中交通问题，它是发展特区的一个必要条件。

1980年国务院批准厦门市建立经济特区后,福建省立即着手利用旧高崎机场原址修建新机场。他们说:"没有一个机场,就没有一个特区。"当年9月国务院批准了高崎机场的建设,在此前后,机场建设的各项前期工作都在积极推进。经过将近3年的努力,于1983年7月完成了一条长为2159米,可供三叉戟、波音-737等类型飞机起降的跑道和必要的配套工程。同年10月22日开航。建设资金除国家投资2214万元外,大部分是由福建省自筹的,并在对外经济贸易部统筹安排和中国民航局的协助下,由福建省向科威特国阿拉伯基金会取得了低息长期贷款600万第钠尔(约合2200万美元)。利用国外优惠贷款建设民航机场,这是在对外开放政策下出现的一个新事物。第一期工程完成开航后,紧接着又进行延伸填海工程,使跑道全长达到2700米,并于1987年交工验收。

1974年,中国民航在汕头市的空军外砂机场建站,因陋就简地先行开航。因汕头至今未通铁路,定为经济特区后,对扩建机场的需要更为迫切。1984年,国务院、中央军委批准改建外砂机场,将跑道从2200米加长到2500米,并加强道面,使其能够接受MD-80型飞机,同时增建和改建若干必要的设施。1986年5月正式开工,跑道工程及为开航必须具备的项目均在同年12月完成,经过验收,已于1986年年底复航。

二、开放口岸的机场建设

国务院批准对外开放的14个口岸城市同4个经济特区性质近似,是中国对外交往的门户。它们也迫切需要发展航空交通,以加快人员和商品的内外交流。因此,它们也同样把机场建设看成一件迫切需要解决的大事。

(一)改建和扩建大连、天津、上海、福州、广州、湛江现用机场。

大连、天津、上海、福州、广州、湛江6个城市的机场,在新时期中所面临的共同问题是需要改建和扩建,以适应当地经济建设和航空业务迅速发展的需要。

大连于1973年4月利用空军周水子机场,建立了民航站,开辟了大连—

沈阳—北京航线。该机场可供中型以下的民航飞机起降使用。经过几年的陆续建设，航站已初具规模。1984年7月，国务院批准大连机场作为国际机场对外开放。同年10月，国家计委、总参谋部批准周水子机场按国际机场标准加以改建。将跑道加厚并延长到3200米。1985年竣工后，于同年3月15日起接受大型民航飞机起降。

上海虹桥机场于1965年扩建成为国际机场后，通航国家和地区日益增多，业务发展迅速。1982年即开始考虑以技术改造、发挥潜力、提高效益为中心的机场第二次扩建计划。1984年由日商、港商承包的航站楼扩建工程于9月完成，解决了国际航线业务增多的迫切需要。1985年开始考虑整个机场的扩建方案，并探讨利用国外贷款来从事这项机场扩建工程。

广州白云机场在1965年扩建成为国际机场后，10多年来不断进行一些零星建设。中共十一届三中全会以后，外宾、华侨和港澳同胞出入频繁，业务骤增，机场设施已经不能满足形势发展的需要。1980开始增建了一些建筑和设施，更新了一些技术装备，用以发挥机场潜力，加大机场容量，改善服务条件。并决定在1985年新建一座面积为2.7万平方米的国际航线专用航站楼，把国际航线和国内航线进出旅客流程分开。在新航站楼未建成前，1986年先对原有航站楼进行扩充改造，增加建筑面积9500平方米，以应急需。

湛江机场原有南北向泥结碎石跑道一条，长1200米、宽50米。1970年将两端安全道改建，使跑道全长达到1500米，中间16米宽的道面作了沥青表面处理，能够满足安-24型以下飞机的起降要求。湛江市对外开放后，由于四个现代化建设需要，特别是南海石油勘探开发工作的进展，促使航空运输迅速增长，要求使用波音-737型飞机通航。为此，决定将其改建成为长1750米、宽40米的混凝土跑道，安装夜航灯光和仪表着陆设备，修建新航站楼、停机坪等配套项目。跑道工程于1985年4月基本完成，即恢复飞行。

从1974年中国台湾海峡两岸形势开始缓和后，中国民航福建省局借用了空军福州义序机场的少量房屋，修建了一幢临时候机室，于当年12月1日开航，使用子爵号、安-24、伊尔-14等中、小型飞机。1977年至1979年修建了航站楼、停机坪、滑行道及其他各类业务设施。1980年8月，经国务院、中央军委批准，由福建省与中国民航局共同投资进行义序机场扩建工程。将跑道加厚并延长至 2400 米，增建平行滑行道和停机坪，改进夜航灯光设备，增加和改善导航着陆设施，供三叉戟、波音-737 型飞机的昼夜起降。场道工程由福州空军设计室设计、福建省闽江工程局承担施工。当年 10 月开始浇筑道面混凝土，1982 年 2 月完成跑道及其附属工程，3 月 1 日恢复航班飞行。

（二）利用和改建青岛、连云港、烟台、秦皇岛的军用机场为军民合用机场。

由于青岛、连云港、烟台、秦皇岛 4 个城市附近均有军用机场，在国务院决定这几个城市作为开放口岸后，便利用军用机场稍加改造或修建少量房屋，使其能尽快开航。其中，青岛使用的是海军流亭机场。经扩建后，从 1985 年 11 月起，已能接受 MD-80、三叉戟、波音-737 等类型飞机起降。连云港市于 1984 年 7 月经国务院和中央军委批准同意军民共用空军白塔埠机场。民航随即在该机场增建了一些房屋，成立了民航站。自 1985 年 3 月 26 日起通航，能够接受安-24 以下各型飞机起降。烟台市于 1984 年 6 月得到国务院、中央军委同意军民合用海军莱山机场，并于 1986 年批准予以扩建，使其满足 MD-82 型飞机起降的技术要求。秦皇岛市系利用当地海军机场，以安-24 型飞机先行通航，于 1987 年改用 BAe-146 型飞机飞行。

（三）新建北海、温州、南通民航机场。

北海、温州、南通 3 个城市没有现成的机场可资利用，都需修建新机场才能开航。北海机场场址选在福城西南部，1984 年年底国务院、中央军委批准同意修建。机场规模按使用波音-737 型飞机要求规划，跑道长度为 1800 米，但道面强度则按能够接受 MD-80 型飞机的要求设计。投资额控制在 3000 万元以内，国家安排 1800 万元，其余由当地政府解决。北海市为此向建设银行北海支行借款 1000 万元，分 5 年偿还，开创了地方政府向银行借款修建民航机场的先例。机场工程经验收后已于 1986 年 12 月 10 日试航，1987 年已正式通航。

1984 年 11 月，国务院、中央军委批准同意在瓯海县永强区修建温州民航机场，接二级民航机场规模建设，供波音－737、MD－80、三叉戟等型飞机使用。在选址问题上有过一些反复，随后又发生设计单位的变更，再加上该址海涂软地基的处理技术比较复杂，因此修建进展比较缓慢。

1985年6月，国务院、中央军委批准同意在南通市兴东地区修建民航二级机场。机场按能起降波音－737、三叉戟型飞机的使用技术要求，跑道长度定为2200米，道面强度则按能承受MD－80和波音－707型飞机的荷载要求设计。经中国民航华东设计所提出可行性研究报告后，国家计委组织国际工程咨询公司进行了评估，初步计划工作已经开始。

（四）在宁波栎社机场废址修建新机场。

宁波是浙江省的第二大城市，历史上为中国主要外贸口岸之一。自宣布宁波市为对外开放城市后，宁波市的工商旅游各行业迅速发展，来往旅客日益增多，交通运输十分紧张。铁路、公路、海运渐趋饱和，因此对发展航空运输的要求也很迫切。经呈准临时使用海军庄桥机场，于1984年11月先以安－24型飞机开航上海。1985年8月，国务院、中央军委批准同意在已报废的栎社老机场场址上修建民航二级机场，供MD－82型飞机使用。前期工作正在加紧进行中。

（五）扩建海口军民合用机场，并筹建三亚民航机场。

海南岛已被批准建省并对外开放。岛上主要城市海口和三亚，都迫切需要修建机场以发展航空运输事业。海口市早已利用海军机场以小型飞机开辟广州航线。中国民航局按国务院关于开发海南，并实现海口、三亚同香港的空中通航的指示，已将海口机场跑道道面加厚并延长，建设航站区，改善必要的助航设备等，以适应波音－707型飞机起降的需要。1986年2月12日航班飞机开始使用扩建后的海口机场，并首次以包机飞往香港；1987年10月还开辟了海口—北京的直达航线。

三亚市于1984年起利用海军机场，以安－24型飞机通航广州、湛江。为了发展旅游事业，国务院、中央军委已于1987年12月正式批准在凤凰村新建一个民航机场。

三、旅游胜地机场的兴建

中共十一届三中全会以后，旅游事业蓬勃发展。为便利游客和节约时间，航空交通成为很重要的条件。因此，近年来旅游胜地正在不断地加快机场修建的进程。

在"山水甲天下"的桂林，开航时原用李家村机场；随后空军在该机场另修了一条水泥混凝土跑道，进驻了部队，并改名为军民合用的奇峰岭机场。进入70年代，到桂林旅游的国内外游客迅速增加，使桂林市航空客运量从1970年的600人次，猛增到1980年的22.9万多人次。为此，对奇峰岭机场进行了扩建，主要将跑道延长到2300米，以供较大型飞机使用，并增建了候机楼等配套设施。场道工程由广州空军承担勘察设计和施工，只用了5个多月的时间，1981年5月1日即正式复航。机场改建后，几年来桂林的旅客量又大幅度上升，1987年已达120多万人次。为适应客观需要，已经提出再次扩建机场的问题，并已进行前期准备工作。

丝绸之路上的敦煌石窟，是世界各国艺术爱好者和考古界人士向往仰慕的地方，游客纷至沓来。为开发旅游资源，1979年即提出修建敦煌机场问题。经过一段时间的酝酿，场址选定在文化路东侧，并于1982年4月开工，7月便建成一条长1800米、宽30米的沥青道面跑道，8月交付使用，以安－24型飞机开航嘉峪关和兰州。1987年又将跑道扩建，延长至2200米，可供BAe－146型飞机起降。

黄山遍布奇松怪石，云烟缭绕，名超五岳。早在1959年在距黄山50公里处的屯溪已建有小型机场，跑道长400米，当时飞运－5型飞机。在1960年和1980年曾两次进行扩建，将跑道先后延长到1200米和1800米，改飞里－2、安－24、运－7等型飞机。1985年年末再次投资2500万元，将跑道加铺水泥混凝土道面并延长至2200米，增设仪表着陆设施等，供波音－737型飞机使用，计划于1988年完工使用。

湖南的张家界，具有"华山之险、黄山之奇、庐山之秀、桂林之美"，在开发旅游资源中被发现，受到各方重视。1985年9月经国务院、中央军委批准，同意在大庸县西南大悲庵地区兴建民航二级机场。

此外，西南边陲的西双版纳，亦为旅游者向往之地。经国家批准，在嘎洒修建机场供波音－737型飞机使用，计划于1989年建成开航。

广东梅县是一个著名的侨乡，有华侨90万人之多，联系着海外赤子之心。它地处粤东丘陵山区，交通不便，广大华侨渴望能早日实现空中通航。为此，1979年先借用相距约50公里的空军兴宁机场，用安－24型以下飞机开辟了广州—兴宁航线。1985年5月，决定在梅县长岗岌新建民航机场，当年正式开工，于1986年年底建成了跑道等主体工程，并在1987年通航。

四、解决修建西安和武汉民航机场场址

西安和武汉市的经济、文化和地理位置都十分重要，是国内交通干线枢纽。30多年来，两地都因限于机场条件，航空交通的发展受到阻碍，也影响了西安和武汉市的整个发展。

西安和武汉从1958年前后便开始考虑新机场的选址和建设。一直到80年代初，经过多次反复，始终未能解决。

西安西关机场离城市过近，被许多建筑物所包围，两端净空条件不佳，50年代末已经过鉴定，认为不能作为永久性的民航机场。但由于西安市周围已有几处机场，另选新址不易。1965年因通往西安的航线上要使用伊尔－18型飞机，决定对西关机场进行扩建。扩建工程包括在原有跑道上加铺水泥混凝土覆盖层，并延长至2200米；改善部分滑行道，增建停机坪；增设必要的通信导航、夜航灯光系统等设备。工程筹备工作于1966年6月开始，8月起逐步展开施工，1967年5月恢复正常航班飞行。

经过这次扩建，虽然解决了当时的业务需要，但终究是权宜之计。随着陕西省工农业、贸易、国际友好往来和旅游业的不断发展，航空运量迅猛增长，必须另行修建新机场，才能满足客观需要。1979年陕西省提出，建议改建空军咸阳机场作为西安民航机场。当时，中国因正开始进行国民经济调整，对西安民航机场的迁建问题暂缓考虑。这样西关机场又勉强维持了3年。1982年陕西省再度提出改建咸阳机场为民航机场。经国家各有关部门将近1年的反复调查研究，几经周折，国务院、中央军委终于在1984年3月确定将空军的咸阳机场扩建为民航机场。此后，具体建设工作正积极进行。该项工程已被列为国家重点建设项目，预计"七五"期间可以建成投产。

武汉机场选址问题过去也曾遇到重重困难。早在50年代初期改造的南湖机场，只能飞行伊尔－14以下各型飞机。此后，在国民经济日益发展的情况下，该机场已不能满足武汉市对航空运输的要求。因此，从1958年起就提出了扩建南湖机场或选址另建新机场的问题。1959年，民航选定了武汉市西北、距长江大桥公路距离31公里的茅庙集场址。由于意见不能统一，又因国民经济遇到困难而搁置，但其场址由武汉市予以保留。

在迁延多年后，1973年再次提出武汉机场建设问题时，各方意见仍有分歧。在此期间，民航因急于使用安－24型飞机在南湖机场起降，于1976年在原跑道南端延长了72米水泥混凝土道面，北端延长了120米沥青混凝土道面，使跑道全长增至1492米，并于同年8月使用安－24型飞机开航。由于新建机场的场址问题难以解决，1984年中国民航局又将南湖机场跑道再度延长至1612米，使其能有限制地使用波音－737型飞机。与此同时，在各方推动下继续恢复了武汉新机场的选址工作。经过多次周折，1985年2月才选定了茅庙集以东的天河地区作为武汉民航机场场址。1985年7月经国务院、中央军委批准同意，开始组织进行前期准备工作，预期在"八五"期间可建成使用。

五、全国各地民航机场建设的发展

民航机场的建设热潮，不但在经济特区、开放口岸和旅游胜地纷纷兴起，在内地各省会以及各大、中城市，从1984年起也相继提出了修建和扩建机场的要求。其数量之多、范围之广，以及地方上对修建民航机场的积极性都是空前的。计新建和扩建的大型机场有洛阳（已完成）、重庆、西宁、长沙、沈阳、长春（已完成）、南京、昆明、西安（咸阳）；扩建或改建的中型机场有成都（已完成）、呼和浩特（已完成）、包头、齐齐哈尔；新建或改建的小型机场有黑河（已完成）、榆林、银川（已完成）、佳木斯（已完成）、丹东、赣州；还有在军用机场建立民航站的常州、石家庄等。其中大部分修建或扩建工程有望在"七五"期间完成。

（一）重庆机场。

重庆是中国西南地区的一个人口十分稠密的大城市，为长江上游的经济贸易中心。过去，民航一直与空军合用距重庆市26公里的白市驿机场。20世纪50年代和60年代对该机场进行了一些修建，已能接受三叉戟等类型飞机。80年代又建造了一座具有比较现代化设备的航站楼，使机场有所改观。但是，由于白市驿机场四周环山，净空条件差，加上气象复杂，以致飞行正常率低，没有大的发展前途。重庆市在规划中选定江北一块场地，保留作为另行修建民航机场之用。为适应重庆市经济贸易、旅游事业迅速发展的需要，1984年起进行了重庆机场新址的可行性研究，并成立了机场筹建领导小组。同年12月，经国务院、中央军委批准在该址按飞行MD－82型飞机的要求设计，修建重庆民航机场。1985年4月重庆市成立了机场建设总公司，对勘察、设计、施工、材料设备和竣工验收的全过程，实行总承包。它直接与中国民航重庆机场工程办事处和重庆市计委签订承包合同。这是民航机场建设中的一种新方式。经过必要的建设前期工作，新机场已于同年11月正式动工。由于该机场场址地形起伏大，土方量达1200万立方米，填沟深度最大达20米，工程难度较大。1986年3月，国家计委将该工程列为国家重点建设项目之一，工程正在积极进行中。

（二）西宁曹家堡机场。

西宁原使用的乐家湾机场十分简陋，净空条件很差，只能单向起降安－24型以下飞机，飞行正常率只能达到50%。鉴于西宁是青海省的省会，需要有一个航空运输基地与国内各主要城市相联接，决定择址另建新机场。1984年，选定距西宁约29公里的曹家堡为机场新址。1985年5月，国务院、中央军委批准在该址按民航二级机场技术标准兴建新机场，以适应MD－80型飞机的起降。该机场已于1988年正式开工。

（三）长沙黄花机场。

长沙于1956年使用空军大托铺机场开始通航。由于该机场没有扩建余地，70年代后期即已酝酿另建民航机场。场址选在黄花，1985年经国务院、中央军委批准。第一期工程修建一条长 2600 米、宽 45 米的跑道，以满足 MD-82 型飞机的使用要求，规划中的跑道可延长至 3000 米，以供波音-767、A-310 等型飞机使用。民航机场设计院接受委托，于 1985 年 12 月派人到现场进行设计。1986 年 3 月成立了机场建设工程指挥部，场道工程施工采取招标办法，当年开始动工。该工程于 1986 年列为国家重点工程项目之一，现正在积极修建中。

（四）洛阳机场。

洛阳市历史悠久，名胜古迹众多，工业也比较发达，且系著名的牡丹花城。但因没有航空交通，使其经济建设和旅游事业的发展受到一定的影响。中共十一届三中全会以后，河南省对兴建洛阳机场，打开空中通道的要求更加迫切。新场址选在邙山岭上冢头与麻屯之间，距洛阳市直线距离 10 公里。1985 年 2 月经国务院、中央军委批准，按一级规划，二级修建。第一期工程建成后，可供波音-737 等型飞机使用。1986 年 1 月正式开工。洛阳市对此项建设极为重视，提出"振兴洛阳建机场，我为机场做贡献"的号召，大大地调动和鼓舞了各方面的积极性。终于在 1986 年年底完成了跑道道面工程，1987 年进行了初步验收并试飞，同年 10 月正式投入使用。

（五）沈阳桃仙机场。

沈阳为东北地区的航空运输枢纽。除作为国内主要干线机场通航全国各大城市外，还有通往朝鲜平壤的国际航线和往来于香港的包机飞行。开航以来，民航一直与空军合用沈阳东塔机场。

由于航线增多，运量不断增长，沈阳亟须修建能够接受大型运输机的机场。东塔机场因距城市过近，四周环境受到极大限制，没有发展可能，经另行选定距沈阳市南 22 公里处的"桃仙"场址兴建。该址距抚顺 37 公里、鞍山 70 公里、本溪 45 公里、辽阳 50 公里，可以适当兼顾以上这些工业城市的航空运输需要。1985 年 7 月经国务院、中央军委批准，1986 年 3 月经国家计委批准，桃仙机场按两条平行跑道方案规划，分期修建。第一期工程于 1987 年正式动工，可望在 1988 年年底或 1989 年年初投产；第二期工程将在"八五"期间建成。

(六) 南京大校场机场。

南京在50年代开航时使用明故宫机场。1958年2月改与空军合用大校场机场。近10多年来，南京的航空客运量不断增长，1982年的客运量比1977年增长了4倍多。大校场机场的跑道仅能起降三叉戟型飞机，航站区也不够使用，已不能适应实际需要。江苏省人民政府于1984年和1985年两次报请国务院请求改造大校场机场。1985年6月国务院批准同意按使用MD-82型飞机的要求扩建，道面部分可按波音-747型飞机的要求设计。场道工程由空军设计、施工，其余项目由江苏省负责。设计工作正在进行中。

(七) 扩建成都双流机场。

成都双流机场在1960年改建后，于1967年将跑道两端各延长了200米，使总长度成为2600米，以补救东北端净空较差之不足。但自70年代起使用三叉戟型飞机以来，道面负荷频繁，在跑道着陆地段已有多处被局部压坏。同时，通信导航等设施都比较陈旧，需要更新。进入80年代，该机场飞行业务日益繁忙，还准备使用波音-707型飞机飞成都—拉萨航线。

鉴于上述情况，中国民航局于1982年3月确定将跑道南北两端各再延长100米，使总长度达到2800米。道面强度按能承载全重为150吨的飞机设计。相应地扩建站坪和航站楼，改进通信导航等设施，在双流机场跑道施工期间，成都班机转场到广汉机场起降。这项扩建工程得到四川省成都市的重视，列为省重点工程，进度很快。跑道混凝土道面工程于1983年4月动工，6月24日就完成了。工程质量符合设计要求，跑道的平整度也大为改善。

(八) 再次改建昆明巫家坝机场。

昆明巫家坝机场于1960年改建后已使用了20多年，机场道面因超载使用多年而产生多处裂缝。1985年5月，国家计委批准扩建昆明巫家坝国际机场，将跑道加厚并延长至3600米，使其能接受波音-747等类型飞机。计划先在空军使用的旧滑行道基础上修建一条平行滑行道，在改建跑道期间作为临时起降用跑道，这样可以不必在机场改建期中停航。场道工程和夜航灯光的初步设计已于1986年11月完成，1987年正式开工，先建成临时跑道，1988年再改建为正规跑道。

六、新时期机场建设的特色

纵观这一时期的机场建设,有如下特色:

(一)在国民经济计划中,国家对民航机场建设的投资比重逐年有所增加,1980年前后,民航每年完成的基本建设投资在1亿元左右;自1984年以后即步步上升。1983年为2.8亿元,1984年为2.6亿元,1985年为3亿元,1986年为4.7亿元(以上均不包括地方投资数)。资金来源渠道也打破了以往完全依靠国家的状况,省、市、自治区开始积极参与共同投资。同时,还逐步打开了在机场建设中吸引外来投资和技术的门路。

(二)在机场建设总投资中,航站楼及为旅客直接服务的设施项目的投资比重逐渐加大,在北京、上海等大型国际机场中尤为明显。对机场的安全保卫问题越来越受到重视,诸如机场的导航降落设施、机场消防设施、客货安全检查、机场围界等,都有所改善和加强。根据过去的经验教训,近年来还对跑道道面的粗糙度提出了较为具体的要求,以保证飞机在使用湿跑道时的安全起降。

(三)比较重视经济效益分析。对微观、宏观效益的计算、投资还本付息、企业盈亏估计等事先均进行预测和分析,不像以前只着重于修建技术上的考虑,而忽视兴建机场在经济方面的研究。

(四)对基本建设的前期工作较前有所重视,在遵循国家基本建设程序方面有了较多的改进,包括从建设立项、可行性研究、设计任务书、初步设计、审定开工等,以及环境保护评定、飞行程序规划等。在机场建设技术上也有所丰富和提高。在这个时期修建的机场中有多处场地具有各自的特征。如厦门高崎机场的填海,重庆江北机场的高填方,西宁曹家堡机场对三级湿陷性黄土的处理,洛阳、西安咸阳机场的古墓探查,以及深圳、温州、宁波等机场的软土地基处理等,都进行了充分讨论和研究,以便采取适当措施,求得妥善解决。

(五)施工方面开始采用总承包和招标方式,逐步改变完全由行政分配任务的办法。

此外，空军、海军对民航要求合用机场方面给予了更多的支持，军民之间在机场建设问题上发生矛盾时，也比较容易通过协商求得解决。

在中国经济和政治体制改革中，在规模越来越大的机场建设中，机场投资的募集方式、机场建设体制、机场经营管理体制等各方面，也都在不断发生变化。机场建设中遇到的技术问题，将会更多、更复杂。处理好这些问题，是促进和加快民航机场建设的重要条件之一。

第三节　兴建中国民航的主要基地——北京首都机场

中国民航1950年8月1日开辟国内固定航线时，是与空军共同使用北京西郊机场的。当年，就已开始选址准备修建首都民航大型机场，但因抗美援朝战事爆发，便暂时搁置。1954年决定重新选择场址兴建首都机场。经过4年的积极修建，北京首都机场于1958年3月1日正式投产使用。这是新中国成立以来新建的第一个大型机场。它包含有长2500米、宽80米的水泥混凝土跑道和相应的滑行道、停机坪；全套助航和通信设备；航站楼及其他业务、工作、生活用房屋；以及飞机维护、供油、场内外各项公用设施和交通设施，场内还修建了一个飞机修理基地。机场的规模和现代化程度，50年代在远东地区堪称前列。60年代中期，为使首都机场开放国际通航，接受当时国际上通用的大型客机，该机场进行了初步扩建。到70年代前后，为适应国际、国内航空运输业务迅速发展的需要，北京首都机场又进行了一次大规模的扩建工程，使其面貌焕然一新，跻身于世界现代化大型机场的行列。

一、新建北京首都机场

（一）建设的缘由、定址和批准设计计划任务书。

1950年，军委民航局鉴于民航在北京与空军共同使用西郊机场，没有发展前途，经呈报中央批准决定另行兴建一个与中华人民共和国地位相称的大型民用机场。经军委民航局空港建设委员会选定机场场址在北京东北郊孙河地区。当年10月成立了北京工程处，完成了地形测量，做出了初步规划，并按首期工程需要购置了部分工程用地。由于抗美援朝开始，此项工程暂告搁置。

1954年，抗美援朝战争胜利结束，中国的国民经济已有所恢复，国家开始进入第一个五年计划建设时期，民航已有条件从长远发展需要来安排建设，于是兴建首都机场的计划又重新被提到议事日程上来。毛泽东主席亲自过问了这件事，周恩来总理对此十分关怀并作了许多具体指示。此时由于北京市规划部门和空军提出不同意原已选定的孙河场址，要求在温榆河以东地区另行遴选。初步选定在原属顺义县天竺村以北、二十里铺村以东的场址（即现用场址），并报经北京市人民政府和总参谋部批准同意。在机场建设过程中复经呈报批准将首都机场地区及进场公路划归北京市直接管辖。对首都机场的建设，周恩来总理批示："从首都建设上、民航事业发展上、国防准备上，均有必要"，"建设规模、设计和施工程序，投资总额和年度支付，及与首都整体建设的配合等，须待聘请之苏联专家进行设计后方定。经费预算亦须在审查总体设计后方可批准。"

这项重大建设由中国民航局副局长陈瑞光全面领导，局场站处处长马仁辉具体负责。苏联专家小组组长巴格罗夫尼柯夫、通信专家阿斯塔菲耶夫、电力专家西特尼柯夫、结构专家普希金和建筑专家捷久辛于是年8月到达北京。在苏联专家小组的指导下，对所选天竺场址作了进一步核查，并上报经空军司令部批准。

中国民航局编制的首都机场设计计划任务书中规定：首都机场必须保证作为中国首都与国内外各地区不间断的航空运输机场，保证在一年四季昼夜和能见度不好的条件下计划使用的各型飞机的安全起飞和降落，并要考虑到以后机型变化和飞行量增长时的发展规划，全部工程分两期进行，第一期投资4500万元，包括对保证机场使用所必需的主要生产项目和附属生产服务设施及构筑物，要求在1956年年底完成。1954年12月3日国务院批准了此项设计计划任务书。

（二）规划与勘察设计。

首都机场场址确定后，中国民航局立即组织技术力量，在场站处设立了设计科,科长脉泉,指派吴问涛为首都机场设计总负责人。建设这样内容复杂、技术先进的大型民用机场,在中国尚属首次,缺乏经验。从全国各地集中起来的民航工程技术人员,在苏联专家小组的协助下,全力以赴,赶做机场规划和勘察设计,为尽早开工创造条件。在与其他各有关专业设计单位的紧密配合下,先后完成初步设计共21卷,分两次报经国家建设委员会批准。总概算为7944万元,其中第一期工程为4149万元。整个设计工作所依据的标准、规范,除中国已经颁发实行者外,都参照了当时苏联对民航一级机场的各项有关标准规范实施。后来发现其中有少数规定对中国的具体情况并不是很适宜的。机库采用的60米跨度预应力钢筋混凝土屋架,在当时是国内同类建筑中跨度最大的。通过这次设计工作,开拓了中国民航工程技术人员的眼界,增长了设计能力和技术水平,为此后自力更生地进行中国民用机场建设打下了良好基础。

(三)机场工程的施工。

机场施工准备工作,从1954年秋确定场址后即行开始。1955年1月17日,中国民航局成立了北京中央航空港工程处,负责全部施工事宜。先由马仁辉兼任处长,后由李一民继任;副处长李生喜,主任工程师孙德成。施工准备工作大体上分调查研究、施工规划设计、具体实施三个阶段,但各阶段互有交叉。其工作内容主要包括购地迁村、解决场内外的交通运输、临建房屋、施工和生活用水用电,以及主要材料的供应和施工现场堆料区的划分等。为保证这些准备工作的顺利进行,中国民航局在场址确定后即上报国务院批准了本机场建设需要征用的土地,并在初步设计未批准前先行修建机场铁路专用线、进场公路上跨越温榆河的桥梁、临时建筑、场内供水设备和进行砂石等地方材料的运输储备,争取时间做好各项施工准备工作。

自1955年起,建港工程处结合当时的具体条件,将各项工程先后分别交由水利部水利工程总局第三机械工程总队、河北省城市建设局第一建筑公司第一工程处、建筑工程部张掖工程总公司第四工程处等12个专业施工单位承包。建港工程处事实上同时担负了总承包人和一个自营土方工区的工作。

1955年的建设重点是场道工程。1956年场道工程及其他各项工程全面展开，完成的工程量最多。1957年场道工程调换了承包单位，并以张掖公司为主，完成为1958年投产使用新机场所必须具备的各项工程项目。由于有关各方面的努力，机场施工进行较为顺利，但是也存在一些问题。比较突出的，一是建港工程处与水利部第三总队甲乙双方之间的关系不够协调，以致错过了1956年场道施工的良好季节，招致了一些不良后果；二是航站楼施工单位一度准备更换未果，反而造成了经济上的损失，并推迟了工期。

（四）工程检查验收和机场开放使用。

为争取早日转场使用北京首都新机场，中国民航局于1957年3月22日成立了"北京中央机场转场委员会"，统筹安排，采取措施，保证转场工作顺利进行。当年除在3月份对混凝土道面发生裂缝事故做了专门检查外，此后又组织对机场工程进行了三次全面性的检查。第一次是在8月份由民航建港工程处、设计处、场建处、北京管理处联合组成的技术检查组，对有关转场的各项工程做了全面检查，进行试飞，结果良好。第二次是在11月份由国务院第六办公室张国坚副主任主持，国家计委、国家建委、空军、中国民航局参加，组织进行总体试运转，效果良好。第三次是11月28日至12月7日由空军修建部主持，国家建委、交通部、水利部、中国民航局等单位参加组成的中央检查组，对首都机场工程进行了全面检查，即作为国家验收。新机场于1958年3月1日由建港工程处向民航北京管理处办理移交，并开放使用。航站楼于1958年8月由民航北京管理处主持验收，当年国庆节正式开始使用。截至1958年止，首都机场共投资7900万元。北京首都机场的建成，标志着中国民航步入了一个新的发展阶段。

二、初次扩建北京首都机场

20世纪60年代中期，一些通航国家纷纷要求开辟直达北京的国际航线。1965年中国政府决定开放北京作为国际通航点，将原跑道从2500米延长到3200米，暂不修建原规划中的平行跑道。这样可以不转场、不停飞、边用边建，并有征地少、投资小、收效快等优点。计划在1966年扩建完成。经周恩来总理批准将投资、材料、设备纳入专案重点建设项目。中国民航总局成立了以张西三副局长为首的扩建首都机场研究小组和首都机场扩建办公室。北京市派江平任总指挥，中国民航总局派设计所所长夏伯渊为副总指挥。当时正在全国范围内号召积极开展技术革新和技术革命运动。在首都机场扩建场道工程中，经研究采用的技术革新项目有道面灰土基础、抗折55号混凝土、混凝土道面机械切缝、取消道面胀缝、配制道面新嵌缝料以及塑料薄膜养生等多项，效果良好。有些项目此后在其他机场建设中推广使用，并有改进。这次扩建工程，除个别项目外，均如期于1966年完成。

三、第二次扩建北京首都机场

（一）第二次扩建北京首都机场的主要项目。

首都机场经过1966年的初次扩建，跑道、航站楼、通信导航设备等有了一定程度的改善。但总的来说，该机场还是处在国际上50年代的水平。70年代前后，由于中国对外友好往来不断发展，首都机场通往世界各地的国际航线已增加到十几条，国内航线亦不断增加，运输业务日趋繁忙，大型飞机增多，运量迅速增长，机场各项设施已难以适应发展的需要，因此有必要再次进行大规模扩建。

1. 修建新航站楼。新航站楼是按每日起降飞机60架次、高峰小时吞吐量为1500人次进行设计，采用卫星式利用活动登机桥供旅客上下飞机。近期内国际航线和国内航线均使用新航站楼。另建国内航线新航站楼以后，该楼专供国际航线使用。楼内设置中国民航机场首次采用的自动门、自动人行步道、自动扶梯，行李接收、分检、输送、提取系统，飞行动态显示牌，闭路电视，母子钟等设备。这些设备均由中国工厂自行设计仿制成功，在机场设备自动化、机械化方面较前推进了一大步。

2. 修建平行跑道及加强和扩建原有跑道。为做到扩建中不停航或转场他处，决定先修建原总平面规划中的平行西跑道，待西跑道完成开放使用后再扩建原有东跑道。西跑道长3200米、宽50米，可满足波音-747等类型飞机的起降要求。第一次采用了快速出口滑行道，便于大型飞机着陆后尽快脱离跑道。原有跑道（东跑道）在旧道面上加水泥混凝土覆盖层，并在南端延长

600米，使全长达到3800米；跑道宽度由原来的80米改为60米。道面按能承载今后可能生产的更大的飞机的假定荷载设计。原有滑行道亦相应加铺覆盖层。修建第二条平行滑行道和四条快速出口滑行道，以加大飞机的通过能力。两条跑道建成后，可按起飞和着陆飞机的类型安排同时使用东、西跑道，仍以东跑道为主跑道，在滑行道与进场道路相交处修筑桥面宽60米的预应力钢筋混凝土立交桥一座（滑行道桥），采用了较新的技术。

3. 建立先进的航行指挥和通信导航系统。为改进在飞行指挥调度和通信导航方面的落后状态，在新航站楼之东修建包括指挥塔台的航行管制楼，高64米，设有机场塔台管制、进近管制和区域管制三个部分。楼内安装从国外引进的自动化区域航管系统终端设备。扩建无线电收信台和发信台。为保证飞机日夜和很低能见度情况下安全使用机场，对新建和扩建的跑道均安装较前更加精密的全套仪表着陆系统，主降方向按Ⅱ类，次降方向按Ⅰ类，包括新型的灯光助航设备在内。东跑道进近区部分安装电子闪光灯。

4. 修建大型飞机的维修基地。为解决大型飞机的检修和器材储备问题，在东跑道西侧原民航一〇一厂以北地区修建新的机务维修基地，包括机库、各种维修车间和器材仓库等建筑和设备安装。机库跨度为72米，采用人字型钢屋架、钢筋混凝土预制柱结构，可供波音－707型以下各型飞机检修用。

5. 新建和扩建供电、供水、供暖、供油及其他生产、生活所需的配套设备。由于上述扩建项目，并结合业务发展需要，要求相应地新建和扩建供电、供油、上下水、供暖、有线通信等设施，和其他生产、生活所需的建筑和设备配套成龙，使首都机场达到或接近现代化国际机场的先进水平。此外，还包括建在市内的售票服务大楼。

这项扩建工程不仅规模大，包含专业建设项目多，而且设计中还采用了不少新技术、新设备。国家对此十分重视，列为重点建设工程项目。周恩来总理亲自对其中几项主体工程作了重要指示。在他病重期间，还殷殷垂询，叮嘱务必要抓好首都机场的扩建工作。

（二）工程的勘察设计、施工、验收和投产。

首都机场第二次扩建工程在周恩来总理和其他中央领导的亲切关怀及有

关各部委、各省、市特别是北京市、上海市、陕西省、四川省的大力支持下，建设单位同各设计、施工单位全力以赴，力求在保证工程质量的前提下，早日完成各个建设项目，投产使用，发挥效益。

在机场扩建的原则确定后，中国民航总局立即组织内外力量进行勘察设计工作。1973年年底成立了首都机场扩建筹备处。次年2月成立了首都国际机场修建指挥部，中国民航总局局长马仁辉兼任总指挥。1975年春，在十年动乱中遭受严重迫害、刚恢复工作的张西三副局长受中共民航局委员会的委托，接任总指挥。他以身作则，雷厉风行，不顾年老多病，率先搬到施工现场，与群众同吃同住，深入实际。他对工作一丝不苟，严格要求，使修建指挥部的作风为之一新。张西三抱病工作，积劳成疾，不幸于1976年2月逝世，整个工程的进度也因此受到一定影响。他历年来在主管民航基本建设和担任修建上海虹桥国际机场及扩建首都机场总指挥期间，一贯坚持原则，勤勤恳恳，发动群众实干巧干，成绩显著，对中国民航事业做出了很大贡献，为民航广大职工所敬佩和怀念。1979年在由中国民航总局副局长吕正哲兼任总指挥期间，北京市建委又派李瑞环副主任亲驻现场集中指挥，对保证新航站楼及其配套工程的早日竣工起到了重要作用。整个扩建工程在技术方面开始由钱昆沈、夏伟康负责抓总，1979年起由孙德成工程师总负责。

工程建设的进行大体上可分为四个阶段，每一阶段各有其重点，各阶段之间的建设又相互搭接。第一阶段主要是新建西跑道及其配套工程，包括立交桥。1974年8月动工，1978年7月1日竣工，7日进行试飞后由中国民航总局组织验收，10月1日正式开始使用，效果良好。唯跑道道面过于光滑，于次年将道面刻槽后得到解决。第二阶段主要项目是新航站楼及与之配套的站坪、广场、进场道路以及各项公用设施。新航站楼于1975年11月动工，1979年9月27日进行了总体试运转，9月30日召开了竣工大会，并于同年底由中国民航总局组织验收，1980元旦正式启用。第三阶段主要项目是东跑道区工程及航管楼。这两项工程分别于1978年10月和11月动工，1981年12月25日由中国民航总局组织验收。东跑道于1982年元旦正式开始启用。指挥塔台于同年3月投产。第四阶段主要项目是大型飞机维修基地、货物仓库、北京市所属配套房屋以及航管楼进口设备和航站楼二期自动化设备安装等。航站楼二期自动化设备于1983年7月由民航北京管理局组织验收后交付使用。其余项目除市内售票服务大楼外，均于1984年基本完成，首都机场扩建工程正式销号。售票服务大楼由于牵扯到迁址、规划、规模、标准等一系列问题，直到1981年方始定案，进行设计，1984年开始动工修建，1987年完成建构，尚待进行各种装修及设备安装。

参与此项扩建工程的施工单位甚多，其中负担工作量最大的有中国人民解放军工程兵、北京市政建筑第一工程公司、陕西省建筑公司和四川省建筑公司等。

（三）第二次扩建的效果和存在的问题。

首都机场扩建项目先后次第完成投产后，对保证飞行安全，满足日益增长的国际、国内航线的需要，提高飞机使用率，改善服务工作，增加业务收入等各方面都起到了重要作用，逐步发挥了它的经济效益。由于采用了若干先进的技术和设备，使扩建后的首都机场基本上达到了国际上70年代末、80年代初的水平。所用设备除少量自国外引进外，绝大多数都是首次由国内有关工厂自行试制或仿制的。虽然有的设备还不够理想，但已为今后在其他机场采用各类新型设备、促进技术改型打下了良好基础。

从整个扩建工程来说，存在着整个建设工期拖得太长和总投资超出原批概算很多两大问题。

首都机场的大规模扩建工程从1974年正式动工算起，到1984年共经历了10个年头，工程进度过慢。不但推迟发挥和降低了国家投资的经济效益，同时还拖住了一批施工力量，增加了工程费用支出。其主要原因是，在工段施工管理方面存在缺陷，在机场规划和分项设计中有多次变动，建设的前期工作做得不够充分，都影响了设计和施工的顺利进行。

1975年9月，国家计委批准首都机场扩建工程第一期工程的总概算为18867万元，后在1982年8月上报批准的总概算则达35700万元，较原批准数增加了89.4%。分析其原因，主要是由于工程项目不断增加、原编概算偏低、缺乏总的施工设计、更换施工单位以及受到"四人帮"干扰和唐山地震等因素的影响而造成的。

第四节 民航机场建设技术的发展

一、中国民航机场建设技术发展的五个阶段

中国民航机场建设技术的发展，先后经历了五个阶段。新中国成立初期的机场改造工程，基本上是沿用了40年代的欧美技术，施工主要采取手工操作方式。这是第一阶段。

随后，全国向苏联学习，技术上形成"一面倒"，机场建设也几乎全盘搬用了苏联的技术规范。在第一个五年计划期间兴建北京首都机场中，集中地体现了这一点。在这里值得提出的是，在这个机场建设的规划设计方面，比过去考虑得全面、系统，对设计人员思想认识的提高起了明显的作用。这是第二阶段。

第三阶段，一方面继承了全面和系统的设计思想，一方面通过第二个五年计划期间新建和扩建昆明、南宁、贵阳、成都4个机场的实践，认清了苏联的技术规范是根据它的国情制定的，其中不少规定对中国并不适用。在"大跃进"期间开始突破这个框框，适当采用了一些欧美新技术，试图"洋为中用"，在技术上走出了中国自己的道路来。总的是朝着接近一般国际机场标准规范而又与中国国情相适应的方向转化。

十年动乱期间，在极"左"路线的影响和干扰下，使机场建设技术的发展受到了重大挫折。但由于广大工程技术人员在困难中坚持努力，机场建设技术仍然得到了一定的发展。在这期间，一方面不尊重科学，不讲究技术，造成了如兰州中川、太原武宿机场布局不合理，使用不方便，浪费资金等不可挽回的巨大损失；另一方面，在三级湿陷性黄土地区和千年古墓穴场地上建设机场等又取得了不少宝贵的技术经验。这是第四阶段。

第五阶段，是从70年代开始，尤其是在中共十一届三中全会以后，结合民航陆续购进英、美、苏各类新型飞机的需要，在机场建设技术上进入了一个发挥和提高技术、向着世界先进水平前进的新阶段。在这一阶段里，除机场场道技术上有水泥混凝土道面取消胀缝，东北季冻区防止道面冻害，西北

地区强夯击实黄土，东南地区沙井排水处理淤泥，湛江就地取材采用火山灰水泥结碎石稳定基层等技术外，在航站楼和助航设施上也有较大的进步，采用了更多的自动化设备，进一步讲求建筑功能和经济效益等。

二、机场场道工程中的若干研究成果及其应用

中国民航机场建设与世界工业发达国家相比还有相当差距，但在场道工程的某些方面并不逊色。由于中国大、中型民航机场基本上都采用了刚性道面，因而这些成果大都反映在刚性道面的设计和施工上。现将若干主要项目简述如下：

（一）干硬性混凝土。

中国民航在1954年兴建北京首都机场时，首次采用了抗折强度为45号的水泥混凝土道面。当时民航局场站处成立了专门的试验室，通过数百组配合比试验，找出了初步规律；只要掌握好水灰比、配合比、材料质量和搅拌时间，就能制成符合要求的干硬性混凝土来。首都机场首次应用得到成功后，又通过南宁、昆明、成都等地的机场建设实践，取得了较为成熟的经验。1965年在首都机场初次扩建工程中，进一步将标号提高到55号。在其他机场建设中亦有不同程度的提高。

（二）取消道面胀缝。

刚性道面的习惯做法，是道面在一定距离内设有胀缝。从使用的结果来看，它不仅很少起到解决道面板由于热胀冷缩应产生的作用，反而易于导致混凝土块边缘部分的相互挤裂，招来道面的破损。国际上早在50年代以前就对胀缝间距问题进行了研究试验，但迄未达到订出技术规范的程度。1966年中国在首次扩建北京首都机场时，在跑道两端各延长350米的长度内取消了胀缝。接着，在西安、太原、乌鲁木齐、合肥、哈尔滨各机场道面中逐步试验加大胀缝间距直至全部不用。1978年至1979年，民航总局机场设计研究所与北京市政工程研究所合作，结合首都机场第二次扩建工程，通过长1500米的无胀缝混凝土道面板的观察研究，从理论上进行了阐述，在设计方法上也提出了一些建议，使实践认识逐步上升到了理论。对有足够厚度、足够强度

的混凝土道面，取消胀缝有了完全的把握。这与国际上近年对这一问题的处理倾向是吻合的。

（三）石灰稳定土壤。

"灰土"在中国已有很久的历史。它被用作房屋、城墙等建筑物的基础，具有历久而弥坚的优良性能。但是，很长时期以来未被重视，也未被应用到民航机场建设中来。50年代末，中国民航局对采用"灰土"（其时已以国外技术界习惯用的名词改称为"稳定土壤"）作为机场道面和基础材料作了试验研究，邀请有关技术部门共同做出鉴定，认为可以在一定范围内和一定情况下，主要为缺乏砂石料及运距较远地区的机场工程中试点应用，建议今后可在一、二级机场上用作场道道基，在三级以下机场上直接用作道面，但需要在道面上加铺沥青材料的罩面，以增强表面耐磨性。当时虽然有了一定的试验成果，但直到1966年才第一次在首都机场初次扩建中实际采用，以之代替沙石基础，取得良好效果。此后，在许多机场道面工程中被广泛采用作为基础材料。这一中国的古老技术，经过科学处理，重新在土木工程界具有其生命力。

（四）道面切缝及嵌缝技术。

在1966年以前，中国民航机场上的水泥混凝土道面施工都是采用单个搅拌机，单个振捣器，跳仓浇筑，湿治养护，主要靠手工来操作的。道面缝的直线性和板块的平整性均较难控制。首都机场初次扩建工程中首次制成道面切缝机，用以切缝，在施工工艺上进行了一次较大的改革。此后，在民航各机场工程中推广应用，并加以改进，逐渐过渡到普遍采用集中搅拌、连续浇筑、机械切缝、薄膜养生等，使机械化程度日益提高。但距施工自动化还有相当大的距离。

道面嵌缝料对保证机场道面水土稳定性至关重要。它在国外被视为保密专利项目。中国在50年代初期曾采用过沥青和沥青砂。北京首都机场建设中，苏联专家介绍主要用沥青、石棉粉等配制而成的"保罗林"和"玛琋脂"。这些嵌缝料均不理想。此后，先后采用过橡胶粉、聚氨酯、煤焦油、粉煤灰等材料制成的嵌缝料，道面质量有所改善，但仍不理想，还须继续改进，以取得适应于不同气候条件的配方,使其效果良好、经久耐用、价格低廉、施工方便。

三、机场工程中遇到的几个特殊技术问题

(一)岩溶地区的土洞勘查。

在喀斯特地区(通称岩溶地区)进行工程建设,世界上不少国家和中国铁路、水电等部门都有丰富经验。但在新建南宁吴圩机场和扩建桂林奇峰岭机场工程中,发现需要着重处理的并不是灰岩溶洞而是该地区上复土层中的"土洞"。因此,在这类地区建设机场,除探明当地水文、地质、溶洞等规律外,还需采用勘查、钻探、电探、向群众询问等综合手段以查明"土洞",尤其是暗"土洞"的状况,从而做出正确判断,以便合理选择场址,做好总平面规划和具体技术设计工作。

(二)古墓地区的勘探。

中国历史悠久,有许多古代建筑和墓窟埋藏在地下。在其上建设新的建筑,如有不慎,或破坏古建筑、损毁古代文物,或基础中空危害新建筑。1966年在扩建西安西关机场时就遇到这个问题。当时从洛阳瀍河社请来民间专家协助探明了扩建范围内地下古墓情况,定出了工程处理方案。他们经验丰富,熟悉古墓构造及其周围土质规律,善于识别土样,利用一种名为"洛阳铲"的特殊工具进行人工凿探,密布探孔(每平方米基本上有4个探孔)从而探明了古墓征状、墓穴范围、深度、部位等。这种方法虽不见诸史册及科技文献,却是一种切实可行的中国历史上遗留下来的民间创造,是其他国家所没有的。新修建的咸阳机场也有同样的问题,仍然采用"洛阳铲"成功地进行了古墓群的勘探。

(三)黄土地区的砂坑、砂窑处理。

兰州中川机场建在三级自重湿陷性黄土地区。该区干旱少雨,历代农民种植庄稼为保墒起见,从地面下挖取卵石来覆盖地表,以减少土壤中水分蒸发。这样代代相传,地下很多地方被挖空,形成暗洞。洞深一般在地面下16—23米之间,洞宽约2.5米,长达20余米,曲折拐弯,称为砂窑。有的年

久坍塌，扩达表面，成为砂坑。未填塞的砂坑易于清查，已填塞的较难发现。至于砂窑，如洞口被堵，则更难查出。

经追踪查索，结合专业勘察调查，判明场地内的坑窑位置、深度、形状、数量后，对砂坑首先挖去松土直至下卧的沙砾层，然后回填（或在底部先平铺片石层），分层夯实，到顶时封以 20 厘米厚灰土层。对砂窑则须先清理虚土，再采用灌砂、平整、压实、封顶等工序。这样处理后，经过近 20 年使用证明是可行的。但工作必须十分认真细致，若有少数暗坑暗窑未被发现或处理不善，就会使跑道在使用中沉陷变形，局部形成波浪起伏，修复就较困难。

（四）严寒季冻地区的道面处理。

哈尔滨机场处于严寒季冻地区，道面极易遭到冬季冻胀和春融时翻浆的危害。对混凝土道面而言，主要是受冻胀破裂，道面凹凸不平问题。这是由于温度、水分在不同时间不同土质中的变化和运动而造成的。处理这样的问题，各国在技术上尚未有统一的理论和实践规范。国内对此研究的情况更差一些。因此，迫使在哈尔滨机场工程中不得不从具体问题出发，进行全面的研究，包括探索气温变化对土体中温度的传导及滞后现象，冻深冻胀关系，土质因素，材料和结构因素，环境因素等等，及其相互间的关系。试验研究结果提出了宜以差别冻胀量作为主要控制指标，而以总冻胀量为辅的意见。在设计中着重解决地基基础、道面结构和周围环境的均匀性问题。对道面本身来讲，着重点是在平整度而不是在个别地点的冻胀量和强度。这项研究具有开创性，但仅仅是初步的，有待进一步使之上升到理论，使其具有普遍的指导意义。

四、其他机场建设技术方面的发展

机场建设工程中包括的面很广，除上述场道工程方面的技术发展以外，现只就航站楼和机场储油、供油系统方面的技术发展作如下概述。

（一）航站楼。

新中国成立以来，在机场航站楼的技术方面，随着民航业务的需要，逐步地起了变化。大体说来，开始阶段对航站楼的认识比较粗浅，尔后全面向苏联学习，再就是逐步进入探索创新的阶段，并普遍重视学习国际上的先进技术。在认识进一步深化的基础上，开始走向一条新的探索道路。

早在50年代前期，中国民航在天津张贵庄、武汉南湖、南宁七星街等机场先后修建了简单的航站楼，当时只考虑了旅客候机、休息、交付与提取行李等一些基本要求。由于机型小、业务量不大，那时的航站楼面积均不超过1000平方米。

50年代中期，在苏联专家指导下修建了北京首都机场航站楼。这时目光已较开阔，对旅客和行李流程、服务设施、平面布置、建筑造型，以至色彩、光照、音响、环境等都有新的讲求，建筑面积也超过1万平方米。对航站楼的认识有所加深，技术水平有了较大的提高。

从50年代末至70年代初，先后在南宁、成都、贵阳、昆明、上海、广州、西安、沈阳、杭州等机场修建了航站楼。它们都是由当地的设计单位分别负责设计的，技术方面在不断学习摸索中以求创新。设计者不同程度地注意了当地的特点，使航站楼各显其特色。但是也往往自觉或不自觉地以北京首都机场航站楼为模式，在各地的设计中或多或少、或隐或显地表现出来。较为普遍的缺点是较多地侧重于形式，外求"门户""观瞻"，内设高大厅堂，讲求气派、豪华；而对研究流程、功能不足，服务设施欠周，经济适用性较差。有些70年代新建的航站楼也有类似之处。

在70年代进行首都机场第二次扩建中，通过到国外参观、考察，吸取他人之长，将航站楼技术向前推进了一步。北京首都机场新航站楼在规模、形式和内容上，与以前修建的任何机场航站楼相比，都有了较大的进步。建筑面积增至6万多平方米，采用了卫星式规划，增加了不少现代化自动化设备。

80年代初，从厦门、重庆机场的航站楼设计开始，进一步着眼于对流程简捷、技术先进、内部灵活、可变性大、便利旅客、经济高效、适合国情、易于管理、明朗朴素、环境协调、规划布局便于分期修建等方面进行努力，以期设计出多样化、具有中国和地方特色的现代化航站楼设计方案，达到功能、美观、技术三者的有机统一。

（二）机场储油、供油技术。

50年代初期由于机型小、业务量少，储油、供油设备，采用卧式油罐，使用加油车供油。从第一次首都机场建设起，才逐步有了比较系统的机场储油、供油设施，采用了容量较大的立式油罐，并设有输油管线、铁路运油线、卸油栈桥，以及油水加温、滑油再生和油料化验等设备。1964年增建了业务油库，在站坪上设加油栓，可直接为飞机加油。1972年竣工的上海虹桥机场储油、供油系统，在技术上又有改进，输油管线由枝状分布改为环状分布，并增设压力缓冲器以减小管线中的水击压力。在1974年竣工的广州白云机场储油、供油系统中，对加油流量及压力做到自动计量。天津张贵庄机场的加油由自动启闭改为气动式。1983年广州白云机场第一次采用锥底罐成功。机场储油、供油设计技术得到了逐步发展。

在油库施工技术上，50年代是使用由下而上、搭脚手架安装罐体的方法。60年代则改进为由上而下、工人只需在地面操作的倒装法。70年代开始采用气压顶罐法，并在作掩体时将原来的立模砌拱法改为无模、无支撑砌砖顶薄壳法，大大简化了施工程序。原罐体钢板采用由人工除锈、涂生漆防腐方法改为喷砂除锈、涂树脂料防腐。这些技术上的改进起到了节约人力，加快速度，提高质量，降低造价的作用。

第五节 民航机场建设中的经验教训

中华人民共和国成立以来，经过38年的艰苦努力，全国民用机场的建设，已为中国民航事业的发展提供了较好的物质技术条件。但在民航机场建设中也存在着不少问题，从中吸取经验教训，用以指导今后更加复杂而艰巨的民航机场建设工作，是很必要的。

一、实行开放体制

中国和许多国家的历史经验证明，民航事业必须超前于国民经济其他各部门的平均发展速度。这就要求在中国社会主义现代化建设中要加快发展民航事业;而加快机场建设则是加快发展民航事业的重要一环。加快机场建设必须实行对内对外的开放体制。对内开放,是要改变过去基本上由国家单独投资建设机场的状况,调动各地方、各部门和各团体兴办民航及投资建设机场的积极性。这是通过长期以来的实践而总结的一条重要的历史经验。对外开放,是要允许外商在遵守中国法令、制度和平等互利的条件下,鼓励他们对中国机场建设进行投资或技术协作。这在宾馆、配餐设施、航站楼、机务设施、设备购置等方面,有的已经实现,有的已开始洽谈。对此,还可以进一步扩大到场道工程等其他方面。这样有利于加快机场建设的步伐,以适应中国民航事业发展的需要。

二、加强管理

在机场建设实行开放政策的同时必须加强管理。管理必须管活,不能管死。首先要对管理有明确的认识,将管理分为几个层次。作为政府机构要从宏观上,从如何促进机场建设的政策上,从机场的技术标准上,从飞行安全和空防安全上,通过法律、条例、规定、标准、规范等手段来实施管理。作为机场当局应着重在微观上管理,做好机场建设的选址、鉴定、方案规划、可行性研究、勘测、设计、施工、验收、交付使用等各个环节;把好技术、经济、质量、安全、工期、程序等各个关口;协调上下左右各方面的关系,使建设工作得以顺利进行。机场所在地的省、市、自治区要把机场的建设和发展看作是繁荣本地区经济的重要手段之一,将其纳入城建规划,积极进行投资,并做好城市各项建设的协调工作。

三、讲求投资效益

在过去"以阶级斗争为纲"的年代里,基本建设往往是根据政治和业务的需要来安排的,很少考虑到投资的经济效益和社会效益问题。机场建设也是如此。在这种情况下,很容易出现项目安排不当、规模过大、标准过高,以及建设费用一再增加,建设时间一再延长等失误,给国家造成很大的浪费。

因此，在今后的机场建设中，应着重讲求经济效益和社会效益。当然它的根本解决，还有待于国家对基本建设体制进行改革，从建设资金和经营成本分别计算的两本账变为一本账，把投资本息算进经营成本里去。这方面的改革正在逐步深入。

另外，还应该注意到一般机场建设的微观直接效益较小，需要几十年才能还本付息。但是在机场建设期间对施工、材料、设备、制造加工、交通、运输、商业、服务行业等部门的增益上，以及建成使用后对国民经济如旅游、商业、外贸、进出口等各部门的增益上所形成的中观效益和宏观效益却是相当可观的。中观受益的是省、市、自治区，宏观受益的是国家。因此，要结合宏观、中观和微观三方面的近期效益和长远效益一起来衡量，以决定建设是否需要，及其时间、规模等。

四、引进竞争机制

中华人民共和国成立后，机场建设主要是在计划集中体制下，由国家及其代表机关负责进行的。初期对稍大的机场工程以民航局直接领导为主，随后变为以民航地区管理局领导为主，再后来变为机场所在地的地方政府领导为主。但无论以哪个部门或单位领导为主，都贯穿着一个共同点，就是通过计划和行政命令将任务分配到各有关部门，由其共同协力来完成。实行得最多并较有成效的，是由地方政府领导组成机场建设指挥部，统一指挥各方面力量，安排各方面任务，协调矛盾，指挥机场整个建设工程。

80年代以来，随着经济体制改革的逐步发展，机场建设也在逐步打破原来单一依靠计划、行政命令分配任务的方法，开始引进市场竞争机制，采用工程招标方式。这一方式，虽然刚刚开始，而且还不完善，但已显示出它的优越性。招标就会有竞争，投标者想在竞争中获胜，必然要在造价、工期、质量等各方面胜过人家，必然要讲究经济管理、促进技术发展、降低成本、提高工效。竞争并不是资本主义独有产物，它同样可以为社会主义建设服务。应该把它的范围逐步扩大，从施工招标到勘测招标、设计招标、材料设备招标以至机场工程的全部招标。

五、要及早制定一个全国机场网规划

新中国成立以来,中国民航虽已开辟了多条国际、国内航线,新建、扩建了不少机场,可是迄今还缺乏一个全国性的近期和长远的机场网规划,以致在机场建设问题上指导性、预见性不强,很难做到高瞻远瞩和综观全局。这个规划不但要根据民航事业的发展前景,而且要兼顾国民经济其他各个方面以至政治、外交、国防等方面的发展需要。何况民航所用的机场,不少是军民合用的,更要从全局观点出发,处理好军民之间的需求关系。过去民航机场建设往往是按照上级指示或者地方要求,提一处建一处,而且一旦提出,常常急如星火,被迫在缺乏有力依据和深思熟虑的情况下去从事机场的规划设计,仓促施工,不易获得良好效果。因此,制定出一个全国机场网规划,辅之以各省(区)的规划,实为当务之急。应当通过广泛深入的调查研究,经过多次反复讨论,将规划上报审定,使其具有法定效力。

六、要重视培养机场建设专门人才

民航机场建设的技术力量一直异常薄弱。这支队伍30多年来时起时落,虽然经验有所积累,技术有所发展,人员有所更替充实,工作方法有所改进,然而总的力量仍然不足,与国家形势发展很不适应。这种状况必须迅速加以扭转,积极采取措施,培养、提高和壮大机场建设技术力量和现代化机场的管理力量。同时要摒弃单纯使用、临时应付任务等缺乏远见的错误观点,科学技术的进步取决于大量合格人才的培养。它是百年大计,非一朝一夕所能达到目的。必须通过各种途径,创造各种条件,如在高等学校设立机场专业,民航内部开设各类机场短期训练班,多方鼓励自学等措施,有计划地大力培养机场建设的各种专业人才。同时,还应恢复和加强机场科研试验工作,借以不断地提高机场科技和建设水平,提高专业人员的技术业务水平,以适应更多的现代化民航机场建设的需要。

七、要按基本建设客观规律办事

基本建设有它的客观规律，要求各个环节相互扣紧衔接，不能逾越脱节。为了加快建设进程，某些环节可以同步或搭接进行，但不能倒置和缺项。国家对此规定了明确程序，包括选址、鉴定、可行性研究、计划任务书（或称设计任务书）、勘测、设计、施工、试运转、工程验收、交付使用等。它们与机场网规划、五年计划、年度计划之间也存在着相互关联和制约作用。不论建设单位、主管部门、建设银行、勘测设计施工等单位都应按规定的程序办事。过去，在民航机场建设中，有的没有做到这一点，有个别的甚至完全置此于不顾，结果是欲速则不达，造成工程返工和严重浪费。今后必须接受教训，一定要按客观规律办事。

八、要重视机场建设的前期工作和总结工作

机场建设前期工作是保证建设工程正确和顺利进行的先决条件。工程越大，前期工作需时越多，越要求做得细致周密。但过去在机场建设中往往比较重视施工的过程，而忽视施工前的大量工作，要求可行性研究、勘测、设计在很短的时间内完成。这样极易导致决策或工作的失误和差错。

这里要特别强调的是机场可行性研究，因为它是对机场是否需要建设，是新建、扩建还是改建，以及建设的期限、规模、内容、分期、费用、效益等的科学分析研究。有的领导习惯于依靠行政权力，拍板定案；有的技术人员屈从领导意图，提出牵强附会的论证；有的强调片面理由，意在迅速获得批准；有的事已内定，徒补形式；有的出于时间仓促，敷衍了事。必须尽可能避免这些不良现象的发生。机场可行性研究还必须按科学和民主原则进行，才能真正起到它应有的作用。

设计是具体贯彻机场可行性研究中已确定的一些原则，落实一切技术措施、具体建设项目及其形式与结构、建筑造价、工程质量、工期、使用效益等的关键工序，因而必须给予充分的时间，进行周密考虑。必要时采取多种方案对比措施，以期获得最佳效果。

过去，机场建成后的总结工作往往被忽视。实际上每项工程从立案、选

址、勘测、设计、施工到试运转、验收、交付使用这样一个较长的过程，也是一个吸取成功的经验和领会失败的教训的过程。它们对后来的机场建设工作具有宝贵的指导意义，应该比吸收、消化和借鉴外国的先进经验和国内其他部门的建设经验更加受到重视。今后应当在尽可能做到机场建设结束时，同时完成其有实际意义和丰富内容的总结。

第十章
经济核算与经济效益

社会主义企业实行经济核算,是加强经营管理的重要手段,旨在以最少的消耗获取尽可能好的经济效益。中国民航作为一个交通运输部门,实行企业经济核算已有30多年的历史了。这期间,虽然由于中国民航组织领导体制的多次更迭,走过一段曲折的艰难路程;但是,在国家的重视与扶植下,特别是在中共十一届三中全会所制定的方针政策的指引下,经过民航职工的奋发努力,迄今已初步总结了财务工作的经验,并建立起一套与民航企业发展相适应的经济核算制度。它对民航事业的发展起了积极推动作用,也产生了良好的经济效益和社会效益。随着民航管理体制改革的加快与深化,民航企业经济核算制度将进一步完善和发展,并加速中国民航事业的前进步伐。

第一节 经济核算的形成和发展

30多年来,民航企业经济核算制的形成和发展,大体上经过了6次变革、倒退和发展的过程。

一、由"统收统支"的核算形式,转变为初步实行经济核算制

1950年8月1日,开始经营国内航线时,由于采取"小飞"的方针,业务范围不大,加上当时民航的清产核资工作尚未开始,各类核算手段如会计核算、统计核算、业务核算等均未建立起来,因此还不具备经济核算的条件,只能采取"统收统支"的核算形式。

1952年,"三反"、"五反"以后,军委民航局进行了整编,实行政企分

开。民航局成为民航事业的行政领导机构；成立中国人民航空公司经营航空运输和通用航空业务，实行企业化管理，按照经济核算制的原则独立计算盈亏。为此，民航局首先给公司核定了资金，拨给了飞机和生产设备，审定了经济指标，制定了技术经济定额，使它具有了经营能力和应负担的经济责任。由于公司采取集中领导、垂直管理的经济管理体制，在会计核算上采取二级核算制，各地营业处和飞机维护单位为财务收支报告单位，向公司申报财务收支情况，以核定的经济指标来考核其经济活动，并由公司集中计算盈亏。当时，经济核算制虽然比较粗糙，但经营权集中，职责比较分明，核算简单易行，为民航日后开展经济核算初步摸索了经验，建立了制度，培养了干部，奠定了基础。

实践证明，企业只有实行经济核算，才能调动它的积极性。中国人民航空公司成立后，力争广开客货源，增加运量，降低成本，经营上搞得比较活。1952 年，该公司实现利润 30 万元。但是，当时国家经济管理体制都是学习苏联的模式，民航也只能以苏联民航为榜样，走苏联民航政企合一、分区管理的道路。因此，中国人民航空公司于 1953 年 6 月撤销，并入民航局。该公司是新中国第一个实行经济核算的国营航空运输企业，不过，它只存在了 11 个月，未能摸索出更多的经济核算经验。

二、实行"分区管理，集中计算盈亏"的经济核算制

1954 年年底，中苏民航公司中的苏方股份全部移交给中国。该公司经营的全部航线及业务，均由中国民航局管理，从而实现了中国民航运输业务的统一领导和经营。1955 年，在全面学习中苏民航公司经验的思想指导下，民航实行了统一领导、分区管理和政企合一，即民航局、地区管理处和航站三级经济管理体制。将全国航线分属北京、重庆和乌鲁木齐管理处经营，并成立专业飞行队，从事通用航空业务。各地区管理处根据其所经营的航线业务的需要，配备了飞机、设备、资金和人员，各自按照分工航线经营运输业务。上海和广州管理处当时在航线经营上分别从属于北京和重庆管理处，从 1956 年起，才开始独立经营航线运输业务。其余如飞机维护队，承担各管理处的

飞机、发动机等设备的改装和修理，电信修配所管理通信器材、设备修配及改装，器材总库负责航空器材供应，均为运输业务提供生产性劳务和作业，规定为辅助生产单位，也成为航空运输企业的组成部分，其费用支出列入运输成本。

按照分区管理的体制，民航各地区管理处既已掌握了资金、生产工具、设备和独立经营权，本应独立进行经济核算，独立计算盈亏，对生产经营成果负担经济责任。但由于分区管理体制刚刚开始实行，民航生产的特点又往往是一条航线由两个以上的地区管理处共同经营，经营成果和经营责任难以分清。因此，在会计核算上仍采用二级核算制，各地区管理处核算收入和成本，民航局集中计算盈亏。这种核算形式对各地区管理处经营业绩的考核，虽然只着重看它是否完成或超额完成核定的年度各项经济指标，但也注意为其以后实行独立核算打基础。例如，对各地区管理处之间的资金调拨和为对方所支付的成本费用，如飞机燃油费、飞机维护费等，都是通过结算计入飞机所属单位的运输营运成本，以保持飞行直接成本的完整性，尽可能使各地区管理处的收支核算趋于完善。实行分区管理、集中核算的第 1 年，虽然成本支出范围扩大，但经营成果仍较显著。1955 年企业获利 308 万元，1956 年又获利 707 万元，比 1955 年增长 130%。

学习苏联民航技术业务和经营管理，是中国民航初创时期的带方向性的问题之一。在学习过程中，中苏民航公司经理部副总会计师陈宗襄，写下了有数万字的关于中苏民航经济核算工作的经验，他在转入中国民航局财务处工作后，积极推广经济核算工作，并亲自拟订企业核算范围、企业核算单位的划分、企业核算单位的人员和资金管理、企业财务和会计等制度，使中国民航的经济核算工作能够及时而又有条不紊地按照苏联民航的核算形式顺利进行。

三、单独成立工业企业和供销企业，实行独立核算

为使民航经济核算日趋完善，促使企业逐步成为独立经济核算单位，重视经济效益，加强经营管理，分清经济责任，中国民航局于 1957 年决定将局

供应处列作供销企业，飞机修理厂（原飞机维护队）列作工业企业。至此，中国民航局将企业分成三个独立系统：各管理处和专业航空队为运输企业；飞机修理厂和电信修配所为工业企业；供应处及其所属器材总库和油库为供销企业。虽然后两者都是为运输企业服务的，工作上仍必须协作配合，但相互是经济实体之间的经济关系。这一改革，在供应上克服了因供应计划与生产计划脱节而造成的物资和资金积压的缺点；而流动资金由供销企业归口，加强了订货计划的审核，明确了谁订货谁付款的经济责任。修理厂成为工业企业后，实行了完整的成本核算，提高了工时利用，发挥了干部和职工的积极性。1957年修理厂完成了20架飞机的大修任务，实现利润40万元。民航经济核算体制的进一步改革，为搞好民航经营管理起到了有效作用。

在第一个五年计划时期内，随着国民经济的稳步发展，民航运输业务也得到相应发展。与民航经营管理体制日益健全相适应，民航经济核算体制也逐渐形成和完善，经济核算的作用越来越大，经济效益也比较显著，5年期间共获得利润1142万元。

四、逐步实现"分区管理，分区计算盈亏"的核算办法

（一）试行按区分配业务收入办法。

1958年2月，中国民航局划归交通部领导。同年12月将五个地区管理处改为地区管理局，即北京、上海、广州、成都、乌鲁木齐管理局（1959年冬，乌鲁木齐管理局迁兰州后改称兰州管理局）。在此期间，各地区管理局业务逐步扩大，1958年又成立了省局，开辟了不少地方航线。至此，民航成为四级经济管理体制。

为了提高业务收入核算质量，使各地区管理局的收入和它所完成的生产任务相一致，并和它所耗费的成本费用相适应，使企业较为正确地反映经营成果，逐步实现独立计算盈亏。因此，从1960年1月1日起，试行按地区管理局完成的吨公里分配业务收入的办法，即将运输收入分成发运收入和应得收入两个指标。发运收入，是各地区管理局及其所属航站售出国内航线的客、货、行李运输凭证收入和邮运收入，以及外国航空公司开出的客票凭证收入；

应得收入是，指按地区管理局飞机以正班或加班在国内航线上完成的客、货、邮吨公里，乘以每吨公里收入结算率（全局发运收入除以全局完成的吨公里，即为吨公里收入结算率）计算的收入。由于运输以吨公里分配运输收入，所以使地区管理局能独立进行核算，自行计算盈亏。虽然运输应得收入只是近似的，与实际收入尚有一定差距，但较之谁的发运收入归谁的分配方法，在核算上已前进了一大步。这一改革，有利于一些原来由于售票收入小于实际吨公里收入而造成虚假亏损的地区管理局能够转亏为盈，能够比较合理地反映其经济效果，从而有利于实现"分区管理，分区计算盈亏"的经济核算制，调动了企业经营的积极性。这1年民航运输企业利润达到2426万元，创历年来最高水平。

（二）积极推行以专业核算为主、群众核算为辅的核算体系。

60年代初期，主要由于政策失误等原因，造成国民经济比例的严重失调。中国民航也和全国一样，生产下降，企业亏损，从1962年起连续3年共亏损1400万元。为了扭转这种局面，中国民航在国民经济调整时期，从加强经济核算入手，着重抓了企业扭亏工作。

为了使经济核算落实到基层生产单位，在企业内部建立了相应的核算系统，即专业核算与群众核算相结合的体系，以专业核算为主、群众核算为辅。群众核算着重考核物资消耗、工时利用和费用节约指标，调动各类人员的生产积极性。例如，为降低飞机、发动机小修理成本，推行了各地区管理局航修厂的内部核算，由机组控制耗油指标等。在工业系统推行车间核算和班组核算；在流动资金管理上推行资金下仓库，核算到小组，责任到个人等，发动群众，人人搞核算，处处讲节约。群众核算体现了工人参加企业管理，是社会主义国家工人当家作主的一种表现。

与此同时，遵照中共中央和国务院1962年发出的关于清仓核资，发挥物资潜力的指示，全民航认真地开展了清仓核资工作。先后动员了1000余人，历时8个月，对全部库存物资"翻箱倒柜"地进行了比较彻底的清查。经过清查、复查、验收和核资等阶段，摸清了家底，基本上做到了有物有账、有账有物，提高了物资保管质量。如钢材都经过除锈涂油，垫高遮盖，漆上质量标志；库内器材上架存放，排列整齐，定架定位，便于寻找。在物资管理方面总结了经验，建立了制度，明确了职责，做到了清后不乱。在这次清仓核资中，共清出多余物资价值2000多万元。经过核资，全局流动资金由6900万元压缩到5000万元，降低了28%。在保证生产供应的原则下，节约了大量资金。经过三四年的努力，企业经营管理水平有所提高，终于扭转了连续3年亏损的局面，1965年实现扭亏为盈，获得利润272万元。

中国民航所以能够较快地扭亏为盈，这与当时主管民航局财务工作的副局长张西三的努力工作是分不开的。张西三于1960年来民航，正逢中国3年困难时期。当时，民航连年亏损，问题很多。他深入实际，调查研究，事必躬亲，不耻下问，逐渐从核算工作中找出了影响民航财务成果的薄弱环节。1962年，他领导全民航进行清仓核资工作，重新核定企业资金，为民航改善经营管理、加强经济核算奠定基础。1963年，他率领工作组去齐齐哈尔车辆厂学习先进的班组核算经验，回来后即着重抓成本与资金两项工作。他组织飞行、机务工程、财务人员上飞机抓节约航油消耗，组织机务工程人员和财务人员抓飞机维修成本、维修速度和质量，组织航材仓库人员搞资金核算。经过他的倡导和努力，使民航的经营管理水平和核算质量有了进一步的提高，获得了显著的经济效益。

从1952年到1965年，经过不断的探索和实践，中国民航已基本形成了一套比较完整的集中核算和分区管理相结合，与民航经济管理体制大体相适应的经济核算制度。这在当时飞机小，航线少，运量不大，矛盾不突出的情况下，它对民航运输业务的发展，起到了一定的促进作用。

五、实行"军事供给制"，取消经济核算制

随着飞机的更新，运量较大的伊尔－18和子爵型飞机的投产，又因调整时期运量的下降，出现了运力增长与运量下降不相适应的状况。运输业务收入按吨公里分配的办法，除有积极的一面外，也带来了互争客货的一面，互相间对有利的航线就争，对赔本的航线就推。这本来是企业本身重视经济效益的正常现象，如果因势利导，在航线分工上或在收入分配上采取一些措施，

不但互争客货的矛盾可以解决，而且在企业经济核算上或许能更上一层楼。但当时由于"左"的路线干扰，强调"只算政治账，不算经济账"，认为搞经济核算是"繁琐哲学""利润挂帅""破坏团结"等。因此，从1966年起恢复了对地区管理局实行指标考核，企业利润由民航局集中核算的办法，使民航经济核算又倒退下来。

在十年动乱中，由于民航地区管理局以下单位坚持正面教育，不开展"四大"，所以民航运输业务还比较正常。但自1969年11月中国民航划归军队建制后，砍掉了计划部门，裁并了财务机构，计划、财务人员被大批精简下放到干校劳动，取消了行之有效的经济核算制，实行收支两条线，完全倒退到"军事供给制"的道路上去，使民航企业管理受到的冲击和破坏极大，尤其是在思想上造成的混乱，是无法估量的。这种不计成本、不讲经济效益的结果是，从1969年到1974年，民航经营性亏损年年增加，6年间共亏损1.3亿元，如果包括政策性补贴，则亏损竟达3.6亿元。

六、经济核算制的恢复及其主要矛盾

1971年"九一三"事件后，国民经济开始复苏。在财政部的督促下，中国民航从1974年1月1日开始恢复经济核算，但仍沿袭1966年的核算办法。这种核算体制虽然还有不少缺陷，但搞不搞经济核算，其经济效益就大不一样。中国民航当年亏损就降至2428万元。1975年，邓小平主持中央工作，整顿国民经济，提倡讲求经济效益。中国民航也整顿了运输企业的经济核算工作，逐步恢复了企业内部的二级核算。到同年年底，民航运输企业便扭亏为盈，共获利润1374万元，扭转了连续7年的亏损局面。

从1952年到1978年的27年间，中国民航的经济核算制虽然逐步形成并有所发展，但由于"左"的思想影响和经济体制不合理的制约，经济核算制曾出现徘徊不前甚至一度倒退现象。在较长时期内，企业不按经济规律办事，不讲究经济效益，吃大锅饭，搞平均主义。进入70年代后，由于伊尔-62、波音-707、三叉戟等大型飞机陆续投产，国内航线、航班迅速增加；70年代末旅游事业的兴起，对航空运输的需求大量增多。为此，中国民航从1974年起，在国内航线实行两种票价，购买第二种票价的外宾、华侨旅客较多的航线收入增多，造成各航线之间收入很不平衡，使原有经济核算制的形式与运输生产的发展不相适应，矛盾日见突出，并且阻碍了民航运输生产力的进一步发展。主要是：

（一）分散经营与集中核算之间的矛盾。

这个矛盾的存在，主要是由于中国民航政企合一的经济管理体制造成的。中国民航各地区管理局是企业，掌握飞机和飞行队伍，经营航空运输业务，但上级财务部门对其经营成果和经济效益不加考核，使企业实际上不负担经济责任，却享受经济权益。而中国民航局是国家行政机关和企业主管部门，并不直接掌握生产工具和业务经营，但运输企业经营的成果却要由它集中反映，盈亏由它统一计算，还要向国家承担经济责任，而又不能享受经济权益。这种生产组织与经营成果相分离，责权利不相结合的管理体制，造成了经营者不关心经营成果，而承担经济责任者又不直接掌握业务经营的矛盾现象，致使企业管理得不到改善，生产潜力得不到发挥。

（二）运输收入与成本费用分配之间的矛盾。

这个矛盾的存在，造成了运输业务收入与运输飞行成本相分离，业务销售与产量（吨公里）相脱节，破坏了经济核算的完整性，降低了经济核算的作用性，严重地影响了企业生产的积极性。

中国民航核算制度规定，售票处销售的客、货、邮等票证收入，不问其为哪个地区管理局的飞机所承运，均归其所隶属的地区管理局。而飞机承运了客货，不问其运输业务收入归谁，均由飞机所属的地区管理局负担运输飞行成本。这就存在着有收入的地区管理局不负担成本，而执行飞行任务的地区管理局可能没有收入，反而要负担成本。虽然对各地区管理局采取按计划指标考核，但超额完成生产任务，却产生两种不同的后果。即售票多、超额完成收入任务的地区管理局，可能执行飞行任务少，收入增加，成本并未相应增加，而执行飞行任务多、生产任务超额完成的地区管理局，收入并没有增加，成本费用反而超支。这就造成一些地区管理局不愿承担计划外任务或加班，不积极保证自己担任的航班，从而影响了航班的正常性，降低了服务质量。同时，在成本核算上也存在着不少问题，有些费用该互相结算的不结算，该分摊的不分摊，该记入直接成本的，却记入保证单位的间接费用，使成本不能反映实际支出，经济责任不清，赏罚不明，不利于促进生产和提高飞机利用率。

（三）过分集权与加强管理之间的矛盾。

这个矛盾的存在，不利于企业组织生产和加强经营管理。由于民航总局集中计算盈亏，财力也相对集中，各地区管理局的生产经营费用受民航总局预算控制；飞机、发动机折旧基金与大修理基金集中提取，各地区管理局按下达计划使用，变更计划则须报总局批准，缺乏应有的灵活性；通信、气象及车辆等大型设备均由民航总局各业务部门统一订购，实物供应，往往需要的得不到供应，所供给的物资又并不需要，以致设备利用率不高，物资积压严重。因此，企业无权因地制宜地充分利用资金和设备，推行技术改造措施，很难把企业搞活。

第二节 经济核算制的改革与展望

1979年开始，中国民航连续3年对运输企业的经济核算制进行了三次改革，收到了显著成效。既促进了运输生产的发展，又推动了民航管理体制改革的深入。

一、1979年的改革

这次改革的目的，在于使民航地区管理局的责、权、利能够紧密结合起来，进一步调动企业和职工的积极性。具体改革内容有以下四个方面。

（一）下放权力，变"分区管理，集中计算盈亏"为"分区管理，分区计算盈亏"的核算形式。

这项改革内容，关键在于改变民航总局集中计算盈亏的做法。由地区管理局作为完整的企业单位，实行独立核算，自行计算盈亏，从而保证企业收入与成本费用的统一性和完整性，进一步使经济核算体制与经济管理体制相适应。因此，企业必须重视经济效益，承担经济责任。同时，民航总局适当下放权力，由地区管理局自行掌握运用核定的固定资产和流动资金，按国家有关规定使用更新改造资金、大修理基金、企业基金和福利基金等，使企业享有自主权。在企业内部实行内部核算，地区管理局所管辖的省（市、区）局、航站以及飞行大队、机务大队、运输服务大队、器材仓库等基层单位都要实行内部核算，考核其经济指标；专业飞行大队、航修厂等单位则进行全面核算，考核其盈亏。其他小单位则以指标考核，指标层层分解下达，把核算工作和经济责任落实到基层，责任到班组，以保证地区管理局的各项经济技术指标能够顺利完成。而各地区管理局附属的宾馆、旅客招待所、餐厅、小卖部、免税商店等一律实行独立经济核算，单独计算盈亏，其所发生的房租、水电费、人员工资等一切费用开支，都要计入成本，成为各地区管理局独立的附属企业；其所得的利润5%上缴民航总局调剂使用外，其余全部留给地区管理局作为企业发展基金和弥补福利基金的不足。

（二）全面考核地区管理局的经营管理成果。

为使地区管理局加强经营管理，必须全面考核八项技术经济指标，认真编好生产、劳动工资、基本建设、技术培训、物资供应和财务收支等项计划，搞好综合平衡，并按照这些计划努力组织生产、确保飞行安全，不断地提高飞机载运率，增加收入，降低成本，扩大积累，提高经济效益。要求各个企业及时反映各项技术经济指标完成情况，分析企业的经济活动和经营成果，提出改进措施，使企业获得更大的经济效益。在利益的分配上要正确处理国家、集体、个人三者之间的关系，调动各方面的积极性。

（三）制定按吨公里分配收入等办法。

合理分配收入，是调动企业搞好经营管理的重要环节之一，也是经济核算制改革的核心。为使各地区管理局能比较真实地反映其经营成果，实行了收取售票手续费的办法。即把各售票处售出的客、货凭证收入的10%作为售票手续费，并划归售票处隶属的地区管理局，作为考核售票处的收入指标，以鼓励各售票处积极组织客货。其余90%上交民航总局财务部门，按全局国内航线总收入的90%除以全局国内航线完成的吨公里总数，计算出每一吨公里运输收入分配率，再按各地区管理局所完成的国内航线的吨公里数分配其所得的国内航线的运输收入。这种分配方式虽与实际收入还有一定距离，但简单易行，对各地区管理局努力组织客货源，提高飞机载运率，争取多收入是有促进作用的。

对国际航线的专包机收入和通用航空飞行收入，也采取收入分成办法，即将收入的10%归组织飞行任务的单位，90%的收入归执行飞行任务的单位。这种分成办法，使组织客、货的单位和执行飞行任务的单位各有所得，既有利于客货组织，又有利于调动执行飞行任务的积极性，较之谁销售、收入归谁，谁执行飞行任务、成本归谁的办法要合理得多。至于国际航线的客、货、邮运收入，则由售票处扣除7%手续费外，其余全部归经营国际航线的地区管理局。在国际航线上代收其他地区管理局承运客、货、邮运国际票证时，还可取得3%手续费。

（四）实行航站收取飞机起降服务费的办法。

由于民航地区管理局是按行政区域划分的，其区域内的民航站均隶属地区管理局，是企业的组成部分，航站的费用开支是构成飞行运输成本的内容之一，在间接费开支中占有较大的比例。各地区管理局之间，其所拥有飞机的大小、数量、航线以及航班密度和民航站的多少均不一致。过去本地区管理局的飞机在其他管理局管辖的民航站起降均不收费，免费为其服务。其结果，有的地区管理局拥有的飞机大，航线和班次多，而管辖的民航站并不多，所负担的航站费用也不大。反之，有的地区管理局拥有的飞机小，航线和班次不多，而管辖的航站较多，所负担的航站的费用较大，以致造成飞行运输成本的不均衡，由此而产生了如何合理分配航站费用的问题。为了解决这个问题，采取飞机在航站起降收取服务费的办法。即飞机在航站每起降一次，按规定的机型收费标准收费，如飞机夜航或在航站过夜则另收附加费。执行国际航班的飞机在国内段航路上飞行，还要收取航路费。这是新中国民航首次实行的一项新制度。收取飞机起降服务费，不仅使航站开展经济核算有了具体内容，即航站的费用支出与其所担负任务所得收入挂钩，而且可以单独考核其经济效益，同时也为今后民航政企分开打下了基础。

此外，有关飞机的修理费用、飞机上的旅客供应品，以及应由民航负担的旅客食宿费和机组的食宿费，均向飞机所属的地区管理局结算。中国民航设在国外的办事处，为支付国际航线飞行的各项费用，均由有关地区管理局合理负担。

总之，合理分配收入，合理分配费用，使企业做到销售与生产相结合，收入与成本相匹配，并有可能进行独立核算。这样，自行计算盈亏，主动积极地加强企业管理，就能保证飞行正常，提高服务质量，增加收入，降低成本，重视经济效益。

经济核算的初步改革，调动了民航运输企业广大职工的积极性，促进了民航运输业务的发展。1979年完成总周转量达到3.7亿吨公里，实现利润1.4亿元；全年国家补贴航油差价为6915万元和进口航材差价为2772万元，两项政策补贴共计9687万元。全民航运输企业利润扣除政策性补贴后，获得净利润4313万元。这样，中国民航自1964年以来第一次实现了以经营性利润弥补国家政策性亏损（国家预算），扭转了民航长期依靠国家补贴的局面，真正摘掉了亏损的帽子。

二、1980年的改革

这次改革，是针对1979年改革后出现的一些新问题，而对各地区管理局之间的收入分配办法所作的部分调整。

1979年的改革，虽然取得了初步成效，但也产生了一些新的矛盾。

（一）两个地区管理局之间的对飞直达航线，出现了互争客货的问题。

通过对北京—上海、北京—广州、北京—成都、上海—广州4条对飞直达航线的资料分析，普遍存在着对本地区管理局的飞机多装客货，对其他地区管理局的飞机则少装客货的情况。这既影响了服务质量，又不利于企业之间的团结协作。特别是在运力增长大于运量增长时，互争客货的矛盾更为明显。

（二）各地区管理局按完成的吨公里分配运输收入与实际收入尚有差异，没有把航线运价水平，特别是没有照顾到购买第二种票价旅客较多的航线，造成了拉平收入和平均分配的后果。这对经营第二种票价旅客较多航线的地区管理局影响较大,它费力很大,却未得到相应的收益。

鉴于以上矛盾涉及面不大,而且核算改革刚刚起步,各业务部门需要一个熟悉过程,因此,1980年的改革步子不大,只做一些局部性的调整,即对北京—上海、北京—广州、北京—成都、上海—广州4条对飞直达航线采取了吨公里补偿办法。就是对飞双方在航线上完成的吨公里总数,按照双方提供的飞机最大业务载重比例进行分配,一方实际完成的吨公里大于按比例分配的吨公里时,应将差额补给另一方。各机型每架次最大业务载量结算标准由中国民航局统一规定。吨公里补偿办法是航线联营的萌芽,为解决各地区管理局之间互争客货的矛盾探索了新的途径。

三、1981年的改革

经过第二次的局部调整和核算形式的改革,虽已部分地解决了互争客货的矛盾,但仍有两个主要问题未根本解决。

一是,虽在相对飞行的直达航线上采取了补偿办法,但争运力、争班次所造成的吨公里浪费现象依然存在。不过,其表现形式有所不同。因为吨公里补偿办法,是以两个地区管理局投入相对飞行的直达航线的飞机最大业务载量和班次所产生的吨公里比例分配收入,所以飞机载量大、班次多的分配比例就大,收入就多;而减少班次就意味着降低分配率,即减少收入。当相对飞行的直达航线上出现航班密度过大,客货不足,运力过剩,需要减少航班,避免运力浪费时,对飞双方往往各为本单位的利益打算而不愿减少航班,以致飞机载运率下降,吨公里成本上升,影响经济效益的提高。

二是,按吨公里分配收入实质上是拉平收入,特别是经营区内独飞航线,没有竞争对象,购买第二种票价的旅客较多,按理可以多收入,但却被拉平了。同时,由于这种分配方式既不照顾航线的运价水平高低,又不考虑不同机型的生产率和成本差异,以及航线长短等因素,所以不能正确地反映企业的经营成果和经济效益,不能扬长避短,发挥优势。有的地区管理局地处侨乡,又是旅游热点,第二种票价收入多,运价水平高,但航线短,飞机耗油多，成本高，劳动消耗量大，而收入吨公里分配方法被压低，被平调了，这显然是不合理的。

为此，从1981年1月1日起，中国民航局对国内航线的分配办法，再次进行了改革。即实行跨区航线的联合经营、区内航线独自经营的新办法，并做出如下具体规定。

（一）联营航线的含义及范围。

规定指出，凡是一条国内航线的始发站与终点站不在同一地区管理局管辖区内，而是属于不同地区管理局管辖的，则由班期时刻表所规定的始发站所属地区管理局与终点站所属地区管理局两家联合经营，即为联营航线。联营航线不论是由一个地区管理局单飞的，还是由两个地区管理局相对飞行的，也不论是用什么机型飞行，其联营双方都必须共同负担经济责任，并共同享受经济利益。而各地区管理局在其所管辖区内的航线，则由该地区管理局独自经营自行计算盈亏。此外，对波音－747型飞机，因由贷款购买，需要还本付息，所以在国内跨区飞行和在国际航线国内段运输客货的收入，均不参加联营。

（二）联营航线的收入核算。

实行国内跨地区航线联合经营的收入分配，采用了按旅客乘机票证结算的办法。即每一航班当值机组为旅客办理乘机手续时，撕下飞机票的乘机联，并将机票数及票价计入《国内航线旅客发运统计表》，以计算该航班的客运收入，并将此表寄交执行航班任务的地区管理局财务部门结算。对货邮运输收入，由于按票证结算手续复杂，难度较大，一时条件不具备，所以仍采用吨公里分配办法，待条件具备后再改用票证结算。联营航线的收入，由执行航班任务的地区管理局财务部门进行核算，每月将该联营航线的客货邮运输收入，分配给联营双方各得50%。实行国内跨区航线联营以后，仍保留售票手续费。一则体现多劳多得，避免拉平收入，二则既能考核售票处的收入，调动售票处组织客货的积极性，又能使售票处继续实行二级核算。

（三）联营航线的成本核算。

联营航线的飞行运输成本，由参加联营的双方共同负担。由于联营航线的始发站和终点站已各自负担客货销售所发生的费用以及航站的旅客服务、飞机起降和航路上的通信导航等各项费用，因此联营航线的飞行运输成本，只按机型飞行直接费加管理费结算。各机型每小时飞行直接费结算标准，由中国民航局统一下达。其管理费，大型飞机按飞行直接费加5%，小型飞机按飞行直接费加10%，这是对执行联营航线飞行的地区管理局所付出辛勤劳动和承担飞行安全风险的一种补偿，以鼓励其积极飞行。为使各地区管理局的飞机各机型成本能得到正确反映，联营双方无论是联营航线的成本收入，还是成本支出，均不得冲减或增加机型成本，而列作航站服务费中联营成本项中核算，当汇总各地区管理局财务决算报表时则相互抵销，不予反映。

实践证明，实行国内跨区航线联营核算，具有许多显著的优点：

1. 当时中国民航运输是以客运为主，货运为辅，货运量在运量中所占比重不大。在实行国内跨区航线联营以后，每条航线客运收入按客票凭证核算，货邮运收入按载运吨公里分配收入，就能比较确切地反映每条航线的实际收入，从而有可能考核每条航线的经营成果，反映其经济效益的好坏，为领导作航线经营决策时，提供可靠的依据，做到心中有数，避免了盲目性。

2. 国内跨区航线实行联营核算，解决了各地区管理局之间那种我中有你、你中有我，如何合理分配收入的难题，也符合民航政企合一的经济管理体制。联营航线的收入虽由双方均分，但保留了售票手续费，使联营双方在运输业务经营上有所作为，组织客货越多，收入就越多；联营双方的好坏也反映双方经营的水平，既符合按劳分配原则，又可互相学习，共同磋商，改善经营。这种联营核算形式，虽然还带有一定的平均主义倾向，但较之以吨公里分配客运收入则有较大的优越性，双方可以各尽所能，扬长避短，协作配合，共同经营好航线，既有局部利益，也有全局利益。

3. 联营航线在经济利益上能够促使联营双方共同关心联营航线的经营成果，在经营上拧成一股绳，对经济效益好的航线能够飞的就多飞，经济效益差的航线该停飞的就停飞，不会因从各自利益出发，航班该加的不加，该停的不停，造成运力的紧张或浪费，以致损害民航全局的利益。

4. 可以充分发挥技术经济先进机型的优势，解决地区管理局之间拥有先进机型与陈旧机型的差距。由于跨区航线实行联合经营,在联营航线上无论哪一方飞机执行运输任务,其所得的经济利益均属联营双方所共有。由于双方都愿意和期望联营航线获得更好的经济效益,因此就有可能使陈旧的机型让位于先进机型执行飞行任务。这样,载量大、耗油少、成本低的先进机型可更多地发挥其优势,提高其利用率,创造更好的经济效益。同时使拥有陈旧机型的一方也能享受适当的经济效益,也使旅客有更多机会获得乘坐快速、安全、舒适的新型飞机,从而提高了服务质量。

5. 地区管理局内的区内航线由其独立经营,自行计算盈亏,为企业自主、搞活铺平了道路。对于旅游热点的黄金航线,企业会充分利用其各方面优势,全力进行开发,为国家多创外汇,企业也能由此获得更大的经营成果。

这次经济核算制改革,是在当时民航经济管理体制不变的情况下所进行的一次较大的改革。它搞活了企业,加强了各地区管理局间的团结协作,成绩显著。1981年民航运输利润达到1.54亿元,比1980年增长了1.5倍。

这三次改革虽说不是尽善尽美,但民航各地区管理局之间互争航线的矛盾已大为减少,经营管理水平有所提高,加上大批更新机型,企业搞得比较活,"六五"计划期间的经济效益不断提高,共获得利润14.44亿元。三次改革,主要是由民航局财务局局长乔国钰主持和组织安排的。乔国钰在民航局领导的关心和支持下,勇于改革,在矛盾和困难面前,知难而进,坚持不懈,终于使民航经济核算工作3年跨了三大步。

四、总结历史经验,继续探索前进

实践证明,经济核算体制是由经济管理体制决定的。一定的经济管理体制决定一定的经济核算形式。在经济管理体制还没有进行根本性的改革之前,虽然对一些具体的核算方法可以做些调整革新,但要想彻底变革经济核算制的形式,仍是不可能的。回顾30多年来的历程,民航经济核算之所以发展比较缓慢,究其原因,除了"左"的错误影响外,主要是受到政企不分、吃大锅饭的民航经济管理体制的制约。中共十一届三中全会以后,批判了经济工作中"左"的错误,把工作的重点转移到社会主义现代化建设的轨道上来。

这种旧的经济管理体制的弊端就越来越明显了,它严重地阻碍了民航生产力的发展。因此,改革民航经济管理体制,就是改革民航经济核算体制的先决条件了。

民航的四级管理体制,是以地区管理局作为运输企业的独立核算单位,所经营的业务范围与资本主义国家的航空公司有所不同。所属的省(市、区)局、航站是企业的组成部分,不仅经营航空运输业务和通用航空业务,而且还将航站的机场管理业务纳入经营管理范围之内,即将航空运输、通用航空业务和机场管理融为一体。一般国际上的航空企业所经营的航线运输只是点与线之间的关系,由于中国民航地区管理局是按行政区域划分,并管理所属的省(市、区)局和航站,因此,其业务不仅在点与线之间,而且还有地区的块块关系。

民航站原是属于航空公共服务设施性质的单位,应向所有的航空运输企业开放,提供通信导航、飞机起降和地面旅客流通等方面的服务。而中国民航将航站从属地区管理局,从而产生了排他性,成为封闭型的单位。当然,这种管理模式在民航历史上,特别是在创建初期,曾经发挥了一定的积极作用。但是,随着民航运输业务的日益发展,机群大量地增加和更新,大型飞机投入使用,航线、班次迅速增加;国民经济稳步而又较快地发展,国际交往、旅游、外贸进出口等对航空运输的社会需求增加,使地区之间发展极不平衡;加之要以经济手段管理企业,实行经济利益与经济责任相结合,企业日益要求扩大自主权,加强经营管理,严格实行经济核算,认真提高经济效益等,使民航管理体制与民航运输生产力的发展日益不相适应,束缚了生产力的发展。民航站从属于地区管理局,又是企业的组成部分,两者的经济利益和经济责任是一致的,息息相关。因此,它总是倾向于维护本地区管理局的利益,对其他地区管理局不能一视同仁,从而降低了民航站的服务水平。这种管理体制无法使企业独立自主地经营航线,实行完整的经济核算制。

几年来,民航经济核算的改革,既要解决存在的矛盾,又要为管理体制改革作准备。因此,改革核算是紧紧围绕着管理体制改革而进行的。1979年实行飞机起降由民航站收取起降服务费,就是考虑到民航站与民航运输企业分开所作的探索。1985年民航运输企业成本核算的改革，核心也是政企分开，简政放权，将航空运输业务交由航空企业经营，机场管理交由民航站经营，各自成为独立单位，使民航站从封闭型转变为开放型，真正为所有航空运输企业服务，改变我中有你、你中有我的局面。成本核算规程中规定，将航站的调度指挥、气象预报、通信导航、油料供应、场道管理等部门的费用，进行单独核算，不摊入机型成本。而民航站对所有飞机的起降，不论是本地区管理局的或是其他地区管理局的，一律收取起降服务费，并将飞机起降服务费计入有关的机型成本。这样做的目的在于：

一是积累机场管理费支出的正确资料，便于与现行飞机起降服务费标准作对比，制定一套切合实际的收费标准，使民航站在政企分开后大致做到收支平衡。

二是机场管理费不摊入机型成本，就剔除了各地区管理局之间的不可比因素，从而在考核其同一机型成本时具有可比性。在民航实行管理体制改革、政企分开时，机场管理机构就可以脱离航空运输企业，成为一个相对独立经营，并实行企业化管理的经济实体，对所有航空运输企业开放，收取飞机起降费、地面服务费和代理销售业务手续费，并经营机场附属的餐厅、小卖部、免税商店和宾馆等企业，使之成为开放型生产型的航空站。

虽然机场管理机构实行企业经营或企业化管理，在经济上会有广阔的回旋余地，能取得更好的经济效益，但它终究是一个公共设施单位，是以服务为对象，不以营利为目的。而且除几个较大的国际机场如北京、上海、广州国际机场有可能盈利外，其他大部分机场都可能入不敷出。因此，在不增加国家财政支出的前提下，在民航内部如何对这部分亏损进行调剂解决，是民航管理体制改革中需要研究解决的一个问题。

至于航空运输企业，以经营航空运输业务为主，因机场管理机构已成为开放型航站，使航空运输企业能成为独立核算、自主经营、自负盈亏的法人经济实体。联合经营跨区航线的制度，将随着民航管理体制改革而解体，其飞行航线将在民航局的统一规划下,由航空运输企业单独经营,无论客货邮的载运均将采取票证结算。各航空运输企业之间,既可开展合理竞争,即在同一条航线上采用相同票价,开展优质服务,也可联合经营同一条航线。在加强经济核算、讲求经济效益时,要正确处理好国家、企业、个人三者的利益,更要处理好全局与局部的利益。

毫无疑义,深入展开的民航管理体制改革,必将给民航事业带来更快的发展,为经济核算的进一步完善展示广阔的前景。

第三节 民航经济效益

民用航空包括航空运输和通用航空两大部分。30多年来,它在本身经济效益方面所取得的实绩比较突出,而同时也存在一些问题,并寻求了解决问题的有效途径。

一、取得的实绩

经济效益标志着企业的经营管理水平。它既受社会客观条件的影响,也受国家经济政策的约束。就国际民用航空企业而言,它经常受到资本主义经济危机和石油价格上涨等因素的影响,经济效益并不显著。中国民航从1950年到1987年的38年间,国家拨款基本建设投资完成额为47.7亿元;从1964年到1979年的16年间,国家财政政策补贴为7.8亿元,两项共由国家财政支出55.5亿元。从1952年到1987年,民航运输企业共获得利润33.3亿元,其中"六五"计划时期,实现利润14.4亿元。可见,民航是一个长期依靠国家扶植才能发展的、属于盈亏边缘的交通运输部门。中共十一届三中全会以来,由于实行对外开放、对内搞活的政策,使国民经济得到稳步发展,国际、国内对航空运输需求量日益增大,民航满足不了社会的需要。在供需矛盾十分突出的情况下,民航采取了一系列措施,不断地开拓新的航线,增加新的运力,重视改善经营管理。因此,从1979年以来,企业利润逐年上升,特别是在发展国际航线方面获得了较高的经济效益,但是民航仍然属于微利企业。

二、存在的问题

民航运输企业和通用航空企业经济效益不高的原因是多方面的。除了主观上由于经营管理不善，技术力量不足，机构重叠，人浮于事，效率不高等因素外，在客观上受航空运价、航油价格和外汇兑换率等方面的影响是相当大的。为了推动民航事业的迅速发展，不断满足国民经济建设和社会发展的需要，对这三个问题，需要采取适当的措施加以解决。

（一）关于航空运价问题。

民航是属于交通运输行业的独立生产部门之一，但它不生产有形的产品，只能产生运输效能，即旅客和货邮的空间位置转移。因此，民航旅客和货物邮件的运输，是分别以客公里和吨公里计算为基础。航空运价的制定，受客观经济规律的制约，即需根据航空运输价值和社会供求两者之间的平衡来决定，也就是不仅取决于生产每一吨公里所耗费的劳动量和物化劳动量，以及社会对民航运输的需要量和民航运力的情况，而且还要比照其他运输方式的运价等来决定。因此，正确制定航空运价，对于调动航空运输企业的积极性，加强经济核算，改善经营管理，增加积累，筹集资金，更新机群，扩大再生产，促进民航运输业务的发展，不断满足社会的需要，是一项很重要的措施。

1955年以前，民航处于"小飞"阶段。1950年8月1日中国民航国内航线开航，航空运价是按照中央财政部核定的每客公里成本指标，并参照各地水陆运价制定的。平均旅客运价水平为沿铁路线每客公里0.20—0.21元，不沿铁路线每客公里0.31元。当时民航运输成本比较高，因此运价也偏高。由于处在初创阶段，尚未成立企业，不搞成本核算，对民航事业的发展影响不大。1952年7月，中国人民航空公司正式成立，将铁路沿线每客公里运价调整为平均0.14元，降低了33%。其结果是运量明显增长，飞机载运率达到70%左右，财务收支略有盈余。这次调整运价，起到了一定的经济杠杆作用，有利于促进生产。从1950年"八一"开航到1954年期间，航空运价多次调整，上下浮动率较大，而且每次调价后，都还存在着运价、社会需要与旅客负担能力三者之间的关系不协调。同时，在国内航线上，中国民航经营的航线运价与中苏民航公司的运价，高低悬殊较大。1955年中苏民航公司撤销，其航线交由中国民航经营，实行全国统一运价。当时适当调整了部分航线的运价，沿铁路线平均每客公里0.11元，不沿铁路线平均0.27元。

1957年全国厉行增产节约，普遍把限制使用航空运输列为节约的措施之一，民航航班飞机严重缺载。为了争取客货源，尽量减少载运吨位的浪费，民航及时采取了措施，在国内航线上对"来回程""环程"客票实行九折优待；在个别航线还曾试行过旅客折扣优待票价。经过努力，客运量略有增加，但成效不大，当年亏损183万元。

1958年，在"大跃进"形势的影响下，如果航空运输仍然采取高运价政策，则不合于中国国情。虽然中国国内航线运价大大低于国际水平，但与国内其他运输工具相比，仍是比较高的；与人民生活低消费水平相比，也有较大的承受差距。因此，从这年1月1日起，在民航保本的前提下，国家再一次大幅度降低了航空运价。调整后的运价仍分为沿铁路线与不沿铁路线两大类，每客公里分为0.08、0.10、0.13、0.15元四级，各条航线票价降低的幅度自30%至50%不等，与地面运输运价的差距有所缩小。调价后，社会上对客货运的需求量大增，当年客运量就比降价前的1957年增长了80%。加上经营管理上的努力，财务收支上扭亏为盈，从1958年至1960年共获得利润6230万元。

从1961年起，国民经济进行调整，很多基本建设工程项目下马，社会上对航空运输的需要量骤减，民航运量再一次大幅度下降。加之，西南、西北地区的黔桂、兰新铁路等相继通车后，造成这些地区的航空运价与铁路运价差距较大，以致航班飞机严重缺载。为此，民航对西南、西北地区内的12条航线的运价再一次进行了调整，平均降低17%，每客公里运价为0.13元。随着国民经济形势的好转，工农业生产发展加快，社会上对航空运输的需要量增加，民航的运量才有所回升。

十年动乱期间，国民经济遭受严重破坏。从1968年起，民航客运量持续下降。1969年民航划归军队建制，以军队办法管理企业，取消经济核算，在财务上搞"统收统支",不计算成本,不讲求经济效益。从1971年3月起国内航线运价又大幅度降低,客运票价平均降低30%左右。调整后的运价,是根据递远递减的原则制定的,沿铁路线每客公里为0.05—0.06元,不沿铁路线每客公里为0.06—0.07元。这个运价水平与铁路运价相比,一般低于软席卧铺,高于硬席卧铺运价,曾使民航的旅客运量有所回升。但是,这次降价带有极大的盲目性,是不搞核算,不计成本,强调"突出政治",造成了严重后果。一是民航的运价完全背离了价值,违反了客观经济规律。从此,民航连年亏损,完全依靠国家财政弥补亏损和政策性财政补贴,才赖以生存和发展。二是拉大了国内航线上外国旅客运价与国际航线运价间的差距,造成大批原在国外购买中国国际航线和国内航线联程客票的外国旅客,都改为抵达中国后再购买国内航线机票,使国家遭受了外汇和票价差额的损失。这显然是不合理的。

为了维护中国航空权益,缩小国内航线外国旅客运价与国际航空运价的差距,减少国家外汇与票价差额的损失,从1974年1月15日起,国内航线旅客运输实行了两种票价制度。一是外国公民和华侨、港澳同胞,不论在国外或国内购买中国国内航线的机票,一律使用国内航线的国际票价,即称为第二种票价;二是适用于中国境内居住的中国公民的第一种票价,即低水平票价。这是在特殊情况下制定的特殊运价政策,在国际上也有类似情况。实行两种票价以后,民航运价背离航空运输价值的问题仍然存在。主要是国内航线第一种运价偏低,多数航线经营亏损;第二种运价每客公里0.14元,与外国的国内航线票价相比,当时也属于低水平的,仅略高于中国民航飞行运输成本。而从70年代以来,国际石油价格急剧上升,国际航空运价曾作了多次调整,平均上涨50%,但中国国内航线两种价格始终未变。从1984年9月起,国家批准国内航空运输取消两种票价制度,对外实行统一运价,包括旅客票、行李、货物的运价。中国公民(包括台湾同胞)、华侨和港澳同胞享受折扣优待,平均折扣率为60%,约合每客公里0.08元,比原定的第一种票价略有提高,但同外国的国内航线运价水平相比,仍是低水平的。

中共十一届三中全会以来，随着改革、开放、搞活方针的贯彻执行，社会主义商品经济的日益发展，外贸、旅游事业的迅速兴起，社会上对民用航空的需求也相应扩大，客观上为民航事业的振兴创造了良好的条件。但是，由于长期以来运价过低，国内航线往往收不回运输成本，因此，企业对增加飞机、加班飞行的积极性不高，这势必影响民航事业的发展。

纵观30多年来航空运价的演变概况及其经验教训，说明了正确制定合理的航空运价，对发展民航事业很有必要，也十分重要。而在具体制定运价时，应该运用价值规律作杠杆，以航空运输成本为基础，以国际航空运价为参考，以调节社会航空运输市场的供求关系。航空运价过高，与其他运输工具运价差距较大，脱离社会经济负担能力，社会需要量减少，飞机载运率不高，航空运输势必难以维持，更谈不到发展了。相反，如果运价过低，使航空运输成本收不回来，或者也能基本上收回成本乃至稍有盈利，资金仍难积累，也无法扩大再生产，以致航空运输企业也很难搞活经营而生存下去，更无法促进地方航空运输企业的发展。

从当前民航运输成本构成，运力严重不足，而国内运价水平又过低的情况来看，适当地提高运价水平，是必要的、可行的。这样，可以使一部分国内旅客因票价提高而相对减少，从而腾出一部分运力，以吸引和满足外国旅游者和华侨、港澳同胞回国探亲和观光等需要。这样，既能为国家增加非贸易外汇收入，又能使航空运输企业获得较多的利润，以积累资金，扩大再生产，加快发展步伐；同时，也会与其他运输工具的运价拉开距离，达到不同运输工具的合理分工。

（二）关于航空油价问题。

航空油料的消耗，在航空运输成本中所占的比重较大。所以航空油价的高低，对民航经济效益具有举足轻重的影响。1965年以前，民航一直使用从苏联进口的航油，按进口航油价格加运费计入航空运输成本。1963年，国务院规定进口商品实行按国内价格调拨作价。当时，民航使用航油的进口价格与外贸调拨价格相差很大。（见表10）

1963 年航空油料进口价格与外贸调拨价格比较表

表 10

	进口价格（吨/元）	外贸调拨价（吨/元）	相　差
航空煤油	166.43	604.00	437.57
航空汽油	302.31	1200.00	897.69
航空润滑油	561.26	1970.00	1408.74

很显然，当时航油如按外贸调拨价格计入航空运输成本，将使成本大幅度上升，从而使航空运输企业无法经营下去。为了使企业亏损不致过大，又能继续维持经营，国家规定：民航使用的进口航油，一律按外贸调拨价格给予优惠的办法，即与进口价格的差额，不计入航空运输成本，由国家财政补贴，列作民航供销企业的政策性亏损。这是国家对民航的扶植，使民航能实行正常的经济核算。

后来，中国国产航油陆续投产并正式批准使用。但国产油价仍然高于进口航油成本价，同样存在油价差额问题。（见表 11）

1974—1978 年国产航油价与进口航油成本价比较表

表 11

	国产航油价（吨/元）	进口航油成本价（吨/元）	差　价（吨/元）
航空煤油	450	220	230
航空汽油	790	390	400
航空润滑油	2100	610	1490

为了扶持民航，国家继续采取财政补贴办法。据统计，从 1964 年到 1979 年的 16 年间，国家财政给民航的油价补贴达 7 亿元。这种补贴办法，直到 1979 年民航运输企业实现的利润，已超过航油差价的补贴后，国家才取消了对民航的政策性财政补贴。

1983 年，国际能源紧张，石油供应不足。因此，中国开始对民航航空煤油供应采取议价政策。即以 1982 年供油计划 38.6 万吨为基数，由国家供应平价油，超过 1982 年供油基数部分的按议价供给。航空煤油平价每吨出厂价平均为 435 元；议价平均出厂价为 890 元，较平价高出 1 倍多，如再加上运输、装卸、储存、加油等费用，每吨约为1100元。由于超基数供应的航空煤油实行议价政策，使得1985年航空运输成本约增加1.3亿元，油料消耗费用在航空运输成本中所占的比例也由1982年的41%，上升到1985年的53%。而且，随着民航生产的发展，航空煤油耗量以年均30%左右的速度递增，这也就意味着，航空运输成本逐年增大。在这种情况下，除了需要国家给予必要的关照外，更为重要的是，民航本身必须采取措施，改善经营管理，尤其是在节约航油方面，采取切实积极措施，降低非正常的航油消耗，以尽可能把由于实行航空煤油议价政策而使民航增加的费用支出消化掉。

（三）关于外汇兑换率问题。

民航是国家非贸易创汇较多的部门之一。在它经营的国际航线和国内航线上载运外国人、华侨和港澳同胞，都有相当数量的外汇收入。但在1980年以前，根据国家对非贸易外汇管理的规定，民航的外汇收入和支出由国家统收统支。这一规定，对民航运输企业来说，存在着两个矛盾：

一是使用两种不同的外汇兑换率（比价），即，民航出售国际机票的外汇收入，按非贸易比价折算；而民航通过外贸部门向国外购买飞机、发动机和航空器材的支付外汇，则按贸易比价，即按外贸统一作价结算。如果同样以1979年中国银行牌价计算，那么，民航收入1美元约折合人民币1.6元，支出1美元约折合人民币3.2元。这样收支相抵，民航便亏损了1.6元，从而增加了民航运输成本，并在一定程度上削弱了民航在国际航线上的竞争能力，并且出现了不合理现象。例如，1979年购买波音－747SP型飞机，由国家基本建设投资，通过外贸部门购买，每架飞机价4700万美元，按3.2元人民币折合1美元，需支付人民币1.5亿元，按飞行3万小时使用计算，每小时应提折旧费5000元。如向外国贷款购买，10年分期偿还本息，年利8.25%，以人民币1.6元折合1美元支付飞机价款，约支付人民币1.1亿元，每小时折旧费约为3600元，比国家投资减少28%。

二是非贸易外汇采取轧差办法，即收入抵支后，全部交给国家。民航在国内售国际机票收取的是人民币（外国旅客已将外汇向中国银行兑换为人民币，外汇已作为中国银行的收入），而出国人员乘坐外航飞机所支付的外汇

（包括中国民航出售外宾、华侨乘坐外航飞机国际票的外汇）均由国家拨给民航代为支付。因此，民航每年虽为国家创汇不少，但在银行账户上却反映不出来。例如，1978年民航国际航线营运收入为6000万美元，加上国内航线第二种票价收入，共为8000万美元，而反映在银行账户上的实际收入却只有479万美元。

以上两个矛盾，从1980年4月1日国家发行人民币外汇兑换券和对非贸易外汇收支管理办法进行改革时，才得到了解决。按照新的外汇管理办法，民航外汇收支均由民航统计入账。这样，就能完整地反映出民航创汇的实绩。据计算，自1980年至1987年的8年间，民航共收入外汇28.4亿美元，扣除支出6.4亿美元后，净收入为22亿美元。新的外汇管理办法还规定，民航可在净收入中留成40%（1985年改为留成90%）的外汇额度。而且，利用留存外汇额度结汇购买外国飞机及器材的人民币与美元的兑换率，是采用民航外汇收入的兑换率。这就解决了因外汇收支兑换率的不同，给民航造成额外的汇率损失的问题。

但是，事物总是在矛盾中前进的。解决了不同外汇兑换率的矛盾，又出现了人民币汇率急剧下跌的新问题，使民航运输成本突然增大。而且，民航今后还将面临由于外汇兑换率可能出现的大起大落而对民航经济效益产生重大影响的严峻考验。特别是进入20世纪80年代以来，为减轻国家外汇负担，民航购买一部分飞机，是利用外资采取融资租赁的方式，以更新机型，壮大机群。而租赁飞机虽在经济上对民航有利，一是利息比银行贷款低；二是先用后付租金；三是租期较长，与飞机使用年限相近，即拥有长期使用权，但在汇率变动上民航则要冒较大的风险。这个问题将随着民航实现政企分开，国家下放航空运价权力而逐步得以解决。这就是，国家允许民航对国际航线的票价随汇率的变化而浮动；对国内航线的票价采取比较灵活的手段，由民航根据航空运输成本，运输市场供求关系和运输企业之间的合理竞争等因素，及时地、合理地进行调整。这样，民航在外汇兑换率变动上所冒的风险相对减少，民航事业的发展将会迈出更加坚实的步伐。

三、解决的途径

要提高民航经济效益,航空运价、航空油价和外汇兑换率等方面存在的问题固然需要解决,但关键还是要靠民航自身经营管理水平的提高。为此,需要从以下六个方面进行坚持不懈的努力。

(一)提高飞机载运率。

在民航运输生产中,努力提高飞机载运率,是航空运输企业提高经济效益最重要的途径。因为飞机在运输生产飞行的过程中,无论是满载或空载,其劳动力和物质消耗的量是基本相同的,它表现在运输成本上,也是大体固定的。飞机载运率越高,每小时的生产率就越高,所生产的吨公里就越多,而每吨公里的单位运输成本则越低,在运价不变的情况下,收入就越多。由此可见,考核航空运输企业经济效益,首先是看飞机的载运率,它是航空运输企业经营水平高低的重要标志之一。

为了提高飞机载运率,运输销售部门必须对所经营的航线进行市场调查,掌握运输市场信息,大力组织和开拓客货源,尽量使飞机在运输飞行中达到最大业务载量。但在缺载的航线上,可采取弹性运价,根据运输市场需求的变化,提高应变能力,争取客货载量,避免浪费运力。近几年来,飞机的客座利用率很高,热门航线的航班飞行客座利用率经常达到100%,但大型飞机的载运率一般在70%—80%左右。这主要是货运量不足,虚耗了运输吨位。其原因首先是航空货物运价与地面运输工具运价差距较大,缺乏竞争力;其次是运输质量不高,未能充分发挥航空运输快速的优势,以致不少航空货物经常不能及时运到,甚至有时使货主对交付空运失去信心。因此,航空运输部门要在重视发展客运的同时,必须大力开展货运业务,把握人们改变时间价值观念的心理,充分发挥航空运输快速、高效的优势,挖掘运输潜力,提高飞机载运率,以获得更大的经济效益。

(二)提高飞机利用率。

提高飞机利用率,可以在不增加运力的情况下生产出更多的吨公里,以增加收入,降低成本,提高投资效益,增加资金积累,取得良好的经济效益。

提高飞机利用率的途径,首先是改革飞机折旧的提存方法,以经济核算为手段，促进企业提高飞机利用率的积极性。从1984年起，中国民航局对新型飞机的折旧办法作了改变，规定飞机使用年限为15年，不问飞机每年飞行小时多少，每年均按飞机价值的1/15提取折旧。这样，飞机折旧费变为固定成本因素，飞机利用率与飞机的机型成本挂钩，计入机型成本的飞机折旧费与飞机利用率成反比例，飞机的日利用小时越高，计入机型成本的每小时折旧费就越低。其他方面如飞机保险费、企业管理费等，同样也随着飞机利用率的提高，而使摊入机型的每小时成本降低。这就能够有效地调动企业努力提高飞机利用率的积极性，如1985年波音－737－200型飞机利用率达到6.5小时，接近国际先进水平，就是一个生动的体现。而在这以前，中国民航是沿袭苏联民航按飞行小时提取折旧费的办法，即飞行1小时提取1小时的折旧费，多飞多提，不飞不提。由于飞机利用率与降低成本不挂钩，企业就不重视提高飞机利用率，因此飞机利用率大都偏低。例如，波音－707型飞机自1974年至1982年的9年间，在册飞机平均日利用率最低为0.8小时，最高为3.8小时；伊尔－18型飞机最低为1.2小时，最高为3.4小时。显然，这种按实际飞行小时提取折旧费的老办法是不可取的。

其次，提高飞机利用率必须从经营和管理两方面努力。第一，必须提高飞机的完好率。为此，民航在"六五"计划时期着重于加强维修基地的建设，培训技术力量，提高飞机维修质量，缩短飞机停场时间。在器材供应上，扩大自我修理能力，改变供应渠道，及时保障供应，使飞机能经常处于可飞状态。第二，必须大力组织客货，有充足的运量，才有提高飞机利用率的可能；否则，效果适得其反，飞机越多，飞机利用率越小，运力浪费越大。因此，在增加运力方面，也要防止和克服盲目性，提高决策的科学性。

（三）加速机群更新。

当前，国际航空工业的竞争相当激烈。航空技术日新月异，飞机更新换代加速。新型飞机具有安全性能好，载量大，耗油少，维修方便，成本低等优点，能获得良好的经济效益。民航过去对经济效益认识不足，单纯强调飞机要"用烂用完"，在较长时间内机型更新很慢，以致飞机陈旧，载量小，成本高，经济效益差，难以满足旅游者的要求。为此，从1980年到1987年，在国家的大力支持下，民航采取国家银行贷款，利用外资融资租赁和自我积累资金等多种集资方式，增加进口飞机78架，其中波音－747SP型4架、波音－747COMBI型3架、波音－767型4架、波音－757型3架、MD－80型和82型6架、波音－737－200型和300型23架、A－310型5架、肖特－360型8架、BAe－146型10架、图－154型10架、L－100－30型货机2架。这些飞机大都具有技术、安全、经济性能良好和客舱设施舒适等优点。从而增强了中国民航在国际航线和地区航线上的竞争能力，改变了中国民航机群长期落后于国际先进水平的局面。但是，在机型更新方面，也存在一些问题。主要是机型种类过多，会给技术力量的培训，机务维修设备的设置，航材的供应和储备，流动资金的来源等方面，带来不少困难；况且同一机型又分散使用，这既增加了投资，又影响了经济效益的提高。这些问题都需要认真研究解决。

（四）发展国际航线。

中共十一届三中全会以来，随着对外开放政策的深入贯彻执行，中国的外贸、旅游和劳务出口等业务迅速发展，来华外宾、旅游者和投资者日益增多，使中国民航经营的国际航线发展很快。由于经营国际航线的经济效益较好，既能为国家多创外汇，还能使民航达到"以外养内、以内促外"的目的，也是民航提高经济效益，加快资金积累的重要途径。因此，必须在大力发展航空运输业务的同时，把重点放在国际航线的经营上，提高服务质量，争取航班正常，扩大广告宣传，加强竞争能力，并采取保护政策，把国际航线和地区航线经营好。

（五）加强成本管理。

加强成本管理，减少物资和劳动的消耗，降低产品成本，是提高经济效益的重要措施。民航是个现代化科学技术综合应用的运输部门，技术业务门类多，各成体系，互相衔接，密切配合，共同为搞好运输安全生产服务。如何进一步降低航空运输成本，主要依靠各技术业务部门采取相应的措施，制定合理的技术经济定额和目标成本，作为考核准则。督促技术业务部门加强成本管理，把降低成本的经济责任落实到部门。

从 60 年代以来,民航对部门成本管理比较重视,推行企业内部核算和班组核算。虽然十年动乱期间一度遭到了严重破坏,但随后不久就着手重新推行企业内部经济核算制。

对考核飞行队的航油消耗定额的经济定额,原按机型小时消耗定额。为使考核能够比较科学,合乎实际情况,后改为机型航线消耗定额。如生产每一吨公里的航油消耗,1976 年为 1.05 公斤,1982 年降至 0.64 公斤,每吨公里节约航油 0.41 公斤。按 1982 年运输总周转量 6.3 亿吨公里计算,共节约航油近 26 万吨;按出厂平价油每吨 400 元计算,共节约 1 亿多元。当然,其中也有更新机型,使用先进的耗油少的飞机等因素。

1985 年航空运输企业成本核算改革时,将成本费用划分为五个项目,即飞行费用,飞机维修费,业务经营费,机场管理费和企业管理费。其中机场管理费不计入机型成本。这五大类分别由有关业务部门控制,实行部门管理。例如,飞机维修费由航修厂控制,业务经营费由运输、通用航空部门控制。

为加强流动资金管理,合理储存器材,对器材管理采取了两项措施。一是将维修飞机的高价周转附件改列固定资产,其价值通过提取折旧费计入机型成本,改变过去不问其库存件多少,到领用时才计入成本的做法。二是年度末将库存器材价值的 5% 摊入机型成本。采取这两项措施,是使库存储备器材与成本挂钩,使库存器材储存量与机型成本成正比例,器材储备多,摊入成本的费用就高;反之就低。为避免器材积压,防止成本增加,机务维修部门在器材订货上必须精打细算,合理订购,达到节约资金和降低成本的目的。

(六)加强企业横向联系。

随着民航运输业务的发展,逐年更新和增加了不少大型、先进的飞机,这就必须扩建几个门类较全的综合性的飞机维修基地,以负担起各型飞机的各级检修及其发动机、仪表、附件和电子设备的修理任务。没有这样现代化的飞机修理基地,就难以保证飞行安全和飞行正常,以及提高飞机利用率,充分发挥飞机的运输能力。但是,建立一个大型飞机维修基地,要耗费巨大的投资,会加重航空企业的负担。因此,在着重建立若干个飞机维修基地的同时,要加强航空运输企业之间在飞机修理方面的横向联系,各企业根据自身的优势,在机型的修理上分工协作,不搞重复项目,充分利用维修企业的设备和技术力量。这样,就可以做到既专业分工,提高维修技术;又能节约投资和人力物力,降低成本,从而共同达到提高经济效益的目的。1985年,厦门航空公司开航后,将两架波音-737-200型飞机,委托民航广州管理局航修厂维修,航空器材也由该厂负责供应,结果既大大节约了厦门航空公司的投资,又使航修厂锻炼了技术队伍,增加了经济收益。

80年代,世界新技术革命蓬勃发展,市场的信息汇集和预测分析越来越重要。其显著特点之一,是电子计算机的广泛应用。为了加强民航运输企业的经营管理,提高其经济效益,建设一套大型电子计算网络及其软件系统,是十分必要的。但建设一套这样现代化网络系统,需要巨额的投资和经常费用。因此,发挥各航空企业的积极性,加强横向经济联系,共同投资建设一个大型电子计算机中心,供各企业共同使用,互相受益,必将取得事半功倍的效果。

第十一章
人才培训和科学技术研究

1987年10月25日，中国共产党第十三次全国代表大会的报告着重指出："科技的发展，经济的振兴，乃至整个社会的进步，都取决于劳动者素质的提高和大量合格人才的培养。百年大计，教育为本。必须坚持把发展教育事业放在突出的战略位置，加强智力开发。"当今世界科学技术的发展日新月异，作为使用现代科学技术成果的民用航空部门，搞好智力开发、人才培训和科研工作尤为重要。

第一节 人才培训的发展概况

一、1950年至1965年的人才培训

（一）第一次大起大落。

新中国成立初期，当时民航规模较小，实行"小飞"方针，职工队伍仅5000多名，而且来自四面八方，思想不够稳定。因此，教育训练工作一方面要加强干部、职工的思想教育，提高政治觉悟，树立为人民服务的思想；另一方面要加强业务技术训练，提高业务技术水平，为民航发展创造条件。

1949年11月9日的"两航"起义，为新中国民航事业的发展奠定了物质技术基础。1950年至1951年，中国民航局在天津、广州、上海、重庆、昆明等地组织了"两航"起义和留用员工的政治轮训，并从他们当中派出3批共100多人到华北革命大学学习，以初步树立为人民服务的革命人生观。

为了尽快提高干部、职工的业务技术水平，1950年6月，中国民航局在河北省石家庄市成立了第一个训练队，机航处处长方槐任队长。该队成立后

的第一期训练班学习时间为3个月,培训了航站站长24名、空中交通管制人员14名。1951年3月,又在重庆成立了飞行训练队,举办了C-47型飞机机长训练班,并训练出正驾驶28名。1951年9月,又在天津创办了小型机驾驶员训练队,培养了苏格尔和爱罗型飞机飞行教员14名,并于10月开始训练飞行学员。1951年至1952年,各种飞行训练时间共达2000小时,占民航全部飞行时间的38%。1951年,中国民航从苏联购进一批里-2型飞机。1951年年底至1952年年初,军委民航局委托中苏民航公司代为培训了空勤人员26名、地勤人员29名。

1950年9月至1951年,中国民航先后成立了4所学校:第一民航学校,校址在重庆,培训通信、气象、财务、场站、运输业务、政治工作等人员;第二民航学校,校址在天津,培训飞行人员;第三民航学校,校址在上海,培训机务人员;第四民航学校(即民航俄文专修学校),校址在北京,培训俄语工作人员。到1951年,这4所学校共有学生300多名,1952年增加到1600多名,教职员工达300多名。不少"两航"起义的专业人员,担负起新中国民航的教育训练工作,为民航教育事业做出了积极的贡献。

根据中央军委、政务院《关于整编民用航空的决定》,军委民航局将第一、第二航校拨交空军,将第三、第四航校拨归重工业部航空工业局。这就是民航教育事业的第一次大起大落。这4所航校虽然未能由民航继续办下去,但它们却为民航、空军和航空工业部门培养和储备了一大批专业人才,并为民航后来开办学校提供了经验。

(二)第二次大起大落。

1955年,中国民航事业有了较大发展,各类专业人员急需充实和提高,创办民航学校,加强人才培训,又提到了重要的议事日程。同年5月,中国民航局在天津第二航校旧址成立了航空训练大队,主要任务是对在职的飞行、机务、通信人员进行转机型和提高技术业务水平的训练,同时对新调入或招入民航的职工,进行民航业务技术训练。到1957年年底,该大队已有中型飞机5架、小型飞机3架和教职员工187名。大队在边建边训中稳步前进,两年半内就培训了空地勤人员1000人次,其中空勤人员占一半以上。

为从根本上解决民航空地勤人员的来源问题，1956年5月，国务院批准民航局成立一所航空学校，9月，中央军委命名该校为中国人民解放军第十四航空学校，校部设在四川新津。该校的任务是为民航培训空地勤人员。该校成立后，继承和发扬中国人民解放军的优良传统，迅速地成长起来。1957年1月，理论教育正式开课。全校共有学生1123名，其中飞行学生234名，地勤学生889名。按8个技术种类、分32个教学班进行教学。从此，民航有了一所专门培训空地勤人员的正规学校。

1958年，在"大跃进"的影响下，中共民航局委员会的决议指出，尽快地培养新生力量和提高在职干部的质量，是发展民航事业的关键。要求哪里有条件，哪里就办学校。要求各地区管理局本着"从无到有，从小到大，因陋就简"的原则，尽快成立训练机构。因此，1958年底至1959年初，首先将天津航空训练大队扩建为民航高级航空学校，随后，在成都和柳州成立了第三和第四航校，1960年2月又在北京筹建民航学院，8月招收了第一期学生。十四航校于1958年9月成立第二训练团，1959年下半年又成立第三训练团。1960年，民航局又决定将十四航校"一分为二"：以培训地勤人员部分为基础，在四川新津成立了成都民航机械专科学校；第十四航校则专门培训空勤人员，校部改迁四川广汉，全校共有3个飞行训练团。两年间，民航就拥有6所培养各类专业人才的高等和中等技术院校，并都先后招收了新生。此外，民航还准备在华东地区筹建一所通讯学校，在乌鲁木齐筹建另一所飞行学校，还计划在第三航校的基础上，筹建一所预科学校，民航各地区管理局和飞机修理厂，也积极筹办本单位的训练大队和技工学校。

1960年中共民航局委员会决定，要在1962年以前，建立1所学院、7所学校。这8所院校共设置26个专业，在校学员将达9000名。建成后，每年毕业学员总数可达前几年毕业生总数的5倍多。显然，在短时间内，要办这么多学校，必然会出现一些难于克服的矛盾。因为受"大跃进"的影响，无论院校数量的增加和规模的扩大，都脱离了当时民航生产发展的实际需要，也超过了当时可能提供的人力、财力和物力。

1961年，根据中共中央确定的"调整、巩固、充实、提高"的方针，民航局对已办的和正在筹办的训练机构进行调整。决定本着控制数量、提高质量的原则,除保留基础较好的十四航校、成都机械专科学校、高级航校和第四航校外,其他各院校均予撤销。1962年继续进行调整,又撤销了十四航校三团和兰州管理局训练大队。这两次共精减教职员工700多名。1963年3月,民航局决定对4所学校再次进行调整:合并了各校培训空勤人员的部分,成立中国民航高级航校,校部设在四川广汉。各校培训地勤人员部分也合并,组成中国民航机械专科学校,校址在天津。这次共精减教职员工1000多名。这是民航教育训练工作的第二次大起大落。经过调整后的两所学校,相应改善了师资、设备、校舍等条件,教学质量也有提高。同年9月,经国务院批准,两所学校列入全国高等学校序列。1965年民航一〇一厂和一〇二厂各开办了一所半工半读技术学校。

(三)在职人员的培训工作。

1950年7月,中苏民航公司成立后,就把培训中方专业人员作为重要任务之一。公司在经理部下面设立了教育室,总管业务技术学习。当时,规定每周4小时业务学习,技术干部和行政领导都要参加。同时,还举办了各种类型的短期训练班,新调入公司的技术人员,一般训练4至6个月;从生产单位抽调的技术干部和组长以上的领导干部,训练2至3个月。对训练科目和进度都有明确要求。每科学完均有考核,并公布成绩。为了搞好职工教育,民航局和中苏民航公司抽调专门人员翻译整理了苏联民航有关技术资料33种,共200多万字。截至1954年年底,该公司为中方培养各类人员共360多名。

1952年10月,中共民航局委员会根据中共中央的要求,颁发了《关于开展文化教育的决定》,要求"立即在民航系统内有组织、有领导、有计划地开展文化教育运动,消灭文盲,逐渐提高民航全体人员的文化水平。"各单位迅速组织落实,全民航掀起了一个文化学习的热潮。当时参加学习文化的职工共达600多名,占应参加学习人数的70%;有专职和兼职文化教员94名。1953年全军文化会考,民航20%的学员取得了优异的成绩。

1953年,中国民航局颁发了《在职干部学习计划纲要》,明确以"学习苏联民航经验,提高在职干部业务水平,边学边用,改进工作"为学习目的。同时规定了学习的内容、学时和方法。各单位为加强业务学习的组织领导,分别设立了业务学习委员会,并挑选了一部分技术业务水平较高的人员担任学习秘书和辅导员。民航局业务学习委员会组织翻译了苏联民航有关资料60万字,又出版了《民航参考资料》共12期,基本满足了职工业务学习的需要。

为使业务学习做到经常化、制度化,1958年中国民航局制定了《在职干部业务学习几项暂行规定》,并颁发了学习计划和大纲,规定了学习的课程和总时数。各单位本着"结合生产,统一安排,因人施教,灵活多样"和"做什么学什么,缺什么补什么"的原则,采取经常性业务学习和短期训练相结合的方法组织业务学习。北京管理局在1960年举办了38个短期训练班;上海管理局在1959年和1960年共办了44个短期训练班,轮流训练在职人员540多名,都取得了良好的学习效果。

二、十年动乱时期的人才培训

十年动乱时期,民航人才培训工作遭到了严重破坏。1967年,民航机械专科学校和一〇一、一〇二厂的两所半工半读学校,都"停课闹革命"。学生在没有完成教学计划的情况下,被分配到各单位工作。

1969年,中国民航局奉命撤销民航机械专科学校,人员迁往江西奉新创办"五七"劳动干校。全校300多名教职员工都下放到奉新劳动。所有教学设备被调给空军第二技术学校和民航的有关单位。一个经过多年建设起来的高等学校就这样解体了,两所半工半读学校也被撤销了。

民航保留唯一的一所培养空勤人员的高级航校,在十年动乱中也同样遭到了严重破坏。

一是烧毁技术书籍,撤销理论训练处。十年动乱时期,清理出所谓封、资、修的军事书籍、民航书籍以及条例、教令等7102册,其中除882册作为控制使用而封存外,其余全部被销毁。1968年,在"读书无用论"的"左"倾错误思想影响下,学校为贯彻军校会议精神,又撤销了理论训练处,飞行学员的航空理论教育几乎全被取消。

二是为了"突出政治",飞行训练时间大大减少。如运-5型飞机飞行训练大纲规定的飞行时间,从135小时减为75、70、60小时;初教六型飞机的训练大纲的飞行时间,则从75小时减少到45小时。学习飞行技术、政治和劳动的时间分配比例,规定为5:4:1,而且规定的有限的飞行训练时间,也经常受到干扰和冲击,飞行时间得不到保证,训练质量急剧下降。十年动乱以前,一个飞行大队全部学员放单飞,一般只要4—7天即可完成;十年动乱中,有的大队学员放单飞竟需用4个月。

三是正常的教学秩序被打乱,合理的规章制度被废除。理论教育和体育训练被各种劳动所代替;考试制度也被废除,而代之以所谓"个人讲用"和"五好"评比;甚至连颁发毕业证书,也被当作资产阶级教育制度的产物而被取缔。

四是从组织上撤销了民航唯一的一个中型机训练基地,即高级航校第三训练团。特别是刘锦平一伙以各种方式打击迫害知识分子,仅民航机械专科学校,被诬陷为"反动学术权威""漏网右派""历史特务""现行反革命"等罪名而遭到关押或实行"群众专政"的就有30多名,给民航教育事业造成了难以弥补的损失。

与此同时,民航各生产单位由于受"读书无用论"的影响,在职培训工作遭到了严重破坏,经常性的业务学习也停止了。在十年动乱期间,各地区管理局的飞行训练有9年没完成计划。

在十年动乱中,民航人才培训工作虽然遭到了严重破坏,但由于广大教职员工对林彪、"四人帮"的倒行逆施进行了不同程度的抵制,因此,仍做了不少工作,并取得了一定成绩。这期间,十四航校(即高级航校)培训了1000多名飞行学员;各地区管理局的飞行训练,特别是转机型的训练抓得比较紧,保证了在十年动乱期间新购进的三叉戟和波音-707等新型飞机及时安全地投入生产。在北京首都机场还安装了两台飞行模拟机,对提高训练质量,降低成本,都起到了积极作用。第一飞行总队培养了几十名能胜任国际航线飞行的飞行人员,确保了十年动乱后期中国民航国际航班的飞行安全。此外,1972年以后,中国民航局还在天津组建了教导队,各地区管理局也分别成立

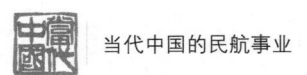

了教导队,承担了转飞新机型、设备更新和新职工上岗前的培训任务。

三、中共十一届三中全会以来的人才培训

粉碎"四人帮"以后,特别是中共十一届三中全会以来,民航的人才培训工作,经过恢复和整顿,逐步走上了稳步发展的轨道。

(一)初步建立了多层次、多专业的人才培训体系。

1976年至1986年,中国民航局在天津、四川、北京相继组建和扩建了民航学院、飞行专科学校和民航管理干部学院,并参加了全国高校的统一招生。至此,民航有了基本配套的3所高等院校,分别承担了培训地勤、空勤和在职干部的任务。

1978年至1980年,为了消除十年动乱时期在民航实行所谓"义务工役制"带来的后遗症,加紧培训生产第一线的技术工人,民航北京、上海、广州、成都、兰州、沈阳管理局和一〇二、一〇三厂,都在原教导队的基础上分别成立了技工学校。各学校的专业(工种)设置和招生人数,均根据各地区管理局和工厂生产的需要而定。

为了培养各类中级专业技术人才,1983年至1985年,中国民航局在广州、北京、四川和上海成立了4所中等专业学校,并在北京成立了卫生学校。各校的专业设置有所侧重,实行定向招生和定向分配的制度。

从1977年到1987年的11年中,民航各院校共培养输送了各类空、地勤人员和技术工人8802名,约相当于民航1987年职工总数的14.2%。除高级技术业务人才还存在青黄不接的状况外,基本上可满足当前发展民航事业对各类专业人才的需要。

(二)恢复和发展了职工教育。

1977年以后,中国民航逐步恢复了职工教育。特别是中共中央、国务院1981年作出《关于加强职工教育工作的决定》以后,民航的职工教育有了新的发展。主要表现是:

加强了职工教育的组织建设。中国民航局和各地区管理局成立了职工教育管理机构和各类训练基地。除在民航学院、民航管理干部学院开设干部专

修科和各类训练班外,1984年至1985年,北京、广州、沈阳、乌鲁木齐管理局和工业航空服务公司,分别成立了职工中等专科学校,担负起本单位的职工教育任务。

加强了民航职工对新设备、新技术的学习。为了适应民航技术设备更新周期短的需要,1981年至1985年,民航先后成立的北京管理局培训中心、天津训练中心和上海MD-82型飞机飞行维护训练中心,都是具有比较先进训练设备的在职干部训练基地。这三个训练中心的建立,标志着民航在职人员培训,在"面向现代化、面向世界、面向未来"的道路上迈出了新的一步。

加强了职工的文化补课和业务学习。从1982年开始,各单位利用电视、广播和办文化班、自学考试等形式组织补课和学习,有效地提高了本单位职工的文化和技术业务水平。到1985年,已有1.4万多名青壮年职工取得了文化补课的合格证,补课合格率达到全部应补课人数的81.4%,提前实现了国家对青壮年补课的要求。到1987年,具有大专以上文化水平的职工,在民航职工总数中所占的比例,已从1981年的4.5%上升到11.3%;初中以下文化程度的职工则从19%下降为4.8%。

各单位充分利用现有条件,举办各类业务学习训练班。从1981年到1987年,累计开班达2300多期,受训人数达6.5万多人次。从1980年到1982年,还举办了民航省(市、区)局以上领导干部企业管理研究班5期,轮训干部175名。凡符合学习条件的领导干部,基本上都轮训了一遍。

加强了合作办学。近年来,由于实行对外开放、对内搞活的政策,民航系统各单位之间的联合办学与国外航空企业合作办学的形式都有所发展。如北京管理局职工中专和民航学院联合开办了民航公安干警职工中专班,为民航公安部门培训了近100名专业人员;中国民航与联邦德国汉莎航空公司合作,培训了两批运输业务人员;中国民航与美国波音飞机公司合作,在民航学院开办了飞机发动机维护执照人员和航空电子维护人员培训班,共培训了40多名机务人员。合作办学,既可提高学员的业务技术水平,也能交流办学经验。

从1981年到1986年,民航的职工教育已初步形成了多层次、多渠道、多形式的办学局面。这不仅有效地提高了广大职工的文化和技术业务素质，而且也为今后搞好职工教育创造了条件。

（三）抓紧了在职飞行人员的培训。

飞行人员是民航运输和通用航空生产的主要骨干力量。为此，从1978年以后，各地区管理局、飞行总队和飞行大队，都把提高飞行人员的素质，作为一项直接关系到完成生产任务和保证飞行安全的大事来抓。

第一，对在十年动乱期间毕业的飞行人员，进行了文化和技术补课。1977年至1987年，飞行专科学校对4期运－5型飞机飞行人员共162名进行了补课和提高的训练；各飞行大队也先后开办了各类文化技术训练班。

第二，抓紧了飞行人员航空理论的学习。除每周4小时经常性的在职学习外，特别对转机型前的航空理论学习，进行了严格的考试和把关。中国民航局规定伊尔－14、安－24的转机型理论教育，必须在民航飞行专科学校按民航局规定的大纲进行；三叉戟和波音－707型飞机的转机型理论课在北京管理局培训中心进行。只有理论学习及格的才能进行飞行训练。转飞其他机型也必须在经过严格的理论考核后，才能转入实际飞行训练。

第三，加强了空勤人员的外语培训。为了适应国际通航的需要，从1979年起，中国民航局要求执行国际航班和大型机的空勤人员，原则上都必须会用英语通话。为此，除在飞行专科学校增设英语课外，各院校和各地区管理局也相继开办了飞行人员英语培训班。如广州管理局第六飞行大队，仅1979年到1981年，就举办了9期空勤人员英语训练班，共培训100多名飞行人员和乘务员。通过以上各种形式的学习，空勤人员的英语水平有了明显提高。

第四，建立了飞行人员技术检查制度。为了保证和巩固培训质量，从1978年起，实行了飞行人员技术检查制度，把技术考核成绩作为放单飞、转机型、转天气标准、提升机长，以及升级、调整工资、评定职称等的主要依据。1979年和1981年，中国民航局先后组织了两次技术检查，对全局大队以上的干部和70多名飞行员进行了技术考核。各地区管理局坚持每年进行一次考核，对考核不合格的，分别做出了降低飞行技术等级和技术停飞等处理。仅1980年就有停飞的空勤人员196名。这是解决飞行队伍臃肿，提高飞行人员素质的重要措施。

第五，抓紧了转机型训练。随着民航生产发展的需要，国际国内航线日益增多，飞行人员转机型的训练任务十分繁重。为此，各地区管理局在转机型训练中，按照大纲，严格要求，严密组织，狠抓了质量和安全。但有的新机型仍须在国外进行转机型的训练，一般各单位也能慎重挑选思想、技术、身体好的受训对象；其中北京管理局还注意了选送能担任教员的飞行人员出国训练，既可减少在国外训练的时间，也能在回国后当教员，为今后在国内进行新机型的飞行训练创造了条件。从1977年到1985年，全民航飞行员接受转机型训练的共2208人次，平均每年200多人次，最多的1年达400多人次，相当于当年大、中型运输机飞行员总数的50%，确保了飞行训练质量和安全，为民航生产发展提供了保证。

（四）教育改革开始起步。

中共十一届三中全会以后，按照改革的方针，民航的教育训练也进行了一些探索性的改革。

1984年前，为使教学工作能适应民航生产发展的需要，主要在教学内容、程序和方法上进行了一些改革。在教学内容上，过去以60年代以前使用的机型和设备为主，逐步改为以70年代、80年代的新机型、新设备、新技术为主。在教学程序上，强调了生产实践环节，飞行人员加强了飞行模拟机上的训练，地勤人员加强了教学实习和生产实习，民航学院本科生的毕业设计，也选择了与生产有关的课题。在教学方法上，克服注入式，强调启发式，着重培养学生分析和解决实际问题的能力。

1985年以后，按照中共中央《关于教育体制改革的决定》，中国民航在教育体制方面进行了初步的改革。主要是简政放权，实行分级管理，调动各方面办教育的积极性。如对高等院校扩大办学的自主权，即在完成国家招生计划的前提下，有权在计划外接收委托代培生；按照国家财政制度，有权安排使用核定的年度事业费；有权任命学校中层干部；在完成下达的科研任务以外，有权接收委托的科研项目和开展科研服务等。对中等专业学校实行中国民航局和各地区管理局（公司）两级领导制度，民航局负责审批学校规模、专业设置、基建投资和年度招生计划；地区管理局（公司）负责学校机构设置和任命领导班子以及经常性费用。各地区管理局（公司）和工厂创办的技工学校、职工中专和培训中心等，则由举办单位直接领导，民航局只进行宏观规划和考核教学质量。这些改革已初见成效，调动了各办学单位的积极性，推动了民航的人才培训工作。

30多年来，民航人才培训工作走过的道路虽然是曲折的，但在广大职工和教育工作者的共同努力下，仍然取得了可喜的成绩。

一是培养了一大批各类专业人才。从1958年到1987年的30年间，民航各院校共毕业空、地勤人员9846名，其中空勤人员3934名，地勤人员5912名。另外，各技工学校毕业学员6785名。以上总计毕业学员16631名。这个数字相当于民航1987年职工总数的1/4。空勤人员驾驶着各类型飞机，在祖国各地以及39条国际航线上，担负着各种飞行任务。地勤人员则分布在民航各基地、航站、航校和科研单位，积极从事民航的各种技术业务工作。据不完全统计，中国民航现任飞行大队一级的领导干部中，有95%是民航院校的毕业生。机务人员中担任工程师或处一级干部的，民航院校的毕业生占了55%。有的毕业生已担任地区管理局（公司）一级的领导职务。在运输服务部门和航行管制部门中，绝大部分基层领导干部都是民航院校毕业的。

二是建立了24所院校和培训中心，为民航今后人才培训创造了良好条件。到1987年年底，民航共有3所高等院校、3所培训中心、5所中等专业学校、5所职工中专和8所技工学校。3所高等院校和3所培训中心开设了飞机驾驶、飞机维修、航行管制、计划财务、运输、英语、党政干部专修科等10多种专业；5所中专和5所职工中专开设了航空机械、航空电子、运输业务、护士等20多种专业；8所技工学校开设了车工、烹饪、汽车驾驶、空勤乘务等20多种专业和工种。各院校和培训中心开设的各种不同层次的专业，不仅初步适应了民航技术业务部门对各类专业人才的基本需要，也填补了国家教育系统在这方面的一些空白。

截至1987年年底，中国民航教育系统已拥有1400多名教师，在校学生已达 7200 余名，为民航今后的发展储备了各层次和专业的人才。各教育基地共有 42 万平方米的校舍，有供教学用的大、中、小型飞机和直升机 80 多架，有实习工厂、实习室、实验室和专业教室共 70 多个，还有 3 台飞行模拟机和 1 台雷达管制模拟机等先进教学设备，是民航培训人才、开发智力，保证生产持续发展的基础。

民航人才培训工作虽已取得了不小成绩，但同新时期民航生产发展的需求还不完全适应，仍然是民航事业中有待大力加强的环节。各培训基地在培训师资、教材、设备、教学制度和教学方法等方面，还存在不少问题；高、中、初级专业人才的培养与生产发展的要求还不协调，高级技术业务人才不足，中级专业人才的培训规模偏小，专业设置还不完全配套，如机场建设专业还是个缺门，干部职工的继续教育也不能适应生产技术更新的要求，尤其中年以上专业人员目前因担负着各种重要生产任务，对他们的继续教育还未很好解决，飞行人员、特别是飞行学员的训练设备、训练程序和方法，都还不能完全适应航班运输的需要。这些问题都亟待通过改革求得逐步解决。

第二节　院校教育

中国民航院校共有 21 所，即高等院校 3 所、中等技术学校 5 所、职工中专 5 所和技工学校 8 所。除职工中专外，现分别概述如下。

一、高等院校

（一）中国民用航空学院。

1960 年 2 月，经国务院批准，中国民航局在北京筹建一所民航学院，院长是王乃天。同年 8 月，该院招收了第一期学生 200 名，因没有校舍，暂在天津民航高级航校开课。1961 年学院撤销，该批学生合并到民航机械专科学校，于 1965 年毕业。这是民航培养的第一批大学本科生。

1981 年 8 月，经教育部批准，中国民航局在天津民航专科学校的基础上再次成立中国民用航空学院。

在专业设置方面，学院建院时设有6个系、9个专业；现在共有7个系、12个专业。即：航空机械系设热能动力机械及装置专业；航空仪表电气系设电气技术专业和自动控制专业；航空无线电系设无线电技术专业和通信工程专业；外语系设英语专业；计算机系设计算机及应用专业。以上各专业的学制均为4年。经营管理系设民航运输业务专业和民航计划财务专业；航行系设航行管制专业。这两个系的学制都是3年。航空机械系和航空无线电系分别还设有3年制的飞机发动机维修专业和飞机电子设备维修专业。

上述12个专业，可以分为五种类型：

维修工程类。设热能动力机械及装置、电气技术、自动控制、无线电技术、通信工程、飞机发动机维修、飞机电子设备维修7个专业。这类专业的培养目标是担任维修工作的技术人才。在课程设置上，为适应航空技术发展的需要，着重加强公共基础和专业基础课。专业课的重点是民航现有飞机、发动机、特种设备和各种地面设备的原理、功能、使用和维修知识，并开设维修实习课，使学生掌握维修的技能。

外语类。设英语专业。要求学生不仅具有坚实的英语基础，而且应当熟悉民航有关业务，掌握民航常用的技术业务词汇。

经营管理类。设民航运输业务和计划财务两个专业。要求学生熟悉民航国际和国内运输业务知识，懂得民航运输企业的经济核算原理，掌握民航计划、财务、审计、会计和国际结算的程序、制度和方法。

航行类。设航行管制专业。要求学生了解民航飞机发动机的性能和使用知识，掌握空中交通管制的制度、程序、方法和实施技能，了解保证飞行安全的各种因素。

计算机类。设计算机及应用专业。培养掌握电子计算机的基本理论、方法和技能，能够从事计算机系统开发和维护工作的高级技术人才，并具有从事民航业务应用开发研究的特长。

由于英语在民航生产业务中具有特殊的作用，因此要求各专业学生都能掌握常用的英语专业词汇，能熟练阅读专业资料，并具有一定的口语能力。

在教学工作方面,学院认真贯彻德、智、体全面发展的方针。在德育上,学院强调培养"有理想、有道德、有文化、有纪律"的合格人才。在马列主义的基本原理的教育中,注意理论联系实际,突出强调针对性和科学性;提倡"启发式",坚持课堂讨论,引导学生运用马克思主义的立场、观点和方法,分析和解决实际问题;在形势政策教育中,力求做到经常化、制度化,使学生自觉执行党的路线、方针和政策;在思想工作中,认真贯彻疏导的方针,强调"教书育人",注重形式多样,生动活泼,寓教育于各种活动之中,坚持开展和评选"三好学生""优秀共青团员"等活动。

为了打下坚实的理论基础,提高教学质量,在智育上,学院提出了"三加强"的基本要求:

一是加强基础课。学院对公共基础课和专业基础课,不仅保证足够的课时,而且强调提高教学质量,要求尽快达到同类院校的水平。由于全校师生的共同努力,学生的数学、物理等公共基础课进步较快,在1985年、1986年度北京、天津、上海三市高校的物理竞赛中,学院连续取得天津赛区团体第二名的好成绩。

二是加强实践环节。为使学生适应民航生产实际的需要,从基础课开始,就尽可能联系民航专业中的应用;专业基础课则紧密联系民航现用设备和有关规章、制度;专业课则要求学生掌握民航生产中有关技能和实际操作能力;在毕业设计中,尽量选用民航生产中的实际问题;同时,加强校内实验室、实习厂的实习和在民航生产单位的实习。

三是加强英语课。为了适应民航国际交往的需要,不断提高学生的英语水平,学院采取了以下措施:把工程专业英语课从240学时增至300学时;因人施教,新生入校后,按英语考试成绩分班上课;部分专业基础课和专业课采用国外教材,用英语上课;聘请外籍教师授课,并编写适合民航特点的教材;举办学生英语讲演比赛,鼓励学生多用英语会话等。

为使学生具有强健的体质,学院除严格按教学计划上好体育课外,还积极开展群众性的课外体育活动,经常举行各种球类和田径比赛,每年举办一次运动会。1986年,学院荣获天津市高校运动会乙组男子团体第一名和女子团体第三名。近年来体育达到标准的学生有了大幅度的增加,学生体质有了明显增强。

在师资、教材和教学设备的建设方面,中国民用航空学院在1981年建院时,只有教师200名,其中讲师20名,工程师2名,有中级职称的教师仅占教师总数的11%;教师平均年龄是42岁。近几年来,通过调配、聘请和各种方式的培养,到1987年年底,教师增至348名,其中教授1名、副教授29名、高级工程师10名、讲师128名、工程师29名、助教115名,青年教师176名。中级以上职称的教师占教师总数的56.6%;教师平均年龄为36岁。

该学院提高教师素质的主要途径是,在职培训,以老带新,或开办半脱产的训练班,在教学实践中学习提高;到民航生产单位学习、实习和调研,了解生产单位情况,学习新机型、新设备,提高实际工作和设备维修能力;派往国内重点高校进修或代培,提高中青年教师的教学水平;聘请外籍教师、专业人员来校任教,开办训练班,短期讲学,提高教师的专业和外语水平;出国学习或进修,1981年以来学院到美、英、西德、日本、瑞典、加拿大、澳大利亚等国学习或进修的教师共达120多人次;还通过在校内外开展科研工作,提高教师的理论水平、科研和教学能力。近两年共评出优秀教师70多名,1985年被授予民航"优秀教师"称号的有黄载燧、梁家昌、赵兴、张其昌等13人,副教授李昌被评为全民航的劳动模范。

该院始终贯彻了教育为民航生产服务的方针,专业设置针对性很强。所需教材,除基础课和部分专业基础课采用国内高等院校编写的教材外,大部分专业基础课和全部专业课教材都由学院组织本校教师和有实际工作经验的民航专家参加编写。1981年以来,各系共编写教材110多种,已铅印出版6种。如许学伊编写的《航行管制英语》、王锦章编写的《国际结算》教材,都得到本院学生和民航职工的欢迎。黄载隧翻译的《航空公司审计原理》一书,国内有关部门认为是一本较系统阐述航空公司审计原理的好书,是审计部门一本很好的参考教材。

学院现有一幢3200平方米的图书馆,藏书15万多册。其中,外文书籍1.4万多册,中文期刊1210多种,外文期刊170多种。另外,各系、部也设有资料室,是图书馆的重要补充,为教师提供教学和科研资料。

该学院的实验室、实习室、实习工厂和实习基地的建设也取得了较大的进展。学院现有实验室23个、实习室4个、电化教育设备室8个、外场实习基地和实习工厂各1个。

基础学科部有物理、化学、航空材料、力学实验室4间。其中,物理实验室能开设工科物理实验大纲要求的全部30多个实验,并可做到一人一组进行实验。

电子计算机实习室有 IBM 计算机及兼容机20台、APPLE II 型微机及兼容机13台、PDP－11－23型多终端计算机系统1台。另有金属工艺实习室2个。

航空机械系有液压传动和风动实验室各1个。航空仪表电气系有电工、飞机电源设备、仪表测量原理和仪表专业实验室共4个。航空无线电系有低频、高频、脉冲数字电脑、通信、导航、雷达实验室共9个。外语系有语言实验室4个。经营管理系有英文打字实习室1个。航行系有区域管制实习室和终端(塔台)计算机模拟管制实习室各1个。

实习工厂和外场实习基地是学生校内实习的主要场所。学院有大、中、小型实习飞机共10架,其中大型飞机有波音-707和伊尔-18型各1架,中型飞机3架,小型飞机4架,还有直升机1架。有活塞式和涡轮航空发动机18台。1985年,在美国波音公司的协助下,实习工厂进行改建,充实了设备,可按照美国联邦航空局培训飞机发动机维护执照人员的要求,开设全部实习课程。

学院围绕教学和民航生产中的问题,开展科学研究工作,并取得了一定成绩,有的成果已达到国内外先进水平。仅1984年和1985年,就有20多个科研项目获得了国际发明奖以及民航局和学院颁发的科研成果奖。如无线电系青年副教授李昌所研制的彩色电磁场三维体视投影图,1985年4月在日内瓦第十三届国际发明与新技术展览会上荣获"金奖"和"亚洲大奖";仪电系副教授周其焕等研制的发动机振动指示系统检测仪,能检查苏制和英制、美制发动机振动指示系统的传感仪性能,为生产单位提供了一种方便有效的检测设备;机械系副教授常凯本等进行的《斯贝发动机喘振故障分析和研究》，为防止发动机喘振提出了有效的措施，荣获 1987 年民航局科技进步奖一等奖。这些科研成果，不仅为提高飞机利用率、延长飞机寿命和节约航油等提供了有益的建议或措施，以发挥其最大经济效益，而且培养了一支既能从事教学、又能从事科研的骨干队伍，有效地提高了教学质量。

中国民航学院从 1981 年到 1987 年毕业学生 2000 多名。1985 年，经国家教委批准，学院取得了学士学位授予权；到 1987 年共有 470 名毕业生获得学士学位。学院历届毕业生中，大部分分配到民航各地区管理局（公司）担任飞机和设备的维修、航行管制、经营管理和外事工作，有一部分分配到各院校担任教师。由于他们比较熟悉民航业务，已在民航的生产和教学等工作中发挥出日益重要的作用。

学院建立几年来，虽然取得了可喜成绩，但培养的学生，无论在数量上和质量上，都还不能满足民航事业迅速发展的需要。为此，在"七五"和"八五"期间，学院计划每年扩大招生规模；增设有关急需专业和增加 4 年制本科专业；招收硕士研究生；开展科学研究工作；提高师资水平和教材编写进度和质量；开展与国内外同类院校的校际交流；改进聘请外籍教师和专家工作等，为发展民航事业培养更多的合格人才。

（二）中国民用航空飞行学院。

1956 年 5 月，国务院批准中国民航局成立一所航空学校，9 月，中央军委命名该校为中国人民解放军第十四航空学校，主要由空军抽调人员组建，校部设在四川新津，学校任务是为民航培养空勤和地勤人员。1960 年 5 月，航校一分为二，地勤部分扩建为民航成都机械专科学校，校址仍在新津；空勤部分仍称十四航校，校部迁往四川广汉。1963 年，十四航校与民航天津高级航校空勤部分合并，改名为中国民用航空高级航校，共有 4 个飞行训练团。1971 年恢复十四航校名称。1980 年又改名为中国民航飞行专科学校，为民航局直属高等学校，列入全国高等学校序列；1981 年秋参加全国高等学校统考招生，按国家大专院校的要求，培训飞行人员和航行管制人员。1987 年 12 月 25 日改名为中国民用航空飞行学院。

飞行学院设有飞行驾驶、空中领航、空中通讯和航行管制 4 个专业，学制为3年，但运输机飞机驾驶专业学制均为4年。每年招收180—250名新生。还承担生产单位飞行人员转机型的训练任务。在院学生共为800—1000名。飞机驾驶专业，是学院的主要专业。学生入校后，前两年进行理论学习，后1年进行飞行训练。理论教育在校部进行。第1年主要是基础课和专业基础课，第2年为专业课。为了适应民航生产的需要，英语和体育课占总学时的1/3左右。第3年的飞行训练在分校进行。在飞行训练过程中，每名学生所有课目的带飞和单飞时间为140—160飞行小时。运输机飞机驾驶专业的第4年，主要进行中型飞机的驾驶术训练。在飞行训练的实施中，每个飞行日必须经过飞行预先准备、飞行直接准备、飞行实施和飞行讲评四个阶段。

经过30多年的建设，学院已拥有一支教学实践经验丰富的教师队伍和相当规模的教材、图书和教学设备。现有理论教师100多名，其中副教授4名，讲师和工程师50名。在170多名飞行教师中，能够在昼间复杂条件下任教的占91%，能够在夜间复杂条件下任教的占70%。副教授屈本权1985年获"五一劳动奖章"和全国优秀教育工作者称号；副教授殷疏臣和四分校副校长李意诚，1985年9月分别荣获四川省劳动模范和省优秀教师的光荣称号。由于专业上的特点，学院使用的教材除基础课外，几乎所有专业课教材都由学院自己编写。学院有一座新建的图书馆，藏书逾10万册。学院所属4所分校，分驻在四川省的4个市、县的4个机场，全校共占地846万平方米，校舍面积21万平方米；有训练飞机、直升机共75架；有每年可大修飞机15架的修理厂。每个分校都有较完备的飞机维护、航行管制、通信导航和气象设备。理论教育有20个专业实验室和语言实验室，有33台微型计算机，以及两架供实习用的飞机。按不变价格计算，全院固定资产已超过1亿元。

30多年来，学院从初建时的一个分校（当时叫飞行训练团）发展到四个分校，从单一机型的训练发展到多机型的配套训练，从原来相当于中专的学校发展成为本科院校。现为中国民航培养飞行人员和航行管制人员的重要基地。迄1987年止，学院已先后在4种机型上完成了30期、76个班的飞行训练任务，毕业飞行人员3700多名，其中驾驶人员3394名，空中领航员近90名，空中通信员100多名；毕业航行管制、飞机发动机维修等各类地面专业人员3800多名；为民航生产单位、空军和外国代培飞行员350多名。累计飞行训练超过50万小时，飞行起落300多万次。到1987年，民航各生产单位95％的飞行员都是该院的毕业生。据不完全统计，在历届毕业生中，现有12名担任地区管理局以上领导职务，33名担任大队领导干部职务，大部分已成为飞行大队的骨干力量。王仪轩、阎文华和革命烈士仪维海等，都荣获反劫机英雄的光荣称号。

今后，学院将以改革的精神，实行包括本科和专科两个层次的办学格局。同时，调整训练布局，更新训练飞机和教学设备；提高干部、教师队伍水平，加快教学和教材改革；多培养各类专业人才，以适应民航事业蓬勃发展的需要。

（三）中国民航管理干部学院。

1982年5月，为加强民航在职干部的培训，中国民航局决定组建民航干部学校，设马列主义、企业管理和文化基础3个教研室。1984年8月，为使干部教育正规化，决定将干部学校改为管理干部学院，院址设在北京首都机场。这是民航第1所成人教育高等学校，主要任务是培训民航高、中级管理干部和后备干部。1985年，学院按全国成人教育高等学校统一招生计划招生，同年9月，第一届大专班正式开课。

该学院设有党政管理、财经管理、劳资管理、运输管理和英语5个专业。为了培养德、智、体全面发展的人才，学院重视探索成人教育的规律，通过教学实践，初步总结出成人教育在组织教学中要把握"五性"的经验，即教学内容要突出重点，紧紧掌握目的性；讲课要在深度上下功夫，强调理论性；教学要面向民航实际，突出实用性；课程安排要适合成人特点，注意合理性；教师讲台作风要严谨，保持教学的严肃性。在探索如何搞好民航成人教育的课题上，迈出了可喜的一步。

中国民航管理干部学院现有在职教师60多名，兼职教师30多名。该院从"成人、管理、民航"的特点出发，已编写出4个专业大专班的教学计划和大纲30多种，以及部分专业课讲义。图书馆现有藏书10万册，各种期刊500多种。

民航管理干部学院及其前身民航干部学校，先后共招收38个班近千名学生，其中大专班300多名，中专班50多名，短训班600多名；已毕业20个班600多名；其中民航企业经理、厂长80多名。

今后学院的工作重点，是根据民航对各类专业干部的需要，着重搞好三种证书的成人高等教育。一是办好二年制大专班，颁发大专学历证书。在现有5个专业的基础上，逐步增加企业管理、行政管理、物资管理、信息管理和档案、秘书等新专业。二是举办各种类型的单科进修班，颁发单科合格证。三是按照岗位职务需要开设不同专业和不同层次的短期培训班，颁发专业合格证书（岗位证书），其中包括对民航各种大中型企业现职领导干部的局长、总工程师、总经济师、总会计师和党委书记进行知识补缺更新的培训，以及其他各类干部的继续教育。

二、中等专业学校

民航5所中等专业学校，承担着为民航培养生产第一线各类中等专业技术人才的重要任务。

（一）民航北京中等专业学校。

它是1983年在北京管理局技工学校的基础上增建的，校址在北京首都机场。学校以培养大、中型飞机机务维修人员为主要任务。开设航空机械、航空特种设备、航空材料管理和特种车辆4个专业，学制均为4年。每年招生200名。

学校已初具规模。1987年有教师90余名。新建的5000平方米教学楼已投入使用；已有物理、化学、制图、计算机、语言等实验室，正在筹建电子、电工、机械实验室；已建成能容纳100多名学生的实习工厂。该校的教材编印和教学管理也有了进展，通过"选""补""编"，解决了各专业各学科的教材。同时，制定了各项教学活动的规章制度，初步建立了正常的教学秩序。

（二）民航广州中等专业学校。

它是1984年年初在广州管理局技工学校的基础上增建的，校址在广州白云机场。该校以培养机务、通信、导航各类操作和维修人员为主要任务。设置航空机械、通信导航、航空电子、航空电器、航空电讯、雷达维修、物资管理、油料等专业，学制均为4年。每年招收300余名学生。

经过几年的建设，学校有较大的发展，校舍面积从近4000平方米扩大到2万平方米；有发动机、电气、仪表、通信、导航、计算机、报务、电传、制图、语言等15个实习室，以及化学、物理、电工、低频、高频、数字脉冲6个实验室；还有录像、编辑、形声教材制作等5个电化教室和铅印室。1所符合美国联邦航空局维护人员执照要求的实习工厂已建成。教师队伍从40多名增加到140余名（含承担技校和职工培训的教师）。学校已基本具备每年招生400名和同时在校学生1600名的办学条件。

（三）民航上海中等专业学校。

它是1985年在上海管理局技工学校的基础上增建的，校址在上海龙华机场。该校的主要任务是培养民航经营管理等各类专业人才。开设运输服务、计划统计、财务会计、航空机械、航空电子和计算机6个专业，学制均为4年。每年招收200余名学生。

上海中专现有专职教师120余名。除充实了原有的电工等4个实验室外，新建了电子、物理、语言等8个实验室。3000多平方米的两幢宿舍楼已投入使用。该校很重视教学质量，八五级学生参加上海中专学校数学竞赛，取得了团体总分第2名的好成绩。

（四）民航四川中等专业学校。

该校于1984年成立，附设在民航飞行专科学校，校址在四川广汉。学校以培养中、小型飞机发动机维修人员为主要任务。每年招收40—50名学生，学制为两年半。

（五）民航卫生学校。

它是1984年在民航医务干部训练队的基础上组建的。校址设在民航北京医院，设有护士、药剂士、放射医士、检验士4个专业，学制均为3年。主要为民航各医院、疗养院和民航各事业、企业单位输送专业医务人员。有近20名专职教师和生理、药理、生物3个实验室。

以上5所中等专业学校，实行定向招生、定向分配的制度，分别为民航系统输送各类中级人才。中专的专业设置各有侧重，做到重点突出，分工协作，有利于提高教学质量。

80年代以来，各中专在建校方面有了不同程度的进展。1987年，5所中专已拥有410多人的教师队伍，4万多平方米的校舍，以及基本的教学实验、实习设备。在教学的组织管理上，各校根据培养目标，编写了各专业、各学科的教学大纲80多份，编选教材50多种；坚持了教学检查、听课评比和教学质量评估等制度，使教学质量逐年有所提高。各校还着重抓了学生的管理，认真做好学生的思想政治工作，从而保证了学校各项工作的顺利进行。

民航5所中专的建设，因建校时间短，在办学条件方面，还不能满足"七五"计划期间民航对中专人才培训的要求。预计这5年的毕业生人数，只能达到需要人数的1/3左右。因此有必要进一步改善办学条件，扩大校舍，增加教师，充实设备，扩大招生，提高教学质量，为民航培养更多更好的各类中级人才。

三、技工学校

为培养民航各地区管理局、工厂所需要的各类技术工人和职工，1978年至1980年，各地区管理局、工厂在原教导队的基础上组建了北京、上海、广州、成都、兰州、沈阳管理局技工学校和一〇二、一〇三厂技工学校。一〇二厂技工学校于1985年停办，但同年组建了乌鲁木齐管理局技工学校。

民航8所技工学校的专业设置和招生人数都按照各地区管理局、工厂生产岗位的需要而定。1987年设置有航空机务、通信、无线电、气象、油料、运输服务、空勤乘务和烹饪等专业，学制2至3年。每年招收高中或初中毕业生1200—1500名。现在校学生约3000名。各校的教师队伍、教学设备、教材和校舍等都具有一定规模，教学质量也在逐步提高。如沈阳管理局技工学校在沈阳市126所技校的统考中，获得了第2名的好成绩，被列为沈阳市和辽宁省的重点技工学校。兰州技工学校也受到甘肃省的表扬。各校从入学考试到毕业分配，都拟定了一套学生管理制度。同时，还加强了学生的思想教育工作，保证了教学工作的顺利进行。

近7年来，8所技工学校共为民航生产单位输送了5755名技术工人和职工，有的已成为企业的技术骨干。但各个技校的发展还很不平衡，无论教师、教材和校舍及教学设备都还不够完善，教学制度也不够健全。为适应今后民航生产发展的需要，民航技工学校的办学任务还是相当繁重的。

第三节 在职教育

1984年3月，邓小平在视察上海、江苏时指出："智力开发是很重要的，我说的是包括职工教育在内的智力开发，要更好地注意这个问题。"民航的职工教育，是民航智力开发的一个重要组成部分，它既是院校教育的重要补充和发展，也是保证完成任务和生产发展的必要前提。

一、职工教育的管理体制

民航是综合使用各种科学技术成就的部门。职工队伍的专业工种繁多，空勤人员包括飞行、机械、领航、通信、摄影、乘务6种；地勤人员包括机务维修、航空电子、通信导航、航材管理、油料保证、机场修建、运输服务、计划财务、物资供应、航空医疗、秘书档案等各类人员共40多个专业、300多个工种；在各专业系统中，又有管理干部、技术工人和普通工人。对于这样一支职工队伍，中国民航局提出了"加强领导，统一管理，分工负责，通力合作"的培养原则。为了加强领导，民航各级组织成立了职工（成人）教育管理委员会，负责统一规划、督促检查；职工的专业技术教育，以各专业系统管理和组织实施为主，教育部门负责协调和督促检查；职工的文化教育和干部的经营管理知识教育，以教育部门管理和组织实施为主，宣传、人事部门和工会等进行配合协作。在组织实施上，实行中国民航局、地区管理局、省（市、区）局分级负责。民航局负责省（市、区）局和处以上干部的培训；地区管理局负责站长和科级干部的培训；省（市、区）局或航站、基层单位负责科以下干部、职工的培训。

1984年以来，随着民航管理体制逐步过渡到政企分开，相应调整了职工教育的管理体制。作为政府职能机构的中国民航局及其派出机构人员的在职教育，仍由教育部门和各业务部门分工管理和实施；对于企业人员的在职教育，则由民航局教育部门和各业务部门制定培训目标和岗位标准，由企业负责管理和组织实施，民航局负责督促、考核，并对其中直接操作和维护飞机的飞行人员和机务人员以及航管人员，实行考核和颁发执照的制度。1984年至1987年，已有3700多名飞行人员通过考核取得了执照；有2600多名机务人员和1100多名航管人员也取得了执照。对油料管理和运输服务人员等，则实行岗位职务培训和颁发岗位合格证的制度。定期进行这种培训和考核，是加强职工在职教育行之有效的一种办法。它既保证了在职人员达到所任职务相适应的文化和业务技术要求，也充分发挥了企业办学的积极性。

二、职工教育的办学形式

（一）学历教育。

通过两年以上的培训，系统提高职工的文化和业务技术水平，使之取得大专或中专的毕业文凭。近5年来，民航3所高等院校共举办干部专修科7种专业、13个班，毕业460多人；5所职工中专开办8种专业、11个班，共培训近440人。有的单位还选派干部职工到其他院校学习相近的专业。如广州管理局选送职工到华南师大学习，取得了大学或大专学历文凭。

（二）专业知识或技能培训。

通过1年或2年的学习班，系统提高职工某一方面的专业知识和技能。1982年以来，民航各院校举办的航行英语、工程英语、乘务英语等类班次共24期，培训800多人。为了取得国际性飞机发动机维护执照，中国民航局与美国波音公司合作，在中国民航学院开办机务执照班，已培养机务人员40多人。

（三）掌握新机型、新设备、新技术的培训。

通过几周或几个月的培训，掌握一种机型、一种设备，取得单科或使用某一设备（机型）的合格证书。由于民航技术设备更新的周期短，近几年来引进的新型飞机和新设备较多,采取这种形式培训的人员量大面广,对保证安全生产直接起到重要的作用。仅1987年,民航就举办各类短训班440多期,有万余名职工参加了培训。

(四)不脱产的在职培训。

在保证完成生产和工作任务的同时,每周安排一定的时间,组织职工学习文化、政治和业务技术等。这种学习,职工不离开生产岗位,能更好地联系实际,既保证了生产任务的正常进行,又能提高职工的文化、思想和业务技术水平,是一种行之有效的传统形式。但这种学习易受干扰,诸如职工出差或因突击性工作请假等。因此,要严密组织,配合必要的考核,以保证学习质量。

三、职工教育基地

民航职工教育基地,除前述的民航管理干部学院外,还有三所培训中心和五所职工中专。

(一)培训中心。

1. 民航天津训练中心。1981年,为适应民航生产发展的需要,民航局决定在天津张贵庄机场筹建一所轮训空地勤人员以提高技术业务能力的训练基地。主要承担飞行人员和乘务员的转机型以及紧急处置能力的训练,航行管制人员的雷达管制和非雷达管制训练,各类空地勤人员的英语提高训练,以及新设备、新技术的培训。这个基地,接受了联合国开发计划署的部分经济技术援助,主要用于引进语言实验室设备、航行雷达管制模拟机、聘请外籍专家讲授和派人出国学习,民航局投资700万元人民币,用于该基地的基本建设和有关设备的购置。该基地定名为"民航天津训练中心",建制属民航学院。1982年,中国民航局先后派出三批专业人员赴日本等国考察,并购买了日本的语言实验室设备和瑞典的雷达模拟机。

1985年5月7日,天津训练中心正式开学,并已培训了5期共50余名航行雷达管制员和3名雷达管制教员。通过这种训练,为中国民航从程序(非雷达)管制过渡到现代化的雷达管制,提供了技术力量。该中心还举办了15

期航行和乘务英语训练班，共培训学生300余名，提高了他们的英语会话能力。

训练中心现有专职教师12名、外籍教师2名和专业人员15名。除语言实验室、雷达模拟机外，还有演播录像设备和不间断电源等设备，正在筹建乘务员正常服务和应急训练设施。现有1万平方米的教学楼，学生和外国专家宿舍楼已建成。该中心将争取建设成为一所训练设备先进、师资力量雄厚、能承担每年培训500名在职员工的基地；并争取承担亚太地区民航专业人员的培训任务，使其成为一所国际性的民航培训中心。

2. 民航北京管理局培训中心。1970年，民航北京管理局成立了教导队，承担空、地勤人员在职培训任务。1979年，教导队安装了波音－707和三叉戟型飞机的飞行模拟机各1台，担负了这两种机型的理论教育和模拟机训练。1984年，在教导队的基础上成立了民航北京管理局培训中心。

从教导队到培训中心，从1970年起的16年中累计开办各类在职人员训练班230期，受训人数共达4600多名，其中飞行模拟机训练980人次，共19400多小时。该中心除培训北京管理局和其他地区管理局的飞行人员外，还承担过中国空军和罗马尼亚波音－707和三叉戟型飞机的飞行人员培训任务。中国民航国际航班的飞行人员，都受过这所培训中心的培训。

1987年，该培训中心拥有教师32名，校舍1万多平方米，除两台模拟机外，还有飞机座舱程序练习器和电化教室、语言实验室、计算机室等教学设备。今后将逐步增加有关机型的程序练习器和飞机模拟机等教学设施，并进一步扩建校舍，为民航各种大型飞机的转机型和提高训练创造更好的条件。

3. 上海MD－82型飞机飞行维护训练中心。为适应中国与美国麦克唐纳—道格拉斯飞机公司合作生产MD－82型飞机的需要，中国民航与麦道飞机公司合作，在上海虹桥机场筹建了1所MD－82型飞机飞行维护训练中心。主要承担MD－82型飞机飞行人员和机务维修人员的转机型理论教育和飞行模拟机训练。每年训练300人次左右。中国民航负责修建3200平方米的培训中心大楼，已于1987年10月竣工。美方提供符合美国联邦航空局三类标准的、价值1700万美元的MD－82型飞机模拟机及其全部训练设备，已安装完毕，并于1988年5月开始培训。该中心的建立，不仅使MD－82型飞机的飞行和机务人员可以在国内完成培训任务，而且为民航提供了一所具有先进设备和现代化管理的在职培训基地。

（二）职工中等专业学校。

民航北京管理局职工中等专业学校。它是1984年从民航北京管理局技工学校和中等专业学校中，抽调部分教师和房屋、设备组建的，是民航第一所职工中专。同年9月，第一期航空电子维修专业开课。1985年9月，飞机发动机维修专业也相继开课。这两个专业学制均为3年。对毕业生要求达到高中文化水平，并有民航技术业务的基础知识和实际操作能力。

民航工业航空服务公司职工中等专业学校。它于1984年9月在山西太原正式成立。当年第一期飞机发动机维修专业开课；1985年9月又开办了航空电子维修专业。

民航广州和沈阳管理局职工中等专业学校。它们都是在1985年9月成立的。开设有航空电子和机械维修等专业，学制均为3年。侧重培养本单位所需的主要机型维修人员。

民航乌鲁木齐管理局职工中等专业学校。它于1985年成立，主要培养该局机务维修人员。

四、职工教育的师资和教材

民航从事职工教育的专职教师共有102名，主要分布在管理干部学院、培训中心和各职工中专，是民航职工教育的骨干力量。此外，在民航普通院校的教师中，也有一部分兼任职工教育的教师；各职工院校还在民航生产单位和地方院校聘请了一批兼职教师。

民航职工教育的教材，主要采用民航生产单位现行的条令、条例、规定和通告，以及飞机等设备的结构说明书、使用手册、训练手册、机组手册和制造厂家提供的有关资料。同时，还采用民航各院校编写的专业基础课和专业课教材。各职工院校共编写民航专业教材30多种。其中，民航管理干部学院编写的《民航企业管理》教材，已成为民航各类干部在职学习的基本教材。

民航学院许学伊编写的《航行英语》教材，也是全民航飞行人员和管理人员在职学习的好教材。

五、地面人员的业务技术教育

（一）机务人员的业务技术教育。

机务人员是直接从事生产和保证飞行安全与正常的重要技术力量，必须经过严格的技术培训，才能上岗位工作。民航虽然已经有了培养各类机务人员的学校，但由于民航技术设备更新周期短，机务人员任职后的岗位培训就显得非常重要。一个从学校毕业的机务人员，必须在生产单位对所维护的飞机和设备进行实际操作的再学习，才能较好地掌握该型飞机的维修技术。为了确保机务人员的质量，近年来实行了机务人员考核和颁发执照的制度。通过在职培训和考核，已有2600余人领取了机务执照。这是当前机务人员培训的主要形式。

由于民航使用和更新的机型较多，转机型训练也是机务人员在职培训的重要内容。仅1987年，各地区管理局、公司开设的这类训练班就有62期，共培训了1570余人次，其中出国学习新机型并取得合格证的就有60人。

机务人员在职培训还采取了以老带新、边实践边学习的形式，在工作中提高实际操作能力。此外，还按照"缺什么、补什么"的原则进行培训。如在十年动乱期间参加工作的机务人员，通过文化补课，使90%以上的人员都达到了高中文化程度，还有部分职工取得了大、中专毕业文凭。

（二）运输服务人员的技术业务学习。

运输服务人员对完成航空运输计划，提高经济效益和服务质量，起着重要的作用，必须坚持"先培训、后上岗"的制度。除学校培训外，在职培训也是一个重要方面。民航两所高等院校专门开设了运输管理专业的干部专修科，各培训中心也开设了运输服务人员提高班。同时，还开设了各类业务训练班。为了学习国际运输业务和服务工作的经验，还先后派出6批、共80多人到联邦德国汉莎航空公司和日本航空公司学习。通过各种渠道和各种形式的培训，使运输服务人员的文化素质和业务水平都有了较大的提高。

今后，中国民航局将按照各类岗位职务规范制定培训标准，经过理论知识和实际操作技能考核以及颁发岗位合格证等办法，以推动民航各企业加强对运输服务人员的培训。在职培训工作，主要由企业组织实施。

（三）航行管制人员的技术业务教育。

航行管制工作，直接关系到飞行安全、航班正常和运输计划的完成以及飞机利用率的提高。因此，中国民航局始终把培训航行管制人员的工作放在重要的位置。早在1950年6月，中国民航局在石家庄开办的第一个训练队，就设有空中交通管制班。1981年以后，民航学院和飞行专科学校，都开设了航行管制和航行情报专业，5年来共为民航系统输送了取得大专文凭的航行管制人员400多名，约占现有航行管制人员的1/3。

除了学校培训外，还加强了对航行调度人员的在职培训。民航学院和民航天津训练中心，都专门开办了航行管制人员轮训提高班。各地区管理局和航空公司也开办了这类训练班。为了提高指挥国际航线飞机的能力，学习国外航行管制、空域规划、航行情报服务等经验，民航还先后派出40多名航行管制人员到法国、瑞典、英国、澳大利亚和东南亚国家的训练机构学习。通过各种形式的培训，航行管制人员的技术业务水平有了较大的提高。为保证航行管制人员的质量，中国民航局已决定建立颁发执照的制度。航行管制人员经过考核，合格者才能取得执照。定期进行考核，是航管人员在职培训的重要形式。

此外，其他技术业务部门，如物资、卫生、气象、油料和通用航空以及行政管理等部门，也举办各类定期或不定期的职工培训班，对提高职工技术业务能力起了一定作用。

六、空勤人员的业务技术教育

空勤人员的培训，是民航智力开发、人才培训中的最重要部分。

飞行学员从学校毕业后分配到生产单位，必须经过实习或转机型的再培训，才能真正掌握飞机的驾驶操作技术，完成生产任务。因此，在职飞行人员的培训就显得十分重要。

飞行人员刚从航校毕业分配到生产单位时，一般只能担任副驾驶；通常要经过较长时间的训练和生产带飞后，才能担任正驾驶。由于飞机更新很快，对部分飞行人员还必须经过转机型训练，达到规定的技术标准后，才能驾驶新型飞机。飞行人员即使已能驾驶某种飞机，但在技术上还要不断提高。在天气标准上，由能在简单气象条件下飞行，提高到能在复杂气象条件下飞行；由昼间飞行提高到夜间飞行。在作业项目上，从能完成简单项目提高到能完成复杂项目。凡此技术方面的提高，只有通过训练才能达到。因此，飞行人员的技术成长过程，是一个不断训练的过程。其训练程序，转中型机一般只需要经过理论学习和飞行训练两个阶段；而转大机型则需要经过理论教育、程序练习器、飞行模拟机训练、本场带飞和航线飞行训练等几个阶段。上述技术培训工作一般由飞行大队组织实施，有条件的单位也可以在专门的训练机构内进行。各级飞行训练部门分工负责在职飞行人员的训练管理工作。

中共十一届三中全会以来，民航在职飞行人员培训工作取得了显著成绩。从1977年到1987年，全局共完成训练飞行和熟练飞行14.5万小时，转机型训练2208人次，培训正驾驶1658人次，转天气标准4379人次，转专业项目811人次，国内飞行模拟机训练19400多小时。其中，1987年完成训练和熟练飞行13500小时，转机型训练401人，约为现有运输机飞行员总数的45%，培训正驾驶230人，转天气标准760人次，转专业项目65人次，国内飞行模拟机训练2400小时。这1年是完成在职飞行人员训练数量最多的1年，也是保证训练质量较好的1年。民航兰州管理局第一批赴苏联进行图-154型飞机的转机型训练的机组人员，吸取了其他单位出国训练的经验，出国前集中时间认真学习有关技术资料。在国外学习期间，他们团结协作，克服困难，理论考试成绩优秀，飞行训练全部放了单飞，并取得了飞行合格证，受到苏联教师的表扬。

但是，目前在职飞行人员的培训工作，与民航生产发展的需要还有较大差距。今后除了加强学校培训，及时向各航空企业输送更多的合格飞行人员外，加快改革飞行人员的在职训练工作，是当前民航人才培训工作中的一项十分重要而紧迫的任务。

第四节 科学技术研究

一、科技研究发展概况

民航科学技术研究工作,是1956年在中共中央发出"向科学进军"的伟大号召下起步的。当时,中国民航局成立了科学技术研究规划小组,起草了《关于中国民航科学研究工作的初步方案》。《方案》指出:"目前,我国民航的技术设备和技术水平,同国际民航现有的技术水平相比落后很多,也远远落后于中国国民经济建设发展的需要。如何改变民航目前的落后状态,除了积极设法添置各种新型设备外,必须同时采取各种有效的措施和办法。发展民航科学研究工作,是这种有效措施和办法之一。目前,中国民航科学研究尚是'空白',应该迅速建立民航的科学研究机构。"《方案》提出,依靠科学技术来改变民航技术落后状态和建立民航科学研究机构的建议,为民航科学技术的发展指明了方向。1958年12月,在科研规划小组的基础上,正式组建了中国民航科学研究所,设有技术经济、飞机发动机、无线电通信导航、技术情报四个研究室和一个实验车间。当时中国民航局提出了研究和论证民航发展的主要问题是,航线网、新机场以及通用航空的发展远景,民航发展所需要的机型和地面设备等10项科研任务。科研所根据民航生产发展的需要,承担了仪表着陆设备,延长飞机、发动机翻修使用寿命,安-2型飞机螺旋桨由木质改为金属的试验试飞,飞机加粉机等重点科研项目,并取得一批有实用价值的科研成果。该所高级工程师林立仁领导研制的安全58-1型仪表着陆设备,曾获国家发明一等奖。延长里-2型飞机和AⅢ-62型航空发动机使用寿命以及航空器材的代用科研成果,对缓和航空运力和挖掘航空器材潜力也都起到了积极作用。

与此同时,民航群众性的技术革新活动也蓬勃兴起。1960年2月,中共民航局委员会发出《关于开展技术革新和技术革命群众运动的指示》,调动了各单位和科技人员开展技术革新的热情。同年10月在北京举办的"民航年度工作展览会",主要展示了民航系统的许多科研成果,受到各方面的重视。

1964年,全民航取得1161项群众性技术革新成果,其中,水平较高、推广价值较大的有379项。如民航兰州管理局研制的"运–5飞机地面练习器",上海管理局改进的"运–5飞机喷洒设备",北京管理局研制的"航空摄影机光学测定仪"和民航一〇一厂研制的"飞机无毒退漆水"等项技术革新成果,都在民航生产和训练中发挥了作用。

在十年动乱中,民航科研工作受到"左"倾错误的严重破坏。专业科研机构被迫撤销,不少科技人员横遭打击迫害,有些取得了科研成就的人员和技术革新积极分子被扣上"不突出政治""单纯业务观点""走白专道路"的帽子,受到极不公平的待遇和歧视。从此,民航科研工作几乎处于半瘫痪状态。1967年至1969年,民航系统竟未搞出任何科研项目和技术革新成果。

中共十一届三中全会以后,民航专业科研工作和群众性的技术革新重新获得了进展。1979年,在国家科委的统一部署下,民航局组织科研人员和科技管理人员,以科学技术为民航发展服务为指导思想,先从研究国外民航技术装备和经营管理方面的资料入手,找出了自己的差距,在有关业务部门的配合下,制定了《民航"六五"科学技术发展规划》。《规划》提出了关于民航安全生产,提高服务质量,争取航班正常,节省燃油,降低成本,提高飞机利用率,开发通用航空新项目等11个方面、36项重要科研项目。为保证《规划》的实施,民航各大单位都建立了科学技术委员会,基层单位成立了科技领导小组,加强了对科技工作的组织领导;同时,建立和健全了科技工作的规章制度,使重大科研项目的立题、论证、实施、鉴定、奖励和经费管理有章可循,从而走上了健康发展的轨道。民航"六五"科技发展规划的项目,在科技人员的努力下已基本完成。1979年到1987年,民航局通过技术鉴定的重要科技成果99个,完成群众性技术革新成果3202个。在这批科技成果中,获日内瓦国际发明与新科技展览会"金奖"、"镀金奖"和"亚洲大奖"的2项,获国家发明奖1项,获国家科技进步奖5项,获民航局科技进步奖28项。

同时,民航专业科研机构也有所发展,由原来的1个所增加到2个所和1个研究室,即新建了民航第一研究所和航空医学研究室。它们担负起飞机发动机适航性、工程维修、电子技术应用、农业航空新技术、经营管理、航空医学等应用技术的开发研究以及民航发展规划研究、经济技术情报的搜集、整理和服务工作。至此，民航科研工作已初具规模，为今后进一步发展奠定了较好的基础。

二、科技促进了生产

民航是现代科技的综合应用部门。从这个特点出发，民航科学技术工作紧密围绕着航空技术装备的使用、改进性能和挖掘潜力进行开发研究，着眼于研究解决安全、生产、服务中出现的技术关键，立足于提高民航经营管理水平和经济效益。30多年来，民航在保证飞行安全，挖掘飞机潜力，提高机务维修技术水平，改进地面服务设施，革新通用航空设备及新作业项目试验和研制训练设备等方面，取得了一些技术水平高、使用价值大的科研和技术革新成果，有力地促进了民航生产的发展。

（一）在保证飞行安全方面。

研制了能在复杂气象条件下引导飞机安全着陆的《安全58－1型仪表着陆设备》和《米波仪表着陆设备》。这些设备都接近了当时仪表着陆设备的世界水平。

研制安全58－1型仪表着陆设备，是民航科研所成立后不久接受的科研任务。设备的场型、有效距离、航道宽度和稳定性等，都符合国际民航组织的规定要求。与国外同类设备相比，具有结构简单、可靠性高、操作简便、重量轻、体积小等优点，1964年9月通过国家级技术鉴定，荣获国家发明一等奖。用它装备在民航机场使用后，能在复杂气象条件下引导飞机安全着陆，对保证国内航班飞行正常与安全起到了重要作用，并对国际航线的开辟做出了积极贡献。

80年代初，民航从国外引进了先进的《米波仪表着陆设备》，安装在北京、上海、广州等国际机场。为满足民航发展需要，节省外汇，民航通信设备修造厂立足国内条件，参考国外样机，研究试制了该项设备，主要技术性能达到国际民航组织附件十规定的Ⅰ类标准，部分性能达到Ⅱ类标准。

（二）在挖掘飞机潜力、增强运输能力方面。

60年代，为解决民航飞机少、运力紧张的矛盾，民航科研所先后承担过里－2、伊尔－14飞机结构延寿研究，并取得了良好成果，对缓和航空运力的紧张状况起到了较大作用。

70年代末，民航科研工作由研究飞机延寿转向开发飞机性能、提高商务载重方面，主要成果有《增强安－24B型飞机商载和降低机内噪音的研究》。安－24B型飞机是苏联60年代设计制造的中短程双发涡轮螺旋桨运输机，是中国民航支线运输的主力机型。由于设计上的原因，飞机发动机功率裕度小，高度、温度特性差，在高原高温机场起飞时发动机功率下降，起飞马力不足，载重量需减少。因此，要保证安－24B型飞机航班正常，关键在于增大发动机的起飞马力。民航一〇三厂、科研所和成都管理局联合承担了这项研究任务。经调研论证，决定对原发动机主体及附件不做大的改动，而设法使发动机工作转速提高；对附件、燃油调节器和螺旋桨等进行相应的调节和改装，增大发动机功率，增加飞机载重量。经过研制单位的艰苦努力，终于在1979年改装出增大马力的发动机，并装上安－24B型438号飞机试飞。结果表明，改装型发动机使飞机增大了起飞功率，载重量增加600公斤，相当于原飞机设计全载重量的11%，充分挖掘了安－24B型飞机的潜力。该项目1985年荣获国家科技进步奖一等奖。

（三）在机务维修体制方面。

中国民航从20世纪50年代起，沿用苏联民航的维修体制及定时维修方法。进入60年代，美国率先提出"以可靠性为中心"的维修理论，采用以视情维修、状态监控为主、定时维修为辅的维修方法。80年代末，中国民航陆续引进波音系列大型喷气宽体客机，同时引进和吸收了新的维修理论和方法，使维修周期缩短，飞机利用率提高。

在"以可靠性为中心"的维修理论指导下，由民航局航空工程司组织机务部门和工厂进行维修体制改革研究，先将三叉戟、安－24型飞机原来的定时维修，改革为定时、视情和监控维修相结合的体制。执行的结果，使三叉戟飞机定检停场时间比原方案缩短25%，飞机日利用率提高10%；安－24型飞机 5000 小时使用期内,原来停场维修时间为 149.5 天,新方案只需 76.5 天,缩短停场维修时间 48.8%。

(四) 在改进地面服务设施方面。

航空运输服务,是民航为旅客服务的一个窗口。研究改进运输服务设施,提高服务质量,是民航科研的重要任务之一。主要科技成果有航班动态显示电子翻板系统和机场使用的部分特种车辆。

为通告飞机航班动态,方便旅客乘坐飞机,民航候机楼过去采用挂牌子、写黑板等原始的方法,这与迅速发展的航空运输很不相称。70 年代初,北京首都机场从国外引进了一套电子航班动态显示牌,它醒目、直观、美观、大方,使旅客乘坐飞机更为方便。民航科研所在消化、吸收这一新技术后,研制了 FIDS6-14A 型航班动态显示系统。这个系统是采用微处理机顺序控制电子翻板与闭路电视相结合的显示系统。它由磁带机一次输入全天进、出机场的航班信息数据,并在显示终端上按时间先后次序显示出航班动态信息。用人机对话形式对其进行操作控制,具有改正由于操作不当所发生的错误以及字单元故障诊断、报警和显示错误信息的功能,而且操纵使用方便。

这种应用微处理机程序控制航班信息的技术,是国内的首创。只要对显示系统的标牌段名稍加改动后,就可以在铁路、公路、水路等交通运输部门推广使用。

一架现代化的运输飞机在机场起降前后,要有加油、供电、加温、空调、登机、装卸、清洁等地面特种车辆为它服务。中国民航机场使用的特种车辆,用途单一,批量少,长期依赖于国外进口。由于国外进口的特种车辆零部件供应困难,修理无保证,影响正常使用。为此,中国民航依靠自身能力,组织了部分特种车辆的试制任务。已试制成功并已小批量生产的特种车辆有:飞机机动舷梯、行李机动传送车、QCY-14 型飞机牵引车、GD-27 型飞机管道加油车、SH6-508 型集装箱拖车和飞机清洁车等。

飞机机动舷梯是旅客上下飞机的专用活动客梯,可随不同型号飞机舱门的高度升降,机动性好,适用范围广;车身和舷梯采用玻璃钢成形新工艺,造型美观,结构轻巧。这种机动舷梯已在国内军用和民用机场广泛使用,并有少量出口。

行李机动传送车是向飞机传送旅客的行李和小件货物的设施。其传送带可随飞机的货舱门高度，在1.5米至4.2米之间上下升降，适合于多种型号的飞机使用。单件重量的传送能力为100公斤。

QCY－14型飞机牵引车可以牵引和顶推全重200吨以下的飞机，如波音－707型飞机等。它以柴油发动机为动力，采用液力变速，液压换挡，前轮液压转向、四轮驱动等先进技术，可以取代从美国进口的T300型牵引车。

GD－27型管道加油车，装有燃油压力自动调节系统，能直接向备有国际标准加油接头的大型运输机加注燃油，最大加油速度为2400升/分。

（五）在通用航空新设备、新项目研试方面。

民航通用航空是直接为工农业生产发展服务的。近几年来，在研制改进通用航空专用设备和开发新项目方面，取得了显著成绩，有力地促进了通用航空的发展。这方面的主要科研成果有：

18×18多光谱摄影技术（18MSP）。由民航工业航空服务公司与国家测绘局测绘科学研究所共同研制成功，获得1985年国家科委、国家计委、国家经委和财政部联合颁发的"六五"科技攻关奖。这项技术是用3台像幅为18×18厘米、焦距为100、200毫米的航空摄影测量相机，同步摄取地表物体发出的绿、红、红外三个不同光波的黑白图像，然后根据需要，将这三种不同光波的黑白图像进行多方案的彩色合成。合成的彩色相片，具有信息丰富，色彩鲜艳，成像清晰，分辨率高等优点，实现了"一摄多用"，既可用于测绘地形图，也可用于资源详查，社会经济效益高，应用范围广。与6×6厘米多光谱摄影技术比较，18MSP像幅覆盖面积扩大了8倍，节省飞行作业时间75%—85%，节省飞行费用70%左右，是一种比较省时、省工、省钱的航空遥感方法。

GP－81型飞机喷雾设备。民航农用运－5型飞机装备的常量喷液设备，是仿造苏联50年代的产品，雾化性能差，不能满足生产需要。民航徐州设备修造厂从农林业生产的需要出发，先后研制成功超低量喷洒设备和常量、低量、超低量兼用喷洒设备，并在生产上推广应用，取得良好效果，标志着中国农业航空喷雾设备开始步入世界先进行列。

GP-81型飞机喷雾设备兼有常量、低量、超低量的喷洒性能，一机多用。它在喷雾设备总成中设计了一个双向活门，喷洒停止时，液泵回抽管内剩余农药，从而克服了飞机喷药"拖尾巴"的老大难技术问题，提高了设备使用的可靠性和安全性。该设备的喷头采用T形膜片阀结构。膜片阀的工作弹簧由防腐蚀膜片与药液相隔开，避免弹簧直接在农药中浸泡、腐蚀，失去弹性，从而提高了设备工作的可靠性和雾化性能。

M-5型森林灭火喷洒设备。中国林业部门的院校、科研所研制成功磷胺类化学灭火剂，在每平方米面积达到0.5—1公斤受药量后，能有效地隔断火线蔓延，起到灭火作用。林业部门向民航局提出用飞机喷洒灭火药剂的要求。民航沈阳管理局承接任务后，根据地面模拟灭火试验数据，研制成功装在运-5型飞机上使用的M-5型森林灭火喷洒设备。该设备使装载1吨化学灭火药剂的运-5飞机，在3—4秒钟内将药剂喷洒出去，形成一条长150—200米，宽10—12米，每平方米面积受药量达0.4—0.7公斤的隔火带，取得了良好的灭火效果。1981年以来，大兴安岭地区使用5架运-5型飞机喷洒化学灭火剂183架次，扑灭23场森林火灾，减轻了林火造成的损失。

为了加强航空护林工作，进入80年代，中国从苏联引进大型米-8直升机，用于机降灭火队员，运送灭火物资。米-8直升机载量大，机动性能好。东北航空护林局调查了林区水源分布，结合林区小溪小沟多、分布广的特点，向中国民航局提出改装米-8直升机在野外就近吸水灭火的要求。民航黑龙江省局承担了米-8直升机载液灭火技术的研制任务。研制组集思广益，群策群力，用两个并联的JB-13航空潜水泵，利用直升机电源，解决了野外自动吸水的技术关键。潜水泵能在水深0.6米以上的水源吸水，每分钟吸水0.5吨，达到了实用要求。米-8直升机载水2.5—3.5吨，可喷洒一条长280—300米、宽12—13米，每平方米面积受水量达0.66公斤以上的灭火带。米-8直升机在向火灾现场机降灭火队员后，就近取水灭火，开创了人机配合森林灭火的新途径。1984年以来，在东北大兴安岭林区，人机配合扑灭火场10个，灭火效果良好。

民航通过研制通用航空专用设备，在航空遥感和农业航空方面开发了几十种新作业项目，有力地促进了通用航空的发展。农业航空已由50年代单一的灭虫救灾作业，发展到治虫、施肥、播种、除草、脱叶、催熟等增产增收的综合性作业。社会经济效益较高的新作业项目有飞机喷洒磷酸二氢钾和植物生长调节剂，防御低温冷害及干热风对农作物危害的应用研究和棉田五项作业试验及应用等。

植物叶面孔道有同外界进行物质交换的生理机能和叶表面内的渗透力。用飞机喷洒植物需要的营养或生长调节物质，是一项投资少、见效快，有灾防灾、无灾增产的农业生产措施。用飞机喷洒磷酸二氢钾和增产灵、石油助长剂，在东北地区防御农作物低温冻害，在中原地区用于减轻干热风对小麦的危害，增产效果明显，已迅速推广应用。

新疆地区棉田不但常常遭受杂草和棉铃虫的严重危害，而且由于棉花生育期长，也容易受到早霜的危害，致使产量不高。为此，民航乌鲁木齐管理局与新疆八一农学院等单位合作，进行棉田播前航空化学除草和喷洒植物生长调节剂等5项作业试验，获得显著的增产效果，单产平均提高42.8%。1983年到1984年，在新疆边试验、边推广，作业面积累计达441万亩。

飞机播种造林种草技术研究，对开发利用荒山荒地，加速祖国绿化步伐，起到了重要作用。飞播造林、人工造林与封山育林已列为中国的三大造林方法。

中国的飞机播种造林起步于1958年，第2年首先在四川省的西昌、凉山地区播种云南松获得成功。民航专业科研人员深入飞机播种现场调查研究，总结出了《西昌、凉山地区飞播造林经验》和《云南松飞播造林技术规程》，提出了适宜飞机播种造林的地理条件、作业高度与播幅关系、飞行作业方法、地空配合和播种质量测试方法以及评定标准等，为推广飞机播种造林新技术提供了科学依据，为加快飞播造林工作贡献了力量。

三、优秀科技工作者

30多年来，民航取得了一大批科研、技术革新成果，并涌现出许多为发展民航科技事业、不畏艰难、兢兢业业、埋头苦干、勇攀高峰、贡献卓著的科技工作者。中国民航局科研所高级工程师林立仁、沈阳管理局专业处处长刘明治和民航学院副教授李昌，就是老、中、青科技工作者中的优秀代表。

林立仁是中国民航局科学技术研究所的创始人之一。他领导研制的安全58-1型仪表着陆设备，曾荣获国家发明一等奖。

50年代，西方国家对中国实行技术封锁。中国民航为保证飞机安全起降需购用的仪表着陆设备，被列为禁运设备。林立仁为发展民航事业，在缺乏资料、无样机参考的情况下，毅然承担了仪表设备的研制任务。他怀着外国人能搞的，我们也要搞出来的豪情壮志，一次又一次地参考设计方案，自己动手搞样机。他以顽强的毅力和坚强的信念攻克研制试验中的技术难点。安全58-1型仪表着陆设备的样机终于研制出来了。接着，他继续努力进取，将设备由比幅制（苏联制式）改进为国际上通用的比相制，达到了实用化要求。1964年，安全58-1型仪表着陆设备通过了国家级技术鉴定。

该设备在民航共推广12套，分别安装在上海、广州、北京等地的机场，对保证飞行安全和开辟国际航线起到了重要作用。1964年，中国与巴基斯坦通航，仪表着陆设备是通航的5项飞行安全保证设施之一。中巴正式通航后，西方国家感到震惊，对中国是怎样解决通航需要的仪表着陆设备，有几家外国杂志曾提出各种猜测，对中国能自己制造仪表着陆设备赞叹不已。林立仁等老一辈科研工作者为祖国争得了光荣，在科研工作中做出了重要贡献。

民航沈阳管理局专业处处长刘明治，1961年毕业于沈阳农学院。他来民航后，热爱通用航空事业，积极从事新作业项目的开发研究工作。中共十一届三中全会以来，他先后主持和参加了8个农业航空新作业项目试验，其中获国家级科学技术进步奖1项，获中国民航局级科学技术进步奖2项。1985年，中华全国总工会授予他"全国优秀科技工作者"光荣称号。

刘明治一手抓生产,一手抓科学试验,以科学试验带动生产的发展。他为了选择有发展前途的农业航空新项目,每年要用四五个月时间,深入草场、林区和田间,东北3省和内蒙古自治区东部的上百个县(旗),都留下了他的足迹。通过实地调查,他针对东北地区农作物生育期短、霜期早、容易受到低温、冷害影响这一问题,选择了喷施具有促早熟、促增产作用的植物生长调节剂,以防御低温、冷害对农作物影响的试验研究课题,收到了明显的经济效益。其成果获得国家科技进步奖三等奖。

进行农业航空作业项目试验,科技人员要奔波在农田、牧场和林区,又苦又累。如在飞机低量防治高粱蚜虫试验期间,正值三伏天,植株2米多高,密不通风。但刘明治为取得科学试验数据,毅然钻进了高粱地采集了几百个灭虫效果采样点。真是"晴天一身汗、雨天一身泥"!他就是这样凭着顽强的毅力,战斗在农、林业航空生产第一线,取得了丰硕的科研成果。在刘明治身上集中地反映了民航中年科技工作者那种可贵的拼搏精神。

民航学院李昌副教授继研制成彩色电磁场三维体视投影图之后,1986年他又研制成功普通彩色电视接收机立体成像技术,获国家科技进步奖二等奖;1987年又获第十五届日内瓦国际发明与新技术展览会"镀金奖"。该项技术转让给电视机厂后,已新开发了两用彩色电视机。1987年9月李昌还获得了"布鲁塞尔尤里卡世界博览会"金奖和比利时科技部长特别奖。

80年代以来,民航机群更新速度加快,新式的大型喷气客机陆续投产,在飞行保证、机务维修和服务设施等方面,都出现过不少技术难点。研究解决影响飞行安全生产中的技术关键,充分发挥新机型的性能,以及研究老龄机型的安全可靠性,挖掘运输生产潜力,是民航科研工作面临的艰巨任务。同时,随着民航管理体制改革的深入,实行政企分开,民航局行使政府职能,这就迫切需要专业科研机构为制定民航发展规划、重大决策、颁发各种航空法规和制度等方面,及时提供科学论证和决策依据。因此,必须加强民航专业科研机构,大力开展科研工作。而且,还要充分发挥各航空公司、院校和工厂，结合生产、教学开展科研和技术革新的积极性，从而在民航建立起一支由专业科研机构、生产单位和院校的科技人员互相支持和互相配合的科研工作队伍。民航各级领导和业务部门，都要为广大科技人员优先创设与提供发挥聪明才智、开展科学研究和技术革新条件，以推进民航的科学技术研究工作加速发展。

第十二章
国际关系

民用航空以其快速、安全、舒适、便利的特点，而成为国际交通运输的一种重要手段。建立国际航空交通，涉及一系列国际关系问题。概括来说，有双边关系和多边关系两个方面。双边关系，主要是指两国之间的通航，也包括技术合作、联运代理等两国政府和非政府间的民航往来；多边关系，主要是指两个以上国家参加的国际民航会议、国际民航机构和国际民航公约等活动，这些活动是为更好地发展国际通航关系服务的。

一个国家民航的国际关系是这个国家整个国际关系的一部分，必须服从和执行这个国家的对外方针政策。中国一贯坚持执行独立自主的外交政策，反对霸权主义，维护世界和平，坚定地同广大第三世界国家团结和合作；一贯坚持按照"互相尊重主权和领土完整、互不侵犯、互不干涉内政、平等互利、和平共处"五项原则，发展同各国的外交关系和经济、技术、文化的交流。这一对外方针政策体现在民航领域中，就是主张保护领空主权，维护航空权益，坚持平等互利，发展友好合作；对于国际民航的普遍准则和政策，凡与中国对外方针政策不相抵触，有利于国际航空安全、协调、经济和有秩序的经营，而又为大多数国家所遵循的，一般都予以采用。由于中国执行这种和平友好、平等互利的政策，所以能够与其他国家在发展国际民航关系方面顺利合作，并得到不断发展和加强。

30多年来，中国陆续与许多国家谈判签订了通航协定，适当地参加了一些国际民航会议和国际民航机构的活动，有选择地加入了部分国际民航公约，并根据需要和可能开展了一些技术合作。中共十一届三中全会以后，由于实行对外开放政策，民航的国际关系发展较快，为建立通达五大洲的国际航线网创造了条件，在国际民航领域中的作用日益增强，同时也促进了中国民航的自身建设。

第一节　国际通航

发展民航的国际关系主要是为了实现国际通航。国际通航涉及两国领空主权和其他航空权益，一般得由有关两国政府谈判，在权利对等的基础上签订通航协定。中国民航的国际通航，是根据国内外政治经济形势的变化和自身技术装备情况而逐步实现的。

一、建立中苏合营的航空公司

新中国成立之初，帝国主义妄图孤立和扼杀中国，外交局面一时还打不开；同时，国民经济有待恢复，国家财政困难，无力向国外购置飞机来发展民航事业。虽然"两航"起义回归一批飞机，但为数不多，且器材和燃油都很缺乏，只能采取"小飞"的原则，开辟少量国内航线，以满足国家对航空运输的急需。

为了发展国际关系，加强同各国人民的友好往来，必须建立国际航空交通，而中国民航又不可能以自力更生来实现这一任务。当时，中苏两国关系友好融洽，苏联对中国恢复和发展国民经济给予了大力支援。因此，通过苏联的帮助来发展中国民航事业，并建立国际航空交通，是十分必要也是可能的。中苏两国政府于1950年3月27日签订了《关于创办中苏民用航空股份公司的协定》，中苏两国合办了中苏民航公司。该公司于同年7月1日正式成立，经营了北京—赤塔、北京—伊尔库茨克和北京—阿拉木图3条国际航线。不仅建立了中苏两国之间的航空交通，为中国提供了一条与世界各国友好往来的空中通道，同时也沟通了首都北京与东北、西北地区的航空联系。1954年10月12日，中苏两国政府协议自1955年1月1日起，将中苏合营公司中的苏联股份全部移交给中国。据此，中苏民航公司所经营的航线业务和设施统由中国民航局接管经营。

二、开辟通往邻近国家的航线

中国民航局接管中苏民航公司后，虽然运载能力和技术装备有所加强，但仍然不具备开辟较多国际航线特别是远程国际航线的条件。

为了便利与邻近国家之间的交往，中国从1954年年底到1962年这个阶段，与邻近国家进行了通航谈判，先后同苏联、缅甸、越南、蒙古、朝鲜、斯里兰卡（原称锡兰）、老挝等国签订了通航协定，取得了通航这些国家的权利，同时给予这些国家通航中国的权利。这期间，中国民航陆续开辟了通往苏联、缅甸、越南、蒙古、朝鲜等国的国际航线。

这里应当指出，这种仅通航邻近几个国家（通航里程只有4000公里左右）的局面，由于各方面的原因，徘徊了20多年的时间，直到1974年连续开辟4条远程国际航线之后才得到改变。

三、发展联运代理业务

中国民航在50年代和60年代，国际通航关系的发展是很缓慢的。中国与通航国家以外的许多国家和地区的航空客货往来，需要通过其他国家航空公司的飞机联运。因此，中国民航有必要与一系列建交和未建交国家的空运企业建立民间的航空联运代理关系，相互接受运输凭证（客票或货运单），承运联程客货。1957年8月，国务院批准中国民航建立这种联运代理关系。1958年7月18日，中国民航与北欧航空公司签订了第一个联运代理合同，以后又陆续与其他航空公司签订了类似合同，逐步建立和扩大了国际航空联运代理关系，便利了国际航空客货的联运，在一定程度上弥补了国际通航关系的不足。到1987年止，中国民航已与45家外国空运企业签订了总代理合同，与80家外国空运企业签订联运代理合同，加上有结算关系的空运企业，中国民航已与世界各国的340多家空运企业建立了业务关系。

四、适当开放中国航空运输市场

1959年中苏两国关系逆转后，苏联对中国经由中苏航线转往世界各地的联程客货设置了重重障碍。苏联民航负责人曾扬言，如果没有苏联民航的帮助，中国在航空交通上将与世隔绝。同时，还向中国提出种种不合理的要求，但都被中国政府严正拒绝。随后，中苏航线的航班减少，客货运量相应下降，中国与世界各国特别是与亚非拉国家的航空联系一度出现了困难。这一形势，迫切要求中国对建立自己的远程国际航线采取积极措施。

1963年5月，国务院批准中国民航采取主动而又实事求是的方针，有计划有步骤地逐步开辟至东南亚、西亚、非洲的国际航线，并决定开放上海为国际机场，以适应同外国通航的需要。原则虽然已经定下来了，但要变为现实，必须在外交上和技术业务上进行一系列准备工作，才能争取逐步实现。在中国还不具备开辟远程国际航线条件之前，作为第一步，适当地开放中国航空运输市场，有选择地同意少数友好国家的航空公司先期开航中国，也可解决国际航空交通问题，以及早改变主要依靠中苏航线的局面。

1963年8月，中国与巴基斯坦进行通航谈判，巴基斯坦顶住了国内外压力，与中国正式签订了通航协定。1964年4月29日，巴基斯坦国际航空公司首先通航中国。中巴航线的通航，为中国提供了一条通往欧洲的空中通道，打破了霸权主义大国对中国在航空上的封锁。

五、积极准备"飞出去"

1964年12月，周恩来总理在全国人大三届一次会议的政府工作报告中庄严宣布："调整国民经济的任务已经基本完成，工农业生产已经全面高涨，整个国民经济已经全面好转，并且将要进入新的发展时期。"为了迎接新形势的到来，周恩来总理在1965年3月指出："中国民航不飞出去，就打不开局面。一定要飞出去，才能打开局面。"并且责成民航总局和外交部、总参谋部研究提出了关于开辟国际航线的规划。

根据周总理的指示和上述规划，中国民航进行了一系列航空谈判，作为"飞出去"的前期准备工作。这就是，1965年7月，同缅甸就修改中缅航空协定进行谈判，取得经过缅甸飞往第三国的以远权。1966年2月至4月，同苏联就修改中苏航空协定进行谈判，以打开经莫斯科通往欧洲、非洲和拉美的空中通道。同年5月，同法国进行通航谈判，签订了中法《航空交通协定》，为中国民航开辟从亚洲到欧洲的航线铺平了道路。同时，还与叙利亚、伊拉克、阿联（埃及）、巴基斯坦等国就双方通航问题交换了意见。由于十年动乱，一系列的航空谈判和开辟国际航线的计划，都提不到日程上去了。在林彪、"四人帮"的极"左"路线干扰下，锁国排外，所以"飞出去"的计划也就搁浅了。

周恩来总理始终把发展民航事业视为经济建设和外交往来必不可少的重要部分。虽然十年动乱使民航事业遭受破坏，使"飞出去"的工作受阻，但周总理关于开辟国际航线的构想和实际工作没有中断，除了他亲自同有关国家领导人进行商谈外，还继续要求民航总局从外交与技术两方面积极准备。

1971年以后，国际形势发生了重大变化。首先是中国在联合国的合法席位和权利得到恢复，其后中美关系解冻，接着中日邦交正常化，与中国建交的国家增多。中国在国际关系上的这一突破，为中国民航发展国际通航创造了有利的条件。

中国民航坚决按照周总理指示进行开辟国际航线的准备工作。继1972年中国同罗马尼亚、南斯拉夫、阿尔巴尼亚、阿富汗、土耳其、埃塞俄比亚等国签订通航协定之后，1973年又与伊朗、希腊、意大利、瑞士、挪威、丹麦、瑞典及加拿大等国签订了通航协定。这就进一步为中国民航开辟远程国际航线作了外交方面的准备工作。

为了适应国际通航需要，中国政府决定北京向各国开放通航，同时，还决定有限度地开放经过中国新疆到北京的西北航线。采取这些措施，对国际通航谈判的顺利进行起着重要作用。

在开展通航谈判工作的同时，积极进行了技术准备。中国民航从1971年至1973年，陆续购买了苏制伊尔－62、英制三叉戟和美制波音－707等型喷气客机，积极培训了飞行人员和各类技术业务人员。

1973年，周总理又指示："要飞出去才能打开局面。要从历史发展的眼光来建设民航事业。"他还要求民航总局从人员训练等12个方面进行准备，并责成国家计委约集有关部门开会研究，限期分工完成。

1974年4月15日，周恩来总理针对"四人帮"的倒行逆施，在《关于开辟国际航线准备工作的报告》上批示："建设不能缓，业务不能停，否则势必左支右绌，难以持久。"

在各项基本条件具备之后，中国民航在 1974 年连续开辟了北京—莫斯科、北京—上海—大阪—东京、北京—卡拉奇—巴黎和北京—德黑兰—布加勒斯特—地拉那 4 条远程国际航线，终于实现了"飞出去"的夙愿。这是中国民航在曲折发展中跨出的新步伐，是中国民航事业发展的一次历史性转折，它标志着中国民航开始进入国际航空活动领域的新阶段，初步改变了主要依靠外国航空公司提供国际航空交通的状况。

六、飞向世界

1978 年 12 月中共十一届三中全会以后，中国实行改革开放的方针，进一步打开了外交局面，活跃了国际交往，发展了外贸和技术合作，旅游事业也蓬勃发展起来，为中国民航进一步发展国际通航创造了有利条件。为了适应形势发展的需要，中国民航在发展国际航线方面采取了突出重点，积极发展，有计划地进入国际航空市场的方针。

为了实现飞向世界这个总目标，除了进行机场扩建和购置大型宽体客机，以增强开辟远程国际航线的技术物质基础外，中国先后同菲律宾、新加坡、英国、泰国、美国、澳大利亚等国进行了谈判，取得了通航这些国家的权利，并给予对方通航中国的对等权利，同时，还取得了通航阿拉伯联合酋长国沙迦酋长国的权利，为开辟通往东盟国家、西亚和海湾国家以及通往美洲、澳洲的远程国际航线创造了条件。此外，通过同英国的谈判，中国内地与香港地区间的通航也达成了协议。

1978 年以后，中国开航埃塞俄比亚，建立了通往非洲的第一条航线。继续开辟欧洲航线，先后同南斯拉夫、瑞士、联邦德国、英国、意大利等国通航。在西亚和中东地区，同伊拉克、科威特、阿联酋等国通航。在东南亚，同菲律宾、泰国、新加坡等国建立了直达航线。在北美，通航到美国的纽约、旧金山、洛杉矶和加拿大的温哥华。在澳洲，通航澳大利亚的墨尔本和悉尼。还实现了与波兰和民主德国的通航。从 1980 年起，先后开辟了从内地到香港的地区航线 6 条。

到 1987 年止，中国已与 49 个国家谈判签订了通航协定；另有新加坡和阿联酋因同中国尚未建立外交关系，双方签订了部门间的通航协议。根据协定和协议，中国民航已开航24个国家的30个城市，同时有21个国家的航空公司开航中国。中国民航已经实现通航亚、非、欧、美、澳五大洲。一个展翅翱翔全世界的更新局面，随着中国民航力量的不断壮大，一定能够实现。

第二节　主要通航关系

38年来，中国民航在国际通航中与几个主要国家发展国际通航关系的具体情况，分别简述如下：

一、中国—苏联

从1950年至1954年，中苏两国合营中苏民航公司经营中苏两国间的航线。1954年底中苏民航公司结束后，为使两国间的航线能够继续经营，两国政府民航代表团在北京就两国通航问题进行了谈判，并于1954年12月30日签订了中苏两国政府《关于中苏两国间建立定期航空交通协定》，中方由空军副政委吴法宪签字，苏方由苏联民航总局局长热沃隆科夫签字。根据协定，双方有权飞行北京—乌兰巴托—伊尔库茨克—新西伯利亚—莫斯科、乌鲁木齐—伊宁—阿拉木图和沈阳—赤塔3条航线。

同日，双方签订了一项议定书，规定中方给予苏联民航飞机以经过中国领土着陆或不着陆飞行至第三国的权利，航线另行商定。据此，苏联民航一直单方面享有飞越中国领土的权利。随着中苏关系的变化，1973年中国已拒绝苏联民航飞机飞越中国领空（苏朝航线除外）。

1959年以后，苏联对从中国经由中苏航线转运世界各地的联运客货设置障碍，同时还向中方提出种种不合理要求。为此，中方向苏方提出双方举行谈判，全面修改中苏通航协定。经过较长一段时间的磋商，苏方始同意中苏两国政府民航代表团于1966年2月起在莫斯科进行谈判。谈判的焦点是三个：一是航线问题；二是过境飞行议定书问题；三是运输权利问题。

在谈判中，苏方一再声明，北京—莫斯科航线不是规定的国际航路，并以航路技术装备不完善和气象复杂为理由，要求从莫斯科飞经阿拉木图和中国的西北地区到北京。经过讨论，双方肯定了中苏之间只建立一条规定航线，即北京—乌兰巴托—伊尔库茨克—鄂木斯克—莫斯科，取消了北京—赤塔和乌鲁木齐—伊宁—阿拉木图航线。苏方千方百计阻碍中国飞机飞往莫斯科，而且把中苏航线视为中国通向世界的唯一出路，认为一旦这条航线中断，中国就会"与世隔绝"。

双方在谈判中还讨论了过境飞行议定书。1955年1月以来，苏联民航一直单方享受通过中国国境的权利，这不是平等互利的。中方要求修改。在没有理由拒绝的情况下，苏方同意废除1954年签订的苏联单方面经中国至第三国的不平等过境议定书，但又提出新的过境议定书，并把议定书和协定联在一起，成为协定的组成部分，仍然想拿到飞往平壤、德里、河内以及更多第三国的权利，又不愿给中方以对等权利，遭中方坚决拒绝。但中方声明，朝苏航线过境中国东北地区领空，仍可维持现状。

航空运输权利问题，是谈判中争论焦点之一。苏方提出中苏之间的客货，只准走中苏航线，而且只限于中苏航班，从苏联境内始发到蒙古人民共和国的客货，只准苏联民航班机运输。中方从国际航空运输的准则与权利以及中苏航线的实际情况，反复与之讨论，迫使苏方放弃了控制与垄断的企图，按照平等互利原则达成协议。

这次谈判长达48天，开了大小会议33次。双方于1966年4月4日签订了新的中苏两国政府《航空交通协定》。中方要求签字后立即生效，而苏方则托词要经苏维埃最高会议批准才能生效。最后确定，在双方各自完成立法程序并以照会相互通知之日起生效。中方于1966年7月21日通知苏方，中国政府已于7月9日批准该协定，但苏方一直未予批准。因此，该协定还未生效。

1966年5月，中国外交部照会苏方，中方拟于同年8月开航莫斯科，苏方一再拖延不作答复。在被迫同意谈判后，又有意进行刁难，谎称中方航线要经过的斯维尔德洛夫斯克、彼尔姆、高尔基、切利亚宾斯克州等地均为"禁区"，不允许中国民航飞机从伊尔库茨克飞莫斯科，而让中方改飞经中国西北地区—阿拉木图—塔什干—莫斯科的航路。中方坚决予以拒绝。对苏方这种背信弃义的行为，中国外交部于8月31日照会苏方提出强烈抗议，要求苏方立即改正，履行协定。1973年4月，中方再次派民航代表团去莫斯科谈判开航北京—莫斯科全线问题，苏方仍无理刁难，直到7月间才达成协议，使中国民航拖延到1974年1月30日才实现北京—莫斯科全线开航，整整耽误了7年多时间。

二、中国—缅甸

缅甸是同中国谈判通航较早的友邻国家之一。缅甸政府早在1950年冬即向中国政府提出，希望中缅通航。1954年12月，中缅两国总理发表的公报中，重申有必要开辟中缅两国间的航线。1955年6月，中国政府民航代表团去仰光与缅甸政府民航代表团谈判通航。

缅甸是1944年《国际民用航空公约》的缔约国，沿用资本主义国家间通用的通航协定格式和文字，当时中国则参考中苏航空协定的一套规定。因此，双方在通航协定上从法律条文到协定格式都有着根本的差别，都不能用自己的一套，但又必须统一概括双方的愿望和要求，使谈判格外复杂、曲折而困难。从1955年7月7日开始正式谈判，经过双方反复磋商，终于在同年10月11日就全部条款达成协议，历时3个多月。11月8日签订了中缅两国政府《航空运输协定》。中方由空军副政委吴法宪签字，缅方由运输和交通部长吴温貌签字。1956年4月11日，中国民航正式开辟了昆明—曼德勒—仰光国际航线。中缅航线的开辟，不仅加强了两国之间的友好往来和经济、文化交流，也在一定程度上便利了中国与东南亚、西亚以及世界其他各地之间的往来。

但是，协定中的规定航线，只是从昆明经停曼德勒到仰光，中国没有经过缅甸飞往其他国家的以远权。虽然中国已前后同印尼、斯里兰卡、巴基斯坦、柬埔寨等国签订了航空协定，也难以开辟至这些国家的航线。因此，同缅甸谈判修改中缅《航空运输协定》，要求缅方给予中国经过缅甸飞往第三国的以远权，是从南线飞出去以打开空运局面的重要环节。1965年7月中国政府民航代表团赴仰光，与缅方就此问题进行了谈判。中方提出，中国航线经缅甸境内一个地点或两个地点，飞往印度尼西亚、巴基斯坦、斯里兰卡、柬埔寨以及其他第三国。缅方深知中方的意图,非常慎重认真地对待中方提出的方案,而且向中方提出了缅方的对应方案。经过双方充分讨论,缅方同意了中方所提出的飞往第三国的以远权,中方也相应地给予了缅方的这种权利。

三、中国—巴基斯坦

巴基斯坦是中国的友好邻邦。中巴之间建立直达航线,是周恩来总理和陈毅副总理同巴基斯坦总统阿尤布·汗和外长布托倡议的。1963年5月,中巴民航代表在北京进行了预备性会谈。8月,中巴两国政府民航代表团在卡拉奇举行了谈判。8月29日,双方签订了中巴两国政府《航空运输协定》,中方由中国民航总局负责人签字,巴方由国防部联合秘书哈密图丁·阿赫默德签字。

巴基斯坦与中国签订通航协定受到了内外压力。外部是美国提出停止对巴基斯坦的援助,苏联要求过境开航印度;内部是一些反对派提出非议,并在报纸上公开反对。但巴基斯坦政府认为通航中国符合其国家利益,始终置内外压力于不顾,毅然签订了中巴通航协定,并宣布立即生效。这是中国历次对外通航谈判中引起反应最多、影响最大的一次。

为准备巴基斯坦开航中国,中方突击扩建了上海、广州两个国际机场,以便接纳大型喷气客机,扩建工程在短短半年内竣工。中巴通航便利了中国与世界各国的交通往来,冲破了霸权主义大国对中国在航空交通上的封锁。

中巴谈判通航时双方曾达成谅解,如一方飞行规定航线有困难时,可由双方协议规定另一航线。中国于1973年部分开放经过中国新疆至北京的西北航路,巴航成为第一家飞经这条航路开航北京的外国航空公司。

中国民航根据通航协定,于1974年10月开航卡拉奇,以后卡拉奇成为中国民航飞往欧洲、非洲各国的重要通道。

四、中国—法国

1964年11月,法国驻华大使佩耶向中国外交部罗贵波副部长提出,希望中法通航。翌年4月,中法民航当局会谈时,法方要求经中国西北航路飞北京,中方未予同意。1966年2月,法方表示愿开辟从巴黎经东南亚飞上海的航线。据此,同年5月双方政府民航代表团在巴黎谈判。

中法双方事先商定,谈判时关于法国至中国的航线只讨论经东南亚来中国的航线。但在谈判中,法方又提出另一条经苏联到中国的航线,并称已取得苏联的同意,被中方拒绝。关于航线经停地点,法方为便于自行改变航路,曾提出包括喀布尔在内的20个经停地点,经一再磋商,减为5个经停点,并规定航线的变更,须事先经过双方协商。最后达成协议的法方航线,排除了走北线或中线的可能,只能经东南亚至上海。

在运输权利上,法方要求广泛的、不受限制的自由运输,中国从中方权益和照顾友邻国家出发,对运输权利做出必要的限制。除中法间的客货双方在运输上都不受限制外,一方与中途第三国的客货运输权利的行使,须经双方协商,并且规定这种客货应主要由该一方与该第三国运输。

经过半个月的友好谈判,双方达成协议,6月1日正式签订了中法两国政府《航空交通协定》,中方由中国民航总局负责人签字,法方由外交部秘书长阿勒方签字。当时,国际上反华浪潮猖獗,而法国能够独立自主地坚持与中国签订通航协定,引起世界重视,有很大政治影响,说明了戴高乐将军的远见卓识。

为了在中国通航欧洲前能建立中国与欧洲间的直接航空联系,以便利两地区的航空运输,中国同意法国航空公司于1966年9月先行开航中国。

中法通航不仅促进中法关系的进一步发展,也为中国开辟亚欧航线铺平了道路,而且还可以利用法国航空公司通往非洲和拉美的航线,为联运中国到那些地区的客货创造了良好条件。

五、中国—埃塞俄比亚

埃塞俄比亚地处非洲北部,与中国相距万里。随着中国与非洲人民友好关系的发展,在两地间建立航空交通是十分必要的。1971年8月,埃方提出中埃通航,中方表示欢迎。1972年5月,中埃双方谈判并草签了一项通航协定。7月,中埃两国政府正式签订了《民用航空运输协定》。中方由民航总局局长邝任农签字，埃方由交通邮电大臣恩尔卡狄·马康南签字。为了在中国开航非洲以前建立中国与非洲的直接航空联系，中国同意埃塞俄比亚航空公司于1973年2月21日开航亚的斯亚贝巴—孟买—上海（后改为北京）航线。1978年3月31日，中国民航开航北京—卡拉奇—亚的斯亚贝巴航线。这是中国通航非洲的第一条航线，它在中埃两国人民友好交往史上揭开了新的一页，为进一步加强中埃两国人民间的友谊和友好合作，为促进中国人民和非洲各国人民的友好往来做出了贡献。

六、中国—日本

中日两国是一衣带水的邻邦。中日之间建立航线早在50年代和60年代就酝酿过。周恩来总理曾鼓励全日本航空公司的总经理冈崎嘉平太在中日之间建立非官方的民间通航，并通过廖承志办事处进行多次联系，由于政治原因，没有实质性的进展。

1972年中日邦交正常化后，两国之间的人员和经济来往十分频繁，迫切需要直接通航。但中日之间通航的最大障碍，是日本与台湾地区之间的航线处理问题。1973年8月，日外务省亚洲局参事官率日政府代表团来北京与中方就通航问题交换了意见。1973年3月15日，日方照会中方，日本国政府确认：日本国同台湾当局之间1955年3月15日关于航空业务的换文（包括其后修改航线的换文）和日本国与台湾当局之间的其他一切条约、协议及其他国际许诺作为1972年9月29日日中邦交正常化的结果，已经全部失效。4月29日，日外务省审议官东乡文彦和运输省航空局审议官后藤茂也来北京与中方会谈。由于日方强调困难，对日台航线的处理没有提出合理方案，会谈没有进展。6月23日，日驻华大使小川平四郎提出基本符合中方一贯主张的"中日之间是国家间的航空协定，日台之间是地区性的民间航空往来"的原则，但日方提出的处理日台航线的具体办法，没有体现这一原则，中方不能接受。为了解决通航的政治原则，日本外务大臣大平正芳曾专程来北京同周恩来总理进行了会谈，达成了政治原则协议。8月20日，中国外交部韩念龙副部长向日方正式提出处理日台航线具体办法的中方方案。日方于10月提出了中方可以接受的答复，使双方得以开始两国通航的正式谈判。

1974年4月15日至17日，中日双方经过多次认真谈判，终于在平等互利的原则下达成协议，并于4月20日正式签订了中日两国间的《航空运输协定》，中方由外交部部长姬鹏飞签字，日方由驻华大使小川平四郎签字。这个航空协定是中日邦交正常化以后签订的第一个重要的协定，在中日两国友好关系发展史上有重要意义。协定签订后，紧接着就航线经营与技术服务等问题进行了会谈并作了具体安排。同年9月29日，中国民航和日本航空公司同时开辟北京—上海—大阪—东京国际航线。

为了庆祝中日通航，双方都派出了重要的首航代表团，中国派出以王震为团长的百人代表团访问日本，日本派出以众议员、原自民党日中邦交正常化协议会会长小坂善太郎为团长的百人代表团访问中国，以示庆祝。这是中日友好史上的重要一页。

此后，中日双方曾就飞越权和修改规定航线进行多次会谈。1979年5月，双方签订了关于修改中日航空运输协定规定航线的会谈纪要，中方航线的通航地点增加了长崎，日方航线的通航地点增加了杭州。1981年8月，日方同意中方每周两班飞机飞越日本，中方同意日方班机经中国西北或西南航路飞越中国领空。

七、中国—英国

中英通航酝酿较早，从1956年开始，英方多次提出通航要求，先是民间提出，后由官方提出。经中方同意，1973年5月28日，英贸易工业部次官罗杰斯率领英中航空协定谈判小组来访，进行预备性会谈，6月13日双方草签了通航协定。中英之间通航，存在一个港台航线问题，中方提出要英方予以澄清。10月16日，英方同意中方的解释，即"中英之间的航空协定是国家间的航空协定，港台之间是民间的、地区性的航空往来"，但表示不愿就对台原则发表公开声明。由于港台航线的处理办法未达成协议，英国又只对中国开放伦敦条件较差的盖特威克机场，不开放条件较好的希思罗机场，双方没有正式签署协定。

中英双方于 1979 年 5 月 18 日在北京又一次进行通航谈判，并于 7 月 26 日再次草签修改过的通航协定。11 月 1 日，双方在伦敦正式签订中英两国政府《民用航空运输协定》。中方由余秋里副总理签字，英方由贸易大臣约翰·诺特签字。

同年 7 月 26 日，双方签订了关于中国民航飞香港和总部在香港、不飞伦敦的一家英国公司飞上海的协议。双方另换文列入英方对台湾"中华航空公司"的处理办法。英贸易大臣诺特在下院发表公开声明："中英两国之间的航空协定是两国间的航空协议，港台航线是按照民间安排进行的航空往来。"

根据协议，中国民航和香港国泰太平洋航空公司于 1980 年 6 月 21 日分别开航上海—香港线。之后，国泰太平洋航空公司于 1980 年 8 月 15 日违反协议，开航香港—伦敦线，随即丧失了经营香港—上海线的权利，并于当天停航上海。但英方竟同时无理中断中方飞行上海—香港线的合法权利。为此，中方于 8 月 24 日向英方提出抗议。后经中英双方协议，1981 年 2 月 15 日起，中国民航和国泰太平洋航空公司都恢复了上海—香港线的飞行。到 1987 年为止，中国民航已相继开辟从广州、杭州、北京、上海、天津、昆明 6 个城市通往香港的地区航线，还开辟了从一些大陆城市至香港的定期或不定期包机飞行。

1984 年 12 月 19 日，中英两国政府在北京签订了一项关于香港的联合声明。中方声明，中国政府决定于 1997 年 7 月 1 日对香港恢复行使主权，列出了中国对香港的基本方针政策和具体声明，其中包括了关于民用航空的部分。

八、中国—美国

美国的航空公司从 1972 年起即陆续要求通航中国。1978 年 10 月，美国泛美航空公司董事长苏威尔访华，邓小平副总理接见了他，鼓励他提议的建立中美民间通航。苏威尔提出先进行中美间包机飞行和以广州白云机场为泛美航空公司飞香港航班的备降机场等建议，得到邓小平副总理的赞同。泛美航空公司于 1978 年 9 月主动停航其台北航线。

1979 年 1 月 28 日，美方提出，希望在中美间建立定期航班，建议 2 月谈判。中方表示有必要建立定期航班。2月1日，邓小平副总理访美时，中美发表的新闻公报中便明确提及双方同意签订贸易、航空、海运协定；并在美国财政部长和商务部长访华时双方将进行商谈。5月9日，美商业部长克雷普斯会见中国民航总局负责人，表示重视中美通航，将予优先考虑，双方还就美台航线的处理办法交换了意见。

1979年8月7日，中国民航总局局长访美，与泛美航空公司签订了包机协议。同年12月，泛美航空公司和中国民航在旧金山与上海间各飞行了3次包机。

1979年8月26日，中国民航总局局长会见美助理国务卿霍尔布鲁克，就终止"美台航空协定"达成了协议。27日，邓小平副总理与美副总统蒙代尔重申了商订航空协定的必要性。28日，蒙代尔口头表示，美将以非正式安排取代美台的官方航班协定。11月19日，美方来函称：美在台协会于9月13日发出通知给台湾的北美事务协调委员会，它将发出终止1946年协定的通知；在与台湾开始了为期两个月的协商后的11月16日，该协会与台湾当局谈判草签了一项管理美台航班的非官方安排（1980年3月5已正式签字）。11月30日，中方通知美方，可进行中美通航谈判。

1980年4月18日到24日，中美民航第一轮政府级谈判在北京举行。由于中美两国航空运输政策差别很大，美国主张"天空开放，自由竞争"，中国主张"尊重主权，平等互利"，因此，谈判情况复杂。

历时半年，前后经过三轮谈判，在双方都能接受的条件下达成协议，并草签了协定和签署了有关的换文。1980年9月17日，中美两国政府《民用航空运输协定》在华盛顿正式签订，中方由薄一波副总理签字，美方由卡特总统签字。美方公开声明："中美民航协定是中美两国政府间的协定。根据美国在台协会和北美事务协调委员会这两个私人实体间的非政府性安排，'中华航空公司'（台湾）继续在美台间提供航班；美国不承认台湾旗帜为主权国家的旗帜"。另外书面确认，"'中华航空公司'是台湾的一家航空公司，它不是中国的国家承运人"。

中美民航协定是与中美海运协定、纺织品协议以及领事条约同时签订的。薄一波副总理在签字仪式上指出，自从中美关系正常化以来，两国关系在各个方面都有了迅速的发展,这种关系"不仅有利于两国人民,而且有利于世界的和平与稳定"。

1981年1月,中国民航开航美国,美国的泛美航空公司开航中国。

1983年1月,泛美航空公司向中方提出拟恢复台湾航班。6月14日,泛美航空公司无视中国主权,竟擅自复航台湾,飞行纽约—东京—台北航线,每周二班。6月16日,中国外交部就此事照会美方,提出强烈抗议。同日,中国民航局致函美方,宣布了制裁措施。

美方指定西北航空公司为飞中国的第二家公司,经中方发给临时许可,西北航空公司于1984年5月开航中国。美国的联合航空公司于1985年3月代替泛美航空公司通航中国。

九、中国—澳大利亚

1984年4月,中澳两国空运企业就开辟两国间的直达联营航班达成协议,一俟两国政府批准,即付诸实施。同月,澳方正式照会中国外交部,欢迎及早与中国政府商谈签订两国航空协定。5月26日,中澳两国政府民航代表团谈判草签了一项《民用航空运输协定》,临时生效。9月7日协定在北京正式签订,中方由中国民航局负责人签字,澳方由航空部部长比兹利签字。澳中双方分别在9月5日和7日开航。

十、中国—波兰

中国与波兰的关系正常化后,经两国政府民航代表团谈判,达成了在两国间建立定期航班的协议。中波两国政府《民用航空运输协定》于1986年3月20日在北京签订。中方由中国民航局局长胡逸洲签字,波方由波兰民航局局长尤·索别拉依签字。

此外,中国与荷兰两国政府于1979年1月20日签订了《民用航空运输协定》。1981年,荷方未经与中方协商,不顾中国政府多次交涉,坚持批准该国马丁航空公司于1983年4月2日正式开航中国台湾。中国民航局于同年4月8日正式照会荷方,宣布了制裁措施。1983年4月16日,中国外交部照会荷方，中国政府决定不再履行使 1979 年签署的中荷两国政府《民用航空运输协定》生效的法律手续。

第三节　国际多边活动

为了安全、有秩序地发展国际通航，各国之间必须协商制订统一的技术业务标准、办法、规则和法律。因此，需要召开各种国际民航技术业务会议，建立国际民航管理机构，制订国际民航公约，以及进行其他多边国际活动。

随着中国民航国际航线的开辟和国际联运的开展，中国有选择地参加了部分国际民航多边活动。1974 年中国民航开辟远程国际航线以前，中国只出席了少量国际民航会议，加入了个别国际民航公约。1974 年中国承认 1944 年《国际民用航空公约》，并恢复参加国际民航组织的活动之后，形势变化很大，中国民航参加国际民航的多边活动日益增多。

一、国际会议

在 60 年代以前，中国民航只出席了少数国际性民航会议，主要是苏联和东欧国家之间的国际民航会议。

应苏联民航总局邀请，中国民航局局长邝任农率代表团，出席了 1955 年 12 月 19 日在莫斯科举行的 11 个国家民航主管当局代表会议，讨论了关于共同经营的国际航线上飞行和调度指挥的统一规则和机场、无线电设备标准化等问题。

1959 年 11 月，中国民航局副局长陈瑞光率代表团列席了在莫斯科举行的经济互助委员会空运常设组会议。

1960 年 2 月，中国民航局负责人率代表团列席了在柏林举行的专业航空（通用航空）专家会议。

1961 年 2 月和 1962 年 7 月，中国民航代表团分别出席在莫斯科和柏林举行的国际民航企业会议，讨论了航空运价、费率等问题。

1974 年 2 月，中国恢复参加国际民航组织的活动后，出席各种国际民航会议逐渐增多。从1974年起，中国政府先后派代表团出席了国际民航组织第二十一届（1974年）、二十二届（1977年）、二十三届（1980年）、二十四届（1983年）、二十五届（1984年特别大会）和第二十六届（1986年）大会。中国还有选择地参加或列席了该组织或与该组织有关的一些地区性和专业性会议，包括部分亚洲太平洋地区民航局长非正式会议、非洲民航委员会会议、欧洲民航会议，以及该组织的法律、航行、通信、机场、气象、防止事故等专业性会议。

二、国际组织

中国是联合国创始国之一，但中华人民共和国成立后，在霸权主义大国的操纵下，中国长期被非法排除在联合国及其有关机构里的正常活动之外。这一问题直到1971年才得到解决。

（一）国际民航组织。

国际民航组织是根据1944年的《国际民用航空公约》（即《芝加哥公约》）的规定，于1947年4月4日正式成立的。这个组织是各国政府间的国际机构，是联合国专门机构之一，它在制定民航技术政策与行政立法及推动国际民航事业的发展等方面起着重要作用。该组织的总部设在加拿大蒙特利尔。截至1987年，已有157个缔约国。

早在1944年12月9日，当时的中国政府就在《国际民用航空公约》上签了字，并送交了批准书，成为国际民航组织的成员国。新中国成立后，这一席位一直被台湾国民党政权非法窃据。1971年11月19日，国际民航组织第七十四届理事会第十六次会议通过决议，承认中华人民共和国政府的代表为中国的唯一合法代表，从而自该组织中驱逐了台湾国民党政权的代表。对这一重大问题，中国民航总局未能及时采取行动，1973年8月，周恩来总理批评了当时中国民航局主要负责人，并指示应该参加国际民航组织，他说："参加进去发言权就大了"。1973年11月，中国民航总局邀请国际民航组织理事会主席华尔特·毕纳吉访华，讨论中国参加该组织活动的种种问题。1974年2月15日，中国外交部姬鹏飞部长通知国际民航组织秘书长阿沙德·

柯台特：中国政府决定承认1944年《国际民用航空公约》和加入有关修正议定书，并决定自即日起恢复参加该组织的活动。

中国恢复参加国际民航组织的活动，对于学习别人、宣传自己是大有好处的，作为国际讲坛也有其积极作用。中国参加这个组织的方针是：扩大与各国民航的联系，了解各国航空事业发展的动态，促进技术经济与管理经验的交流，便利中国发展国际通航，加强与第三世界国家的团结，反对航空霸权主义，以推动国际民航事业的发展。

1974年12月，中国政府委派何凤元为驻国际民航组织理事会代表。中国民航局负责人主持中国参与国际民航组织的各项活动，做了不少有益的工作。由于中国的国际威望和各有关人员的努力，中国迄今已连续六届当选该组织理事国，受到各国特别是第三世界国家民航代表的重视。但代表处的工作亟须加强，使中国在国际民航组织中起到更大的作用。

（二）国际电信联盟。

中国是国际电信联盟（联合国专门机构之一）的成员国。国际电联涉及中国的事务由中国邮电部主办，中国民航局参加涉及航空电信的活动。

1978年2月，中国民航总局指挥部副主任王乃天率中国代表团出席在日内瓦举行的国际电信联盟航空移动（航路）业务世界无线电行政大会。王乃天当选为会议6位副主席之一，并代表中国在会议"最后文件"上签了字。

（三）国际航空运输协会。

1976年11月，国际航空运输协会理事长克努特·哈马舍尔德来访，开始与中国民航企业建立非正式关系。该协会由100多家世界主要航空公司组成。中国民航企业采用了该协会制定的规章制度、运价等，便利了国际联运。

1981年5月，中国民航技术小组列席国际航空运输协会在曼谷召开的东南亚、太平洋地区第十一届技术专家会议。这是中国民航第一次列席国际航空运输协会的会议。以后又列席第十二届技术专家会议。

（四）国际航空电信公司。

1980年7月4日，中国民航企业参加了国际航空电信公司，便利了中国与世界各地的航空业务通信联系。该公司由100多家航空公司组成，主要业务是向各航空公司提供通信服务。

三、国际公约

中国从 1958 年至 1980 年，先后加入了有关国际民航方面的 6 个国际公约。

（一）《华沙公约》。

《华沙公约》订于 1929 年 10 月 12 日，全名是《统一国际航空运输某些规则的公约》。截至 1986 年，参加国共有 130 多个。公约主要规定了对每一旅客的赔偿限额为 12.5 万金法郎，对行李货物的损害或丢失，每公斤赔偿限额为 250 金法郎。公约还规定了国际航空运输有关的文件格式。

为了与国际上对航空运输中造成旅客人身伤害、货物、行李损害或丢失的赔偿金额和诉讼程序取得一致，避免纠纷，加强中国民航的竞争能力，中国于 1958 年 7 月 20 日加入了《华沙公约》。该公约自同年 10 月 18 日起对中国生效。

（二）《国际民用航空公约》。

《国际民用航空公约》（简称《芝加哥公约》）是 1944 年 12 月 7 日在美国芝加哥市签订的，自 1947 年 4 月 4 日起生效。《芝加哥公约》是世界上最重要的民航国际公约，主要内容包括：承认各国对其领空具有完全的排他的主权；对定期航班和不定期飞行的权利做出了规定；对空中航行有关事项、航空机的国籍、便利空中航行的措施、航空机应履行的事项、国际民航技术标准和建议措施、组成国际民航组织、国际航空运输等等，都作了原则性规定。

1944 年 12 月 9 日，当时的中国政府在公约上签了字，并于 1946 年 2 月 20 日送存了批准书。1950 年 5 月，台湾国民党政权因无力缴付国际民航组织会费而退出公约，1953 年 12 月 20 日又非法重新加入公约。1971 年 11 月 19 日，国际民航组织理事会决议承认中华人民共和国政府的代表为中国的唯一合法代表。1974 年 2 月 15 日，中国外交部姬鹏飞部长通知国际民航组织，中国政府决定承认 1944 年《国际民用航空公约》和加入有关修正议定书。

（三）《海牙议定书》。

《海牙议定书》签订于1955年9月28日，全名是《修改1929年10月12日在华沙签订的统一国际航空运输某些规则的公约的议定书》，截止1987年，有缔约国100余个。《海牙议定书》主要是将《华沙公约》规定的旅客伤害赔偿限额增加1倍。中国于1975年8月20日加入了《海牙议定书》，该议定书自同年11月18日起对中国生效。

（四）《东京公约》。

鉴于国际上劫持飞机和影响航空安全的其他犯罪行为不断发生，为防止这种犯罪行为和统一对这类犯罪行为的处理办法，各国协商制订了三项国际公约，即《东京公约》《海牙公约》《蒙特利尔公约》。

1978年11月14日，中国加入了1963年9月14日在东京签订的《关于航空机内的犯罪和其他某些行为的公约》（简称《东京公约》），该公约自1979年2月12日起对中国生效。截至1987年，《东京公约》已有120多个缔约国。

（五）《海牙公约》。

1980年9月10日，中国加入了1970年12月16日在海牙签订的《关于制止非法劫持航空机的公约》，（简称《海牙公约》），该公约自同年10月10日起对中国生效。截至1987年，已有120多个缔约国。

（六）《蒙特利尔公约》。

1980年9月10日，中国加入1971年9月23日在蒙特利尔签订的《关于制止危害民用航空安全的非法行为的公约》（简称《蒙特利尔公约》），该公约自10月10日起对中国生效。截至1987年，已有120多个缔约国。

1983年5月5日，中国民航三叉戟型296号飞机从沈阳起飞前往上海途中，被武装暴徒劫持去南朝鲜。机上有旅客和机组人员共105人。中国民航局负责人于5月7日去汉城与南朝鲜当局交涉，除6名劫机暴徒外，飞机和其他人员于5月10日都回到中国。但南朝鲜当局公然违反国际公约关于严惩劫机犯罪分子的规定，竟在1983年8月18日判处劫机犯4至6年徒刑后，随即予以释放。

四、参加国际多边活动取得的主要成果

中国通过参加国际民航多边活动,体现了国家的对外方针政策,维护了国家的航空权益,密切了同世界各国特别是第三世界国家民航界的联系,了解了国际民航的发展动向,促进了技术交流,参与了世界民航的管理,也有利于中国民航事业的建设和发展。

(一)为改进国际民航的管理而努力。

国际航空运输多年来一直为少数航空大国所控制,广大第三世界国家对此十分不满,曾不断要求改善国际航空运输的现状,以建立国际民航的新秩序。中国一贯支持这一正当立场,并为此而做出了很大的努力。

1974年9月在蒙特利尔举行的国际民航组织第二十一届大会上,首次参加该组织的中国代表团团长在发言中指出:"我们认为国际民航事业能否得到普遍的、健康的发展,同广大第三世界国家民航事业的发展是分不开的。第三世界国家有着巨大的潜力,只要沿着正确的方向,依靠人民的力量,互相支援,团结一致,进行不懈的努力,就一定能够完成这项任务";"国际民航组织在制定工作计划时,要考虑到各个项目对大多数国家即第三世界国家的实际意义和需要,然后依此来安排我们的工作。这样才能真正有利国际民航的普遍发展,有利于改变目前的不合理局面,建立平等的、公正的、合理的国际民航新秩序";"我们认为有必要对发展中国家进行技术援助,但是一切真正的援助,都应尊重受援国的主权和民族尊严,援助的目的应该是帮助受援国走上独立自主地发展本国民航事业的道路,而不是受援国越来越依赖提供援助的国家"。

在1977年9月的国际民航组织第二十二届大会上,中国民航总局负责人曾义正词严地指出:"在国际民航界,国家不论大小、不论贫富、不论民航力量强弱,应该一律平等,不能由一二个超级大国垄断,在航线、运力、运输等各方面做到真正的平等互利和公平合理,并实行有效的管理。"

在1983年9月的国际民航组织第二十四届大会上,中国代表团还散发了书面发言,提出在尊重主权、平等互利、适当管理和友好合作的基础上逐步

建立国际民航新秩序。

1977年4月13日至26日，由中国民航总局指挥部副主任王乃天率领的中国代表团出席了国际民航组织30年来第一次召开的航空运输特别会议。会议讨论了当前国际航空运输界最迫切需要解决的问题，主要是美国推行"自由化"政策所造成的不良影响问题。王乃天在会上发言指出，超级大国极力维护旧的国际民航秩序，是造成目前国际航空运输界混乱局面的主要原因，并表示支持发展中国家反控制、反垄断、反霸权主义，要求建立国际民航新秩序的愿望。

中国民航维护建立国际民航新秩序的原则立场，受到了第三世界国家的普遍赞扬。

（二）捍卫中国的领土主权。

关于飞行情报区划界问题。1975年4月，国际民航组织远东太平洋地区办事处主任阿摩尔率技术小组来华访问，了解中国执行该组织1973年制定的远东太平洋地区航行规划的情况。中方提出中国未参加1973年9月该组织在檀香山召开的远东太平洋地区航行会议，对该次会议决定的本地区航行规划，中国不受约束。该次会议对涉及中国的飞行情报区的划界以及其他一些事项与实际情况不符，有的不合理，甚至有的侵犯了中国主权。中方提出关于中国飞行情报区划界等问题的方案，要求据以改正。这些问题因涉及的国家很多，历经周折，迄今尚未妥善解决。

关于航空频率区划分问题。1978年2月，中国民航总局指挥部副主任王乃天率中国代表团出席在日内瓦举行的国际电信联盟航空移动（航路）业务世界无线电行政大会。会议在采用单边带通信技术的基础上，修订了1966年制定的航空移动（航路）业务的频率分配规划，通过协商，划定了各种航空频率区的界限，分配了航空通讯高频频率。这次会议关系到改变10多年来航空移动（航路）业务方面的旧秩序，建立新秩序，情况比较复杂。会议打破了在亚洲地区的航空频率区划分的旧规定，经中国和一些友好国家的争取，第一次建立了包括中国和东南亚各国在内的"东亚"航空频率区，第一次建立了中国专用的航空频率区"6G分区"，有利于中国民航事业的发展。这次会议在划分航空频率区时涉及有争议的领土,尽管争论十分激烈,但中国代表在会议上始终坚持了严正立场。

关于中国南海危险区问题。1978年3月,国际民航组织未与中国商量,将A-1号国际航路的岘港—香港段由原经中国西沙群岛以北移至中国海南岛附近的公海上空,以至这一航路穿过中国海南岛与西沙群岛之间的航路。飞经A-1航路的外国飞机多次偏航飞入中国领空,严重影响国际飞行和中国飞机的安全。

为保证飞行安全,中国于1979年7月将海南岛附近的四个危险区对外公布,使大多数外国飞机绕过西沙群岛飞行。各国航空公司因绕飞增加了航程,持有不同态度和反应。中国政府为维护国际航行的安全和方便,根据各国的要求,放宽了避让危险区的有效时间,各国反映较好。在1980年9月16日至10月7日召开的国际民航组织第二十三届大会上,老挝、越南代表发言攻击中国在海南岛附近和西沙群岛设置危险区一事,并对西沙群岛的归属提出争论,中国代表据理予以驳斥,获得与会代表的广泛同情。

(三)支持第三世界国家谴责南非、以色列。

1974年9月,国际民航组织第二十一届大会讨论联大决议邀请经非洲统一组织所承认的民族解放运动参加会议时,阿拉伯国家提出要增加邀请巴勒斯坦解放组织,对以色列犹太复国主义进行了谴责。接着,非洲国家又响应联大不承认南非代表的决定,利用南非拒付部分会费的财务性议程,提出了谴责南非白人种族主义当局,要求停止其表决权。到会议后期,阿拉伯国家又提出禁止以色列开放耶路撒冷机场的提案。在各提案的辩论中,中国代表团都发言支持非洲和阿拉伯国家。这些提案都在经过激烈斗争后获得了通过。

1986年9月,在国际民航组织第二十六届大会上,阿尔及利亚等24个国家提出决议草案,谴责南非的种族隔离和种族歧视政策,敦促各国执行联合国大会通过的谴责南非的决议,禁止与南非签订双边航空协定,停止与南非的航空联系。美、英等西方国家以国际民航组织是技术性机构不应讨论政治问题为借口,反对大会通过该提案。中国代表发言重申了对此问题的一贯立场，投了赞成票，结果大会通过了该提案。

在同一次大会上，约旦等15个国家联合提出决议草案，谴责以色列继续非法干扰国际民航、威胁国际民航安全，要求大会执行国际民航组织第二十届大会的决议，采取适当措施，进一步制裁以色列。在多数国家支持下，通过了这个决议。中国代表发言谴责以色列，并投票支持联合提案。

（四）为延长现有飞机的使用而努力。

国际民航组织1980年第二十三届大会曾通过决议，决定从1988年1月1日起限制超过"国际民航公约"附件16规定的噪声标准的飞机飞行。西欧、北美等发达国家将按期执行这一决定，其中美国已于1985年8月1日起提前执行。这意味着第三世界所拥有的大多数老一代民航机（如波音-707、波音-727、DC-8、伊尔-62等型飞机），不能继续使用，将给第三世界国家在财政上带来较大困难，许多国家要求推迟限制日期。西方国家坚持既定日期，与多数国家形成尖锐对立。中国代表发言支持第三世界多数国家的立场。会议最后达成一项妥协决议，推迟了限期。

（五）反对非法干扰国际民用航空的行为。

对于非法干扰民用航空问题，联合国安全理事会曾几次通过决议和决定，谴责危害国际民用航空安全的行为，呼吁各国合作共同加以制止。国际民航组织也为此多次通过决议，并先后制订了三项国际公约。

中国曾一再表示支持反对非法干扰国际民用航空的恐怖行动的正义立场，并先后参加了《东京公约》《海牙公约》《蒙特利尔公约》。

（六）便利国际航行。

中国与日本之间的直接航路，是在国际民航组织推动下，由中国与日本及其他有关国家协商后建立的。1983年6月2日，中日双方在北京达成协议，决定从1983年8月4日起，开辟由上海直接通往日本福江的新航路。这一航路，比原来绕经南朝鲜大丘飞行情报区的中日航路缩短275公里，可节省21分钟飞行时间。

为便利国际航行，中国开放昆明—广州—香港航路为国际航路，不少航空公司飞行于中亚、西亚和欧洲与亚洲远东地区之间的国际航线大大地缩短

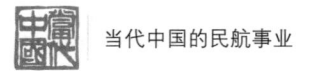

了航程,受到国际上的普遍赞扬。

此外,经中国提议,1976年4月5日,国际民航组织在第八十七届理事会第十二次会议上通过决议,敦促其他非政府性民航国际组织驱逐台湾国民党政权的代表。1977年9月,国际民航组织第二十二届大会通过决议,决定中文作为国际民航组织的工作语言之一。中国代表从此在大会和理事会上可用华语发言,由国际民航组织聘请中方同声传译人员译成其他工作语言。

第四节 技术合作

一、对外援助

中国为发展同社会主义国家和邻近国家的友好关系,根据国际主义的精神和支持第三世界的原则,曾在中国民航力量还很薄弱的情况下,先后给予一些国家力所能及的民航技术援助。

(一)帮助越南修建河内首都机场和进行飞机修理、人员培训以及航空摄影。

根据1961年1月31日中越两国政府签订的《技术援助和供应成套设备的议定书》,由中国援助建设越南河内首都机场。同年4月,中国派出首批援助专家进行勘察选址,提出了在内排地区建设机场的选址报告和机场设计任务书,并由越南政府和总理府分别批准。根据初步设计,建设一条长2800米、宽60米的水泥混凝土跑道,另有一条长2200米、宽30米备用跑道。跑道、通信、供电等项目的设计,由中方担任技术指导;导航、塔台集中控制系统和飞机大修厂设计,由中国在国内进行。此后,越方在设计要求上曾有所变动,中方的设计、材料、设备供应等不得不相应变更。1962年6月26日,越南黎清毅副总理接见中方代表时曾表示,越方在中国援越项目计划上存有缺点,给中方增加不少困难,但是中方还是尽力帮助解决。尽管中国当时有困难,还是尽量满足越方的需要。对中方的帮助,越方十分感激。1962年4月机场工程开工,1964年6月第一期场道工程竣工,6月25日试飞,7月越方正式使用河内首都机场。1965年第三季度,第二期工程完成,全部工程至此告一段落。同年10月,中国专家组工作结束回国。中国援助越南修建河内首都机场，前后历时5年，派出设计专家12名、施工专家36名，为越方培训设计干部50多名。越方对工程质量表示满意，越南政府还向中国专家授了勋。

从1959年至1976年的17年期间，中国民航局飞机修理厂为越南承修飞机70架次、发动机132台次，并支援了大批航空器材。1965年1月，中国民航局曾派技术工作组去河内，帮助越南修复因事故损坏的伊尔－14型飞机两架，其中一架为胡志明主席的专机。

1954年至1955年，根据中越双方协议，中国抽调一批航空专业人员前往越南，协助接管河内嘉林机场，承担运送四国监督小组成员赴各地执行任务，并实施飞行保证工作，后因计划改变，留下少数人员为越方培训技术业务人才。

1961年至1965年，越南先后派飞机修理厂厂长黎明和技术人员共57人，分6批来中国民航飞机修理厂学习伊尔－14、里－2和安－2型飞机、发动机和附件的修理。之后，还多次派出技术业务人员来中国民航学习发动机修理技术和经营管理知识。

1958年10月至12月，中国民航派出技术人员和里－2型飞机一架，援助越南在越北山区、林区执行航空摄影任务，共飞行42小时16分，航摄面积为2700平方公里，并为越方培训了一批航摄作业人员。之后，还曾派出里－2型飞机一架，参加为越方培训专业人员工作，使其能全面掌握航测技术及理论知识。

（二）帮助朝鲜修理飞机、培训人员和石油普查。

中朝两国民航当局于1959年2月18日签订了《技术合作协定书》，双方之间的合作是有一定成效的。

从1959年至1976年，中国民航总局的飞机修理厂为朝鲜承修飞机12架次、发动机78台次，并支援了大批航空器材。这里特别要提到的是，1973年朝鲜将一架日本制造的YS－11型涡轮螺旋桨式客机送来中国修理。当时，正值十年动乱期间，而且，中国也没有使用过这种飞机，要修复这架YS－11型飞机有很多困难。但是，中国民航总局飞机修理厂的技术人员和工人，遵照李先念副总理的指示，经过艰苦努力，历时3个多月，圆满完成了修理和试飞任务。

经朝方派空、地勤人员前来检查验收合格，并放行出厂。

1977年8月，朝鲜派出以民航技术部长洪日乾为首的技术代表团共13人来华，在中国民航飞机修理厂进行了为期3个月的观摩学习。

1964年2月至1965年1月，中国民航北京管理局航测大队协助地质部，援助朝鲜执行了海上石油普查工作，共飞行了200个作业小时。

（三）援助柬埔寨扩建暹粒机场。

援助柬埔寨扩建暹粒机场，是西哈努克亲王委托宾努亲王于1964年1月向中国提出的要求。1965年5月，中国民航专家赴柬进行勘察和设计，9月双方签署《会谈纪要》，由中方承担扩建工程的设计、所需设备和器材供应，并派遣专家和技术人员组织现场施工。1966年3月机场扩建工程开工，1968年4月全部工程完成，包括一条长2550米、宽45米的跑道，联络道，15200平方米的停机坪，航站楼和其他技术房屋9座，单向导航和夜航灯光设备，无线电、有线电通信设施以及供电、供水及气象等设施。1968年6月22日，柬埔寨政府举行了机场开放典礼，西哈努克亲王莅临剪彩并讲话，赞扬了中国援建工程的高速度和高质量，标志着中柬两国政府和人民的诚挚的合作和友谊。

另外，在1965年期间，中国民航飞机修理厂还为柬埔寨修理和改装伊尔－14型飞机5架次。

（四）援助阿尔巴尼亚改善地拉那机场设备。

1972年3月，中国政府民航代表团赴阿尔巴尼亚商谈中阿通航协定时，阿方提出地拉那机场通信导航设备陈旧，机务、地面服务设备简陋，不能适应大型飞机起降要求，并希望中方帮助解决。6月，中国政府确定，以中国政府名义赠送上述有关技术设备并协助安装。10月12日，中阿两国政府签订《关于中国向阿尔巴尼亚无偿提供地拉那机场补充设备的议定书》。据此，1973年9月，中国成套设备进出口公司与阿尔巴尼亚机械进口公司就具体项目签订"提供设备、材料合同"，提供了各种设备和材料。1974年3月，上述两公司还签订了"技术人员合同"。当年4月，由中国民航总局派出技术组13人赴阿，对设备安装和调试进行技术指导，为时1年半。1975年10月22

日，双方确认中国援助地拉那机场设备安装项目完工，质量良好，符合技术要求，并正式投产使用。1964年至1970年期间，中国还为阿尔巴尼亚修理和改装伊尔－14型飞机2架次，翻修发动机9台次。

此外，中国还向老挝提供航测技术援助和协助修理飞机；为蒙古人民共和国制造客梯等地面设备；刘少奇主席向尼泊尔国王赠送安－2型专机一架，中国政府赠送尼泊尔政府安－2型飞机两架，并为尼方培训了航空技术人员；协助澳门葡萄牙当局在澳门本岛及路环两个岛屿进行航空摄影；为古巴培训航空机械人员；为北也门培训伊尔－18型机空勤人员；为罗马尼亚飞行人员进行波音－707型机模拟器的训练工作，等等。

二、接受外援

根据自力更生为主、外援为辅的方针，中国民航有计划地接受了部分国外技术援助，以便加速中国民航事业的发展。

（一）聘请苏联专家。

1956年1月4日，中苏两国民航当局签订《民用航空技术合作的协定》。中国民航从1955年至1960年8月，在航行调度、机务维修、通信导航、教育训练、机场设计、科学研究、航空摄影等方面，先后共聘请78名苏联专家，来华帮助中国民航培养干部，建立和改进规章条例以及技术操作规定等。1960年8月，苏联政府突然撕毁派遣专家的合同，全部撤走帮助中国建设的苏联专家，其中也包括民航所聘的专家。

（二）接受联合国技术援助。

中国接受联合国技术援助是从1978年年底开始的。援款由联合国开发计划署拨给中国对外经济贸易部安排，民航的技术援助项目由国际民航组织协助执行。

1979年12月，中国民航接受联合国开发计划署援款30万美元，项目为"北京首都机场新建候机楼客机坪现代化"。国际民航组织派来7名专家，介绍国外有关机场整体规划、修建、管理、民航业务统计和预测等情况。中国民航先后派出10名修建、设计系统工程技术人员赴美国、法国、瑞士、联邦德国、加拿大 5 国考察了 10 个机场，为北京首都机场引进了测距仪、书写电话等设备。

1982 年 11 月，中国民航接受联合国开发计划署援款 240 万美元，援助项目为："加强并使民航训练设施现代化"和"加强并使航空气象服务现代化及培训气象人员"。前一项目援款 178 万美元，作为中国民航在天津民航学院筹建训练中心的部分资金，该中心第一期工程业已完成，并于 1985 年 5 月正式成立。

中国还接受国际民航组织亚洲太平洋地区助学金。从 1980 年至 1985 年，已选送了 20 多个专业的 100 多名人员，分别去马尼拉、曼谷、新加坡等地区民航训练中心，进行了短期的培训学习。

（三）联邦德国汉莎航空公司帮助培训人员。

联邦德国政府提供给中国 50 个助学金名额。1981 年至 1982 年，分配给中国民航 24 个名额，中国民航先后分两批派出有关技术业务人员前往联邦德国汉莎航空公司训练中心学习。

1984 年至 1985 年，由联邦德国资助，在汉莎航空公司训练中心和机务基地，为中国民航培训 15 名机务管理干部。

1985 年 11 月至 1987 年 7 月，中国民航北京维修基地还聘请汉莎航空公司的 15 名专家，帮助基地改进管理工作。

此外，澳大利亚、意大利和美国，对中国民航在技术和人员培训方面，也有资助。

新中国成立 38 年来，中国民航的国际关系不断发展。特别是中共十一届三中全会以后，中国实行改革和开放方针，使中国在政治、经济、外交、外贸、科技、文化各方面都出现生机盎然的局面，国际交往日趋频繁。所有这些，为中国民航国际通航和其他民航国际活动的进一步开展提供了有利条件。随着中国民航管理体制改革的顺利进行和技术业务力量的不断加强，中国民航国际关系必将出现一个崭新局面，为逐步建立国际民航新秩序做出应有的贡献。

结 束 语

　　新中国民航事业，历经38年，已经有了长足的发展；尤其是中共十一届三中全会以来，取得了更大的成就，并逐步总结了正反两方面的经验和教训。

　　中国民航只有坚持实事求是的思想路线，一切从实际出发，加强调查研究，按照客观规律制订建设发展规划，并切实付诸实施，才能使民航事业持续、稳定、协调地发展。要适应国民经济建设发展的需要，搞好综合平衡，确保飞行安全，提高经济效益。要改革现行的管理体制，调整内部各方面的关系和经济技术结构。要根据中国的社会特点，不断进行市场预测，调查研究国内外经济、旅游、贸易和劳务合作事业的发展以及社会各方面对民航的需求，认真做好航空运输和通用航空的长远发展规划与年度计划，并按照生产的规模和实际需要，搞好飞机选型和机场建设工作。要有效地发挥航空优势，发展地面交通不便地区和长途旅客的航空运输，逐步向综合交通体系以及跨国经营的方向发展，积极参与国际航空市场的竞争；同时，要采取有力措施，保护国家航空权益。还要搞好民航内部各项比例关系的协调，做到机场建设与机群更新相适应，飞机、设备购置与运力需求相适应，人才培训与生产建设相适应，经营管理与生产发展相适应。

　　中国民航只有搞好管理体制改革，实行简政放权、政企分开，才能增强企业发展的活力，强化行政管理的职能。管理体制改革，必须遵循中共中央确定的"既积极又稳妥"的方针，有计划、有步骤、有秩序地展开。改革一定要有利于发展生产力和提高经济效益，有利于保证飞行安全和改善服务工作。改革的主要内容是，将民航原有的四级管理体制改变为民航局和民航地区管理局两级管理，以便更有效地实施行业管理，加强行政监督；成立若干个国家骨干航空公司，实行独立核算、自主经营，并运用竞争机制，增强企业自我积累、自我改造和自我发展的活力；全国民用机场对所有航空企业开放，并提供相应的设施、设备与技术等服务。

要利用一切可能利用的人力、物力和财力，充分发挥地方和部门办民航的积极性，依靠各省、自治区、直辖市政府加强对民航的领导，以加速民航事业的发展。要充分利用一些军用机场及其部分技术装备，为发展民航事业创造有利条件。

中国民航应对地方和部门办民航给予积极的引导与帮助。成立地方航空企业和开辟地方航线，要认真进行可行性论证，不要仓促上马、一哄而起。要大力支持地方开办通用航空企业，在保证飞行安全、人员培训和作业质量等方面给予多种形式的帮助。成立航空企业，要符合国家规定的条件，并按规定程序履行审批手续，取得经营许可证，并办理营业执照后，方准开业。这样，才能保证民航事业健康地、有秩序地向前发展。

中国民航只有始终坚持"安全第一"的方针，才能确保飞行安全。周恩来总理"保证安全第一，改善服务工作，争取飞行正常"的批示，阐明了中国民航的前进方向，是民航工作的指导方针。

民航无论航空运输或通用航空作业，都是在空中实施的。由于飞机的飞行速度快、连续性强，如果飞行不安全，将会造成无法弥补的损失。因此，保证安全具有特殊重要的意义。民航工作千头万绪，只要抓好了安全，就抓住了根本。在确保安全的前提下，改善服务工作，争取飞行正常，民航事业就能大发展。

安全、正常、服务好，是民航各项工作的综合指标，是民航飞行、航务、机务、运输、油料、场建、公安、航材等各部门共同努力的目标。要经常抓好技术物质保障部门的各个工作环节，做到规范化、标准化、制度化。

要大力改善基础设施，提高科学技术水平。除了加快飞机更新步伐，逐步添置新型飞机外，还要抓好基础设施建设，在航务管理、机务维修、人员培训、机场修建、安检设备、油库建设以及使用计算机管理等方面做到成龙配套，协调发展，为飞行安全提供更加完备和先进的保证手段。

中国民航只有迅速培养一大批掌握现代化科学技术和懂得现代化管理的

人才，才能加快民航事业的发展。民航是一个现代科学技术综合应用的部门，是技术密集型的产业。从长远着眼，民航技术装备的更新，管理水平和经济效益的提高，安全保证和服务工作的改进，都取决于民航职工素质。因此，要牢固树立"百年大计，教育为本"的思想，把发展教育事业放在突出的战略地位，加速造就一支技术精、业务熟、作风好的民航职工队伍。

十年动乱使民航教育训练工作受到了严重的破坏。中共十一届三中全会以来，经过恢复和整顿，已初步建立起一个多层次、多专业的人才培训体系。但在培养人才的数量和质量方面，都还远远不能满足民航事业发展的需要。因此，要采取有力措施，加快民航各类院校建设，改革教育训练体制。办好空地勤院校，是培养民航技术人员的重要途径。要改革民航院校教育，调整专业结构，更新教学内容，广泛吸取国内外现代化科学技术和管理方法，以适应民航生产建设的实际需要。同时，要积极发展成人教育，努力搞好上岗前培训和在职培训工作，并有计划地开展培训人才的国际交流与合作。

中国民航只有抓好社会主义精神文明建设，加强思想政治工作，建设一支新型职工队伍，才能保证民航事业健康地发展。民航是体现国家社会主义物质文明建设和精神文明建设的窗口。民航职工工作的好坏，直接关系着民航和国家的声誉。民航生产和工作还具有点多、线长、面广、流动性大和涉外面宽等特点，这对民航职工素质提出了更高的要求。因此，要加强对民航全体职工的思想工作和政治工作，使之牢固树立"人民航空为人民"的思想，全心全意为旅客、货主、用户服务，具有良好的职业道德，成为有理想、有道德、有文化、有纪律的新型职工队伍。

回顾历史，中国民航事业取得了可喜的成就。展望未来，任重道远，必须认真贯彻中共十三大和全国七届人大的精神，以改革统揽全局，进一步实行对外开放、对内搞活经济的方针，充分发挥中国民航在建设具有中国特色的社会主义事业中的作用。

在管理体制方面，必须集中主要力量，在"七五"期间全面完成管理体制的改革，实现简政放权、政企分开，充分调动中央和地方两个积极性，形成一个比较完整的民航体系，使中国民航事业有一个较大的发展，以适应改革和开放的需要。

在航线布局方面,随着中国交通运输结构的调整,在远程运输以及陆路、水路不便的地区,必须大力发展航空交通。随着国家社会主义现代化建设的发展,对航空运输的需求将会不断增长,因此,民航事业应当而且必须有一个大的发展。国内航线,除已连接全国30个省、自治区、直辖市的主要工业城市和旅游点之间的航线外,将重点开辟通往沿海开放城市、经济特区和新的旅游点以及西南、西北边远地区的航线。国际航线,在通往五大洲24个国家的基础上,将逐步增辟新的通航点,以形成一个比较完整的国际航空网络。同时,将根据客观需要,不断增加国内外航线的航班密度。

在通用航空方面,要继续贯彻为工农业生产和科研服务的宗旨。要在巩固和发展原有的航空摄影、航空遥感、航空物探、航空护林、航空播种、航空化学作业、石油勘探飞行服务和航空吊挂等作业项目的同时,大力开拓新的服务领域,积极发展新项目、新技术、新工艺和增添新设备,更好地为国民经济建设和社会发展做出新的贡献。

在技术装备更新改造和基础设施建设方面,为了增强中国民航在国际航空市场的竞争能力,提高社会经济效益,不断满足社会对民用航空日益增长的需要,必须不断地更新和扩充机群,尽可能采用具有先进水平的新机型。要根据机型性能的要求和运输生产发展的需要,相应地加快扩建、改建和新建机场的步伐。要大力加强通信导航、空中交通管制、机务维修、气象保证、油料供应以及地面设备和服务设施的建设,以确保飞行安全和提高服务质量,力争到20世纪末使中国民航的技术装备和经营管理水平进入世界先进行列。

根据中国民航事业的初步发展规划,在"七五"期间,航空运输和通用航空生产,要保持较快的发展速度,以满足社会的需要。到2000年,航空运输总周转量和通用航空飞行量将成倍增长,在国家经济建设和社会发展以及对外交往等方面,将起到越来越大的作用,并对国际民用航空的发展将做出更多的贡献!

附录

中国民航事业大事年表

(1949 年 11 月至 1987 年 12 月)

1949 年

11 月 2 日　中共中央政治局会议决定,在人民革命军事委员会下设民用航空局,受空军司令部之领导。任命钟赤兵为民用航空局局长。

11 月 9 日　中国航空公司总经理刘敬宜、中央航空公司总经理陈卓林率领两公司在香港的全体员工光荣起义,脱离国民党政权,接受中央人民政府领导。两公司总经理等乘坐潘国定机长驾驶的 CV-240 型 XT-610 号飞机由香港直飞北京,其余 11 架飞机(3 架 C-46、8 架 C-47 型飞机)由陈达礼机长带队从香港直飞天津。两公司总经理为此联名致电毛泽东主席、周恩来总理。毛泽东主席于 12 日复电表示欢迎和慰问。周恩来总理 12 日致函宣布两公司受中央人民政府管辖,并任命刘敬宜为中国航空公司总经理、陈卓林为中央航空公司总经理。

12 月 5 日　军委民航局局长钟赤兵召集刘敬宜、陈卓林、查夷平、邓士章等开会,宣布政务院的通知,中国、中央两航空公司归民航局领导。

12 月 10 日　周恩来总理召集聂荣臻、章伯钧、李克农、李运昌、刘亚楼、钟赤兵、乔冠华、刘敬宜、陈卓林等开会,宣布政务院的决定:中国航空公司董事长为章伯钧,副董事长为李克农、刘敬宜,董事为钟赤兵、凌鸿勋、凌士芬;中央航空公司理事会理事长为钟赤兵,副理事长为李运昌、陈卓林,理事为刘亚楼、杨立三、邓士章、查夷平、吴克坚、张国坚;中国航空公司基地设在天津,中央航空公司基地设在广州。

1950 年

3月27日　中国政府和苏联政府在莫斯科签订《关于创办中苏民用航空股份公司的协定》。

3月31日　军委民航局局长钟赤兵、副局长唐凯给毛泽东主席和中共中央的报告中,建议民航的经营方针为"小飞的原则"和"采用企业制"。毛泽东主席4月3日批示:"所拟方针可用,具体实施办法,请与周总理、聂参谋长商酌办理,并与空司协商配合。"

4月3日　周恩来外长就中国民航飞机在香港被炸毁一事发表声明:我国民航飞机7架,在由英警负责警卫的香港英国当局军事禁区内被炸毁事件,香港英国当局应负完全直接责任。

5月17日　章汉夫副外长就香港英国当局扣押中国民航所属中国、中央两航空公司停放在启德机场的70架飞机,向英国政府提出严重抗议。

7月1日　中苏民用航空股份公司正式成立,总经理为苏联的谢德略列维奇、副总经理为中国民航总局负责人。该公司从即日起,开辟北京—赤培、北京—伊尔库茨克、北京—阿拉木图等三条国际航线。这是新中国民航国际航线的正式开航。

7月27日　民航局为 CV–240 型 XT–610 号飞机命名"北京号"举行命名典礼。毛泽东主席亲自为该机题写了"北京"二字。

8月1日　天津—北京—汉口—重庆、天津—北京—汉口—广州航线正式开辟。这是新中国民航国内航线的正式开航。

8月5日　全国各地邮局开始收寄国内航空邮件。

9月21日　军委民航局局长钟赤兵发表声明,指出该局直辖中国航空公司和中央航空公司留置在美国、菲律宾、泰国、日本等国境内的财产,各有关国家政府应保护我产权,不得作任何处理。

11月1日　中央人民政府人民革命军事委员会颁发《中华人民共和国飞行基本规则》。民航局公布《外国民用航空器飞行管理规则》。

11月24日　周恩来总理书面通知中央财政经济委员会李富春主任："兹规定军委民航局在行动上由空军司令部指挥，在业务上归中财委领导，并请你主管。"

1951年

3月12日　中共中央军委总政治部决定成立军委民航局政治部，唐凯兼任政治部主任。

4月24日　中央财政经济委员会颁布《旅客意外伤害强制保险条例》。据此，军委民航局与中国人民保险公司商订了《飞机旅客意外伤害强制保险办法》，自7月1日起实行。

5月24日　政务院公布《进出口飞机、机员、旅客、行李检查暂行通则》。

5月　广州市卫生局租用民航C-46型飞机1架，在广州市上空喷洒DDT乳剂消灭蚊蝇。这是新中国民航首次执行通用航空飞行作业任务。

7月2日　中央军委命令民航局派三架C-46型飞机参加支援解放西藏空投物资任务。由潘国定、张家骅、张镒三个机组组成的支藏中队，从8月15日至次年7月20日，共飞行50架次、250多小时，空投物资12.2万公斤。民航支藏中队荣立集体二等功，潘国定荣立一等功。

12月5日　重庆—西昌航线正式开辟。这是新中国民航开辟的第一条地方航线。

是年　中国民航从苏联订购的里-2型飞机到货并加入航班飞行。

1952年

4月至6月　中国民航在黑龙江省牡丹江林区和大小兴安岭林区，使用爱罗-45型飞机，首次进行航空护林。

5月7日　中央军委、政务院做出《关于整编民用航空的决定》。决定将民航局改归空军建制，并将民用航空的行政管理和业务经营机构分开，改设民用航空局与民用航空公司。民用航空局成为民用航空事业的行政领导机构，民用航空公司为经营业务的机构。

7月17日 中国第一个国营民用航空运输企业——中国人民航空公司在天津成立，由方槐任经理、李平任副经理。

8月2日 章汉夫副外长发表声明，严重抗议英国政府劫夺中国的中国航空公司和中央航空公司留在香港的全部资产，其中包括飞机70架。章汉夫副外长12月18日就此事再度发表了抗议声明。

年底 3年国民经济恢复时期结束。中国民航已开辟13条航线，通航里程13123公里，其中国内航线10条，通航里程7979公里；国际航线3条，通航里程5144公里。全年完成运输总周转量435万吨公里，运送旅客2.2万人次，载运货物和邮件2047吨。全民航共有职工2499人，各型飞机45架。

1953年

5月至6月 中国民航在江苏省微山湖地区，使用波二型飞机，首次喷洒六六六药粉除治蝗虫，蝗虫死亡率达到80%以上。

6月9日 中国人民航空公司撤销。

6月 林业部森林调查设计局为普查森林资源，租用中国民航里-2型飞机，在黑龙江省牡丹江大海森林区首次进行森林航空摄影。

1954年

7月 地质部租用中国民航爱罗-45型飞机两架，在承德地区首次进行航空磁测。

10月12日 中国政府和苏联政府发表会谈公报，经中苏两国政府协议，自1955年1月1日起，将中苏合营公司中的苏联股份全部移交给中国。其中，包括中苏民用航空股份公司。

11月10日 国务院通知，中国民用航空局直属国务院领导，民航局的工作由国务院第六办公室掌管。

12月30日　中国政府和苏联政府《定期交通航空协定》在北京签订。（1966年4月4日在莫斯科重新签订，中国政府于同年7月9日批准，苏联政府一直未予批准。）

12月31日　中苏民用航空股份公司移交大会在北京举行。

1955年

1月1日　中国民航开辟北京—伊尔库茨克（自1974年1月30日起将航线改为北京—莫斯科）、乌鲁木齐—阿拉木图（自1957年6月30日起停航）国际航线。

同日　苏联民航开辟莫斯科—伊尔库茨克—北京（自1974年2月2日起将航线改为莫斯科到北京）、阿拉木图—乌鲁木齐（自1959年11月6日起停航）国际航线。

5月26日　印度尼西亚总理阿里率友好代表团乘坐中国民航CV-240型401号（又称"北京号"）专机从广州至北京。这是新中国民航首次在国内执行外国首脑的专机任务。

11月8日　中国政府和缅甸政府《航空运输协定》在仰光签订。

12月19日　中国民航局局长邝任农率领代表团赴莫斯科出席民用航空主管机关代表会议。

是年　中国民航从苏联订购的伊尔-14型飞机到货并加入航班飞行。

1956年

2月21日　刘少奇委员长听取了中国民航局的工作情况汇报，并指出："中国是个大国，必须发展民用航空，这一点是肯定的，同时，中国又是个强国，没有强大的空军是不行的，强大的空军必须有强大的民用航空。民航和空军基本上是一回事，不打仗搞经济工作，打起仗来就搞军事工作，所以要密切结合起来，训练、使用机场、飞机类型都要密切结合。但要有一点分别，就是不要都穿军装到机场，不要太雄赳赳、气昂昂，要和平一点。"

4月2日 毛泽东、刘少奇、周恩来、邓小平、彭真等中央领导人在中南海接见出席中国民航局首届先进生产者代表会议的全体代表,并同大家一起合影留念。接见时,毛主席同"两航"起义的黄琨、林立仁亲切握手。

4月5日 中国政府同越南政府《民用航空运输协定》在北京签订。(1971年5月30日在北京重新签订。)

4月11日 中国民航开辟昆明—曼德勒—仰光国际航线。

4月24日 中国民航开辟广州—南宁—河内国际航线。(自1957年1月1日起将航线改为南宁—河内,自1971年5月起又将航线改为北京—南宁—河内。该航线自1979年2月17日起停航。)

5月29日 中国民航飞行技术主任检查员潘国定等,驾驶CV－240型401号飞机,试航北京—成都—拉萨成功。

7月9日 中国民航专业航空大队爱罗－45型958号飞机,执行地质视察飞行任务,在陕西省灵宝县境内撞山失事。这是中国民航通用航空飞行发生的第一次机毁人亡的一等事故。

11月17日 中国民航派出伊尔－14型632号、626号飞机,执行周恩来总理访问越南、柬埔寨和缅甸三国的专机任务,次年2月8日返回北京。这是中国民航首次担负国家领导人出国访问的专机任务。

11月 国务院做出由中国民航局统一接办航空摄影工作的决定。

1957年

4月至5月 中国民航专业航空队第一次承担铁道部沿京包线、丰沙线和北京至大同段进行铁路选线航空摄影。

8月22日 国务院批准中国民航局有选择地与不通航中国的外国航空公司建立业务代理关系,以便利和扩大国际航空联运。

10月5日 周总理在中国民航局关于中缅通航一周年总结报告上批示:"保证安全第一,改善服务工作,争取飞行正常。"这一批示,从此成为民航工作的指导方针。

年底 中国民航已开辟27条航线，通航里程26445公里，其中国内航线23条，通航里程22120公里；国际航线4条，通航里程4325公里。全年完成运输总周转量1534万吨公里，运送旅客6.85万人次，载运货物和邮件7976吨。通用航空飞行24516小时。全民航共有职工7554人，各型飞机118架。

1958 年

1月17日 中国政府和蒙古政府《航空交通协定》在乌兰巴托签订。

2月27日 国务院决定，中国民航局划归交通部领导。

3月1日 北京首都机场正式启用。

4月5日 中国民航成都管理处伊尔－14型632号飞机，执行成都—西安—北京航班任务，在西安西南约70公里处撞山失事，旅客9人、机组5人全部遇难。这是中国民航运输飞行发生的第一次机毁人亡的一等事故。

4月15日 遵照国务院、交通部和空军的指示，中国民航局局长邝任农发布117号命令，要求民航全体人员贯彻"安全第一"的方针，杜绝飞行事故，确保飞行安全。

5月 中国民航开辟北京—乌兰巴托国际航线。（自1962年7月起改为不定期飞行，以后即停航）。

7月1日 国务院批准中国民航的国内航空客货运价平均降低40%，专包机收费标准降低50%。

7月18日 中国民航与北欧航空公司签订联运代理合同。这是中国民航与不通航中国的外国航空公司签订的第一个联运代理合同。

7月中旬 黄河出现30年来从未有过的大洪峰，京汉铁路中断，民航派出飞机在12天内疏运郑州至新乡间的旅客6607名。

7月20日 中国正式加入1929年10月12日在华沙签订的《统一国际航空运输某些规则的公约》（简称《华沙公约》）。该公约自1958年10月18日起对中国生效。

8月20日 中国民航上海管理处革新型106号飞机执行北京—济南—南

京—上海航班任务,在南京正北约 60 公里的来安县坠毁,旅客 9 人、机组 4 人全部遇难。

11 月 11 日　蒙古人民共和国民航局开辟乌兰巴托—北京国际航线。(自 1967 年 12 月 23 日停航。)

12 月 3 日至 31 日　应越南政府邀请,中国民航派出里-2 型飞机 1 架,帮助越南在山林地区进行航空摄影。这是中国民航首次派飞机赴国外执行通用航空飞行作业任务。

1959 年

2 月 18 日　中国政府和朝鲜政府《航空运输协定》在北京签订。

3 月 26 日　中国政府和锡兰(斯里兰卡)政府《航空运输协定》在北京签订。

4 月 1 日　朝鲜民航局开辟平壤—北京国际航线。

4 月 3 日　中国民航开辟北京—沈阳—平壤国际航线。

9 月 18 日　中国民航从苏联订购的伊尔-18 型飞机到货,次年 4 月 1 日正式加入航班飞行。

1960 年

2 月 3 日　山西省平陆县凤南公路张沟段 61 名民工发生食物中毒,要求从北京空运急救药品到平陆。由于种种原因,民航未能承担这次急救运输任务,受到批评。

7 月 16 日　苏联政府突然照会中国政府,单方面决定撤走全部在华的苏联专家,在民航工作的苏联专家也随之撤走。(中国民航从 1955 年开始,在航行、机务、通讯、训练、机场设计、科研和航空摄影等方面,先后聘请了 78 名苏联专家。)

8 月 10 日至 9 月 8 日　郭沫若副委员长率领全国人大代表团乘坐中国民航伊尔-18 型 204 号专机赴印度尼西亚访问。这是中国民航飞机首次飞越海洋执行出国专机任务。

11月17日　国务院决定,中国民航局改为交通部民航总局。

1961年

9月15日　中国民航上海管理局专业飞行大队机长邵希彦驾驶运-5型飞机,在山东省青岛地区执行任务时,叛逃南朝鲜,后转赴台湾。

1962年

1月13日　中国政府和老挝王国政府《航空运输协定》在康开签订。(1974年8月27日与老挝临时民族联合政府重签。1978年6月28日又与老挝人民民主共和国政府再次重签。)

2月7日　中国民航开辟思茅—丰沙里国际航线。同年12月11日起停航。

4月15日　中共中央、国务院发出《关于改变民航管理体制的通知》,决定将中国民航总局由交通部部属局改为国务院直属局。

6月20日　空军司令部批准中国民航总局机关设立六个局、办公室、科委办公室和政治部。

1963年

5月20日　国务院批准中国民航开辟东南亚、西亚、非洲航线。同时决定,除原已开放的昆明、南宁、广州外,增加开放上海以供国际通航。

8月29日　中国政府和巴基斯坦政府《航空运输协定》在卡拉奇签订。

11月25日　中国政府和柬埔寨政府《航空运输协定》在金边签订。

是年　中国民航从英国订购的子爵号飞机到货并加入航班飞行。

1964年

4月29日　巴基斯坦国际航空公司开辟达卡—上海—达卡国际航线。(自

1972年1月1日起,将航线改为卡拉奇—科伦坡—仰光—上海—广州,自1973年1月20日起,又将航线改为卡拉奇经拉瓦尔品第飞经中国西北航路至北京和上海,巴航为第一家飞经中国西北航路至北京的外国航空公司。)

5月19日 柬埔寨王家航空公司开辟金边—河内—广州国际航线。(自1966年6月25日起,将航线改为金边—香港—广州。自1969年12月5日起停航。)

11月6日 中国政府和印度尼西亚政府《航空交通协定》在北京签订。

1965年

1月6日 印度尼西亚鹰航空公司开辟雅加达—金边—广州国际航线。次年3月13日起停航。

3月1日 北京—成都—拉萨航线正式开航。

3月23日 周恩来总理乘坐巴基斯坦国际航空公司的专机赴罗马尼亚访问途中,对民航总局二局局长王建功说:"中国民航不飞出去,就打不开局面。一定要飞出去,才能打开局面。"周总理还给巴航题词:"PIA的组织好,效率高,还有它的负责精神和服务态度,都值得中国民航学习。"

5月2日 中国政府和阿联(埃及)政府《航空交通协定》在北京签订。

6月3日至10日 周恩来总理率领中国政府代表团乘坐中国民航伊尔-18型208号专机赴坦桑尼亚访问。这是中国民航飞机首次飞往非洲执行专机任务,共飞行81小时11分、44361公里,途经12个国家和地区,在8个国家的机场起降。

7月17日至28日 邓小平总书记率领代表团乘坐中国民航伊尔-18型212号专机赴罗马尼亚出席罗共第四次代表大会。这是中国民航飞机首次飞往欧洲执行专机任务。

10月16日 国务院同意民航实行义务工役制(1969年2月27日,中央军委办事组批复民航普遍实行义务工役制。1980年3月18日,国务院、中央军委同意民航从1980年起不再补充义务工,现有义务工从1980年起到1981

年底止分三批改为固定工或退役）。

年底 中国民航已开辟51条航线，通航里程39436公里，其中国内航线46条，通航里程34961公里；国际航线5条，通航里程4475公里。全年完成运输总周转量4662万吨公里，运送旅客27.21万人次，载运货物和邮件27163吨，通用航空飞行21572小时。全民航共有职工18449人，各型飞机355架。

1966年

6月1日 中国政府和法国政府《航空交通协定》在巴黎签订。

9月19日 法国航空公司开航巴黎—雅典—开罗—卡拉奇—金边—上海国际航线。（自1973年9月8日起，将航线终点站上海改为北京。）

1967年

1月26日 国务院、中央军委下达《关于民用航空系统由军队接管的命令》。规定民航系统以外的任何组织和个人不得干涉和插手民航系统的"文化大革命"。民航内部各单位之间亦不要互相串连，应集中精力搞好本单位的斗批改。

12月22日 中共中央、国务院、中央军委、中央文革小组发出《关于民航系统文化大革命的通知》。规定除中国民航总局机关、机械专科学校、一〇一厂、一〇二厂继续开展"四大"外，其他单位一律坚持进行正面教育；驻民航机场海关、边防、公安等单位，统一归民航领导，都不要在机场开展"四大"；凡是冲击机场，在机场挑起武斗，鸣枪，扰乱秩序，危害安全的行为，都要采取专政措施，加以制止。

1968年

2月10日 中国人民保卫和平委员会1名工作人员冒充日本人，乘坐国际航班飞机叛逃。随后，中国民航总局下达了《确保空中安全、把好客货关的通知》，要求严把定座售票、办理乘机手续和登机"三关"，以防类似事件发生。

12月5日 中国民航兰州管理局第八飞行大队伊尔-14型640号飞机，执行兰州—西安—北京航班任务，在北京首都机场着陆时，触地起火，造成一等事故。

1969年

6月9日 模范共青团员张开元是中国民航沈阳管理局通信大队报务学员。他在1969年4月至6月，多次给毛主席写信，揭露林彪是野心家、阴谋家，并公开提出"打倒林彪"的口号。但是，他的英雄行动却遭到林彪反党集团主要成员吴法宪及刘锦平一伙的残酷迫害，4月22日被非法逮捕，6月9日在狱中被毒打致死，牺牲时年仅19岁。

11月7日 中国政府和伊拉克政府《航空交通运输协定》在北京签订。

11月20日 国务院、中央军委批准并转发中共民航总局委员会《关于进一步改革民航体制和制度的报告》。决定把民航划归中国人民解放军建制，成为空军的组成部分，各项制度按军队的执行。

1970年

8月4日至25日 中国民航总局在北京召开生产运输服务工作会议，这次会议是紧密配合空军的"三代会"（即活学活用毛主席著作、四好连队、五好战士代表会议）召开的。刘锦平一伙利用这次会议大搞阴谋诡计，并且吹成是"政工会""定向会"。这次会议把服务员改称为宣传服务员，大搞强加于人的对外宣传。

11月14日 中国民航广州管理局伊尔-14型616号飞机执行成都—重庆—贵阳—桂林—广州航班任务，飞机在贵阳磊庄机场着陆时，撞在远台外5100米处的摆平山上失事，造成一等事故。

1971 年

1月26日　国务院、中央军委批准并转发中国民航总局《关于调整航空客运票价和专包机、专业飞行收费标准的请示报告》。调整后的航空客运票价平均降低30%左右，专包机收费标准平均降低25%左右，从3月1日起实行。

3月30日　菲律宾航空公司1架BAC-111-400型飞机，在空中飞行时，被6名菲律宾学生用手枪逼迫机组改航至香港，加油后又起飞，于12时20分降落广州白云机场。中国政府决定，将机组人员、旅客和飞机放回，该机于31日10时33分飞离广州经香港返马尼拉。劫机者已由中国有关部门处理。

11月19日　国际民用航空组织第七十四届理事会第十六次会议通过决议，承认中华人民共和国的代表为中国的唯一合法代表，从而驱逐了国民党政权的代表。

是年　中国民航从苏联订购的伊尔-62型和安-24型飞机先后到货。

1972 年

3月至11月　中国政府分别和阿尔巴尼亚政府（3月28日在地拉那）、罗马尼亚政府（4月6日在布加勒斯特）、南斯拉夫政府（4月14日在贝尔格莱德）、阿富汗政府（7月26日在喀布尔）、埃塞俄比亚政府（7月30日在北京）、土耳其政府（9月14日在安卡拉）、伊朗政府（11月18日在北京）签订《民用航空运输协定》。

11月17日　中国民航从英国订购的三叉戟型飞机第一架到达广州。

1973 年

1月至11月　中国政府分别和意大利政府（1月8日在北京）、挪威政府（5月12日在北京）、丹麦政府（5月18日在北京）、希腊政府（5月23日在北京）、瑞典政府（6月1日在北京）、加拿大政府（6月11日在渥太华）、瑞士政府（11月12日在伯尔尼）签订《民用航空运输协定》。

1月14日 中国民航成都管理局第七飞行大队伊尔-14型644号飞机执行成都—重庆—贵阳—桂林—广州航班任务，在贵阳磊庄机场着陆时，撞在机场中心5度方向11.5公里处岩坡失事，造成一等事故。

2月21日 埃塞俄比亚航空公司开辟亚的斯亚贝巴—孟买—上海国际航线。自11月1日起，将航线终点站上海改为北京。

8月 中国民航从美国订购的波音-707型飞机第1架到货，9月正式加入航班飞行。

1974年

1月7日 国务院、中央军委批准，自1974年1月15日起，对所有外国公民和华侨、港澳同胞一律使用国内航段国际票价，即第二种票价。

2月15日 中国外交部长姬鹏飞通知国际民用航空组织秘书长阿沙德·柯台特，中国政府决定承认1944年《国际民用航空公约》（简称《芝加哥公约》）和有关修正议定书，并决定自即日起参加国际民用航空组织的活动。

4月20日 中国政府和日本国政府《民用航空运输协定》在北京签订。

5月31日 中国政府和扎伊尔政府《民用航空运输协定》在北京签订。

9月24日至10月15日 中国民航总局副局长率中国民航代表团出席在蒙特利尔举行的国际民用航空组织第二十一届大会。会上，中国当选为理事国。

9月29日 中国民航开辟北京—上海—大阪—东京国际航线。

同日 日本航空公司开辟东京—大阪—上海—北京国际航线。

10月29日 中国民航开辟北京—卡拉奇—巴黎国际航线。

11月20日 伊朗国家航空公司开辟德黑兰—北京—东京国际航线。

11月27日 中国民航开辟北京—德黑兰—布加勒斯特—地拉那国际航线。（自1978年7月28日起停飞地拉那）。

12月20日 罗马尼亚航空运输公司开辟布加勒斯特—雅典—德黑兰—北

京国际航线（自 1975 年 4 月 1 日起，将航线中间经停站德黑兰改为卡拉奇）。

12 月　中国政府委派何凤元为第一任常驻国际民用航空组织理事会代表，并在蒙特利尔成立了代表处。

1975 年

2 月 28 日　老挝王家航空公司开辟万象—河内—广州国际航线。自 11 月 15 日起停航。

4 月 6 日　瑞士航空运输有限公司开辟苏黎世—雅典—孟买—北京—上海国际航线（自 1977 年 10 月 25 日起停飞上海）。

4 月 20 日　中国政府和比利时政府《民用航空运输协定》在北京签订。

8 月 8 日至 26 日　河南省驻马店、漯河和安徽省合肥等地区发生特大洪水，铁路中断。民航及时派出飞机 847 架次，空投食品、衣服、慰问信等救灾物资 800 吨，并共疏运受阻旅客 18422 人。

8 月 20 日　中国正式加入 1955 年 9 月 28 日在海牙签订的《修改 1929 年 10 月 20 日在华沙签订的统一国际航空运输某些规则的公约议定书》（简称《海牙议定书》）。该议定书自 1975 年 11 月 18 日起对中国生效。

10 月 2 日　中国政府和芬兰政府《民用航空运输协定》在北京签订。

10 月 19 日　国务院、中央军委批复同意全国海上安全指挥部关于民航飞机在海上失事遇险的搜寻和援救工作的请示。

10 月 31 日　中国政府和联邦德国政府《民用航空运输协定》在北京签订。

11 月 10 日　中国政府和叙利亚政府《民用航空运输协定》在北京签订。

1976 年

1 月 21 日　中国民航广州管理局第六飞行大队安－24 型 492 号飞机，执行广州—长沙—杭州—上海航班任务，在湖南省长沙大托铺机场附近坠毁，旅客 34 人和机组 10 人全部遇难。

1月23日　中国民航开辟北京—金边国际航线（自1979年1月6日起停航）。

4月5日　国际民用航空组织第八十七届理事会第十二次会议通过决议，敦促其他非政府性民用航空国际组织驱逐国民党政权的代表。

7月28日　河北省唐山、丰南发生强烈地震，并波及京津地区。中国民航在1个月内，共出动飞机45架，飞行637架次，运送救灾物资835吨，运输伤员和医护人员4222人。还安排加班飞行146架次，疏运旅客10369人。

年底　中国民航已开辟131条航线，通航里程97818公里，其中国内航线118条，通航里程56885公里；国际航线9条，通航里程40933公里。全年完成运输总周转量18681万吨公里，运送旅客146.31万人次，载运货物53179吨，通用航空飞行27632小时。全民航共有职工41214人，各型飞机494架。

1977 年

2月17日　国务院、中央军委发出《关于保护机场净空的规定》。

2月27日　中国民航兰州管理局第八飞行大队伊尔-18型204号飞机执行兰州—西安—郑州—北京—沈阳航班任务，在沈阳东塔机场着陆时撞高压线坠地失事，造成一等事故。

6月16日　中国民航兰州管理局第九飞行大队303机组执行乌鲁木齐—哈密航班任务中，发生张楚云劫机未遂事件。乘务员张白鹭机智沉着，及时报告了机组，妥善处理了这一事件。

8月　中共民航总局委员会下发《关于认真贯彻周恩来总理"保证安全第一，改善服务工作，争取飞行正常"重要指示的决定》。

9月　国际民用航空组织第二十二届大会通过中文作为国际民用航空组织的工作语言。

1978 年

2月6日　中国民航总局指挥部副主任王乃天率中国代表团出席在日内瓦

举行的国际电信联盟航空移动（航路）业务世界无线电行政大会，王乃天当选为会议六位副主席之一，并代表中国在"最后文件"上签字。

3月31日　中国民航开辟北京—卡拉奇—亚的斯亚贝巴国际航线。这是中国民航开辟通往非洲的第一条航线。

5月4日　中国民航开辟北京—德黑兰—贝尔格莱德—苏黎世国际航线。

6月19日　中国政府和西班牙政府《民用航空运输协定》在北京签订。

8月31日　中国政府和尼泊尔政府《民用航空运输协定》在北京签订。

11月14日　中国有保留地加入1963年9月14日在东京签订的《关于航空器内的犯罪和其他某些行为的公约》（简称《东京公约》）。该公约自1979年12月2日起对中国生效。

1979年

1月1日　全国人民代表大会常务委员会发表《告台湾同胞书》，建议台湾和大陆之间尽快实现通航通邮，以利两地同胞直接接触，互通信息，探亲访友，旅游参观，进行学术文化体育工艺观摩。同日下午，邓小平副总理在政协全国委员会召开的座谈会上就此问题发表讲话。

1月20日　中国政府和荷兰政府《民用航空运输协定》在北京签订。

3月5日　中共民航总局委员会召开五届九次会议，对在十年动乱中的冤假错案，做出彻底平反的决定。

5月1日　南斯拉夫航空公司开辟贝尔格莱德—卡拉奇—北京国际航线（自1981年11月1日起停航）。

5月3日　中国民航开辟北京—德黑兰—布加勒斯特—法兰克福国际航线。

7月8日　中国政府和菲律宾政府《民用航空运输协定》在北京签订。

7月12日　中国民航总局国际业务局和新加坡航空公司《关于在两国间建立航班的协议》在新加坡签订。

7月26日　中国政府和英国政府关于两国间干线和地区性航线的两个谅

解备忘录在北京签订。

8月1日　菲律宾航空公司开辟马尼拉—广州—北京国际航线（自1985年4月6日起，将航线中间经停站广州改为厦门）。

9月4日　中国民航开辟北京—广州—马尼拉国际航线。

9月28日　中国政府和卢森堡政府《定期货运航班协议》在北京签订。

11月1日　中国政府和英国政府《民用航空运输协定》在伦敦签订。

1980 年

1月1日　北京首都机场新建候机楼和一条可供起降大型宽体客机的跑道正式启用。

1月20日　中国政府和科威特政府《民用航空运输协定》在科威特签订。

1月22日　中国民航总局国际业务局和阿拉伯酋长国民航局换文，中国民航有权开航沙迦，以后又获得延伸权。

2月21日　中国民航总局机关按照国务院、中央军委批准的新编制，撤销指挥部、后勤部、航空工程部，保留政治部，成立办公室、计划局、财务局、科教局、国际局、航行局、航空工程局、运输服务局、专业航空局、物资供应局、修建局。

2月27日　中国民航从美国订购的波音－747SP型飞机第1架到货，4月1日起正式加入航班飞行。

3月5日　国务院、中央军委发出《关于民航总局不再由空军代管的通知》。决定民航总局从1980年3月15日起，不再归空军代管。今后民航的工作，除航行管制仍按《中华人民共和国飞行基本规则》规定的"中国人民解放军统一领导全国的飞行管制"执行外，其他工作均向国务院请示报告。

同日　《人民日报》发表社论：《民航要走企业化的道路》。社论指出，民航是国家的重要运输部门，是一个企业单位，既是企业，就应按照办企业的方针来经营管理。民航要打开新的局面，必须走企业化的道路。走企业化的道路，这是加强中国民航建设，加强民航竞争能力，把民航企业搞好的一个重要步骤。

3月20日　中国民航成都管理局昆明独立中队安－24型484号飞机，执行昆明—贵阳—长沙航班任务，在湖南省长沙大托铺机场着陆时，在复飞过程中飞机失速坠地，造成一等事故。

4月7日　联邦德国汉莎航空公司开辟法兰克福—卡拉奇—北京国际航线。

5月1日　由中国民航北京管理局与香港中国航空食品有限公司合资经营的北京航空食品有限公司正式开业。

6月10日　国务院决定，为了机构名称规范化，中国民航总局改称中国民航局。

6月21日　中国民航开辟上海—香港间地区航线。自8月15日起被迫暂时停航，次年2月15日起复航（香港国泰太平洋航空公司经营的香港—上海间地区航线，自8月10日起停航，次年2月15日起复航）。

6月26日　中国政府和泰王国政府《民用航空运输协定》在北京签订。

7月4日　中国民航参加国际航空电信公司，便利了与世界各地的航空业务通信联系。

7月24日　中国政府和孟加拉国政府《民用航空运输协定》在北京签订。

7月28日　中国民航开辟北京—沙迦—巴格达国际航线（自1981年9月23日起停飞巴格达，次年9月21日起复航）。

8月3日　中国民航开辟北京—卡拉奇—巴格达国际航线。

8月29日　中国民航开辟广州—曼谷国际航线。

9月10日　中国正式加入1970年12月16日在海牙签订的《关于制止劫持航空器的公约》（简称《海牙公约》）和1971年9月23日在蒙特利尔签订的《关于制止危害民用航空安全的非法行为的公约》（简称《蒙特利尔公约》）。两公约自1980年10月10日起对中国生效。

9月17日　中国政府和美国政府《民用航空运输协定》在华盛顿签订。

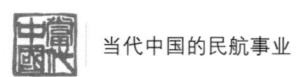

10月13日　国家计委批准成立中国航空器材公司。

11月1日、2日和4日　中国民航先后开辟广州—香港、杭州—香港、北京—香港间地区航线。

11月13日　英国航空公司开辟伦敦—巴林—香港—北京—香港—孟买—伦敦国际航线。

11月15日　中国民航开辟北京—卡拉奇—法兰克福—伦敦国际航线。自同年12月起将航线中间经停站卡拉奇改为沙迦。

年底　中国民航已开辟181条航线，通航里程195252公里，其中国内航线159条，地区航线4条，通航里程114015公里；国际航线18条，通航里程81237公里。全年完成运输总周转量42935万吨公里，运送旅客343.12万人，载运货物88866吨，通用航空飞行42792小时。全民航共有职工49590人，各型飞机462架。

1981年

1月7日　中国民航开辟北京—上海—旧金山—纽约国际航线。

1月11日　中国民航局召开"安全、正常、服务好"百日竞赛活动先进单位和先进个人授奖大会，对1980年全民航评选出的77个先进单位和136名先进个人分别颁发了奖旗和奖状。

1月28日　美国泛美航空公司开辟旧金山—东京—上海—北京和纽约—旧金山—东京—北京国际航线。

3月10日　中国政府和英国政府航空运输企业避免双重征税协定在北京签订。

4月1日　根据公安部公告，从即日起，在中国境内各民用机场，对乘坐国际航班飞机的中外旅客及其携带的行李物品，实行安全技术检查。

4月2日　泰国国际航空公司开辟曼谷—广州国际航线（自1983年3月29日起，将航线改为曼谷—北京）。

4月4日　中国民航开辟北京—上海—旧金山国际航线。

4月21日　中国民航北京管理局第二飞行总队第二十飞行大队BO－105型763号直升机，执行南海石油指挥部海上运输任务，由海上4号平台起飞后，因天气低于起飞标准，坠落失事，造成一等事故。

5月　中国民航小组列席国际航空运输协会在曼谷召开的东南亚、太平洋地区第十一届技术专家会议。这是新中国民航第一次列席该组织会议。

8月14日　教育部批准民航机械专科学校改为中国民用航空学院（民航机械专科学校是1963年6月21日经国务院同意成立的，1969年10月曾撤销，1978年恢复）。

7月9日　国务院批准中国民航局组建公安机构。

7月11日至9月30日　因四川省发生特大洪水，成渝、成昆、宝成以及陇海铁路陕兰段先后中断，中国民航派出飞机共疏运旅客7.5万余人，占全年国内航线旅客总运量的2.5%。这是中国民航参加救灾疏运旅客最多的一次。

9月30日　叶剑英委员长向新华社记者发表谈话，进一步阐明关于台湾回归祖国，实现和平统一的方针政策。其中第二条提出："我们建议双方共同为通邮、通商、通航、探亲、旅游及开展学术、文化、体育交流提供方便，达成有关协议。"

10月9日　国务院、中央军委决定，成立国家紧急处置劫机领导小组。该组织是为了加强对反劫持工作的领导，制定防范和应急措施，及时有效地处置劫机事件而成立的。

10月21日、11月1日和3日　中国民航先后开辟天津—香港、南京—香港（次年11月1日停航）、昆明—香港间地区航线。

1982年

1月31日　中国政府和阿拉伯也门政府《民用航空运输协定》在萨那签订。

4月26日　中国民航三叉戟型266号飞机执行广州—桂林航班任务，在距桂林机场约40公里的恭城县境内撞山失事，旅客104人和机组8人全部遇难。

7月16日　国家经委批准中国民航局将中国民航第二飞行总队改建为中国民航工业航空服务公司，自主经营，自负盈亏。

7月17日　国务院同意中国民航局机关设政治部、办公室以及计划、财务、科教、国际、航行、航空工程、运输服务、专业航空、物资供应、修建司和公安局。

7月25日　中国民航兰州管理局第八飞行大队杨继海机组驾驶伊尔-18型220号飞机，执行西安—上海航班任务，在飞临上海附近上空时，机上的孙云平等5名歹徒突然采用暴力手段劫持飞机。杨继海机组机智勇敢，战胜歹徒，使飞机在上海虹桥机场安全着陆。

8月11日　上海市中级人民法院依法以反革命劫持罪判处孙云平等5名罪犯死刑，8月19日在上海执行枪决。

8月12日　国务院决定授予杨继海机组以中国民航英雄机组的称号。给机长杨继海记特等功一次，授予反劫机英雄称号；给副驾驶阎文华、机械员刘兆贤、报务员苗学仁、领航员黄振江、乘务分队长许克敏各记特等功一次；给乘务员盖生兰、贾志梅各记大功一次；给杨继海机组8位成员各晋升一级，并分别给予奖金奖励。另外，共青团中央授予该机组成员贾志梅、盖生兰以全国新长征突击手称号；全国妇联授予该机组乘务组以全国三八红旗集体称号，并给许克敏、盖生兰、贾志梅颁发了全国三八红旗手奖章。

8月23日至28日　中国民航局召开全国安全飞行授奖大会。授予14个单位为全国民航安全先进单位，其中第一飞行总队、第五飞行大队、第十五飞行大队、飞行专科学校第二分校等4个单位被命名为全国民航安全飞行红旗单位；授予166名飞行员一级安全飞行奖章，其中徐柏龄、尹淦庭、黄绪春、蒋远猷、徐继富、王国希、何大运、顾振藩、崔天富、李太福、沙金玉11名被命名为全国民航安全飞行模范称号。全民航还有204名飞行员被授予二级安全飞行奖章，556名飞行员被授予三级安全飞行奖章。

10月1日　中国民航局规定，自即日起，凡乘坐民航飞机的旅客，一律不准携带武器，也不办理枪支的托运，携带的枪支，统由所在机场公安部门收缴或保存。

12月1日　国务院发布《关于保障民用航空安全的通告》。通告就保障民用航空的安全，防止劫持、破坏民航飞机和破坏民用航空事件的发生，作了七条具体规定。

12月24日　中国民航兰州管理局第八飞行大队伊尔－18型202号飞机，执行兰州—西安—长沙—广州航班任务。飞机到达广州上空后由于旅客吸烟，火种掉入飞机地板下，造成飞机烧毁、旅客24人死亡、27人受伤和机组4人受伤的严重一等事故。

1983年

4月4日　中国民航广州管理局直升机公司租用法国道达尔公司的空中国王200号飞机，执行湛江—广州—香港往返送道达尔公司人员任务。飞机从广州白云机场起飞后在上升转弯过程中，遇低空风切变和下沉气流，在机场北面二公里处坠地失事，造成一等事故。

4月8日　中国民航局照会荷兰，鉴于荷兰未经与中国政府协商，不顾中国政府多次交涉，坚持批准荷兰马丁航空公司于4月2日开航台湾，决定自4月15日起停止荷兰马丁航空公司飞越中国昆明—香港航路和荷兰王家航空公司与马丁航空公司备降广州白云机场的权利。

4月16日　中国外交部照会荷兰，中国政府决定不再行使1979年1月20日签订的中荷《民用航空运输协定》生效的法律手续。

5月3日　中国政府和阿曼政府《航空协定》在马斯喀特签订。

5月5日　中国外交部发言人就当日中国民航三叉戟型296号班机被武装暴徒劫持后在南朝鲜春川机场降落一事发表谈话，要求南朝鲜当局根据民航公约有关条款，立即把上述飞机连同全体机组人员和全部乘客交还中国，并将劫持飞机的罪犯交给中国处理。中国民航局局长于5月7日率民航工作组前往汉城处理劫机事宜。经双方磋商，旅客和机组人员乘专机返回中国，被

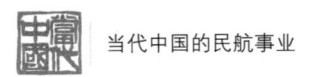
当代中国的民航事业

劫持的客机也归还中国。但是，南朝鲜方面不同意把劫机罪犯交还中国。中国方面对此表示遗憾，并声明保留进一步交涉的权利。

5月8日　国务院颁发《关于加强防止劫机的安全保卫工作的命令》。规定乘坐民航班机人员，一律凭县团级以上单位出具的证明信和乘机人的身份证件购买机票。出售机票一律由民航负责，其他任何单位不得代售。

5月18日　国务院发出对民航王仪轩机组的嘉奖令。5月5日，中国民航沈阳管理局第十飞行大队王仪轩机组驾驶三叉戟型296号飞机，执行沈阳—上海航班任务，在飞临渤海上空时，遭到机上的卓长仁等6名武装暴徒劫持。王仪轩机组临危不惧，同暴徒展开英勇斗争，机组两名成员被暴徒用枪打成重伤。当出现严重危害旅客和飞行安全的情况下，为了避免机毁人亡，机组沉着冷静，使飞机安全降落在南朝鲜春川机场。为了表彰这一英雄事迹，国务院决定授予王仪轩机组以中国民航英雄机组的称号；授予机长王仪轩以中国民航英雄机长称号；给机长王仪轩和和长林、领航员王培富、空勤通信员王永昌各记特等功一次，各晋升两级；给领航员冯云武、空勤机械员林国荣、乘务员程梅、姜民英、李霞各记大功一次，各晋升一级，并对王仪轩机组9人分别给予奖金奖励。

6月14日　美国泛美航空公司未经中国同意，开辟纽约—东京—台北航线，每周3班。为此，6月16日，中国外交部照会美方，提出强烈抗议。中国民航局也函告美方，宣布停止泛美航空公司飞越中国昆明—香港航路和经停香港的班机备降广州白云机场的权利。

7月10日　人民武装警察部队北京总队首都机场国内安全检查站开始对中外旅客普遍进行安全检查。此后，全国各地民用机场陆续实行。

9月14日　中国民航广州管理局第六飞行大队三叉戟型264号飞机，执行桂林—北京航班任务。当飞机在桂林机场通过联络道口开始转弯时，被空军一架从滑行道由南向北滑行的轰五型飞机撞坏，造成11名旅客死亡、20名旅客和2名机组人员受伤、飞机报废的一等事故。这是中国民航发生的一次最严重的地面事故。

10月18日　经国家经委批准，中国民航宣传广告公司正式成立。

10月21日　厦门高崎机场建成并正式通航。

11月24日　民航系统思想政治工作会议在北京召开。会议主要是根据中共十二届二中全会精神，贯彻执行《国营企业职工思想政治工作纲要（试行）》，统一思想，交流经验，把民航系统的思想政治工作提高到一个新水平。

是年　中国民航从美国订购的波音－747COMBI型、波音－737型和MD－80型飞机到货并陆续加入航班飞行。

1984年

1月24日　国产运－7型客机由西安飞机制造公司交付中国民航使用。

3月2日　中国厦门航空有限公司成立。

3月5日至27日　李先念主席乘坐中国民航波音－707型2406号专机赴巴基斯坦、土耳其、约旦、尼泊尔访问。李主席3月27日从尼泊尔回国途中，给专机组题词："希望赶超国际水平，今后更加努力。"

4月2日　国务院同意民航兰州管理局迁至西安，与民航陕西省局合并，成立民航西安管理局。民航中川航空站改为民航甘肃省管理局。

8月14日　中国外交部发言人发表声明，抗议南朝鲜当局提前释放于去年劫持中国民航294号客机的卓长仁等6名罪犯。

8月29日　中国民航干部学校改为中国民航管理干部学院。

9月1日　中国民航局、国家物价局、国家旅游局、国务院侨务办公室联合发出《关于国内航线实行一种运价的通知》。

9月7日　中国民航开辟北京—广州—悉尼国际航线。这是中国民航开辟通往大洋洲的第一条国际航线。澳大利亚快达航空公司于9月5日开辟墨尔本—悉尼—北京国际航线。

同日　中国政府和澳大利亚政府《通航协定》在北京签订。

9月28日　石家庄正式通航。至此，中国除台湾省外，所有省会、自治区首府都有民航班机通达。

1985 年

1月1日　中国新疆航空公司正式成立。该公司是1984年11月6日国务院同意组建的。

1月7日　国务院批转中国民航局《关于民航系统管理体制改革的报告》。现行民航管理体制按照"政企分开、简政放权"的原则进行改革。

1月18日　中国民航上海管理局第五飞行大队安-24型434号飞机，执行上海—南京—济南—北京航班任务，在济南机场着陆时坠毁，旅客32人和机组6人遇难。

1月24日　中国民航局批准成立中国民航开发服务公司。

2月12日　中国民航西藏自治区管理局正式成立。至此，中国除台湾省外，所有省、市、自治区都成立了民航管理机构。

3月31日　伊拉克航空公司开辟巴格达—孟买—北京国际航线。

4月19日　在第十三届日内瓦国际发明与新技术展览会上，中国民航学院教师李昌研制的"电磁场三维体视投影图"获亚洲大奖和展览会金牌。

4月　"五一"节期间，中华全国总工会向全国先进人物颁发"五一劳动奖章"。民航系统有10人获得奖章和荣誉称号，他们是：蒋志伟、张延本、张英堂、屈本权、王发良、程积善、刘明治、顾振藩、张玉兰、顾杰飞。

5月7日　中国民航训练中心在天津中国民航学院正式成立。

5月8日　中国民航局颁发《中国民用航空直升机近海飞行规则》。

5月28日　国务院颁发《关于开办民用航空运输企业审批权限的暂行规定》。

6月1日　从即日起，民航系统开展"六大机场、八个窗口"优质服务竞赛活动。六大机场是：北京首都、上海虹桥、广州白云、成都双流、沈阳东塔、西安西关机场。八个窗口是：候机室、售票处、货运仓库、装卸队、清洁队、乘务队、餐厅、宾馆。12月22日至23日在北京召开了总结表彰大会，北京、上海售票处，成都、北京货运仓库，广州装卸队，沈阳候机室，西安清洁队，西安、沈阳乘务队，沈阳、广州餐厅，北京、广州宾馆，分别被评为各项竞赛的第一名。

6月13日 中国民航局批准组建中国联合航空公司。

6月14日 中国民航从英国订购的肖特-360型飞机到货，8月1日起正式加入航班飞行。

7月11日 国务院办公厅、中央军委办公厅颁发《关于建设机场和合用机场审批程序的若干规定》。

7月13日 菲律宾航空公司开辟马尼拉—厦门国际航线。

8月1日 中国民航从美国订购的A310型飞机正式加入航班飞行。

8月9日 中国民航局授予25人以全国民航劳动模范称号。他们是李昌、黄祖新、张铁成、吴解放、关仲英、刘奇、李承富、赵金财、谭根、张远生、周兴虎、王长兴、王发良、褚秦勇、沈联瑜、张洪勋、易文龙、王明兴、王永盛、黄葆钧、张兴亚、周喜祥、屈本权、黄君熙、郝莉莉。

8月12日 中国民航局颁发《民用航空运输机场飞行区技术标准》。

8月14日 中国民航局颁发《关于民用航空运输企业及其所使用机场的安全保卫规定》。

10月10日 中国民航局、国家工商行政管理局发出《关于开办民用航空运输企业审批程序的通知》。

10月16日 中国民航从美国订购的波音-767型飞机正式加入航班飞行。

11月25日 国务院批转公安部、中国民航局《关于简化购买国内飞机票手续问题的请示》。决定国内旅客凭身份证和介绍信购买机票。

12月10日 中国民航局为航空工业部哈尔滨飞机制造公司生产的运-12型飞机颁发型号合格证。

12月25日 中国民航局为上海航空公司颁发经营许可证。该公司于12月30日在上海成立。

12月30日 国务院、中央军委颁发《关于军民合用机场使用管理的若干暂行规定》。

年底 中国民航已开辟 266 条航线，通航里程 277217 公里，其中国内航线 233 条、地区航线 6 条，通航里程 171258 公里；国际航线 27 条，通航里程 105959 公里。全年完成运输总周转量 12.7 亿吨公里，运送旅客 746.8 万人次，载运货物和邮件 19.5 万吨，通用航空飞行 43022 小时。全民航共有职工 61321 人，各型飞机 460 架。

1986 年

1月8日 国务院颁布《关于通用航空管理的暂行规定》。

2月18日至27日 全国民航工作会议在北京召开，讨论民航"七五"计划，部署 1986 年主要工作。李鹏副总理到会讲话，他希望在"七五"计划期间，中国民航事业有比较大的发展，保持在 15% 以上增长速度，以国家民航的主力军帮助地方民航的发展，形成中国一个比较完整的民航体系。

3月5日至19日 中国民航局局长胡逸洲应美国联邦航空局局长恩金的邀请访问美国。胡逸洲与恩金分别代表各自政府正式签署了中美民航技术合作协议备忘录及其附件一。

4月6日 国务院颁布《民用机场管理暂行规定》。

4月29日 国产运-7 型飞机载客首航典礼在安徽省合肥机场举行。从此，揭开了国产运输机在中国民用航空飞行史上的新的一页。

5月1日 经国务院批准，中国民航兰州管理局更名为西安管理局。

同日 中国民航 8 位在各项工作中做出较大贡献的工作人员荣获全国总工会颁发的"五一劳动奖章"和荣誉称号。他们是：张成、宗三鼎、胡由瑜、王梦龙、周兴虎、严达圣、李昌、刘开印。

5月3日 台湾中华航空公司波音-747 型货机机长王锡爵驾机飞回祖国大陆。王锡爵已被任命为中国民航北京管理局副局长兼副总飞行师，并当选为第六、七届全国政协委员。

7月1日 经国务院批准，国家物价局决定提高国内航线外国旅客票价，增价幅度平均为 30%。

7月14日　中国民航开辟北京—沙迦—罗马—法兰克福国际航线。

9月15日　国家经委、全国总工会在北京召开全国班组工作会议。中国民航第七飞行大队2418号飞机乔保玺机组、重庆旅客餐厅被授予"全国先进班组"称号，获得"五一劳动奖状"。

9月18日　中共黑龙江省委、省人民政府授予第二十五飞行大队为抗洪先进集体。

11月11日　中国民航新订购的BAE-146型飞机投入航班飞行。

12月15日　中国民航西安管理局安-24型3413号飞机，执行兰州—西安—成都航班任务，从兰州中川机场起飞后，天气不好，在返航着陆过程中失事，造成飞机损坏、旅客6人死亡的一等事故。

12月24日　中国民航局给哈尔滨飞机制造公司颁发运-12型飞机生产许可证。运-12型飞机是中国第一架按国际公认的美国联邦航空条例（FAR）及相应的适航性管理程序进行研制和合格审定的民航飞机。

1987年

1月30日　国务院批准中国民航局《关于民航系统管理体制改革方案和实施步骤的报告》。

2月7日　中国民航局同国家经委、国家计委、国防科委、财政部、经济贸易部、航空工业部、海关总署联合颁发《进口民用飞机暂行管理办法》。

2月19日　中国政府和民主德国政府《航空运输协定》在柏林签订。

3月6日　中国民航从美国订购的波音-767-200ER型客机到达北京。

4月3日　中国民航学院副教授李昌研制的"高保真立体彩色电视接收机"（即"普通彩色电视接收机立体成像装置"）在日内瓦。第十五届国际发明与新技术展览会上获镀金奖。

4月18日　中国民航局授予张彪等97人特级和一级安全飞行奖章。

5月1日　全国总工会给中国民航黄宝富、郑宝书、谢远征、郝莉莉、易文龙、孔祥瑜、朱志勤、周喜祥8人颁发"五一劳动奖章"，给中国民航西安

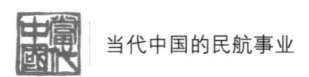

管理局第八飞行大队乘务队和上海管理局运输服务公司售票服务处颁发"五一劳动奖状"。

5月4日　中国民航开辟北京—莫斯科—柏林国际航线。

同日　国务院发布《中华人民共和国民用航空器适航管理条例》,自6月1日起实施。

6月15日　根据中国民航局、国家物价局联合发布的《关于适当调整国内旅客票价的通知》,民航国内航线运价水平从即日起提高25%左右。

7月27日　中国民航局为西安飞机制造公司颁发运－7飞机生产许可证。

7月31日　中美合作制造的第一架MD－82型客机交付中国民航沈阳管理局,该机从8月1日起正式投入航班飞行。

9月6日　中国民航开辟北京—上海—温哥华国际航线。

9月12日　中国民航开辟拉萨—加德满都国际航线。

9月14日至18日　国际民航组织亚太地区办事处在北京举行"空中交通服务规划研讨会"。这是国际民航组织第一次在中国举办国际性会议。

9月20日　中国民航从美国订购的第一架波音－757－200型客机到达广州。

10月15日　中国民航西南管理局、中国西南航空公司、双流机场正式成立。

11月13日　中央森林防火总指挥部报经国务院批准,决定表彰大兴安岭扑火救灾的先进集体和先进个人。中国民航沈阳管理局塔河临时基地、黑龙江省局大兴安岭扑火救灾塔河前线基地、第二十五飞行大队一中队、工业航空服务公司三分公司王福元机组、第十二飞行大队被授予"大兴安岭扑火救灾先进集体"称号;黑龙江省局副局长樊树林、第二十五飞行大队机长(工会主席)孔祥瑜、一中队分队长赵全生、机务中队机械师詹道滨、第二十二飞行大队机长周建平、沈阳管理局航行通信处调度员陈东林被授予"大兴安岭扑火救灾先进个人"称号。

12月14日　中国民航华东管理局、中国东方航空公司、虹桥国际机场正式组建。

12月24日 中国航空货运公司从美国订购的两架L100-130型专用货机到达北京。

12月25日 经国家教委批准,中国民用航空飞行专科学校改为中国民用航空飞行学院。

年底 中国民航已开辟327条航线,通航里程387102公里,其中国内航线280条,通航里程229292公里;国际航线39条,通航里程148870公里;地区航线6条,通航里程10935公里。全年完成运输总周转量202833万吨公里,运送旅客1310万人次,载运货物和邮件29.8万吨。通用航空飞行45749小时。全民航共有职工74585人,各型飞机402架。

后 记

本书在编写过程中,在中国民航局领导的支持和关怀下,得到局属各部、室、司、局和各地区管理局、公司、学校、工厂等单位的大力支持。这些单位派人搜集和整理史料,参加初期的编写事宜,提出审稿意见等,做了大量工作。

先后参加本书前期编写小组和编辑委员会的成员有中国民航局原主要负责人郭允中,还有马伯璜、陆元斌、周林琛、徐寿彭、张镒、吴子丹、冯克鑫、华祝、杨起璠、汪企远、陈子钊、刘陵、张梦倩、黄述贤、陈家鋆、陈新等。

本书是以《中国民航》丛书为基础编写而成的。参加该丛书的编写人员,除本书的部分撰稿人外,还有何祖锐、陈自业、史连华、邵常胜、李瑞瑾、李宝生、洪从道、杨宏量、周正康、胡理昌、韩复省、黄鉴光、李权昆、郁维桥、李道福、李殿生和邢学祥等。

为《中国民航》丛书搜集、提供和整理过资料或参与部分编审工作的有张尔参、郑于蕴、王仕雄、王桂华、陈国友、廖潭清、张曼林、王居、郭中玉、王义生、彭运贤、任纯泽、章华、万传教、张思则、韩复省、杨诺、闵传麟、刘蓁、孙金皋、路佩仁、周继选、蔡东山、吴德勋、钱昆沈、徐存辛、周国樑、金晓峰、徐德琪、吕和平、卢光华、吴立、王远征、刘树堂、刘功仕、孙振亮等。

本书的彩色插图由陈长芬编辑,图表由卢世芳制作。此外,温耕莘、高明岩、宁珊等参加了部分工作。

在此我们向所有参与本书编撰工作的同志,表示衷心的感谢。

本书力求如实反映新中国成立38年来民航事业的发展和成就。初稿形成后，曾在民航系统征求意见，反复核实所用材料，并作了多次修改。由于历史档案不全和各时期的统计口径不一致，加上我们的水平有限，错漏之处在所难免，谨希广大读者批评指正。

《当代中国的民航事业》编辑部

1988 年 12 月